AF387353

FSC
www.fsc.org
MIX
Papier aus ver-
antwortungsvollen
Quellen
Paper from
responsible sources
FSC® C105338

Melanie Schneider

Meine (erste) Katze

Bibliografische Information der Deutschen Nationalbibliothek
Die Deutsche Nationalbibliothek verzeichnet diese Publikation in der Deutschen Nationalbibliografie,
detaillierte bibliografische Daten sind im Internet über http://dnb.d-nb.de abrufbar

In diesem Buch nutzen wir manchmal geschlechtsneutrale Begriffe, um den Text flüssiger und leichter lesbar zu gestalten. Das bedeutet jedoch nicht, dass wir die Bedeutung des Geschlechts ignorieren oder herabsetzen. Wir erkennen und schätzen die Vielfalt und Einzigartigkeit jedes Einzelnen. In Fällen, in denen eine geschlechtsspezifische Differenzierung für das Verständnis wichtig ist, haben wir diese beibehalten. Bitte verstehen Sie diese vereinfachte Sprache als Teil unseres Bestrebens, das Lesen für alle so angenehm wie möglich zu gestalten. Danke, dass Sie ein Teil unserer Lese-Community sind.

1. Auflage Juni 2025

Haftungsausschluss
Alle Angaben in diesem Buch wurden sorgfältig recherchiert, sie erheben aber keinen Anspruch auf Vollständigkeit oder frei von Fehlern zu sein. Die aufgeführten Inhalte dienen der allgemeinen Information, im Einzelfall sind sie keineswegs geeignet, auf eine individuelle Beratung oder einen Tierarztbesuch zu verzichten. Insbesondere können weder Autor noch Herausgeber oder Verlag eine Haftung für Schäden oder Verluste übernehmen, die dem Leser dadurch entstehen könnten, dass er ausschließlich auf eine Information vertraut, die er diesem Buch entnimmt.

Verlag: BoD · Books on Demand GmbH, Überseering 33, 22297 Hamburg, bod@bod.de
Druck: Libri Plureos GmbH, Friedensallee 273, 22763 Hamburg
ISBN: 978-3-8192-6679-9

Bildnachweis:
Cover und Fotos im Buch: adobe stock, Pixabay, Wikipedia, Ki-generiert
Illustrationen im Buch: adobe stock - Igor Zakowski, adobe stock - ilyakalinin

Inhaltsverzeichnis

Warum eine Katze?

Es gibt tausend Gründe, sich eine Katze ins Leben zu holen – und am Ende reicht oft schon einer:

Dieses eine Foto, auf dem zwei bernsteinfarbene Augen Dich direkt ansehen, als wollten sie sagen: „Ich bin bereit – bist Du es auch?"

Oder dieser Moment im Tierheim, in dem eine Pfote sich ganz vorsichtig auf Deine Hand legt, und in Dir alles still wird. Vielleicht ist es auch nur ein leises, fast schüchternes „Miau" gewesen – aber es hat direkt den Weg in Dein Herz gefunden.

Und plötzlich weißt Du: Jetzt. Jetzt ist der Moment.

Katzen sind faszinierend. Nicht auf die laute Art. Sondern auf diese stille, geheimnisvolle Weise, die neugierig macht und gleichzeitig berührt.

Sie bewegen sich mit einer Grazie, als wären sie überirdische Wesen, und blicken Dich an, als hätten sie gerade beschlossen, ob Du heute streicheln darfst – oder nur bewundernd zusehen. Sie sind eigensinnig, stolz, unabhängig. Und genau das macht sie so besonders.

Denn inmitten dieser souveränen Selbstbestimmtheit liegt eine stille, warme Nähe. Ein tiefes Vertrauen, das nicht geschenkt, sondern verdient werden will.

Wenn sie sich an Dich schmiegt, wenn sie neben Dir schläft oder Dir beim Lesen eine Pfote aufs Bein legt – dann weißt Du, dass Du etwas erreicht hast, das kostbarer ist als Gold.

Vielleicht sehnst Du Dich nach Gesellschaft, aber ohne Dauergebell und Gassigehen bei Regen.

Vielleicht suchst Du jemanden, der einfach da ist, ohne Dich zu vereinnahmen. Jemanden, der still in Deinem Raum lebt – aber Dein Herz mit kleinen Gesten, mit einem Schnurren, mit einem Blick zum Schmelzen bringt.

Oder vielleicht war es einfach Liebe auf den ersten Blick: ein samtiges Wesen, das Dich im Tierheim ansah, als hätte es nur auf Dich gewartet – und in dem Moment wurde aus einem Gedanken ein Entschluss. Eine Entscheidung fürs Herz.

Egal, wie Du an diesen Punkt gekommen bist – ob geplant oder von einer Katze „ausgesucht" – eines ist sicher:

Wenn Du Dich für eine Katze entscheidest, entscheidest Du Dich für ein Wesen mit Charakter. Mit Stil. Mit eigenem Kopf und einer sehr klaren Vorstellung davon, wie Euer gemeinsames Leben ablaufen sollte.

Herzlichen Glückwunsch!

Dein Leben wird ab sofort flauschiger, lauter, leiser, überraschender – und definitiv haariger.

Aber eben auch weicher, wärmer und deutlich reicher an besonderen Momenten.

Was bedeutet es, Katzenhalter zu sein?

Katzenhalter zu sein bedeutet, ein neues Familienmitglied willkommen zu heißen. Einen Mitbewohner, der keine Miete zahlt, aber ganz genau weiß, wo die besten Plätze sind – und sie sich selbstverständlich nimmt.

Es bedeutet, jemanden bei sich aufzunehmen, der sich zwar oft still im Hintergrund hält, aber im entscheidenden Moment mitten in Dein Herz springt. Ohne Ankündigung. Ohne Absprache. Einfach so.

Du wirst lernen, dass der neue Kratzbaum ignoriert wird – weil die Couch einfach „besser riecht". Dass das Lieblingsspielzeug heute noch heiß geliebt und morgen mit königlicher Verachtung übersehen wird.

Dass Deine Katze ganz genau versteht, was „Nein" heißt – aber es bewusst übersetzt mit: „Interessant. Und was passiert, wenn ich's trotzdem mache?"

Katzenhalter zu sein bedeutet aber auch, eine große Verantwortung zu übernehmen.

Für ein Lebewesen, das abhängig ist von Deiner Fürsorge, Deiner Aufmerksamkeit und Deiner Liebe. Du wirst zur Futterexpertin, Streicheleinheiten-Koordinatorin, Thermodecke, Tierarztmanager, Katzenkloschaufel-Chef und Spielpartner auf Abruf – am besten pünktlich, zuverlässig und mit Entertainment-Talent.

Und doch wirst Du immer wieder spüren, wie viel zurückkommt.

Wenn sie sich an Dich schmiegt, wenn sie sich auf Deinen Schoß rollt, wenn sie Dir das erste Mal die Stirn stupst oder sich beim Tierarzt an Dich drückt, weil Du ihr sicherer Hafen bist – dann weißt Du: Das ist Liebe. Auf vier Pfoten. Mit Schnurren.

Du wirst lernen, ihre Körpersprache zu lesen. Die feinen Nuancen zwischen „Lass mich in Ruhe" und „Streichel mich weiter, aber nur genau hier". Du wirst ihre Lieblingsplätze kennen, ihre Eigenheiten, ihre Launen. Und irgendwann wirst Du wissen, was sie sagen möchte – auch ohne ein einziges Geräusch.

Und das Erstaunliche: Aus einem scheuen, neuen Tier wird mit der Zeit ein echtes Familienmitglied. Ein Wesen mit Seele. Mit Stolz. Mit Humor.

Eine Katze, die Dich mit einem einzigen Blick davon abhält, aufzustehen – weil sie so süß auf Deinem Schoß liegt. Eine Katze, die keine Worte braucht, um Dir zu zeigen:

„Ich bin angekommen. Und ich bleibe."

Kurz gesagt:

Katzenhalter zu sein bedeutet, Dein Herz zu verschenken – an ein kleines, eigenwilliges Wesen, das Dich zwar nie darum gebeten hat, aber trotzdem ganz genau weiß, dass es ab jetzt der Mittelpunkt Deiner Welt ist.

Und das ist gut so.

Vor der Anschaffung.

Was Du wissen solltest, bevor ein kleines Fellknäuel Dein Leben auf links dreht.

Bevor Du voller Vorfreude in den nächsten Tierbedarfsladen stürmst und Spielangeln, Kratzbaum, Körbchen, Katzenklo, Napf, Spezialfutter, Baldriankissen und dieses absolut niedliche Plüsch-Eichhörnchen in den Einkaufswagen wirfst –atme einmal tief durch. Und halte einen Moment inne.

Denn so wundervoll das Abenteuer „meine erste Katze" ist –
es ist keine Spontanentscheidung.

Es ist ein Schritt, der nicht nur Dein Zuhause verändert,
sondern auch Dich selbst.

Ja, Katzen sind bezaubernd. Ja, sie sind unabhängig.

Aber sie sind auch kleine Persönlichkeiten mit ganz eigenen Ansprüchen.
Und damit Euer gemeinsamer Start nicht in Stress, zerkratzten Möbeln und
ungeklärten Erwartungen endet, lohnt es sich, vorher ein paar Fragen ehrlich
zu beantworten.

Denn Planung ist nicht spießig –sie ist liebevolle Vorbereitung auf ein Lebewesen, das Dir sehr bald sehr viel bedeuten wird.

Katze oder Kater – Was passt besser zu mir?

Kater sind oft als die gemütlichen Schmusebären bekannt – schwer aus der
Ruhe zu bringen, manchmal etwas tollpatschig, aber mit einem Herz aus Gold.

Katzen dagegen gelten als zarter, sensibler, aber auch – wie soll man sagen –
diplomatisch direkt, wenn ihnen etwas nicht passt.

Aber wie das bei Vorurteilen so ist: Es stimmt nicht immer.

Es gibt zutrauliche Katzendamen, die sich wie ein Schal um Deinen Hals legen, und es gibt Kater, die Dir beleidigt den Rücken zudrehen, wenn Du fünf
Minuten zu spät fütterst.

Wichtiger als das Geschlecht ist die Persönlichkeit.

Wenn Du auf der Suche nach DEINER Katze bist, dann schau nicht zuerst auf
den Impfpass – sondern auf die Augen.

Spür, ob da eine Verbindung ist.
Ist es dieses „Klick"?
Dieser Moment, in dem sich zwei Seelen irgendwie erkennen?

Dann ist es egal, ob Männlein oder Weiblein –es ist DEINE Katze.

Rassekatze oder Hauskatze – Stilfrage oder Herzenssache?

Rassekatzen haben oft das gewisse Etwas: seidiges Fell, besondere Muster,
faszinierende Augen – und ja, manchmal auch diesen Blick, der sagt: „Bring
mir jetzt bitte den Lachs auf Porzellan, danke."

Sie wurden auf bestimmte Eigenschaften hin gezüchtet: Langhaar oder Kurzhaar, verspielt oder ruhig, kontaktfreudig oder eher aristokratisch distanziert.

Das bedeutet aber auch:

Rassekatzen haben rassespezifische Bedürfnisse.
Ob Ernährung, Fellpflege, Beschäftigung oder gesundheitliche Anfälligkeiten
– wer eine Rassekatze aufnimmt, sollte sich vorher gründlich informieren.

Hauskatzen dagegen sind kleine Wundertüten.
Unplanbar. Überlebenskünstler. Und oft mit mehr Persönlichkeit ausgestattet,
als einem auf Anhieb lieb ist.

Sie kommen in allen Farben, Größen und Temperamenten – vom selbstbewussten Chef bis zur scheuen Seele.

Und sie überraschen. Jeden Tag.

Viele Hauskatzen stammen aus dem Tierschutz – aus Pflegestellen, Tierheimen oder sogar direkt von der Straße.

Dort warten sie auf DICH.

Manche noch ein bisschen schüchtern, andere sofort aufdringlich, alle auf ihre Art besonders.

Wenn Du offen bist, Dich auf eine Katze mit Geschichte einzulassen –
dann wird sie Dich mit Liebe beschenken, wie Du es nicht für möglich gehalten hättest.

Einzelkatze oder besser im Doppelpack?

„Katzen sind Einzelgänger."
Diesen Satz hast Du sicher schon gehört – und er stimmt.
Aber nur teilweise.

In freier Wildbahn leben Katzen oft allein –aber sie können auch intensive soziale Bindungen eingehen.

Gerade junge Katzen brauchen jemanden zum Spielen, Kuscheln, Raufen, Rennen.

Und wenn Du tagsüber viel außer Haus bist? Dann ist eine Zweitkatze keine Option –sie ist ein Geschenk.

Zu zweit ist das Leben reicher.
Sie jagen zusammen imaginäre Mäuse, putzen sich gegenseitig die Ohren, schlafen ineinander verknotet – und lassen Deine Zimmerpflanzen in Ruhe, weil sie einfach besseres zu tun haben.

Natürlich gibt es Katzen, die lieber allein sind.
Vor allem ältere Tiere, die gelernt haben: „Ich brauch niemanden außer mein Futter und diesen Menschen da.“
Solche Einzelgänger sollten auch Einzelkatzen bleiben – aus Respekt vor ihrem Charakter.

Aber wenn Du Dir ein Kätzchen anschaffen möchtest –
dann frag Dich ehrlich:
Will ich eine Katze für mich – oder auch für die Katze selbst?

Allergien und andere Überlegungen

Jetzt mal ehrlich:
Hast Du schon einmal in einer Wohnung mit Katzenhaaren gelebt?
Hast Du schon einmal ausprobiert, wie Dein Körper reagiert, wenn sich eine Samtpfote auf Dein Kopfkissen legt?

Katzenallergien sind leider keine Seltenheit.
Und sie sind nicht wegmeditierbar.

Wenn Du unsicher bist, lass Dich testen –
bevor ein flauschiges Wesen in Dein Leben tritt, das Du vielleicht nach wenigen Wochen wieder abgeben musst, weil Du jeden Tag mit Taschentuch, Augentropfen und Asthmaspray aufwachst.

Für Dich schmerzhaft – für die Katze traumatisch.

Aber auch sonst gibt es ein paar Punkte zu klären:

Gibt es Kinder im Haushalt? Sind sie alt genug, um Katzen zu respektieren?

Ist Deine Wohnung katzensicher – keine giftigen Pflanzen, keine offenen Fenster ohne Netz?

Bist Du bereit, Tierarztkosten zu tragen – auch unerwartete?

Wie steht Dein Vermieter zu Tieren? Und Deine Nachbarn?

Bist Du in der Lage, auch mit Kratzspuren, zerbissenen Kabeln und Haaren in der Suppe zu leben – ohne die Katze dafür zu verurteilen?

Katzen sind keine Deko. Sie sind echte Mitbewohner.

Und sie brauchen Dich – nicht nur, wenn's süß ist, sondern auch, wenn's mal schwierig wird.

Der richtige Zeitpunkt

Gibt es den perfekten Moment, um eine Katze ins Leben zu holen?
Vielleicht.

Aber er ist seltener „Jetzt sofort!" – und öfter ein „Fast, aber warte noch ein kleines bisschen."

Denn Katzen brauchen Stabilität.
Sie lieben Routinen. Und sie hassen Veränderung.

Wenn Du also gerade umziehst, frisch verliebt bist, in einem neuen Job arbeitest oder eine Weltreise planst –dann sei ehrlich: Wird genug Raum für Eingewöhnung da sein? Für Nähe? Für Geduld?

Plane bewusst ein paar Wochen ein, in denen Du zuhause bist.
In denen Du Zeit hast, zuzuschauen, wie sich eine Katze langsam traut, das Sofa zu erkunden.

In denen Du bereit bist, nachts um drei aufzuwachen, weil jemand beschlossen hat, durch die Wohnung zu sprinten –
und dann doch ganz still an Deinem Bett liegt und schnurrt.

Wenn Du diesen Moment spürst –
dass Du bereit bist, Raum in Deinem Alltag, in Deiner Wohnung und in Deinem Herzen zu öffnen –
dann ist vielleicht genau jetzt der richtige Zeitpunkt.
Und was dann folgt?
Ist kein einfacher Alltag.
Sondern der Beginn einer leisen, langen, tiefen Freundschaft

Grundausstattung für Katzenanfänger.

Was Du wirklich brauchst – und was Deine Katze sowieso ignorieren wird

(Ein ehrlicher Blick auf Näpfe, Kratzbäume und das Leben mit einem eigenen Kopf auf vier Pfoten)

Jetzt ist es also so weit: Eine Katze wird bald Dein Zuhause betreten. Vielleicht ist es ein verspieltes Kitten mit zu großen Ohren und tapsigen Pfoten, vielleicht eine erwachsene Seele mit ruhigem Blick – aber egal, wer da kommt:

Dein Leben wird sich verändern.

Bevor das kleine Wesen über die Türschwelle tritt und sich schnurstracks auf Dein Kopfkissen legt (das wird passieren, glaub mir), brauchst Du eine gewisse Grundausstattung. Kein Luxus, keine Designer-Edition – sondern Dinge, die den Start erleichtern. Für Euch beide.

Und trotzdem wird es passieren, dass Du mit stolz gefüllten Einkaufstaschen nach Hause kommst – und Deine Katze sich genau nicht für das entscheidet, was Du mit Liebe ausgesucht hast. Willkommen in der Welt der Katzenlogik.

Die Transportbox – Dein erstes gemeinsames Kapitel

Die Transportbox ist vermutlich der erste Gegenstand, mit dem Deine Katze in Kontakt kommen wird. Nicht selten entsteht dabei der Eindruck, Du würdest sie in ein Raumschiff setzen und ins Unbekannte schicken. Und ein bisschen stimmt das auch: Es ist laut, es riecht fremd, es wackelt, und niemand hat gefragt, ob sie mitfahren möchte.

Deshalb ist es umso wichtiger, dass Du eine Box wählst, die Sicherheit ausstrahlt. Sie sollte robust sein, leicht zu reinigen, und im Idealfall oben und vorne zu öffnen sein – denn Katzen, die Angst haben, möchten nicht rückwärts hineingeschoben werden wie ein falsch geparktes Auto.

Lass die Box nicht einfach in der Ecke stehen, bis der erste Tierarztbesuch ansteht. Stell sie offen hin, leg eine vertraute Decke hinein, ein paar Leckerlis vielleicht. So wird sie zu einem Ort, der nicht nur für Angst steht – sondern auch für Schutz.

Denn Du willst, dass Deine Katze das Gefühl hat: „Wenn ich da drin bin, passiert nichts Schlimmes – mein Mensch ist bei mir."

Futter- und Wassernäpfe – mehr als nur Schüsseln

Wenn Du an Näpfe denkst, hast Du vermutlich zwei hübsche Schalen vor Augen, farblich passend zur Küche. Doch für Deine Katze ist das Fressen mehr als bloße Nahrungsaufnahme – es ist Ritual, Sicherheit, Vertrauen.

Die Materialien machen den Unterschied: Viele Katzen mögen kein Plastik. Es riecht seltsam, fühlt sich unangenehm an – und bei empfindlicher Haut kann es sogar kleine Pickel am Kinn verursachen.
Besser sind Keramik oder Edelstahl, robust und geruchsneutral.

Und während Du vielleicht denkst, es sei praktisch, Futter und Wasser direkt nebeneinander zu stellen, wird Deine Katze möglicherweise protestieren.

Katzen trinken lieber abseits vom Futterplatz – das liegt in ihrer Natur. In freier Wildbahn vermeiden sie stehendes Wasser in der Nähe toter Beute.

Also: Stelle Wasserschalen ruhig an mehreren Stellen in der Wohnung auf. Und gewöhne Dich daran, dass Dein Glas auf dem Nachttisch plötzlich interessanter wird als jeder Napf.

Das gehört zur Magie dazu. Und zur Geduld.

Katzenklo und Streu – das unterschätzte Wohlfühlmöbel

Ah, das stille Örtchen. So unscheinbar – und doch so entscheidend. Wenn hier etwas nicht stimmt, sagt Dir Deine Katze das deutlich. Und zwar genau dort, wo Du es am wenigsten brauchst: auf dem Teppich, im Wäschekorb oder mitten ins Bett.

Deshalb: Nimm das Thema Katzenklo ernst.

Ob offen oder geschlossen, hoch oder niedrig, mit oder ohne Haube – es gibt keine pauschale Antwort. Manche Katzen lieben das geschützte Gefühl einer Haube, andere fühlen sich darin wie auf der Bühne eines Theaters. Du wirst es ausprobieren müssen.

Die Grundregel lautet: Immer mindestens ein Klo mehr als Katzen im Haushalt leben. Auch wenn Du Dir denkst: „Aber ich hab doch nur eine Katze!" – glaub mir, spätestens beim ersten „Pipi-Protest" wirst Du den Mehrwert des Zweitklos verstehen.

Auch bei der Streu gilt: Probiere Dich langsam heran.

Manche Katzen mögen es duftneutral, andere bevorzugen eine feinkörnige, klumpende Variante. Was für Dich angenehm riecht, kann für Deine Katze unerträglich sein.

Und was sie liebt, wirst Du spätestens merken, wenn sie fröhlich scharrt – statt demonstrativ neben das Klo zu pinkeln.

Kratzbaum & Rückzugsorte – Dein Sofa ist kein Kratzbrett

So niedlich Katzen sind – ihre Krallen sind echte Werkzeuge. Sie brauchen sie. Nicht nur zum Klettern und Verteidigen, sondern auch zur Pflege.
Deshalb kratzen sie – nicht aus Trotz, sondern aus Instinkt. Wenn Du nicht willst, dass Deine Möbel zu Kratzobjekten werden, musst Du gute Alternativen bieten.

Ein Kratzbaum ist mehr als nur ein Kletterspielplatz. Er ist Aussichtspunkt, Reviermarkierung, Ruhezone. Und je mehr Ebenen, Rückzugsflächen und Sisalflächen er hat, desto besser.

Doch denk daran: Der Baum alleine reicht nicht. Auch an anderen Stellen – etwa neben der Couch, in der Nähe der Schlafplätze oder am Fenster – sollten kleinere Kratzgelegenheiten stehen.

Genauso wichtig sind Rückzugsorte. Kuschelhöhlen, Körbchen, Kartons – alles, was Sicherheit und Geborgenheit ausstrahlt.

Und noch etwas: Viele Katzen lieben es, hoch zu liegen. Vielleicht brauchst Du kein Regal. Deine Katze aber sieht es als Aussichtsturm. Plane also in Höhenmetern.

Spielzeug & Beschäftigung – der Jagdtrieb wohnt bei Dir

Eine Wohnungskatze, die nicht spielen darf, wird sich selbst Aufgaben suchen. Und die sehen dann oft so aus: Gardinen erklimmen, Blumenerde umgraben oder Mitternachtsflitzerei durch alle Zimmer.

Denn auch wenn Deine Katze im warmen Wohnzimmer lebt – in ihr schlägt das Herz eines Jägers.

Spielzeug bedeutet nicht nur Spaß, sondern Auslastung. Fangspiele mit der Angel, Verfolgungsjagden mit Bällen, Suchspiele mit Leckerlis – all das fördert Bewegung und Intelligenz. Und ja, auch Du wirst dabei gefordert sein.

Es gibt Spielzeuge für jedes Budget – von der elektrischen Maus bis zum selbstgebauten Fummelbrett aus Klopapierrollen.

Und trotzdem wird Deine Katze vermutlich den größten Spaß an einem alten Karton haben. Oder an einem zusammengeknüllten Kassenzettel.

Das ist keine Undankbarkeit. Das ist einfach: Katze.

Fazit: Alles bereit – und doch ganz anders

Wenn Du nun Deine Checkliste durchgehst, Dich durch Produktbewertungen geklickt hast und das erste Zubehör in der Wohnung verteilst – dann ist das großartig. Aber mach Dich auch darauf gefasst, dass Deine Katze sich nicht an den Plan halten wird.

Sie wird Dir zeigen, was sie braucht – und was nicht.
Sie wird manches ignorieren, was Du mit Herz gekauft hast,
und sich verlieben in das, was Du für Nebensache gehalten hast.

Und genau das ist es, was das Zusammenleben so wundervoll macht:
Du gibst, was Du kannst. Und Deine Katze zeigt Dir, was wirklich zählt.

Checkliste: Was Du wirklich brauchst für Deine erste Katze

Für den Transport
[ ] Stabile Transportbox (am besten mit Öffnung vorne und oben)
[ ] Weiche Decke oder Handtuch für den Boden
[ ] Leckerli zur Beruhigung und Gewhnung

Futter & Wasser
[ ] 2 Fressnäpfe aus Keramik oder Edelstahl
[ ] 1-2 Wasserschalen - nicht direkt neben dem Futter
[ ] Hochwertiges Katzenfutter (am besten vorab beraten lassen)
[ ] Eventuell Leckerli zur Belohnung & Bindung

Katzenklo & Streu
[ ] Mindestens 1 Klo mehr als Katzen im Haushalt (z. B. 2 Klos bei 1 Katze)
[ ] Geruchsarme, klumpende Katzenstreu
[ ] Schaufel & Abfallbehälter
[ ] Matte für den Klo-Eingang (gegen Streukrümel)

Kratzmöglichkeiten
[ ] Kratzbaum (hoch, stabil, mit Liegeflächen)
[ ] Kratzmatte oder -brett zusätzlich z. B. neben dem Sofa
[ ] Eventuell Wandkratzleiste oder Sisalteppich

Schlaf- & Rückzugsplätze
[ ] Kuscheliges Körbchen, Decke oder Katzenhöhle
[ ] Zugang zu erhöhten Liegeflächen (Regal, Fensterplatz)
[ ] Karton mit weicher Decke (wird oft überraschend beliebt)

Spiel & Beschäftigung
[ ] Spielangel (ideal für gemeinsames Spielen)
[ ] Kleine Bälle, Filzmäuse, raschelnde Objekte
[ ] Intelligenzspielzeug oder Fummelbrett
[ ] Alltagsgegenstände (z. B. leere Papiertüten ohne Henkel)

Optional, aber empfehlenswert
[ ] Katzenminze- oder Baldrianspielzeug
[ ] Fensterplatz mit Decke oder Polster
[ ] Futtermatte oder Unterlage für Näpfe
[ ] Erste-Hilfe-Set für Katzen (z. B. Zeckenzange, Notfallnummern)
[ ] Bürste oder Kamm (je nach Felllänge)

Die ersten Tage im neuen Zuhause.

Wenn aus einem Gast ein Familienmitglied wird.

Jetzt ist es also so weit. Die Näpfe stehen bereit, das Katzenklo ist strategisch positioniert, Du hast die Wohnung fünfmal abgesichert – und trotzdem fühlst Du Dich ein bisschen wie vor einem ersten Date: aufgeregt, unsicher, hoffnungsvoll.

Nur dass Dein Gegenüber in diesem Fall vier Pfoten, Schnurrhaare und eine ganze Menge eigener Erwartungen mitbringt.

Diese ersten Tage sind etwas ganz Besonderes – für Euch beide. Sie legen den Grundstein für Eure Beziehung. Und genau deshalb verdienen sie eines: Zeit. Geduld. Und ganz viel Herz.

Vorbereitung der Wohnung

Bevor Du Deine Katze nach Hause holst, solltest Du Dir Deine vier Wände noch einmal mit neuen Augen ansehen – mit Katzenblick.

Stell Dir vor, Du wärst klein, flink, neugierig – und ein bisschen ängstlich, weil Du gerade Deine gewohnte Umgebung verlassen hast.

Folgende Dinge sind jetzt wichtig:

Fenster sichern!

Kippfenster gehören zu den größten Gefahrenquellen – Katzen können sich darin schwer verletzen. Am besten mit speziellen Kippfenstersicherungen arbeiten. Balkon? Nur mit Katzennetz.

Pflanzen checken!

Viele beliebte Zimmerpflanzen sind für Katzen giftig. Dazu gehören Lilien, Efeu, Philodendron, Ficus, Weihnachtssterne – kurz: viele. Informier Dich gut oder schaff Alternativen.

Kabel und kleine Gegenstände wegräumen.

Nichts ist spannender als ein baumelndes Ladekabel oder ein glitzernder Ohrring. Leider auch gefährlich – verschluckt ist schnell.

Rückzugsorte einrichten.

Kuschelige Höhlen, zugängliche Schrankfächer, Deckenburgen – ideal zum Verstecken und Beobachten. Für Katzen ist Sichtschutz = Sicherheit.

Außerdem: Bereite ein eigenes „Willkommenszimmer" vor – ruhig, übersichtlich, nicht zu groß.

Stell dort Futter, Wasser, Klo, Kratzgelegenheit und Schlafplatz auf. Gib ihr einen Ort, der nur ihr gehört.

Den Rest der Wohnung kann sie später erkunden – Schritt für Schritt.

Ankunft und Eingewöhnung

Der große Moment ist da. Die Transportbox steht im Zimmer. Du öffnest sie.
Und... nichts passiert?

Keine Sorge. Für Deine Katze ist gerade eine Welt zusammengebrochen –
oder zumindest eine völlig neue aufgegangen.

Alles riecht fremd, klingt anders, fühlt sich ungewohnt an. Viele Katzen brauchen Stunden, manche sogar Tage, bis sie sich aus der Box trauen.

Was Du jetzt tun kannst:

Bleib ruhig und leise.
Lass ihr alle Zeit der Welt.
Stell ihr Futter in Sichtweite, aber nicht zu nah.
Setz Dich einfach hin, lies ein Buch, sprich leise mit ihr.
Vermeide hektische Bewegungen und laute Geräusche.

Wenn sie aus der Box kommt: Nicht gleich streicheln, nicht festhalten!

Beobachte sie. Lass sie Dich „lesen". Katzen merken sehr genau, ob man sie
bedrängt oder respektiert.

Vertrauen entsteht nicht durch Zwang, sondern durch Freiheit.

Vielleicht kriecht sie unter das Sofa. Oder unter das Bett. Und bleibt da erstmal.

Das ist völlig normal. Das ist ihr Schutzmechanismus. Und es ist in Ordnung.
Sei einfach da. Mehr musst Du gerade gar nicht tun.

Die ersten Nächte

So. Jetzt schläfst Du. Denkst Du. :-)
Denn Deine Katze hat andere Pläne.

Viele Katzen erkunden nachts ihr neues Zuhause. Wenn alles still ist.

Keine Menschen, keine Hektik, keine unbekannten Geräusche. Jetzt ist Zeit
für Abenteuer – und dafür, Dinge auf den Boden zu schubsen, die vorher ganz
oben standen.

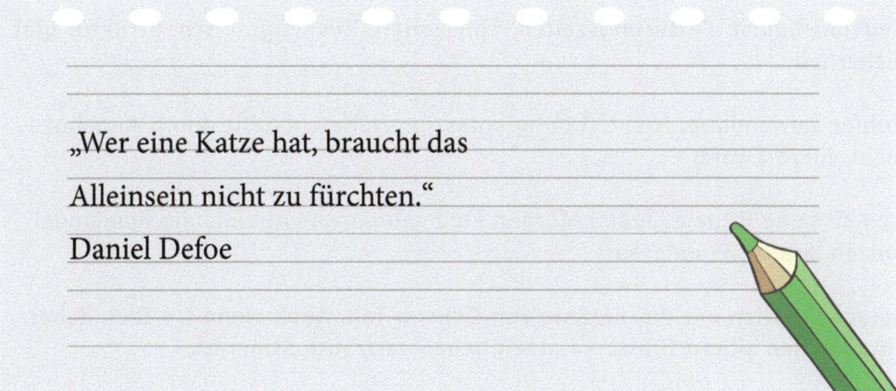

Achtung!

„Wer eine Katze hat, braucht das Alleinsein nicht zu fürchten."
Daniel Defoe

Vielleicht miaut sie. Vielleicht schläft sie auf Deinem Gesicht. Vielleicht spielt sie mit Deiner Zimmerpflanze Bowling. Und Du fragst Dich, ob das normal ist.

Ja, ist es.

Die ersten Nächte sind oft unruhig. Für Euch beide. Und doch so wichtig. Denn hier zeigt sich, wie sehr Deine Katze Dich schon in ihren neuen Tagesrhythmus integriert.
(Spoiler: Ihr Rhythmus ist nicht Deiner.)

Was hilft?

Abends ausgiebig spielen – so richtig mit Action.
Danach füttern – volle Mägen machen müde.
Einen festen Schlafplatz anbieten – in Deiner Nähe oder im Nebenraum.
Nicht reagieren, wenn sie nachts Theater macht – sonst wird sie zum Nachteulen-Clown auf Lebenszeit.

Erste Bindung aufbauen

Vertrauen ist wie ein zartes Pflänzchen: Es wächst langsam – und braucht Pflege. Und Geduld. Und manchmal einfach nur einen warmen Platz neben Dir auf dem Sofa.

Deine Katze lernt gerade, wer Du bist. Ob Du gut riechst (nach Thunfisch vielleicht?), ob Du sichere Hände hast, ob Deine Stimme freundlich klingt. Und Du lernst, wie man schnurrende Stimmungsschwankungen richtig liest.

Was ihr jetzt gut tut:

Regelmäßigkeit. Fütterungszeiten, Spielzeiten, Rückzugszeiten. Struktur gibt Sicherheit.

Ruhige Zuwendung. Nicht ständig anfassen. Nähe entsteht durch Angebot – nicht durch Zwang.

Gemeinsame Rituale. Jeden Morgen kurz schmusen? Abends die Spielangel tanzen lassen? Wunderbar!

Sprache. Sprich mit ihr. Erzähle von Deinem Tag. Auch wenn Du Dich dabei ein bisschen albern fühlst – Katzen lieben vertraute Stimmen.

Und dann – irgendwann, vielleicht nach ein paar Tagen, vielleicht nach zwei Wochen – passiert es:

Sie kommt von selbst. Legt sich zu Dir. Streckt sich. Schließt die Augen. Und beginnt zu schnurren.
Dann weißt Du: Sie ist angekommen. Und Du auch.

Diese ersten Tage sind der Anfang einer Freundschaft, wie es sie kein zweites Mal gibt. Zwischen Dir und einem Wesen, das Dich nie fragen, aber alles fühlen lässt.

Einer Katze. Deiner Katze.

Katzen verstehen lernen.

Von Körpersprache, Schnurrbotschaften und dem berühmten „Ich sitz nur so da und urteile über Dein Leben"-Blick

Du hast es geschafft!
Deine Katze ist eingezogen, hat sich eingerichtet – und Dich vermutlich längst zum festen Personal befördert.

Aber was nun? Wie erkennst Du, ob sie glücklich ist? Ob sie Nähe will oder gerade lieber in Ruhe gelassen werden möchte? Und was genau bedeutet eigentlich dieses „Miauuu" mitten in der Nacht?

Katzen sind stille, aber sehr klare Kommunikatoren. Wer ihre Signale lesen kann, wird mit einer tiefen, fast wortlosen Verbindung belohnt.

Und wer sie nicht versteht... nun ja, der findet vielleicht ein Geschenk im Schuh oder wird beim Streicheln plötzlich zur Zielscheibe der Krallen.

Also: Lausche, schau genau hin – und sei bereit, Katzenlogik zu lieben.

Körpersprache und Mimik

Katzen sagen mehr mit einem Schwanzzucken als manch Mensch mit einem Roman. Ihre Körpersprache ist unglaublich fein – und manchmal das genaue Gegenteil dessen, was wir erwarten würden.

Hier ein paar wichtige „Katzisch"-Basics:

Der Schwanz – das Stimmungsbarometer

Aufrecht, leicht gebogen an der Spitze:
„Hallo! Ich mag Dich. Mach was Nettes."

Zuckend oder peitschend:
„Ich bin gereizt. Hör. Jetzt. Auf."

Flach am Boden oder eingeklemmt:
„Ich hab Angst. Hilfe?!"

Langsam hin und her wie ein Metronom:
„Ich bin unentschlossen. Interessiert – aber bereit zur Flucht."

Die Ohren – kleine Radarstationen

Aufgestellt, nach vorne gerichtet:
„Was geht hier ab? Ich bin voll da!"

Seitlich weggedreht oder flach:
„Lass mich in Ruhe, oder ich verwandle mich in einen Mini-Tiger."

Ein Ohr vorne, eins hinten:
„Ich bin neugierig UND skeptisch. Trickst Du mich gerade aus?"

Die Augen – Fenster zur Katzenpsyche

Langsames Blinzeln:
„Ich vertraue Dir." (Das ist das berühmte „Katzenlächeln" –

Du darfst es gerne zurückgeben!)

Weit aufgerissene Pupillen:
„Ich bin aufgeregt, wachsam oder gleich am Durchdrehen."

Schmale Pupillen, halb geschlossene Lider:
„Ich bin zufrieden. Oder schläfrig. Oder beides."

Und ganz wichtig: Starre Deine Katze nie direkt an – in der Katzensprache bedeutet das Konfrontation. Lieber blinzel sanft und schau dann leicht zur Seite. Das ist höflich. Und charmant.

Lautäußerungen

Katzen miauen eigentlich nicht viel untereinander – sie tun das vor allem für uns. Ja, Du wirst mit Deiner Katze eine ganz eigene Sprache entwickeln.

Und sie wird Dich trainieren, jedes Miauen richtig zu deuten. (Spoiler: Es bedeutet fast immer „Füttere mich.")

Hier eine kleine Auswahl der Katzensprache auf Audio-Kanal:

Kurzes, helles Miauen:
„Hallo! Da bist Du ja! Hast Du was für mich?"

Langes, jammerndes Miauen:
„Ich hab Hunger! Und zwar gestern!"

Gurren und Trillern:
„Ich bin gut drauf!" Oder: „Guck mal, ich bring Dir was!"

Knurren/Fauchen:
„Zurück, Zweibeiner. Heute ist nicht Dein Tag."

Schnattern (z. B. am Fenster beim Anblick von Vögeln):
„Ich will da raus. Sofort. JETZT. Aaaaaah!"

Schnurren:
„Ich bin zufrieden... meistens."

Achtung:
Schnurren kann auch bedeuten: „Ich beruhige mich gerade selbst."

Zum Beispiel beim Tierarzt oder in Stresssituationen. Achte also auf den Kontext.

Typische Verhaltensweisen – und was sie bedeuten

Kratzen an Möbeln, Teppichen, Wänden:
Nein, das ist keine Bosheit. Das ist Reviermarkierung, Krallenpflege – und oft Frustabbau.

Tipp: Mehr Kratzmöglichkeiten bieten. Und loben, wenn sie genutzt werden!

Köpfchengeben:
Das ist Liebe pur! Deine Katze markiert Dich mit ihren Duftdrüsen – Du gehörst jetzt offiziell zum Rudel.

Sich auf den Rücken legen, Bauch zeigen:
Vorsicht! Das ist nicht automatisch eine Einladung zum Streicheln. Es bedeutet eher: „Ich vertraue Dir – aber fass mich bloß nicht an, wenn Du nicht gefragt hast!"

Mit dem Po voraus auf Deinen Schoß steigen:
Herzlichen Glückwunsch – das ist die höchste Form der Akzeptanz. Es mag komisch aussehen, aber: Hinsetzen = Vertrauen.

Plötzliches Losrennen, um die Ecke flitzen, dann abrupt stoppen:
Das ist der „Zoomie-Modus" – überschüssige Energie muss raus. Jetzt bloß nicht im Weg stehen.

Und dann ist da noch… das Ignorieren

Du rufst. Du lockst. Du wedelst mit der Lieblingsspielangel – und Deine Katze schaut Dich an, gähnt und dreht sich weg.

Warum?
Weil sie's kann.
Weil sie weiß, dass Du trotzdem bleibst.
Weil sie Dich liebt – auf ihre Weise.

Katzen sind keine Befehlsempfänger. Sie sind Persönlichkeiten. Mit Ecken, Kanten, flauschigem Bauch und einem großen Bedürfnis nach Freiheit – und Verbindung.

Wer das versteht, wird eine Beziehung erleben, die nicht laut ist, aber tief. Nicht fordernd, aber ehrlich. Und manchmal sogar ein bisschen magisch.

Wenn Du Deine Katze wirklich verstehen willst, brauchst Du keine App, keine wissenschaftliche Studie, keine „5-Schritte-zum-Katzenflüsterer"-Technik.

Du brauchst nur eins:
Zeit. Nähe. Und den Mut, sie so zu nehmen, wie sie ist.

fellpflege – Mehr als nur Bürsten.

Weil wahre Schönheit nicht nur von innen kommt – sondern auch gebürstet werden will.

Katzen sind wahre Putzweltmeister. Mehrere Stunden pro Tag verbringen sie damit, ihr Fell zu reinigen. Mit geschlossenen Augen, zarten Pfoten und ihrer rauen Zunge schaffen sie es, den Eindruck vollkommener Zufriedenheit zu vermitteln.

Und tatsächlich: Fellpflege ist für viele Katzen nicht nur Gewohnheit, sondern Wohlgefühl pur.

Doch so gründlich Deine Katze sich auch pflegt – Deine Unterstützung bleibt wichtig.

Fellpflege ist nicht nur eine Hygienemaßnahme. Sie ist Ausdruck von Zuwendung, von Achtsamkeit – und eine wertvolle Gelegenheit, Veränderungen im Fell oder auf der Haut frühzeitig zu erkennen.

Kahle Stellen, Parasiten, Hautirritationen oder Knoten entgehen Dir beim Bürsten nicht so leicht. Und noch viel wichtiger: Fellpflege ist eine Gelegenheit zur Bindung. Ein Ritual, das Vertrauen schafft und Geborgenheit vermittelt.

Warum ist Fellpflege so wichtig?

Sie entfernt lose Haare, reduziert das Risiko von Haarballen (die sonst auf Teppichen, Sofas oder Bettdecken landen).

Sie beugt Verfilzungen und Knoten vor – besonders bei Langhaarkatzen.

Sie regt die Durchblutung an, fördert die Hautgesundheit und den Haarwuchs.

Sie stärkt Eure Bindung – durch gemeinsame Zeit und liebevolle Berührung.

Wie oft soll gebürstet werden?

Kurzhaarkatzen: 1–2 Mal pro Woche, bei starkem Fellwechsel gerne öfter.

Langhaarkatzen: idealerweise täglich, da Verfilzungen sehr schnell entstehen können.

Senioren & übergewichtige Katzen: Sie kommen oft nicht mehr an alle Stellen – hier darfst Du besonders sorgsam sein.

So wird das Bürsten angenehm

Katzen sind sensible Wesen, die Routine schätzen. Wenn Du Deine Katze an das Bürsten gewöhnen willst, wähle Momente der Entspannung: nach dem Fressen, beim Kuscheln, wenn sie ohnehin ruhig daliegt.

Sprich leise mit ihr, halte die ersten Einheiten kurz, und nutze sanfte Bürsten oder spezielle Pflegehandschuhe.

Streichele sie anfangs, kombiniere das Bürsten mit vertrauten Bewegungen. Wenn sie es zulässt, kannst Du langsam zu Kämmen oder Entfilzungswerkzeug übergehen.

Wichtig: Niemals zerren, ziepen oder unter Zwang kämmen. Das zerstört Vertrauen.

Verfilzungen solltest Du nie mit Gewalt entfernen. Nutze Entfilzsprays oder bitte im Zweifel einen Tierfriseur oder Tierarzt um Hilfe.

Und ganz wichtig: Belohnung nicht vergessen! Ein Leckerli nach der Pflege wirkt manchmal wahre Wunder.

Krallenpflege – Wenn's klackert wie High Heels

Katzen benutzen ihre Krallen beim Klettern, Spielen, Jagen und Krallenwetzen. In der freien Natur nutzen sie sich dabei ganz von selbst ab.

Doch Wohnungskatzen, die weniger Gelegenheit zum natürlichen Kratzverhalten haben, brauchen ab und an Deine Hilfe.

Ein gut platzierter Kratzbaum ist Pflicht, ebenso mehrere Kratzmöglichkeiten in der Wohnung.

Doch wenn die Krallen hörbar über den Boden klackern oder sich beim Kratzen verhaken, solltest Du über das Schneiden nachdenken.

So geht's richtig:

Verwende eine spezielle Krallenschere.

Drücke sanft auf die Pfote, damit die Kralle ausfährt.

Schneide nur die Spitze ab – nicht ins rosafarbene „Leben", dort verlaufen Nerven und Blutgefäße.

Wenn Du unsicher bist: lieber zum Tierarzt gehen.

Ohrenpflege – Ein Blick sagt mehr als tausend Worte

Katzenohren sind empfindlich. Sie sollten sauber, geruchslos und frei von
Rötungen sein.

Leichter Schmutz am Ohrinnenrand lässt sich mit einem weichen, leicht an-
gefeuchteten Tuch vorsichtig entfernen.

Bitte keine Wattestäbchen verwenden – Verletzungsgefahr!

Bei ständigem Kopfschütteln, starkem Geruch oder dunklem Ausfluss solltest
Du unbedingt den Tierarzt aufsuchen. Das könnte auf Milben, Entzündungen
oder Pilze hindeuten.

Augenpflege – Klare Sicht, klares Wohlgefühl

Ein wenig Tränenflüssigkeit in den Augenwinkeln ist normal, besonders bei
Katzen mit kurzen Nasen. Mit einem fusselfreien, weichen Tuch und abge-
kochtem Wasser (Raumtemperatur!) kannst Du sanft reinigen.

Verwende für jedes Auge ein eigenes Tuch, um keine Keime zu übertragen.

Verstärkter Ausfluss, Trübung oder Rötung sind Alarmzeichen – dann bitte direkt zum Tierarzt.

Zahnpflege – Auch Katzen lächeln

Zahnstein und Zahnfleischentzündungen sind bei Katzen keine Seltenheit.

Regelmäßige Kontrolle der Zähne hilft, Schäden früh zu erkennen. Wer mutig ist, gewöhnt seine Katze ans Zähneputzen mit spezieller Katzenzahnpasta.

Alternativ helfen Zahnpflege-Leckerlis, Trockenfutter mit Reinigungseffekt oder spezielle Kauspielzeuge.

Im Zweifel prüft der Tierarzt beim Check-up die Zahngesundheit mit.

Fazit: Pflege ist Beziehung

Wenn Du Deine Katze pflegst, zeigst Du ihr: Du bist da. Du siehst sie. Du sorgst Dich. Ob Fell, Krallen, Ohren, Augen oder Zähne – Pflege ist Beziehung.

Und die beginnt bei kleinen Gesten: einem sanften Kämmen, einem aufmerksamen Blick, einem ruhigen Moment zu zweit.

So entsteht Vertrauen.

Und genau das macht Euer Zusammenleben so besonders.

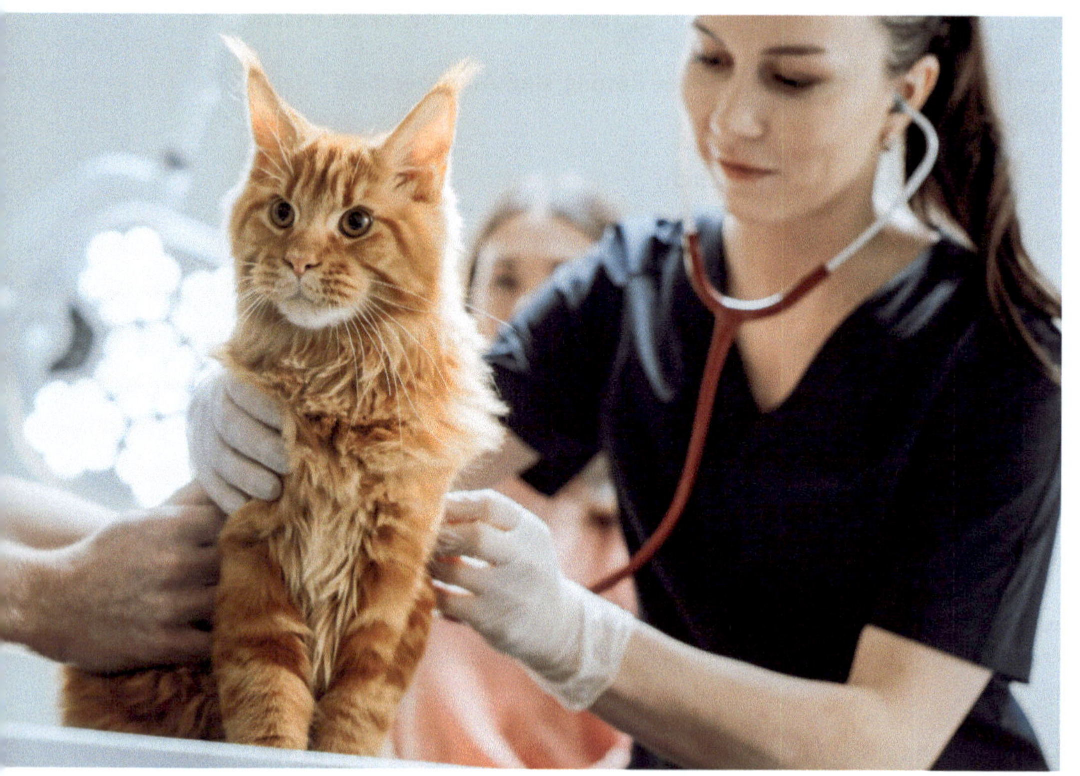

Gesundheit – Vorsorge, Symptome und häufige Krankheiten.

Katzen gesund halten – ein täglicher Beitrag

Ein gesundes Katzenleben beginnt mit Aufmerksamkeit – Deiner Aufmerksamkeit.

Denn Katzen zeigen Schmerzen oder Unwohlsein oft sehr spät, beinahe unauffällig.

Deshalb ist es so wichtig, auch kleinste Veränderungen im Verhalten ernst zu nehmen.

Wenn Deine Katze plötzlich weniger frisst, nicht mehr spielt wie sonst oder sich anders bewegt, solltest Du hellhörig werden.

Gesundheit bedeutet nicht nur, keine Krankheit zu haben, sondern sich wohl-zufühlen, aktiv zu sein und Freude am Leben zu haben.

Und genau das wirst Du nur erkennen, wenn Du Deine Katze gut beobachtest – und sie wirklich kennst.

Häufige Krankheiten – und wie Du sie erkennst

Katzenschnupfen

Der Katzenschnupfen ist eine Sammelbezeichnung für verschiedene Erreger – meist Viren, manchmal auch Bakterien – und besonders für ungeimpfte Jung-tiere gefährlich.

Erste Anzeichen sind häufiges Niesen, tränende Augen, eine verstopfte oder laufende Nase und Fieber. Betroffene Katzen wirken oft schlapp, ziehen sich zurück und verlieren den Appetit. Wenn der Erreger Calicivirus beteiligt ist, können auch schmerzhafte Geschwüre im Maul entstehen.

Behandelt wird mit schleimlösenden Mitteln, viel Wärme und – falls Bakterien beteiligt sind – auch mit Antibiotika. Inhalationen mit Kochsalzlösung oder ein warmer, feuchter Raum (z. B. das Badezimmer nach einer heißen Dusche) können zusätzlich helfen.

Besonders wichtig ist die Impfung, die schon im Kittenalter begonnen wird und zuverlässig vor schweren Verläufen schützt.

Katzenseuche (Panleukopenie)

Diese aggressive Viruserkrankung ist hochansteckend und kann für ungeimpf-te Katzen, insbesondere für Kitten, lebensgefährlich sein. Typisch sind plötz-liches Erbrechen, wässriger oder blutiger Durchfall, Fieber oder Untertempe-ratur sowie völlige Apathie.

Manche Katzen trinken und fressen nicht mehr, wirken ausgetrocknet und ziehen sich zurück.

In schweren Fällen kann der Tod innerhalb weniger Stunden eintreten.

Eine spezifische Behandlung gibt es nicht – nur eine intensive symptomatische Therapie mit Infusionen, Medikamenten gegen Übelkeit und zur Stabilisierung. Auch hier ist die Impfung die beste und sicherste Vorbeugung.

Zahnprobleme

Zahnstein, Zahnfleischentzündungen und FORL (eine Erkrankung, bei der die Zahnhartsubstanz schmerzhaft aufgelöst wird) gehören zu den häufigsten, aber oft übersehenen Gesundheitsproblemen bei Katzen.

Du bemerkst sie vielleicht daran, dass Deine Katze plötzlich Trockenfutter meidet, nur noch auf einer Seite kaut oder den Kopf schief hält.

Ein unangenehmer Maulgeruch, vermehrtes Speicheln oder ein Rückgang des Appetits können ebenfalls Hinweise sein.

Die Behandlung reicht von einer professionellen Zahnreinigung unter Narkose bis zur Entfernung betroffener Zähne.

Regelmäßige Kontrolle beim Tierarzt, spezielle Zahnpflegeprodukte und passende Ernährung helfen, Zahnprobleme frühzeitig zu erkennen oder gar zu vermeiden.

Parasiten

Würmer, Flöhe und Milben treten bei Katzen häufiger auf, als man denkt. Ein Wurmbefall bleibt oft lange unbemerkt, kann aber zu stumpfem Fell, Gewichtsverlust, Durchfall oder einem aufgeblähten Bauch führen.

Flöhe hingegen machen sich meist durch vermehrtes Kratzen, kleine schwarze Krümel im Fell (Flohkot) oder Haarausfall bemerkbar.

Ohrmilben erkennt man an schwarzem, bröckeligem Belag im Ohr, häufigem Kopfschütteln oder Kratzen.

Behandelt werden alle Parasitenarten mit speziellen Mitteln vom Tierarzt – Spot-ons, Tabletten oder Sprays – je nach Art und Ausmaß.

Eine regelmäßige Entwurmung und Kontrolle helfen, die kleinen Plagegeister gar nicht erst groß werden zu lassen.

Harnwegserkrankungen

Vor allem Wohnungskatzen oder übergewichtige Tiere neigen zu Blasenentzündungen oder Harnkristallen.

Wenn Deine Katze häufiger auf die Toilette geht, dort aber nur wenig oder gar keinen Urin absetzt, laut maunzt oder plötzlich außerhalb des Katzenklos uriniert, könnten Schmerzen beim Wasserlassen der Grund sein.
Blut im Urin oder intensives Lecken im Genitalbereich sind ebenfalls deutliche Alarmsignale.

Die Behandlung erfolgt durch den Tierarzt – meist mit Schmerzmitteln, ggf. Antibiotika, einer Ernährungsumstellung oder Infusionen.

Ein vollständiger Harnröhrenverschluss, insbesondere bei Katern, ist ein echter Notfall und muss sofort behandelt werden.

Chronische Nierenerkrankung (CNI)

Besonders ältere Katzen sind betroffen. Sie trinken deutlich mehr als sonst, setzen mehr Urin ab, verlieren an Gewicht, zeigen Appetitlosigkeit oder wirken müde und schlapp.

Auch das Fell wird oft stumpf und struppig. Ein typischer Hinweis ist zudem ein unangenehmer, urinhafter Mundgeruch.

Eine frühe Diagnose – meist durch Blut- und Urinuntersuchung – hilft, rechtzeitig mit nierenschonendem Futter und unterstützender Therapie zu beginnen.

Zwar ist die Erkrankung nicht heilbar, aber mit regelmäßiger Kontrolle und guter Pflege kann eine Katze trotzdem ein langes und lebenswertes Leben führen.

Diabetes mellitus

Auch Diabetes kann bei Katzen auftreten – vor allem bei übergewichtigen oder älteren Tieren. Erste Anzeichen sind starker Durst, häufiges Wasserlassen, Gewichtsverlust trotz guten Appetits und eventuell Schwäche in den Hinterbeinen. Manche Katzen wirken apathisch oder schlafen deutlich mehr als sonst.

Mit einer gezielten Behandlung – in der Regel einer Insulintherapie und speziellem Diätfutter – lässt sich die Krankheit gut in den Griff bekommen. Regelmäßige Blutzuckerkontrollen sind nötig, aber viele Katzen kommen sehr gut mit der Therapie zurecht.

Tumore

Leider bleiben auch Tumorerkrankungen bei Katzen nicht aus. Sie äußern sich häufig erst spät durch Knoten, Abgeschlagenheit oder verändertes Verhalten. Früherkennung durch regelmäßige Tierarztbesuche und Abtasten kann hier Leben retten.

Was Du tun kannst!

Du musst kein Tierarzt sein – aber ein wachsamer Freund.

Achte auf kleine Signale. Ein veränderter Gang, anderes Fressverhalten, neue Schlafgewohnheiten – alles kann auf ein gesundheitliches Problem hindeuten.

Ein jährlicher Check-up beim Tierarzt, Impfungen, Zahnkontrollen, Parasitenprophylaxe und eine ausgewogene Ernährung bilden das Fundament.

Wenn Du aufmerksam bist, schenkst Du Deiner Katze nicht nur Zuwendung – sondern auch Sicherheit.

Fazit: Gesundheit ist Liebe und Fürsorge

Jede Streicheleinheit, jedes Bürsten, jedes Beobachten ist ein kleiner Gesundheitscheck. Und jedes Mal zeigst Du: Ich sehe Dich. Ich achte auf Dich. Ich bin für Dich da.

Denn Gesundheit bedeutet mehr als Abwesenheit von Krankheit.

Sie ist ein Zustand der Balance, der Freude und des Vertrauens. Und genau das schenkst Du Deiner Katze – jeden Tag.

Ernährung.

Von Napf, Nase und Nährstoffen – wie Du Deine Katze glücklich und gesund fütterst

Essen ist Liebe. Das gilt für uns Menschen ebenso wie für unsere Katzen.

Nur sind Katzen dabei oft anspruchsvoller.

Oder besser gesagt: sie wissen einfach sehr genau, was sie wollen. Ein neues Futter wird beäugt, beschnuppert, vielleicht einmal mit der Pfote angestupst – und dann mit einer Geringschätzung links liegen gelassen, die jeder Gourmet verstehen würde.

Mal ist das Futter zu kalt, mal war es gestern schon mal da, mal fehlt einfach das gewisse Etwas.

Willkommen in der Welt der Katzenernährung, wo Liebe durch den Napf geht, aber nur, wenn Inhalt, Geruch und Temperatur stimmen.

Doch Füttern ist nicht nur Geschmackssache, sondern ein Schlüssel zu Gesundheit, Vertrauen und Wohlbefinden.

Deine Katze ist ein kleiner Fleischfresser mit hohen Ansprüchen, und was Du ihr gibst, bestimmt ihren Alltag, ihre Energie – und letztlich auch ihre Lebensdauer.

Nass- oder Trockenfutter – was gehört wirklich in den Napf?

Nassfutter gilt als natürlichere Fütterungsform. Es enthält – im Gegensatz zu Trockenfutter – einen sehr hohen Wasseranteil von rund 70 bis 80 Prozent.

Das ist kein Zufall, sondern entspricht der natürlichen Ernährung von Katzen, die in freier Wildbahn ihre Flüssigkeit über Beutetiere aufnehmen.

Viele Katzen trinken von sich aus wenig, und genau hier hilft gutes Nassfutter: Es versorgt Deinen Vierbeiner gleichzeitig mit Wasser, wichtigen Nährstoffen und Energie.

Nassfutter ist oft intensiver im Geruch, hat unterschiedliche Konsistenzen und spricht die Sinne Deiner Katze auf mehreren Ebenen an.

Besonders wichtig ist dabei die Qualität:

Vermeide Produkte mit Zuckerzusatz, unklaren „tierischen Nebenerzeugnissen" und künstlichen Aroma- oder Farbstoffen. Eine gute Deklaration zeigt Dir, was wirklich drin ist – im besten Fall Fleischanteile über 60 Prozent, klare Aufschlüsselung (z. B. „Huhn 70 %: Herz, Leber, Muskelfleisch") und keine unerwünschten Zusatzstoffe.

Trockenfutter dagegen ist praktisch: Es ist leicht zu lagern, bleibt lange frisch, riecht für uns Menschen angenehmer – und viele Katzen lieben es.

Aber: Es entzieht dem Körper Flüssigkeit. Wenn Deine Katze nicht ausreichend trinkt, kann dauerhaftes Trockenfutter gesundheitliche Folgen haben, insbesondere für Nieren und Harnwege.

Deshalb sollte es immer nur eine Beigabe sein, ein Snack oder eine kleine Mahlzeit zwischendurch – nie aber die Hauptnahrung.

Etiketten verstehen – und die Sprache der Hersteller durchschauen

Auf vielen Verpackungen steht: „Mit Huhn" – aber was heißt das genau?

Leider oft nur, dass mindestens 4 Prozent Huhn enthalten sind. Was der Rest ist, bleibt im Dunkeln. Deshalb lohnt es sich, beim Einkauf genau hinzusehen.

Offene Deklarationen wie „70 % Huhn (Herz, Leber, Fleisch), 30 % Fleischbrühe" sind transparent und vertrauenswürdig. Ein hoher Fleischanteil, wenig bis kein Getreide und keine künstlichen Zusätze sind klare Zeichen für gute Qualität.

Denn: Katzen sind Fleischfresser – sie benötigen tierisches Eiweiß, Fett, Taurin, bestimmte Vitamine – aber kein Mais, keine Soßen mit Karamellfarbe und kein Zucker.

BARF – Rohfütterung mit Verantwortung

BARF (Biologisch Artgerechtes Rohes Futter) klingt wie der Goldstandard unter Katzenfreunden. Roh, natürlich, individuell – das verspricht viele Vorteile.

Aber: Es birgt auch Risiken. Denn Katzen brauchen mehr als rohes Muskelfleisch. Ohne genaue Planung kann es zu schweren Mangelerscheinungen kommen – etwa bei Taurin, Calcium, Vitamin A, D, E oder bestimmten Spurenelementen.

Außerdem besteht die Gefahr von Bakterien wie Salmonellen, wenn das Fleisch nicht korrekt gelagert oder verarbeitet wird.

Besonders für Kitten, Senioren oder geschwächte Tiere kann das gefährlich werden.

Deshalb: Wenn Du barfen möchtest, lass Dich von einem Tierarzt oder einer spezialisierten Ernährungsberatung begleiten. Für den Einstieg eignet sich hochwertiges Nassfutter deutlich besser.

Leckerlis – kleine Freuden, große Wirkung

Katzen lieben Leckerlis. Ob als Belohnung, zum Training oder einfach, um Zuneigung auszudrücken: Ein kleiner Snack zwischendurch ist völlig in Ordnung – wenn er nicht zur Hauptmahlzeit wird.

"Es gibt nichts Weicheres, nichts, was sich feiner, zarter und wertvoller anfühlt als das Fell einer Katze."

-Guy de Maupassant

Achte auch hier auf Qualität: Viele Fertig-Leckerlis bestehen aus Zucker, Fett und Getreide – mehr Chips als Katzensnack.

Besser sind gefriergetrocknete Fleischstücke, selbstgekochtes Huhn oder kleine Leberhappen. Und manchmal reicht auch schon Deine Aufmerksamkeit, ein bisschen Spielen oder ein liebevolles Kraulen. Denn das ist für Deine Katze ohnehin das schönste Geschenk.

Was Katzen keinesfalls fressen dürfen

Es gibt Lebensmittel, die für Menschen harmlos, für Katzen jedoch hochgiftig sind. Zwiebeln, Knoblauch, Lauch zerstören rote Blutkörperchen. Schokolade enthält Theobromin – für Katzen tödlich. Auch Kaffee, Tee, Alkohol, Rosinen, Weintrauben oder rohes Schweinefleisch haben im Napf nichts zu suchen. Und obwohl das Bild der Milch schleckenden Katze sehr verbreitet ist: Viele Katzen vertragen keine Laktose und bekommen davon Durchfall.

Im Zweifel gilt: Besser nachfragen, als riskieren. Und Finger weg von menschlichem Restessen – es ist für Katzen weder ausgewogen noch gesund.

Trinken – Flüssigkeit ist Leben

Katzen trinken wenig – das liegt in ihrer Natur. Sie stammen von Wüstentieren ab, die ihre Flüssigkeit hauptsächlich über die Nahrung aufnehmen. Wenn Deine Katze Nassfutter frisst, reicht das meist. Bei Trockenfutter musst Du aktiv zum Trinken motivieren. Stell mehrere Wasserschalen auf, nutze breite, flache Gefäße, und probiere es mit einem Katzenbrunnen – viele Katzen lieben fließendes Wasser.

Achte auf Veränderungen: Wenn Deine Katze plötzlich mehr oder deutlich weniger trinkt, kann das ein Warnzeichen für Diabetes, Nierenerkrankung oder Harnwegsprobleme sein.

Fazit: Liebe geht durch den Magen – und Wissen auch

Du musst kein Experte werden, um Deine Katze gesund zu ernähren – aber ein bisschen Wissen, Neugier und die Bereitschaft, genau hinzusehen, machen den Unterschied. Ernährung ist nicht nur Energiequelle. Sie ist Vertrauen, Verantwortung, und oft der stillste Liebesbeweis im Alltag. Deine Katze mag vielleicht nie sagen: „Danke" – aber wenn sie sich nach dem Fressen wohlig schnurrend auf den Rücken rollt, dann weißt Du: Du hast alles richtig gemacht.

Worauf Du also achten solltest

Futterart
Nassfutter bevorzugen – enthält mehr Feuchtigkeit, ist artgerechter. Trockenfutter nur als Ergänzung oder Snack.

Zusammensetzung
Hoher Fleischanteil (idealerweise > 60 %), klare Deklaration („Huhn: Muskelfleisch, Herz, Leber"), keine Zuckerzusätze, kein Getreide oder Soja.

BARF (Rohfütterung)
Nur mit fundierter Beratung! Ergänzung mit Vitaminen und Mineralstoffen nötig. Hygienisch arbeiten – Risiken für Infektionen vermeiden.

Leckerlis
In Maßen geben. Besser: gefriergetrocknetes Fleisch, selbstgekochtes Huhn.
Vermeide Produkte mit Zucker, Getreide und künstlichen Zusätzen.

Ungeeignete Lebensmittel
Verboten: Schokolade, Zwiebeln, Knoblauch, Alkohol, Kaffee, rohe Eier, rohes
Schweinefleisch, Rosinen, Milch. Hundefutter ist ungeeignet.

Trinkverhalten
Mehrere Wassernäpfe, nicht direkt neben dem Futter. Katzenbrunnen sind oft
beliebt. Flache, breite Gefäße bevorzugt.

Futtertemperatur
Zimmertemperatur wird meist bevorzugt – kaltes Futter wird oft verschmäht.

Fütterungsrhythmus
Besser mehrere kleine Portionen über den Tag verteilt. Frisches Futter anbieten, Reste rechtzeitig entfernen.

Verhalten beobachten
Frisst Deine Katze schlechter, mehr oder weniger? Trinkt sie auffällig? Wirkt
sie teilnahmslos? Frühzeitig handeln und ggf. Tierarzt aufsuchen.

Etiketten verstehen
Begriffe wie „mit Huhn" bedeuten oft nur 4 % Anteil. Lieber Marken mit
transparenter Inhaltsangabe wählen.

Zu dünn, zu dick oder perfekt in form?

Das Ideal- oder Normalgewicht einer Katze ist entscheidend für ihre Gesundheit und ihr allgemeines Wohlbefinden.

Wie bei Menschen, kann das Gewicht von Katzen in verschiedene Kategorien eingeteilt werden: Sehr dünn, Untergewicht, Idealgewicht, Übergewicht und Fettsucht.

Jede Kategorie hat ihre eigenen Merkmale und gesundheitlichen Implikationen, die für die Pflege und das Management der Gesundheit einer Katze wichtig sind.

Sehr dünn

Katzen, die als sehr dünn eingestuft werden, zeigen oft deutlich sichtbare
Rippen, Wirbelsäulen und Hüftknochen ohne erkennbares Körperfett.

Diese extreme Dünnheit kann auf Mangelernährung, chronische Krankheiten
oder Stress zurückzuführen sein.

Sehr dünne Katzen sind oft anfälliger für Infektionen und Krankheiten auf-
grund eines geschwächten Immunsystems und können unter einer Reihe von
Gesundheitsproblemen leiden, einschließlich Energiemangel und Muskel-
schwund.

Untergewicht

Untergewichtige Katzen haben einen Körperzustand unterhalb des Ideals,
wobei ihre Rippen leicht fühlbar sind und wenig Körperfett vorhanden ist.

Untergewicht kann durch unzureichende Nahrungsaufnahme, schlechte Quali-
tät des Futters oder Gesundheitsprobleme verursacht werden.
Langfristig kann Untergewicht zu ernährungsbedingten Mängeln und einer
Beeinträchtigung des Immunsystems führen.

Idealgewicht

Eine Katze mit Idealgewicht hat eine gut proportionierte Figur. Man kann ihre
Rippen spüren, aber sie sind nicht sichtbar. Es gibt eine sichtbare Taille hinter
den Rippen, wenn man die Katze von oben betrachtet, und einen minimalen
Bauchumfang, wenn man sie von der Seite ansieht.

Katzen mit Idealgewicht sind in der Regel aktiver und gesünder, mit einem
geringeren Risiko für chronische Krankheiten wie Diabetes, Herzkrankheiten
und Gelenkprobleme.

Übergewicht

Übergewichtige Katzen haben überschüssiges Körperfett, das ihre Rippen be-
deckt, sodass sie schwer zu fühlen sind. Die Taille ist weniger deutlich oder
nicht vorhanden, und sie können einen hängenden Bauch haben.

Übergewicht kann die Folge von Überfütterung, mangelnder Bewegung oder metabolischen und gesundheitlichen Problemen sein.

Übergewicht erhöht das Risiko für mehrere Gesundheitsprobleme, einschließlich Arthritis, Diabetes und Leberkrankheiten.

Fettsucht

Fettsucht oder Adipositas ist ein Zustand, in dem eine Katze so viel Körperfett angesammelt hat, dass es ihre Gesundheit ernsthaft beeinträchtigt.

Eine fettsüchtige Katze hat keine erkennbare Taille, und ihr Bauch hängt deutlich. Rippen und Wirbelsäule sind unter dem Fett nicht fühlbar.

Fettsucht kann zu einer Reihe von ernsthaften Gesundheitsproblemen führen, darunter Diabetes mellitus, Gelenkprobleme und verkürzte Lebensspanne.

Fazit

Die Bestimmung des idealen Gewichts einer Katze und das Halten innerhalb dieser Kategorie ist entscheidend für ihre Gesundheit und Lebensqualität.

Katzenhalter sollten regelmäßige Gesundheitschecks mit ihrem Tierarzt durchführen, um das Gewicht ihrer Katze zu überwachen und gegebenenfalls Ernährungs- und Lebensstilanpassungen vorzunehmen.

Eine ausgewogene Ernährung, angemessene Bewegung und eine regelmäßige Überwachung des Gewichts sind Schlüsselkomponenten, um das ideale Gewicht einer Katze zu erreichen und zu erhalten.

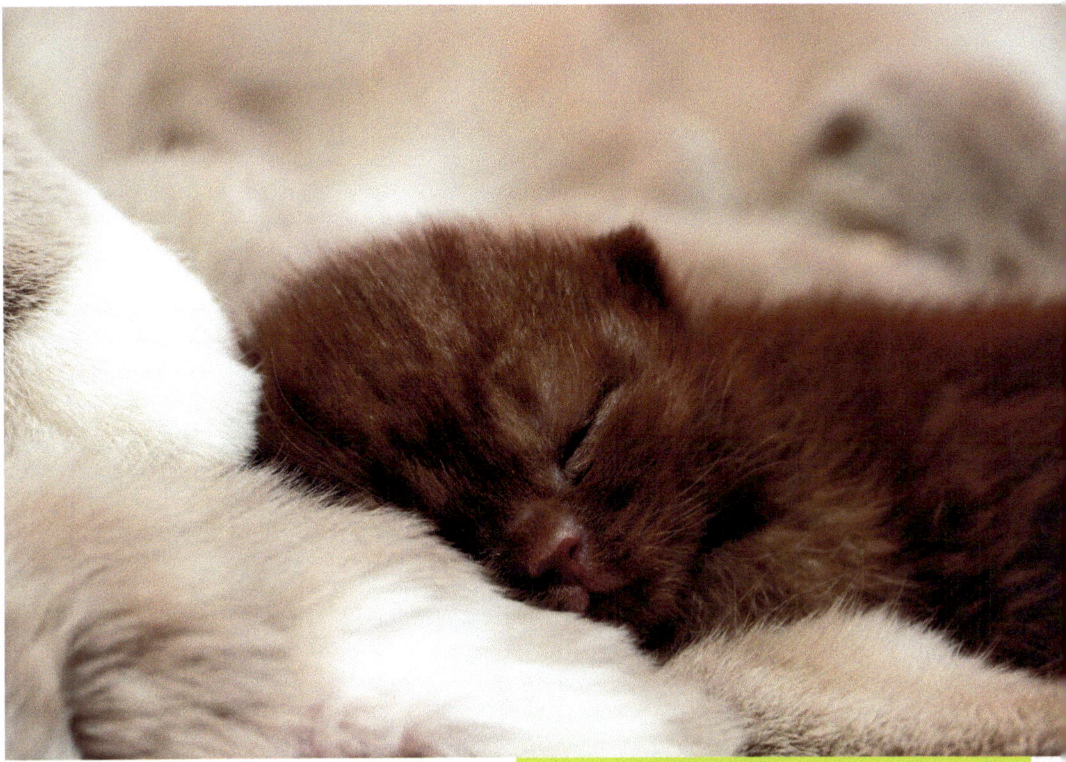

„Die Katze würde den Fisch fangen, will aber ihre Pfoten nicht nass machen."

- Altes chinesisches Sprichwort

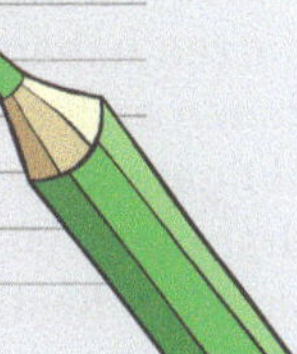

Gut investiertes Geld!

Eine professionelle Ernährungsberatung bei Katzen gewinnt zunehmend an Bedeutung, da immer mehr Katzenhalter das Wohlbefinden und die Gesundheit ihrer vierbeinigen Freunde in den Mittelpunkt stellen. Die richtige Ernährung spielt eine entscheidende Rolle für die Gesundheit und das Wohlbefinden von Katzen, beeinflusst deren Gewicht, Haut- und Fellbeschaffenheit, sowie die allgemeine Lebensqualität.

Warum eine professionelle Ernährungsberatung?
Katzen haben spezifische ernährungsphysiologische Bedürfnisse, die sich von denen anderer Haustiere, einschließlich Hunden, deutlich unterscheiden. Als obligate Karnivoren benötigen sie eine Diät, die reich an Proteinen tierischen Ursprungs ist. Darüber hinaus haben Katzen einzigartige Bedürfnisse hinsichtlich bestimmter Nährstoffe wie Taurin, Arachidonsäure und Vitamin A, die in ausreichender Menge in ihrer Nahrung vorhanden sein müssen, um

Mangelerscheinungen und gesundheitliche Probleme zu vermeiden.
Eine professionelle Ernährungsberatung für Katzen kann individuell auf die
Bedürfnisse jeder Katze zugeschnitten werden und berücksichtigt Alter, Gewicht, Gesundheitszustand, Aktivitätslevel und etwaige spezielle Anforderun-
gen oder Einschränkungen. Sie kann bei der Auswahl des richtigen Futters
helfen, sei es Fertigfutter oder eine ausgewogene selbst zubereitete Diät, und
Empfehlungen zur Fütterungsroutine und Portionsgrößen geben.

Was umfasst eine professionelle Ernährungsberatung?
Eine professionelle Ernährungsberatung beginnt üblicherweise mit einer um-
fassenden Beurteilung der Katze, die eine Anamnese, eine körperliche Untersuchung und manchmal auch Bluttests umfasst, um den Gesundheitszustand
und spezifische Bedürfnisse zu ermitteln. Basierend auf diesen Informationen erstellt der Ernährungsberater einen individuellen Ernährungsplan, der
Empfehlungen zu Art und Menge des Futters sowie zur Fütterungshäufigkeit
enthält.

Zusätzlich zur Erstellung eines Ernährungsplans kann eine Ernährungsberatung auch Tipps zur Gewichtskontrolle, Informationen zu Nahrungsergän-
zungsmitteln und Ratschläge zur Vorbeugung ernährungsbedingter Gesundheitsprobleme umfassen. Einige Berater bieten zudem Unterstützung bei der
Umstellung auf eine neue Diät und regelmäßige Nachsorgetermine an, um die
Fortschritte zu überwachen und den Ernährungsplan bei Bedarf anzupassen.

Kosten einer professionellen Ernährungsberatung
Die Kosten für eine professionelle Ernährungsberatung für Katzen können
je nach Umfang der Dienstleistung, der Qualifikation des Beraters und dem
Standort variieren. Eine initiale Beratung kann zwischen 50 und 150 Euro
kosten, wobei umfassendere Pläne und langfristige Betreuung höhere Kosten
verursachen können. Einige Tierärzte und spezialisierte Ernährungsberater
bieten Pakete an, die mehrere Beratungssitzungen, individuelle Ernährungs-
pläne und regelmäßige Nachsorgeuntersuchungen umfassen, was langfristig
kosteneffektiver sein kann.

Es ist wichtig zu beachten, dass die Kosten für eine professionelle Ernährungsberatung eine Investition in die Gesundheit und das Wohlbefinden der
Katze darstellen und langfristig zu einer Reduzierung der Gesundheitskosten
durch Prävention ernährungsbedingter Krankheiten führen können.

Eine professionelle Ernährungsberatung kann einen wesentlichen Beitrag zur
Gesundheit und Lebensqualität von Katzen leisten. Sie bietet eine maßge-
schneiderte Lösung, die auf die individuellen Bedürfnisse jeder Katze eingeht.

Beschäftigung ist wichtig.

Spiel, Spass und Beschäftigung.

Warum der Karton spannender ist als jedes Designer-Spielzeug –
und wie Du Deine Katze glücklich und geistig fit hältst

Stell Dir vor: Du bist ein hochsensibler Jäger. Schnell, geschickt, mit messer-
scharfen Sinnen. Du spürst jede Bewegung, riechst jede Maus, hörst jedes
Rascheln.

Und dann?
Dann sitzt Du in einer Wohnung mit Teppichboden, einem Sessel und vielleicht ein paar Stoffmäusen. Kein Beutetier weit und breit.

Kein Busch, kein Ast, kein Rascheln – nichts.

Katzen sind Jäger – auch wenn sie auf dem Sofa liegen.
Und auch wenn sie dabei aussehen wie kleine Yogameister mit Plüschpfoten:
Sie brauchen Bewegung. Herausforderung. Abwechslung.

In der Natur wären sie mehrere Stunden täglich aktiv: pirschen, beobachten,
lauern, zuschlagen. In der Wohnung? Da wartet oft nur die Langeweile.

Und die führt schnell zu Frust, Übergewicht oder Verhaltensauffälligkeiten –
zum Beispiel dem nächtlichen Sprint über Dein Gesicht.

Deshalb ist Spielen nicht nur „nice to have". Es ist wichtig. Für Körper, Geist und Seele. Und für Eure Beziehung sowieso.

Jagdverhalten – was Deine Katze wirklich will

Katzen sind keine Dauer-Renner. Ihr Jagdverhalten läuft in kurzen, intensiven Phasen ab:
anschleichen – beobachten – zuschlagen – töten – fressen – schlafen.
(Okay, in der Wohnung fällt „töten" meistens flach – außer der Spielmaus hat Pech.)

Was das heißt?
Dein Spiel sollte sich am natürlichen Jagdverhalten orientieren.

Beweg die Spielangel nicht hektisch im Kreis, sondern wie ein Tier: mal schnell, mal langsam, mal versteckt. Gib Deiner Katze die Chance, sich anzuschleichen, zu lauern – und dann zuzuschnappen.

Und am besten: Lass sie gewinnen!
Denn nichts ist frustrierender als ein Beutetier, das ständig entkommt.

Und nach dem Spielen?
Etwas zu fressen anbieten. Das rundet den Jagdinstinkt ab – und sorgt für ein zufriedenes Nickerchen danach.

Lieblingsspielzeuge – von Angel bis Alufolie

Du wirst es schnell merken:
Katzen entscheiden selbst, was Spielzeug ist – und was ignoriert wird.
Die 30-Euro-Spielmaus mit Bio-Katzenminze? Vielleicht uninteressant.
Der zerknüllte Kassenzettel? Der neue Lieblingsfeind.

Hier ein paar Spielzeug-Ideen, die sich bewährt haben:
Spielangeln mit Federn, Bändern oder Stoffmäusen
Bälle (mit Glöckchen, Raschelfüllung oder einfach aus Alufolie)
Kartonburgen – nie zu unterschätzen!
Tunnel, Röhren, Papierhaufen – alles, was versteckt
Klickertraining-Zubehör – für kluge Köpfe
Elektronisches Spielzeug – mit Bewegung oder Licht
Wechsle regelmäßig das Spielzeug aus! Was heute spannend ist, wird morgen langweilig.

Und: Räum genutztes Spielzeug gelegentlich weg – damit es neu bleibt.

Intelligenzspiele und Clickertraining – Gehirnjogging für Pfoten

Katzen sind clever – und viele von ihnen lieben Denkspiele.
Vor allem Wohnungskatzen profitieren davon enorm:
Es hält sie fit, selbstbewusst und geistig wach.
Und Du wirst staunen, wie viel sie lernen können.

Fummelbretter & Snackspiele
Futter verstecken = Jackpot.
Bau (oder kauf) ein Brett mit kleinen Vertiefungen, Klappen, Röllchen oder
Röhren – in denen Trockenfutter oder Leckerlis versteckt sind.

Deine Katze muss arbeiten, um an die Belohnung zu kommen.
Das fordert die Sinne, regt den Geruchssinn an und macht einfach Spaß.

Klickertraining
Klingt nach Hundeschule, funktioniert aber auch mit Katzen.
Der Trick: Du belohnst gewünschtes Verhalten mit einem Klick + Leckerli.
Ziel ist es, der Katze kleine Tricks oder Abläufe beizubringen – z. B. „Pfote
geben", „Sitz", „Nase stupsen", „auf eine Matte gehen" usw.

Wichtig:

Immer positiv arbeiten – niemals bestrafen
Trainingseinheiten kurz halten (2–5 Minuten)
Geduldig bleiben – Katzen sind keine Zirkusclowns, sie machen's nur, wenn
sie Bock haben

**Mit Freude belohnen – ein Klick ohne Leckerli? Das ist wie ein Applaus ohne
Gehalt**

Und ja: Es stärkt Eure Bindung enorm.
Weil Deine Katze merkt: Du hörst zu. Du siehst sie. Und Du förderst sie.

Gemeinsame Rituale – kleine Momente mit großer Wirkung

Beschäftigung ist mehr als nur Spielen. Es sind Momente der Verbindung.

Ein immer gleiches Guten-Morgen-Ritual. Ein fester Spielzeitpunkt. Oder einfach das „Wir-sitzen-zusammen-und-schauen-nichtstunndend-aus-dem-Fens-
ter"-Gefühl.

Was Deine Katze liebt:

Fensterplätze mit Aussicht – Katzentv deluxe
Leckerlisuche im Raum – schnüffeln, entdecken, freuen
Verstecken spielen (ja, wirklich!)
Gemeinsames Ausruhen – Nähe ohne Zwang
Zuhören – lies ihr was vor, rede mit ihr, sing ruhig (sie urteilt nicht – laut)

Rituale geben Struktur. Sicherheit. Nähe.
Und sie machen Euch zu einem Team.

Fummelbrett.

„Gott schuf die Katze, damit der Mensch einen Tiger

zum Streicheln hat"

-Victor Hugo

Wenn Langeweile krank macht – ernst nehmen!

Katzen zeigen Unzufriedenheit nicht durch Meckern – sondern durch Verhalten:

Plötzlich aggressiv?
Möbel werden zerkratzt?
Stubenunreinheit trotz sauberen Klos?
Übermäßiges Putzen oder Schlafen?

All das kann ein Zeichen sein:
„Ich brauche MEHR. Mehr Reize. Mehr Nähe. Mehr Beschäftigung."

Gerade bei Einzelkatzen in Wohnungshaltung ist das Thema enorm wichtig.
Und keine Sorge: Du musst sie nicht rund um die Uhr bespaßen. Aber tägliche
Qualität ist besser als gelegentliche Dauerbespaßung.

Zehn Minuten bewusstes Spielen am Tag machen oft den Unterschied.
Und ein selbstgebauter Karton-Turm mit Leckerli drin kann spannender sein
als jedes Luxusspielzeug.

Fazit: Wer spielt, liebt – und wer liebt, spielt

Spiel und Beschäftigung sind der unsichtbare Faden, der Euch verbindet:
Sie fördern Vertrauen, Selbstbewusstsein, Gesundheit – und vor allem: Freude.

Du wirst merken, wie sich Deine Katze verändert:
Wacher. Neugieriger. Entspannter.

Und Du?
Wirst mit einem Blick voller Erwartung angeschaut.
Als wolltest Du sagen:
„Na los. Beweg die Feder. Zeig, was Du kannst."

Und Du wirst es tun –
Weil es Spaß macht.
Weil es Nähe schafft.
Weil es Liebe ist.

Erziehung und Zusammenleben.

Wenn „Nein!" ein „Vielleicht" heißt – und Du lernst, Grenzen liebevoll zu setzen

Eine Katze zieht ein – und mit ihr ein Herz auf vier Pfoten, eine Portion Persönlichkeit und ein ganz eigenes Verständnis von Ordnung, Regeln und Besitzverhältnissen. (Spoiler: Alles gehört ihr.)

Das Zusammenleben mit einer Katze ist eine Mischung aus Zärtlichkeit, Diplomatie und der täglichen Erinnerung daran, dass Du nicht der Boss bist – sondern Mitbewohner.

Aber: Auch Katzen brauchen Regeln. Struktur. Und liebevolle Orientierung. Nicht als Dressur – sondern als Rahmen, in dem sie sich sicher fühlen. Und in dem Euer gemeinsamer Alltag harmonisch wird – für Euch beide.

Regeln im Katzenhaushalt – gibt's die überhaupt?

Oh ja. Aber sie gelten nicht immer für beide Seiten.
Katzen haben ihre eigenen Vorstellungen davon, was okay ist – und was nicht.

Der Trick ist: Regeln einzuführen, ohne zu dominieren. Und sie sanft durchzu-
setzen, ohne zu bestrafen.

Denn Katzen lernen anders als Hunde.

Sie tun nichts, um Dir zu gefallen – sondern weil es für sie selbst einen Vor-
teil hat. Oder weil sie sich sicher, geborgen oder neugierig fühlen.
Bindung ist die Grundlage für jedes Lernen.

Einige typische „Regelthemen":

Kratzen an der Couch
Springen auf den Tisch oder Herd
Nächtliche Toberei
Tägliches Wecken um 4:38 Uhr (weil: Frühstück!)

Hier hilft kein „Nein" im militärischen Ton – sondern:
Umlenken. Alternativen anbieten. Grenzen sanft und konsequent setzen.

Unerwünschtes Verhalten – und wie Du damit umgehen kannst

Kratzen an Möbeln
Kratzen ist kein Ungehorsam – sondern Instinkt.
Deine Katze will markieren, dehnen, ihre Krallen pflegen.

Wenn sie Deine Couch liebt, dann wahrscheinlich, weil sie gut erreichbar ist,
stabil steht – und genau dort ihr Revier beginnt.

Was tun?

Kratzbaum oder -brett direkt daneben stellen
Unterschiedliche Materialien anbieten: Sisal, Pappe, Teppich
Loben, wenn sie es benutzt – Leckerli, Streicheln, Spiel

Umlenken statt Schimpfen – und das Sofa notfalls kurzzeitig mit Decke oder
Alufolie schützen

Wichtig: Bestrafen (z. B. mit Wasserspritzern) zerstört Vertrauen. Deine Katze versteht dann nur: „Mein Mensch ist unberechenbar." – und das willst Du nicht.

Springen auf den Tisch oder Herd

Katzen wollen hoch hinaus. Sie lieben Aussichtspunkte – besonders dort, wo Du bist.

Lösung:
Kletteralternativen anbieten: Kratzbaum, Regalbretter, Fensterplätze
Herd immer abdecken (Verletzungsgefahr!)
Tischtabu durch sanftes Absetzen und Umlenken etablieren – immer wieder

Und manchmal hilft es, die Regeln zu überdenken. Wenn der Tisch aus Holz ist und sonst niemanden stört, könnte er auch als Aussichtsplatz dienen – mit Decke und Kissen?
Erziehung heißt auch: Kompromisse finden, die für Euch beide funktionieren.

Nächtliche Unruhe und Weckaktionen

Katzen sind dämmerungsaktiv – das heißt: aktiv, wenn Du schlafen willst. Gerade junge Katzen neigen dazu, nachts durchzudrehen. Und wenn sie merken, dass Miauen vor der Tür, Pfoten im Gesicht oder das Herunterwerfen von Dingen Reaktionen hervorrufen, wird das zur Routine.

Was hilft:
Abends auspowern: Spielen, Toben, Jagen
Danach: kleine Mahlzeit (macht schläfrig)
Ignorieren – wirklich komplett ignorieren, auch wenn's schwerfällt
Kein Futter um 4 Uhr – das verstärkt das Verhalten
Nach wenigen Nächten lernt sie: „Nachts passiert nichts Spannendes. Schlafen ist besser."

Belohnung statt Strafe – der liebevolle Weg zur Erziehung
Katzen lernen durch positive Verstärkung.

Sie verknüpfen Situationen mit Emotionen – nicht mit „Gut" oder „Böse".
Wenn Du sie bestrafst, spürt sie nur: Stress, Angst, Unsicherheit.

Das zerstört Vertrauen – und ändert oft gar nichts am Verhalten.

So lernt Deine Katze gerne:
Lob bei gewünschtem Verhalten – mit Stimme, Zuneigung oder Leckerli
Geduld – auch wenn's hundertmal braucht
Rituale – Routine schafft Sicherheit
Klarheit – je klarer Du bist, desto leichter lernt sie

Und: Verändere die Umgebung, nicht nur die Katze.
Wenn der Pflanzenkübel täglich angegraben wird – vielleicht einfach mit Steinen abdecken. Oder einen Topf Katzengras danebenstellen.

Katzenerziehung heißt oft: Mitdenken, nicht gegenarbeiten.

Mehrkatzenhaushalt – was ist zu beachten?

Mehr Katzen, mehr Freude? Ja! Aber auch mehr Dynamik, mehr Bedürfnisse – und mehr Beobachtung.

Katzen sind soziale Einzelgänger.
Sie können Bindungen aufbauen, Freundschaften schließen – aber nur, wenn die Chemie stimmt.

Wichtige Grundlagen für ein friedliches Miteinander:
Langsame Vergesellschaftung – nicht einfach zusammensetzen

Jede Katze braucht:
eigenen Rückzugsort
eigenes Klo
eigenen Napf

Beobachte die Körpersprache: Fauchereien sind normal – Dauerstress nicht
Ungleichbehandlung vermeiden – keine Eifersucht provozieren
Spiele und Rituale gemeinsam, aber auch mal einzeln gestalten

Tipp: Je jünger die Katzen beim Zusammenleben sind, desto leichter klappt's oft.

Aber auch ältere Katzen können Freundschaften schließen – mit Zeit, Geduld und Deinem liebevollen Blick auf beide.

Fazit: Zusammenleben ist Beziehung – kein Befehl

Du bist kein Tiertrainer, kein Dompteur, kein Chef.
Du bist Freund. Begleiter. Vertrauensperson.
Und Deine Katze ist kein Haustier im klassischen Sinne – sondern eine Persönlichkeit. Mit Bedürfnissen, Eigenheiten, Grenzen und großem Herzen.

Erziehung bei Katzen bedeutet:
Verstehen statt Verurteilen
Einfühlen statt Einschüchtern
Geduld statt Gehorsam

Und irgendwann wirst Du es merken:
Da steht sie.
Schaut Dich an.
Und macht genau das, worum Du sie gebeten hast.
Nicht, weil Du es gesagt hast –
Sondern weil sie Dir vertraut.

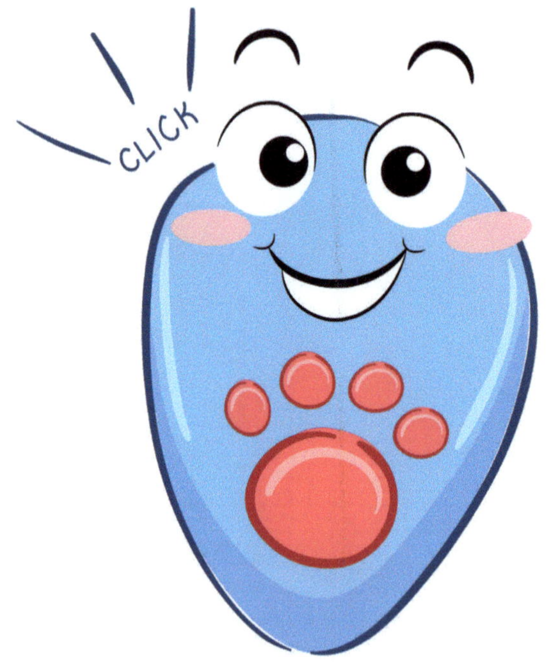

Klickertraining leicht gemacht.

Katzen und Klickertraining

Eine innovative Methode zur Förderung der Intelligenz und Bindung

Das Klickertraining, eine Methode, die häufig bei der Ausbildung von Hunden zum Einsatz kommt, erweist sich auch als äußerst effektiv bei Katzen.

Dieser positive Verstärkungsansatz nutzt einen klaren, wiedererkennbaren Ton (den „Klick"), um erwünschtes Verhalten im exakten Moment seiner Ausführung zu markieren und zu belohnen.

Dadurch wird es für die Katze einfacher zu verstehen, welches Verhalten belohnt wird.

Grundlagen des Klickertrainings

Das Klickertraining basiert auf der Idee, dass Verhalten, das belohnt wird, wahrscheinlich wiederholt wird.

Der Klicker dient dabei als Brücke zwischen dem gewünschten Verhalten und der Belohnung, meist in Form eines Leckerlis.

Diese Methode stärkt nicht nur die geistige Fähigkeit der Katze und fördert ihre natürlichen Instinkte, sondern vertieft auch die Bindung zwischen Katze und Halter.

Vorteile des Klickertrainings

Förderung der Intelligenz

Katzen sind von Natur aus neugierig und genießen Herausforderungen. Das Klickertraining stimuliert ihre geistige Aktivität und hilft, Langeweile und destruktives Verhalten zu vermeiden.

Verbesserung der Bindung

Die positive Interaktion während des Trainings stärkt das Vertrauen und die Beziehung zwischen Dir und Deiner Katze.

Anpassungsfähigkeit

Das Training kann an die individuellen Fähigkeiten und Vorlieben Deiner Katze angepasst werden, was es zu einer flexiblen Methode für eine Vielzahl von Zielen macht.

Stressabbau

Durch die Konzentration auf das Training kann die Katze Stress und Angst abbauen, was zu einem ausgeglicheneren und glücklicheren Haustier führt.

Wie Sie beginnen

Auswahl des Klickers

Beginne mit der Auswahl eines Klickers, der einen deutlichen, aber nicht zu lauten Klang erzeugt, um Ihre Katze nicht zu erschrecken.

Verknüpfung des Klicks mit einer Belohnung

Das erste Ziel ist es, Deiner Katze beizubringen, dass ein Klick immer eine Belohnung nach sich zieht. Jedes Mal, wenn Du klickst, gib sofort ein Leckerli.

Markierung des Verhaltens

Sobald Deine Katze den Klicker versteht, beginne, erwünschtes Verhalten im Moment seiner Ausführung mit einem Klick zu markieren, gefolgt von einer Belohnung.

Schrittweises Training

Beginne mit einfachen Kommandos oder Tricks und baue das Training schrittweise aus. Übungseinheiten sollten kurz, aber regelmäßig sein, um die Aufmerksamkeit der Katze zu halten.

Abschlussgedanken

Das Klickertraining bietet eine hervorragende Möglichkeit, die kognitiven Fähigkeiten Deiner Katze zu fördern, gleichzeitig Spaß zu haben und Eure Bindung zu stärken.

Es erfordert Geduld, Konsistenz und positive Verstärkung, aber die Ergebnisse sind für Dich und Deine Katze gleichermaßen lohnend.

Ob Du Deiner Katze beibringen möchtest, auf Kommandos zu reagieren, durch Reifen zu springen oder einfach nur ihre geistige Gesundheit und ihr Wohlbefinden zu fördern, das Klickertraining öffnet die Tür zu einer neuen Ebene der Kommunikation und des Verständnisses zwischen Dir und Deinem faszinierenden pelzigen Freund.

freigänger oder Wohnungskatze?

Pfotenfreiheit oder Sofasicherheit – was ist das Richtige für Deine Katze (und Dich)?

Kaum ein Thema wird unter Katzenmenschen so emotional diskutiert wie dieses:

„Soll meine Katze raus?"
Die einen schwören auf das natürliche Leben draußen – Bewegung, Frischluft, Mäusejagd!

Die anderen halten dagegen: zu gefährlich, zu viele Risiken, zu viel Stress.

Und wie so oft liegt die Wahrheit irgendwo dazwischen.

Denn ob eine Katze draußen glücklich wird oder drinnen zufrieden bleibt, hängt nicht nur von ihren Genen ab – sondern auch von ihrem Charakter, Deiner Lebenssituation, dem Wohnumfeld und dem, was Du bereit bist zu investieren.

In diesem Kapitel schauen wir uns beide Lebensmodelle genau an – mit Herz, Verstand und einem ehrlichen Blick auf Vor- und Nachteile.

Freigang – das große Abenteuer

Eine Katze, die frei draußen unterwegs ist, lebt ein echtes Katzenleben:
Sie erkundet ihr Revier, jagt, schnuppert, klettert, markiert – sie lebt instinktiv.
Für viele Katzen ist das ein Traum. Für viele Halter*innen ein Albtraum.

Vorteile des Freigangs:

Körperlich fit – viel Bewegung, Muskelerhalt
Geistig ausgelastet – Reize, Erlebnisse, Entscheidungen
Weniger Langeweile – draußen gibt's immer was zu tun
Weniger Problemverhalten – viele Reize draußen = entspannter drinnen
Naturnähe – Deine Katze lebt ihre Instinkte voll aus

Aber: Es gibt auch Risiken

Straßenverkehr – Unfallgefahr ist real
Krankheiten & Parasiten – FeLV, FIV, Zecken, Flöhe, Würmer
Kämpfe mit anderen Katzen oder Tieren
Vergiftungsgefahr – Pflanzenschutzmittel, Köder, Giftpflanzen
Menschen – leider gibt es auch Tierhasser
Verlustgefahr – manche Katzen kehren nicht zurück

Das heißt: Freigang ist Freiheit – aber nicht ohne Verantwortung.
Und er sollte nur erlaubt werden, wenn das Umfeld stimmt.

Ist Freigang bei mir überhaupt möglich?
Die wichtigste Frage: Wo wohnst Du?
Ländlich? Ruhige Wohnsiedlung? Oder an einer vielbefahrenen Straße?

Geeignet ist Freigang nur, wenn:
Keine große Straße in direkter Nähe ist

Die Nachbarschaft katzenfreundlich ist
Du bereit bist, Deine Katze zu impfen, zu chippen und zu kastrieren
Die Katze gesund und nicht zu ängstlich ist
Du sie langsam und behutsam an draußen gewöhnst

Wenn nur ein Punkt davon nicht stimmt – dann ist Wohnungshaltung mit Alternativen oft die bessere Wahl.

Den Garten katzensicher machen – und Freigang vorbereiten
Wenn Du Dich für Freigang entscheidest, solltest Du die Umgebung so sicher wie möglich gestalten – oder Deine Katze zumindest in einem gesicherten Garten halten.

So kannst Du absichern:
Katzennetz um den Garten oder an der Terrasse
Überdachter Freilauf oder Voliere
Katzenzaun oder -rollschutz am bestehenden Zaun
GPS-Tracker am Halsband (nur mit Sicherheitsverschluss!)
Kennzeichnung: Chip UND (optional) ein Adressanhänger mit Telefonnummer

Der erste Freigang – Schritt für Schritt
Erst nach 4–6 Wochen Eingewöhnung im Haus! Die Katze muss wissen: Hier wohne ich.

Anfangs gemeinsam rausgehen, Tür offen lassen, nicht drängen
Wieder reinrufen, ruhig und geduldig
Immer zur gleichen Zeit raus – Routinen helfen
Anfangs am besten nüchtern lassen, dann motiviert die Rückkehr mehr (z. B. Futter als Belohnung)
Mach aus dem Garten ein Revierparadies: mit Kletterstellen, Liegeplätzen, Katzenminze, Verstecken.

Wohnungskatze – sicher, entspannt und artgerecht

Nein, Wohnungskatzen sind nicht „armes Katzenleben light".
Mit der richtigen Haltung, Beschäftigung und Zuwendung können sie ebenso zufrieden, ausgeglichen und fröhlich sein wie Freigänger – und oft sogar gesünder und sicherer.

Vorteile der Wohnungshaltung:

Längere Lebenserwartung – weniger Verletzungen, Krankheiten, Stress

Keine Straßen, keine Tierquälerei, keine vergifteten Mäuse
Planbare Betreuung – Du weißt immer, wo Deine Katze ist
Kein Jagderfolg = weniger tote Geschenke vor dem Bett ⊠

Aber: Wohnungshaltung braucht mehr Einsatz von Dir.
Mehr Beschäftigung. Mehr Spiel. Mehr Angebote zur Abwechslung.

Alternativen für Wohnungskatzen – so wird's nie langweilig
Damit Deine Wohnungskatze ein erfülltes Leben hat, braucht sie:
Platz. Reize. Klettermöglichkeiten. Struktur. Und natürlich: DICH.

Must-haves für Wohnungskatzen:
Kratzbäume, Kletterbretter, Regale zum Erkunden
Fensterplätze mit Aussicht – das ist Katzentv!
Spielzeiten und Rituale – täglich, bewusst, mit Freude
Verstecke und Rückzugsorte – Höhlen, Körbchen, Kartons
Pflanzenfreundlicher Balkon mit Netz
Intelligenzspiele, Fummelbretter, Leckerlisuche

Zwei Katzen sind besser als eine:
Gerade bei Berufstätigen oder wenn die Katze viel allein ist, ist ein Artgenosse oft die beste Beschäftigung.

Und wenn ich nicht entscheiden kann?

Manche Katzen leben auch halb drin, halb draußen – durch gesicherte Balkone, Katzenklappen mit Zeitsteuerung oder Freigang zu bestimmten Uhrzeiten. Andere haben Zugang zu eingezäunten Gärten, Volieren oder sogar Katzenlaufstegen am Haus.

Es gibt nicht nur schwarz oder weiß – sondern viele kreative, katzengerechte Lösungen dazwischen.

Hör auf Deine Katze. Schau auf Dein Umfeld. Und finde Euren Weg.

Fazit: Drin oder draußen – Hauptsache, geliebt
Ob Wohnungskatze oder Freigänger:
Die wichtigste Zutat für ein glückliches Katzenleben bist DU.
Deine Fürsorge. Deine Zeit. Dein Verständnis für ihre Bedürfnisse.

Eine Katze, die gesehen, verstanden, beschäftigt und respektiert wird, wird zufrieden sein – egal ob mit Pfoten auf Wiesen oder auf Deinem Sofa.

Tipps für freigänger-Katzen.

Ein Freiluftparadies für Ihre Katze

Das Draußen-Sein eröffnet Katzen eine Fülle an Entdeckungsmöglichkeiten und natürlichen Stimuli, was besonders für die ruhige und neugierige Katze eine wunderbare Ergänzung zu ihrem Alltag sein kann.

Ein idealer Zustand ist ein sicherer, geschützter Freiraum, der es Deiner Katze erlaubt, nach Herzenslust die Umgebung zu erforschen, zu klettern und ihre instinktiven Verhaltensweisen zu pflegen, während sie gleichzeitig vor möglichen Gefahren geschützt bleibt.

Sicherheit und Gewöhnung

Bevor Deine Katze das Freiluftleben genießen kann, ist es wichtig, dass sie sich zunächst in ihrem neuen Zuhause sicher und geborgen fühlt.

Eine Gewöhnungszeit von mindestens vier Wochen, während der die Katze ausschließlich im Haus gehalten wird, ist nach einem Umzug oder der Ankunft einer neuen Katze zu empfehlen.

Diese Phase hilft Deiner Katze dabei, eine Bindung zu ihrem neuen Heim zu entwickeln und zu verstehen, wohin sie zurückkehren soll.

Impfschutz und Kennzeichnung

Das Leben im Freien bringt Risiken mit sich, insbesondere die Gefahr der Krankheitsübertragung.
Ein vollständiger Impfschutz ist daher unerlässlich, um Deine Katze vor den häufigsten Krankheiten von Freigängerkatzen zu schützen.

Eine klare Kennzeichnung Deiner Katze ist ebenso wichtig. Ein Mikrochip und ein Namensschild mit Deiner Telefonnummer am Halsband erhöhen die Chance, dass Deine Katze im Falle eines Verlustes oder einer Verletzung zu Dir zurückkehrt.

Ein Sicherheitshalsband, das sich bei starkem Zug automatisch löst, kann Verletzungen verhindern, falls die Katze irgendwo hängenbleibt.

Fütterungsstrategie

Eine durchdachte Fütterungsroutine kann dazu beitragen, die regelmäßige Rückkehr Deiner Katze zu sichern. Füttere sie nach ihren Ausflügen, anstatt vorher.

Ein leichtes Hungergefühl motiviert zur Heimkehr, und eine verlässliche Mahlzeit zu Hause signalisiert, dass es lohnenswert ist, nach Abenteuern zurückzukehren.

Kastration ist entscheidend

Die Kastration Deiner Katze ist ein wichtiger Schritt für ihre Gesundheit und ihr Verhalten sowie eine ethische Verpflichtung.

Nicht kastrierte Katzen tragen zum Problem der Überpopulation bei. Die Kastration verhindert unerwünschten Nachwuchs und kann das Risiko von Verhaltensproblemen verringern.

Der Traum vom sicheren Freigang

Ein eingezäuntes Außengehege oder ein katzensicherer Balkon bieten eine exzellente Alternative oder Ergänzung zum freien Zugang ins Freie, besonders in städtischen Umgebungen oder wenn ein direkter Zugang zur Natur nicht möglich ist.

Diese Optionen ermöglichen es Deiner Katze, frische Luft zu schnappen und die Außenwelt sicher zu erkunden.

Indem Du diese Richtlinien und Sicherheitsvorkehrungen beachtest, schaffst Du für Deine Katze eine sichere und stimulierende Umgebung, die ihr sowohl die Geborgenheit eines Zuhauses als auch die faszinierende Vielfalt der Natur bietet.

Tipps für Katzen ohne freigang.

Die Entscheidung, eine Katze ausschließlich in der Wohnung zu halten, ist absolut vertretbar – und kann für Euch beide ein echtes Glück sein. Denn mit ein wenig Aufmerksamkeit, Fantasie und Zuneigung lässt sich auch ohne Garten ein erfülltes Katzenleben gestalten.

Viele Katzen sind anpassungsfähig, ruhig und genießen die Nähe zu „ihrem Menschen". Gerade wenn sie von klein auf daran gewöhnt sind, vermissen sie den Freigang nicht – solange Du ihnen ein Zuhause bietest, das ihre Bedürfnisse ernst nimmt.

Bewegung und Rückzugsorte – die Wohnung als Abenteuerspielplatz

Auch wenn Deine Katze vielleicht den Großteil des Tages gemütlich dösend verbringt, braucht sie Möglichkeiten, sich zu bewegen und ihre Umgebung zu erkunden. Ein gut strukturierter Wohnraum mit Kratzbäumen, Kletterbrettern, Hängematten und gemütlichen Rückzugsplätzen ist Gold wert. Katzen lieben es, die Wohnung aus verschiedenen Höhen zu beobachten – denk also auch in „Stockwerken", nicht nur in Quadratmetern.

Spiel und Beschäftigung – gegen Langeweile und für die Bindung

Katzen sind neugierig, intelligent und verspielt – auch im Erwachsenenalter. Du kannst ihre Sinne mit Spielangeln, Bällen, Kartons, Fummelbrettern oder versteckten Leckerlis wunderbar anregen. Tägliches Spielen ist nicht nur wichtig für die Auslastung, sondern auch ein liebevolles Ritual zwischen Euch beiden. Zehn Minuten konzentriertes Spielen bedeuten für Deine Katze mehr als jeder Fernseher.

Krallenpflege – Kratzbäume statt Couch

Kratzen ist ein Urinstinkt: zur Krallenpflege, zum Markieren und zum Stress-abbau. Biete Deiner Katze verschiedene Kratzmöglichkeiten an – vertikale und horizontale, mit Sisal, Pappe oder Teppich. Stell sie an Stellen auf, wo sich Deine Katze gerne aufhält. So schützt Du nicht nur Deine Möbel, sondern gibst ihr das gute Gefühl, ihr Revier in Ordnung zu halten.

Fellpflege – ein bisschen Wellness für zwischendurch

Auch wenn viele Wohnungskatzen ein pflegeleichtes Fell haben, ist regelmä-ßiges Bürsten eine wunderbare Möglichkeit, sie zu unterstützen – besonders beim Fellwechsel. Es reduziert lose Haare, beugt Haarballen vor und stärkt gleichzeitig Eure Bindung. Viele Katzen lieben das – wenn Du es behutsam und in entspannter Atmosphäre machst. Es ist ein kleiner Moment des Ver-trauens, den ihr beide genießen könnt.

Gesunde Ernährung – mit Liebe und Verstand

Das Futter spielt eine zentrale Rolle für das Wohlbefinden Deiner Katze. Achte auf hochwertige, möglichst artgerechte Ernährung – am besten Nass-futter mit hohem Fleischanteil und ohne unnötige Zusätze. Trockenfutter nur in Maßen und nie als Hauptnahrung.

Auch frisches Wasser sollte immer zur Verfügung stehen – an mehreren Stellen in der Wohnung. Manche Katzen bevorzugen fließendes Wasser – ein Katzenbrunnen kann da Wunder wirken.

Gesundheit erhalten – Vorsorge ist besser als Nachschnurren

Wohnungskatzen sind nicht automatisch vor Krankheiten geschützt. Impfungen, regelmäßige Entwurmung, Zahnkontrolle und tierärztliche Check-ups gehören genauso dazu wie bei Freigängern. Achte auf Veränderungen im Verhalten, beim Fressen oder im Gangbild – Katzen zeigen Schmerzen oft sehr spät.

Sicherheit geht vor – Fenster und Balkone sichern

Ein offenes Fenster oder ein ungesicherter Balkon kann für Katzen lebensgefährlich sein. Mit stabilen Katzennetzen oder speziellen Fenstergittern kannst Du ihr sicheren Freigang auf dem Balkon ermöglichen – oder einfach dafür sorgen, dass sie bei offenem Fenster die Sonne genießen kann, ohne dass etwas passiert.

Fazit: Wohnungskatze?
Absolut – mit Herz, Verstand und ein bisschen Kreativität

Deine Katze braucht keinen Garten, um glücklich zu sein. Sie braucht Nähe, Beschäftigung, Sicherheit – und Dich.

Wenn Du ihr all das bietest, wird sie Dir das zeigen: mit leisen Schnurren, kleinen Kopfstößen und diesen Blicken, die Dir sagen „Ich bin angekommen. Bei Dir."

"Katzen erreichen mühelos, was uns Menschen versagt bleibt: durchs Leben zu gehen, ohne Lärm zu machen."

-Ernest Miller Hemingway

Deine Katze und andere Haustiere.

Vom wilden Fauchen zum Schnurren im Rudel: So gelingt das Zusammenleben mit anderen Haustieren

Katzen sind Persönlichkeiten. Eigenständig. Beobachtend. Wählerisch. Und manchmal so sensibel wie ein Barometer im Gewitter.
Wenn also plötzlich ein Hund, ein zweites Tier oder gar ein ganzer Zoo die Bühne betritt, stellt sich eine berechtigte Frage:

„Kann das gutgehen?"

Die Antwort: Ja – mit Geduld, Respekt und Verständnis.
Aber: Nicht jede Katze will Gesellschaft. Nicht jeder Hund versteht Katzensprache. Und nicht jedes Meerschweinchen möchte als lebendige Beute betrachtet werden.

In diesem Kapitel erfährst Du, wie das Zusammenleben verschiedener Arten gelingen kann – und worauf Du achten musst, damit aus Deinen Vierbeinern ein echtes, friedliches Rudel wird.

Katzen und Hunde – Feinde oder Freunde?

Das Bild vom „Klassiker-Krieg": Hund jagt Katze – Katze haut ab – Hund bellt.

In Wahrheit: kann eine Freundschaft entstehen, die mit nichts vergleichbar ist. Aber sie muss vorsichtig aufgebaut werden.

Grundvoraussetzungen:

Beide Tiere müssen sozialisiert sein. Also: gute Erfahrungen mit anderen gemacht haben – nicht nur Angst oder Aggression.

Du musst Zeit mitbringen. Eine gute Zusammenführung kann Tage bis Wochen dauern – je nach Charakter der Tiere.

Der Hund sollte (zumindest grundlegend) erzogen sein. „Sitz", „Bleib", „Nein" – das hilft enorm.

Die Katze sollte Rückzugsorte haben. Hoch, geschützt, hundefrei. Katzen flüchten lieber vertikal.

Die ersten Begegnungen – so gehst Du vor:

Geruchsaustausch vor dem ersten Sichtkontakt – etwa über Decken oder Spielzeug. So kann sich jeder an den Duft des anderen gewöhnen.

Begegnung auf Distanz – der Hund an der Leine, die Katze frei oder sicher erhöht.

Keine Hektik, keine Erwartung. Wenn beide einfach nur ruhig bleiben: super! Kein Zwang, kein Aufeinanderschieben.

Langsame Steigerung der Nähe. Beobachte genau: Körpersprache, Geräusche, Reaktionen.

Rückzugsmöglichkeiten offen lassen. Die Katze muss sich sicher fühlen –
sonst kann sie aggressiv oder ängstlich reagieren.

Typische Probleme & Lösungen:

Hund ist zu stürmisch? Üben mit Leine, mit Kommandos, mit gezielter Aufmerksamkeit

Katze faucht und versteckt sich? Mehr Zeit lassen, positiv bestärken, eigene
Rückzugszonen schaffen

Hund frisst Katzenfutter? Futterplätze trennen, am besten erhöht für die
Katze

Tipp: Häufig entstehen Probleme nicht aus Feindseligkeit – sondern aus Miss-
verständnissen in der Körpersprache.

Ein wedelnder Hundeschwanz heißt: „Ich freue mich!"
Ein peitschender Katzenschwanz: „Geh weg, sonst kracht's."
Und das muss erstmal verstanden werden.

Katze und Katze – Zickenkrieg oder Dream-Team?

Dazu hattest Du schon einen Einblick im Kapitel „Einzelkatze oder Doppelpack", aber hier noch einmal etwas ausführlicher:

Katzen sind nicht automatisch sozial – sie wählen aus, mit wem sie leben
wollen.

Besonders heikel ist das Zusammenführen zweier erwachsener Katzen, die
sich nicht kennen.

Langsame Vergesellschaftung ist Pflicht: erst getrennte Räume, dann Geruchsaustausch, dann Sichtkontakt, dann vorsichtige Annäherung.

Ideal: Zwei Jungtiere gemeinsam aufziehen oder Katzen mit ähnlichem Tem-
perament kombinieren.

«Der Weg zu meinem Herzen ist gepflastert durch
Pfotenabdrücke.»
Unbekannt

Wichtig:

Keine Katze darf dauerhaft unter der Situation leiden – Mobbing, Stress,
Rückzug oder Aggression sind ernstzunehmende Zeichen.
Auch Rücktrennungen können nötig und richtig sein.

Katze und Kleintiere – süß oder gefährlich?

Kaninchen, Meerschweinchen, Hamster, Mäuse, Vögel – sie alle leben in vielen Haushalten. Und ja: auch mit Katzen.
Aber: Katzen sind Jäger. Und das lässt sich nicht einfach „abschalten". Selbst
die sanfteste Samtpfote kann sich plötzlich instinktiv verhalten – und dann ist
es für den kleinen Mitbewohner zu spät.

Sicherheitsregeln:
Kleintiere niemals unbeaufsichtigt frei laufen lassen, wenn die Katze Zugang
hat

Käfige sicher und stabil verschließen, kein Draufspringen erlauben
Tiere räumlich trennen, wenn Du nicht zuhause bist
Kontakt nur unter Aufsicht – und nur, wenn Katze & Tier dabei ruhig bleiben

Tipp:
Viele Katzen leben friedlich mit Kaninchen oder Meerschweinchen – wenn sie
von klein auf daran gewöhnt werden. Aber ein Restrisiko bleibt immer.

Fazit: Zusammenleben braucht Zeit – und Raum
Eine Katze kann fast alles akzeptieren: Hunde, andere Katzen, Kinder, Meer-
schweinchen, Veränderungen.
Aber nicht alles gleichzeitig. Und niemals mit Zwang.

Jedes Tier bringt eigene Bedürfnisse mit.
Deine Aufgabe ist es, Räume zu schaffen, in denen diese Bedürfnisse nebeneinander existieren dürfen – mit Rückzug, Respekt und Ritualen.

Und dann, eines Tages, findest Du sie vielleicht zusammen:
Die Katze und den Hund, gemeinsam auf dem Sofa.

Und Du wirst lächeln und denken:
„Ich hätte nie gedacht, dass das geht."
Und Deine Katze wird Dich anschauen und sagen:
„Weil Du's richtig gemacht hast."

freunde für ein ganzes Leben.

Von Freundschaft, Verantwortung und der Kunst, sich gegenseitig zu lesen.

Es gibt kaum etwas Rührenderes, als wenn ein Kind zum ersten Mal einer Katze begegnet: neugierig, aufgeregt, voller Liebe – und meist mit einem direkten Griff ins weiche Fell.

Und genau hier beginnt die Herausforderung.

Denn: Katzen und Kinder sprechen nicht dieselbe Sprache.

Und doch können sie beste Freunde werden – wenn Du als erwachsene Bezugsperson den Weg liebevoll und achtsam begleitest.

Zwei Welten treffen aufeinander

Kinder sind laut, impulsiv, neugierig – sie lernen über Berührung, über Ausprobieren, über unmittelbare Reaktion.

Katzen hingegen sind leise, vorsichtig, sensibel – sie lesen Mimik, Körpersprache, Schwingungen.

Während ein Kind voller Freude zur Katze läuft, empfindet diese plötzliche Bewegung möglicherweise als bedrohlich.

Wenn ein Kind seine Liebe durch Umarmen ausdrückt, versteht die Katze das schnell als Festhalten – und damit als Panikgrund.

Das ist kein böser Wille – weder von der Katze noch vom Kind.
Es ist einfach fehlende Übersetzung.

Und genau diese Brücke kannst Du bauen.

Als liebevolle Dolmetscherin, als achtsamer Beobachter, als Begleiter von zwei wunderbaren Lebewesen, die sich vielleicht noch nicht verstehen – aber sich bald lieben könnten.

Vorbereitung ist alles – für Katze und Kind

Vor dem Einzug eines Babys

Wenn Du schon eine Katze hast und ein Baby erwartest, kannst Du schon frühzeitig Maßnahmen treffen, um Deine Katze an die neuen Umstände zu gewöhnen:

Räume und Möbel langsam umstellen (nicht auf einmal!)

Neue Geräusche einführen: z. B. Babygeschrei über Lautsprecher, leise und behutsam

Babypflegeprodukte schon vorab verwenden – Geruch spielt eine große Rolle

Rückzugsorte schaffen, die niemals gestört werden – geschlossene Höhlen, erhöhte Plätze

Die Katze nicht plötzlich aus dem Schlafzimmer oder vom Sofa verbannen,
wenn das vorher erlaubt war – lieber schrittweise neue Regeln einführen

Wenn das Kind schon da ist und die Katze folgt

Kinder reagieren begeistert auf Tiere – aber sie müssen erst lernen, was richtiges Verhalten ist:

Nicht an Ohren, Schwanz oder Bauch ziehen

Nicht festhalten oder hochheben

Nicht beim Schlafen oder Fressen stören

Und: Niemals die Katze jagen oder bedrängen

Kinder begreifen am besten durch liebevolle Begleitung und Nachahmung.
Zeig ihnen, wie man streichelt, wie man mit leiser Stimme spricht, wie man
wartet, bis die Katze selbst Kontakt aufnimmt.

So entsteht Respekt – und später echte Freundschaft.

Rituale schaffen – Vertrauen aufbauen
Katzen lieben Rituale – und Kinder auch. Warum also nicht gemeinsame
kleine Rituale etablieren, bei denen beide sicher und mit Freude zusammen-
kommen?

Gemeinsames Füttern (Kind darf Leckerli geben)

Morgens die Katze begrüßen (leise, ruhig, mit Abstand)

Abends eine „Gute-Nacht-Runde" mit Leckerli, Bürsten oder einfach nur sanf-
tem „Hallo"

Gemeinsames Spiel (z. B. Angel halten – die Katze jagt, das Kind freut sich)

So lernt das Kind: „Ich bin wichtig, aber ich muss achtsam sein."
Und die Katze lernt: „Dieses kleine Wesen ist laut, aber es bedeutet keine Gefahr."

Was, wenn es nicht klappt?
Es gibt Katzen, die Kinder einfach nicht mögen. Vielleicht aus schlechten

Erfahrungen. Vielleicht, weil sie lärmempfindlich oder besonders ängstlich sind. Das ist kein Versagen – sondern ein Signal.

In diesem Fall gilt:

Nicht zwingen. Nähe darf niemals erzwungen werden – weder für Kind noch Katze.

Alternativen schaffen. Katze darf sich zurückziehen, Kind darf mit Plüschtier oder Bildern lernen.

Geduld haben. Manchmal braucht es Wochen oder Monate – und plötzlich liegt die Katze schnurrend neben dem Kind.

Manche Beziehungen wachsen leise. Und langsam. Und wunderschön.

Ein Leben lang voneinander lernen

Wenn es klappt – und es klappt sehr, sehr oft – entsteht eine Verbindung, die unglaublich bereichernd ist.

Kinder, die mit Katzen aufwachsen, lernen Empathie. Rücksicht. Verantwortung. Geduld.

Sie lernen, dass man Liebe nicht immer mit Druck erreicht – sondern mit Respekt, Verständnis und Zeit.

Und Katzen, die mit Kindern leben, lernen: Nicht jeder kleine Mensch ist laut und gruselig. Manche sind zärtlich. Warm. Und die perfekte Rückenlehne für ein Nickerchen am Nachmittag.

Ein Kind, eine Katze – eine Geschichte voller Gefühl

Vielleicht wirst Du Zeuge davon, wie Dein Kind der Katze zum ersten Mal leise einen Leckerbissen hinhält – und vor lauter Glück beinahe selbst schnurrt.

Vielleicht weint Dein Kind – und die Katze legt sich einfach neben ihn oder sie, leise, ganz still, als wollte sie sagen: „Ich bin da."

Vielleicht feiern sie gemeinsam Geburtstage, Feste, das erste Türmchen aus Bauklötzen – und Deine Katze schaut zu, mit königlicher Gelassenheit.

Was Du ihnen schenkst, ist mehr als nur ein Haustier oder ein neues Familienmitglied:

Du schenkst ihnen eine Beziehung, aus der sie ein Leben lang lernen können.

Fazit: Kleine Hände, große Herzen – und ein Tier, das lehrt, leise zu lieben

Die Beziehung zwischen Katze und Kind ist nicht immer einfach.
Aber sie ist ehrlich.
Unverstellt.
Wachsend.

Und – wenn Du es gut machst – ein Band fürs Leben.

Denn Deine Katze weiß, dass Du da bist.

Und Dein Kind lernt, was es heißt, Rücksicht zu nehmen – auf ein kleines
Wesen mit leiser Stimme und großem Charakter.

So werden aus Katze und Kind nicht nur Mitbewohner – sondern echte Ge-
fährten.

Die Katze behält ihren freien Willen, auch wenn sie dich liebt, und sie wird nichts für dich tun, was sie für unvernünftig hält.

(Théophile Gautier)

Deine Katze wird alt.

Irgendwann merkst Du es vielleicht ganz nebenbei: Deine Katze schläft mehr, springt nicht mehr so geschmeidig aufs Fensterbrett oder reagiert langsamer auf Geräusche.

So wie wir Menschen durchläuft auch Deine Katze mit zunehmendem Alter ganz natürliche Veränderungen – körperlich, geistig und im Verhalten.

Diese Veränderungen passieren oft schrittweise. Und weil Katzen Meister darin sind, ihre Schwächen zu verbergen, merkst Du sie womöglich erst spät.

Umso wichtiger ist es, dass Du aufmerksam bleibst – und Deine Katze in dieser besonderen Lebensphase liebevoll begleitest.

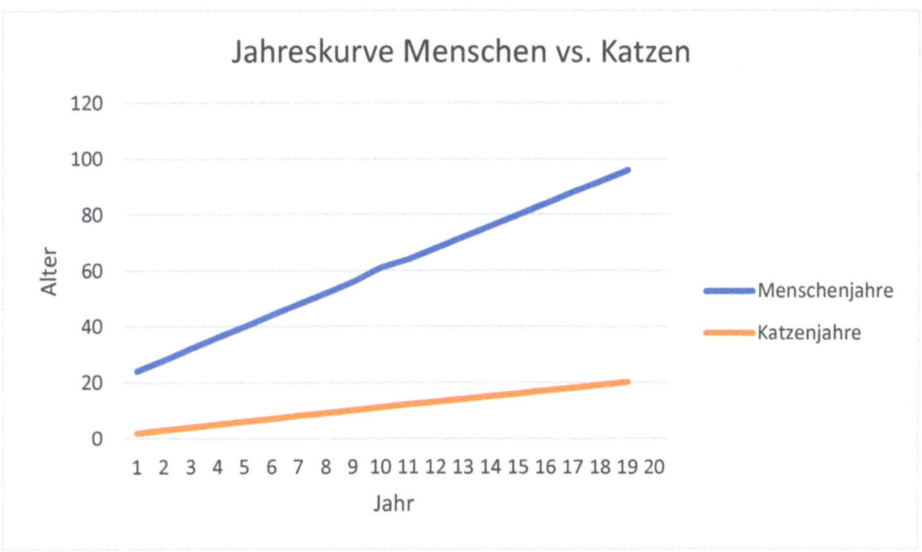

„Die Katze ist das einzige vierbeinige Tier, das dem Menschen eingeredet hat, er müsse es erhalten, es brauche aber dafür nichts zu tun."

- Kurt Tucholsky

Veränderungen im Verhalten – ein feiner Blick für kleine Signale

Wenn Deine Katze älter wird, verändert sich oft ihr Verhalten. Vielleicht wird sie anhänglicher und sucht häufiger Deine Nähe. Oder sie zieht sich eher zurück, braucht mehr Ruhe und möchte weniger gestört werden. Beides ist normal – und verdient Verständnis.

Auch das Schlafverhalten ändert sich. Ältere Katzen schlafen oft deutlich mehr. Das ist kein Zeichen von Krankheit, sondern einfach ein natürlicher Teil des Alterns. Lass sie dösen, schlummern, sich die Sonne auf den Pelz scheinen lassen – das ist ihre Art, neue Kraft zu schöpfen.

Manche Katzen zeigen im Alter auch Anzeichen von Desorientierung: Sie laufen scheinbar ohne Ziel umher, vergessen kurzzeitig, wo das Katzenklo ist, oder wirken verwirrt. In solchen Fällen kann es sich um eine kognitive Störung handeln – ähnlich wie Demenz beim Menschen. Auch hier hilft vor allem eines: Geduld, Verständnis und eine möglichst stabile, stressarme Umgebung.

Körperliche Veränderungen – was mit den Jahren passiert

Wie bei uns Menschen hinterlässt das Alter auch bei Katzen Spuren. Viele ältere Tiere leiden unter Arthrose oder Gelenkschmerzen. Wenn Deine Katze zögert, bevor sie aufs Sofa springt, steif läuft oder sich nach dem Aufstehen erst „einruckeln“ muss, sind das Hinweise auf mögliche Schmerzen.

Auch die Sinne lassen oft nach. Vielleicht hörst Du Deine Katze plötzlich lauter miauen – weil sie sich selbst nicht mehr gut hört. Oder Du bemerkst, dass sie sich leichter erschreckt, weil das Sehvermögen abnimmt. All das ist normal – und mit ein paar kleinen Anpassungen lässt sich gut darauf eingehen.

Zu den häufigsten Alterskrankheiten gehören Nierenschwäche, Diabetes, Schilddrüsenüberfunktion oder auch Tumorerkrankungen. Veränderungen im Fressverhalten, häufiger Durst, Gewichtsverlust oder verändertes Verhalten beim Toilettengang können erste Anzeichen sein. Es lohnt sich, bei solchen Veränderungen frühzeitig den Tierarzt aufzusuchen – denn viele Erkrankungen lassen sich gut behandeln, wenn man sie rechtzeitig erkennt.

So unterstützt Du Deine ältere Katze bestmöglich

Regelmäßige Tierarztbesuche sind im Alter besonders wichtig. Am besten lässt Du Deine Katze zweimal im Jahr durchchecken – inklusive Blutbild. So können gesundheitliche Veränderungen früh erkannt und rechtzeitig behandelt werden.

Die Ernährung sollte an die neuen Bedürfnisse angepasst werden: leicht verdaulich, mit weniger Kalorien, aber hohem Nährstoffgehalt. Viele ältere Katzen profitieren von speziellen Senior-Futtersorten, die auch die Nieren schonen und das Immunsystem stärken.

Die Umgebung darf gerne etwas komfortabler werden: ein warmes Plätzchen ohne Zugluft, erhöhte Schlafplätze, die über kleine Treppen erreichbar sind, und Katzenklos mit niedrigem Einstieg. Vermeide große Veränderungen im Alltag – Katzen im Alter lieben ihre Routinen und reagieren sensibler auf Unruhe oder Umstellungen.

Schmerzen solltest Du nicht einfach als „normal im Alter" abtun. Wenn Du merkst, dass Deine Katze sich weniger bewegt, sich ungern streicheln lässt oder starr wirkt, kann Schmerz dahinterstecken. Dein Tierarzt kann hier mit Schmerzmitteln oder ergänzenden Therapien helfen – und Deiner Katze mehr Lebensqualität schenken.

Fazit – gemeinsam alt werden

Das Alter ist kein Abschied, sondern eine neue Etappe. Wenn Du Deine Katze aufmerksam beobachtest, auf ihre Bedürfnisse eingehst und ihr ein liebevolles, stabiles Umfeld bietest, kann sie auch im hohen Alter noch viele schöne, entspannte und innige Momente mit Dir teilen.

Diese ruhige, tiefe Verbundenheit, die im Laufe der Jahre entsteht – sie ist etwas ganz Besonderes. Und wenn Deine Katze sich schnurrend an Dich lehnt, langsam die Augen schließt und einfach da ist, dann weißt Du: Du machst alles richtig.

Ein Thema verunsichert die Katzenwelt.

Wenn Schönheit krank macht – über Qualzuchten und Deine Verantwortung

Vielleicht hast Du sie schon gesehen: Katzen mit riesigen Augen, flachen Schnäuzchen oder winzigen Beinchen, die auf den ersten Blick aussehen wie lebendige Plüschtiere.

Niedlich? Ja. Faszinierend? Auch. Aber leider oft ein Fall von Qualzucht – und damit alles andere als harmlos.

Denn was für manche „süß" aussieht, bedeutet für viele Katzen ein Leben voller gesundheitlicher Probleme. Und genau deshalb ist es so wichtig, dass Du Dich informierst – bevor Du Dich für eine Rassekatze entscheidest.

Was genau ist eigentlich eine Qualzucht?
Bei Qualzuchten geht es um gezielte Zucht auf extreme körperliche Merkmale
– also Besonderheiten, die vom Idealbild oder Standard abweichen, aber auf
den ersten Blick „auffällig schön" erscheinen. In Wirklichkeit entstehen dabei
aber oft anatomische Fehlentwicklungen, die Schmerzen, Einschränkungen
oder sogar Leiden verursachen.

Zu den betroffenen Merkmalen gehören zum Beispiel extrem kurze Nasen
(wie bei manchen Perser- oder Exotenrassen), übermäßig gefaltete Haut, sehr
kurze Beine oder große, weit aufgerissene Augen. Auch bestimmte Fellfarben,
wie z. B. reiner Weißanteil ohne Pigmente, können mit Problemen wie Taub-
heit oder Lichtempfindlichkeit einhergehen.

Welche gesundheitlichen Folgen haben solche Zuchtmerkmale?
Katzen, die aus Qualzuchten stammen, leiden häufig – oft ihr ganzes Leben
lang:

Atemprobleme: Katzen mit kurzer Schnauze (z. B. brachyzephale Perser)
kämpfen oft mit jeder Einatmung. Du hörst sie röcheln, schnarchen oder keu-
chen. Normale Atmung? Für sie purer Luxus.

Hautprobleme: Tiefe Hautfalten sehen vielleicht ungewöhnlich aus, sind aber
Brutstätten für Bakterien. Es kann zu Entzündungen, Infektionen und ständi-
gen Hautreizungen kommen – oft chronisch.

Skelettveränderungen: Extrem kurze Beine mögen lustig wirken, führen aber
oft zu Gelenkproblemen, Fehlstellungen oder eingeschränkter Beweglichkeit.
Manche Katzen können kaum springen oder sich normal putzen.

Augenprobleme: Große, hervorstehende Augen sind empfindlich. Sie tränen,
sind anfällig für Infektionen oder Verletzungen – und manchmal fehlt sogar
der natürliche Lidschluss.

Kurz gesagt: Was für den Menschen ein „Markenzeichen" ist, ist für die Katze
ein Dauerproblem. Und das kann nicht der Sinn von Zucht sein.

Wie findest Du heraus, ob ein Züchter verantwortungsvoll arbeitet?
Wenn Du Dich trotz aller Bedenken für eine Rassekatze entscheidest – dann
bitte richtig. Ein verantwortungsvoller Züchter hat nicht nur schöne Tiere,
sondern vor allem gesunde. Er stellt das Wohlergehen der Katze immer über
Optik oder Profit.

Ein guter Züchter:
züchtet nicht auf extreme Merkmale, sondern auf Gesundheit, Charakter und Stabilität.

lässt seine Zuchttiere regelmäßig tierärztlich untersuchen und auf Erbkrankheiten testen.

hält die Tiere in der Familie, mit engem Kontakt zu Menschen – nicht in Käfigen oder separaten Räumen.

gibt Dir umfassend Auskunft über die Rasse, deren Bedürfnisse und mögliche Probleme.

begleitet Dich auch nach dem Kauf weiter und steht Dir mit Rat und Tat zur Seite.

Scheue Dich nicht, Fragen zu stellen. Bitte um Einblick in die Haltung, fordere Gesundheitsnachweise der Elterntiere, achte auf saubere, liebevolle Umgebung – und auf das Verhalten der Tiere selbst. Eine ängstliche oder apathische Katze ist kein gutes Zeichen.

Adoption statt Zucht? Auch das ist Liebe.
Wusstest Du, dass in Tierheimen viele Rassekatzen sitzen – oft ausgesetzt, abgegeben oder beschlagnahmt? Sie alle warten auf ein neues Zuhause. Und auch wenn Du keine bestimmte Rasse suchst, lohnt sich der Blick ins Tierheim oder zu Tierschutzorganisationen. Du kannst einer Katze ein zweites Leben schenken – und sie wird es Dir danken, Tag für Tag.

Fazit: Du entscheidest – und Deine Entscheidung hat Gewicht
Deine Katze soll ein langes, gesundes Leben führen. Und das beginnt nicht erst mit dem ersten Schnurren auf Deinem Schoß – sondern schon bei der Entscheidung, woher sie kommt.

Wenn Du Dich bewusst gegen Qualzucht und für eine verantwortungsvolle Herkunft entscheidest, setzt Du ein Zeichen. Du hilfst mit, das Tierleid zu verringern, und unterstützt Menschen, die Tiere mit Herz und Verstand züchten.

Denn echte Schönheit hat nichts mit übertriebenen Merkmalen zu tun. Sondern mit einem gesunden Körper, einem klaren Blick – und einem glücklichen Katzenleben an Deiner Seite.

Wenn ein leises „Miau" zum Mittelpunkt Deines Lebens wird.

Vielleicht sitzt Du gerade da, mit einer Tasse Tee oder Kaffee, und Deine Katze liegt zusammengerollt auf dem Sessel neben Dir.

Oder sie verfolgt mit grimmiger Entschlossenheit eine imaginäre Fliege an der Wand.

Vielleicht hast Du Deine erste Katze noch gar nicht bei Dir – aber das Herz ist längst vergeben.

So oder so: Du hast diesen Weg gewählt. Oder besser gesagt – die Katze hat Dich gewählt. Und das ist keine Kleinigkeit.

Denn eine Katze zieht nicht einfach bei Dir ein. Sie besetzt Dein Sofa, Deine Fensterbank, Deinen Tagesrhythmus.

Sie bringt Chaos, Charme, ein bisschen Wahnsinn – und eine stille Form von Liebe, die ganz ohne Worte auskommt. Und gerade deshalb so tief geht.

Wenn Du jetzt zurückblickst auf die ersten Fragen – „Passt eine Katze zu mir?", „Was brauche ich alles?" –, dann wirst Du feststellen: Du hast viel gelernt.

Über Ernährung, Pflege, Verhalten, Gesundheit. Über Kratzbäume, Katzenklos, Lieblingsfutter und unantastbare Schlafplätze. Aber das Wichtigste ist: Du hast gelernt, zu fühlen.

Zu spüren, wann Deine Katze Nähe sucht. Zu akzeptieren, wenn sie sich zurückzieht. Zu verstehen, dass Zuneigung manchmal einfach nur bedeutet, nebeneinander zu sitzen und gemeinsam zu schweigen.

Ein Haustier? Nein. Ein Familienmitglied.

Katzen sind keine Dekoration. Sie sind keine Maschinen auf vier Pfoten. Sie sind Persönlichkeiten. Mit Vorlieben, Marotten, guten und schlechten Tagen.

Und Du wirst merken: Du wächst mit Deiner Katze. Wirst geduldiger. Achtsamer. Und manchmal auch ein bisschen weicher.

Denn es gibt diese Momente – wenn Deine Katze sich an Dich schmiegt, leise schnurrt und einfach da ist – in denen Du weißt: Das hier ist echtes Glück.

Kein großes, lautes, dramatisches Glück. Sondern ein stilles, warmes. Eines, das Dich verändert.

Und ja, es wird auch anstrengend.

Es wird Haare geben. Und zerkratzte Möbel. Es wird Nächte geben, in denen Du vom Futternapf zur Katzentoilette wanderst wie in einem schlechten Zimmerservice.

Es wird Tierarztbesuche geben, Sorgen, vielleicht auch Tränen. Aber all das gehört dazu.

Weil wahre Verbindung nicht immer einfach ist. Aber immer wertvoll.

Deine Katze wird Dich nicht retten. Aber sie wird Dich bereichern.

Sie wird Dein Leben nicht umkrempeln wie ein Hollywoodfilm – aber sie wird es mit leiser Selbstverständlichkeit verändern.

Und wenn Du eines Tages auf dem Sofa sitzt, sie Dir auf der Brust liegt und die Welt einfach mal draußen bleibt, dann wirst Du verstehen: Das war die beste Entscheidung, die Du je getroffen hast.

Nicht perfekt. Aber genau richtig.

Zum Schluss:

Du hast jetzt das Wissen. Du hast das Herz. Und Du hast die Neugier, Dich auf dieses Abenteuer einzulassen. Mehr braucht es nicht.

Denn das Leben mit Katze ist kein Projekt. Es ist eine Geschichte – voller kleiner Kapitel, großer Gefühle und feiner Pfotenabdrücke auf Deinem Herzen.

Und genau das macht es so wunderschön.

TASSO e.V. und FindeFix sind zwei führende Organisationen in Deutschland, die sich auf die Registrierung und das Auffinden verlorener Haustiere spezialisieren.

Beide bieten wertvolle Dienstleistungen an, um vermisste Tiere wieder mit ihren Besitzern zu vereinen, und ergänzen sich in ihren Bemühungen, das Wohlergehen von Haustieren zu fördern.

TASSO e.V.

TASSO e.V. ist Europas größtes Haustierregister mit Millionen registrierter Tiere. Die Organisation bietet einen kostenlosen Service zur Registrierung von Haustieren, die mit einem Mikrochip oder einer Tätowierung gekennzeichnet sind.
TASSO arbeitet daran, verlorene Tiere zu identifizieren und sie sicher zu ihren Besitzern zurückzubringen. Dies wird durch eine umfangreiche Datenbank ermöglicht, in der die Identifikationsnummern der Mikrochips oder Tätowierungen zusammen mit den Kontaktdaten der Besitzer gespeichert sind.
Zusätzlich bietet TASSO einen 24-Stunden-Notfall-Service, eine verlorene-und-gefundene-Datenbank und verschiedene Informationskampagnen zum Thema Tierregistrierung und -schutz.

FindeFix - Das Haustierregister des Deutschen Tierschutzbundes

FindeFix ist eine Initiative des Deutschen Tierschutzbundes und dient ebenfalls der Registrierung von Haustieren, vor allem von Hunden und Katzen.

Ähnlich wie TASSO verwendet auch FindeFix die Mikrochip-Technologie, um verlorene Haustiere zu identifizieren und zu ihren Besitzern zurückzuführen.

Die Registrierung bei FindeFix ist ebenfalls kostenlos.

Neben der zentralen Registrierungsdienstleistung bietet FindeFix Informationen und Unterstützung für Haustierbesitzer, darunter Ratschläge für den Fall des Verlusts eines Haustieres.

Zusammenfassung und Bedeutung

Sowohl TASSO als auch FindeFix spielen eine entscheidende Rolle im Tierschutz in Deutschland.

Durch die Bereitstellung von Registrierungs- und Rückführungsdiensten tragen sie dazu bei, die Sicherheit von Haustieren zu erhöhen und das Leid von verlorenen Tieren und ihren Besitzern zu verringern.

Die Registrierung bei solchen Organisationen ist ein wichtiger Schritt für verantwortungsbewusste Haustierbesitzer. Sie erhöht die Wahrscheinlichkeit, dass ein verlorenes Tier schnell und sicher nach Hause zurückkehrt.

Diese Organisationen ergänzen die Arbeit von lokalen Tierheimen und Tierschutzvereinen und bilden ein wichtiges Netzwerk zum Schutz und zur Fürsorge für Haustiere.

Die Dienste von TASSO und FindeFix sind beispielhaft für moderne Ansätze im Tierschutz und in der Tierregistrierung, die darauf abzielen, das Wohlergehen von Haustieren zu gewährleisten und die Bindung zwischen Tieren und ihren Besitzern zu stärken.

Hat Ihnen dieses Buch gefallen?

Wenn Du dieses Buch bis hierher gelesen hast, dann hast Du fast 130 Seiten mit mir verbracht – und ich durfte Dich auf dieser Reise begleiten.

Dafür danke ich Dir von Herzen!

Ich hoffe, Du hattest Freude beim Lesen, konntest lachen, nicken, vielleicht auch staunen – und vor allem viele hilfreiche Dinge für Dich und Deine Katze mitnehmen.

Dieses Buch ist nicht allein in stiller Kammer entstanden – ein kleines, tierverrücktes Team hat mich unterstützt: mit Fotos, Gestaltung, Ideen und ganz viel Herzblut.

Es ist also ein echtes Gemeinschaftswerk, das von Freundschaft, Leidenschaft und Liebe zu Tieren getragen wird.

Wenn Dir das Buch gefallen hat, erzähl anderen davon.

Vielleicht magst Du es sogar weiterempfehlen oder eine kleine Rezension bei Amazon oder im Netz hinterlassen – das hilft uns Autorinnen und Autoren unglaublich, sichtbar zu bleiben.

Du magst Social Media? Dann teile doch ein Bild vom Buch oder eine Empfehlung – auch das bedeutet uns viel.

Danke, dass Du dabei warst.

Ich wünsche Dir und Deiner Katze viele wunderbare gemeinsame Jahre – mit Schnurren, Spielen, Staunen und Nähe.

Alles Liebe
Deine Melanie Schneider & Team

Christoph Fasbender

THE REEVES' PROGRESS

A Cultural Journey of Discovery through Late Medieval Vogtland

Translated by Joseph Swann and
Mícheál Úa Séaghdha

SCHNELL + STEINER

CONTENTS

THE VOGTLAND OF THE REEVES

Here and there in his chronicle of the city of Hof, Enoch Widmann (1551–1617), scholar and schoolmaster of that city, inserted snatches of verse, not from his own hand, but taken over or translated from inscriptions. Thus, when he came to speak of the Vogtsberg in Oelsnitz, he included the following lines:

> *Drusus the noble Roman reeve*
> *Built this castle in his need*
> *As he waged war in German lands:*
> *It's called Voitsberg to this very day,*
> *On which account the land around*
> *Is called by everyone Voitland.*

The verse is reputed to have adorned the entrance to Vogtsberg Castle, where it replaced an older Latin inscription of similar import [1]. When exactly this happened can no longer be determined from the language alone. This is recognizably the early High German of Enoch Widmann's age, but a lot depends on how one interprets the verb *bauen* in line 2. The Middle High German *buwen* primarily meant 'to be settled in, to dwell' – hence the word 'Nach-Bauer', which in modern German becomes *Nach-bar*, neighbour (compare Middle English *neighebor*, nigh-dweller) – the secondary sense of the verb was 'to cultivate the fields' (hence the modern German *Bauer*, farmer). However, the verb *buwen* did not at that time have its modern meaning of 'to build', in the sense of 'to erect a building'. So if the first two lines of verse mean that Drusus 'dwelt' on the Vogtsberg during his German campaign, the inscription might well date from the 15th century; if they mean that Drusus built the hill – or rather, as Widmann's chronicle has it, the castle on the hill – in order to take up his quarters there, then the verse would more likely belong linguistically to the 16th century.

One might justifiably object that such considerations help us neither to judge the age of the Vogtsberg nor to trace its true origins, let alone to determine the historically correct reference of the term 'Vogtland'. There are simply too many discrepancies in the text. In the first place, the Roman governor Drusus may well, from the Germanic point of view, have been an *advocatus* – a deputy or reeve, but the Roman understanding of the term was different. A greater problem is the fact that Nero Claudius Drusus (38–9 BCE), stepson of Emperor Augustus and younger brother of Emperor Tiberius, waged a number of campaigns in the interior of 'Germania' between 12 and 9 BCE, marching from Trier via Mainz to the Elbe near Magdeburg. But Roman historiog-

Drusus verse at Vogtsberg Castle (fragment)

raphers describe his route as following the River Leine through the territory of Hesse; he only moved eastwards when he reached the level of Hildesheim. In other words he at no point, *As he waged war in German lands,* set foot in either Thuringia or Saxony.

Inconsistencies of this sort did nothing, however, to halt the spread of the rhyme quoted by Widmann. Elector August I (1694–1733) owned a glass drinking vessel inscribed with the Latin version of the text – now in Schloss Burgk Museum. Is this a case, then, of foolish superstition 'even in higher circles'? [2] Or is it an ancient tra-

dition evidenced from the time of Charlemagne and also handed down in Vogtland? But what would have made this tradition worth transmitting in a verse of this kind anyway?

The verse appears at first sight to be concerned solely with the origins of the name 'Vogtland' from 'Vogtsberg' and 'Vogt'. But there is another message here that should not be overlooked, namely that the Vogtsberg and Vogtland not only take their name from a Roman general, they owe their very existence to the Romans: thanks to Drusus their lineage reaches directly back to the Golden Age of Emperor Augustus himself. To us this may seem historically improbable, but to those who appealed to that tradition, it was a matter of no small significance. Charlemagne himself had justified his empire on the basis of its direct succession from the *imperium Romanum*, a fiction he acted out in his programmatic self-depiction as Roman emperor with toga and laurel wreath, an image we find on coins of the era. Charlemagne's spiritual counsellors appealed to the doctrine of the four worldly kingdoms, the last of which – so to speak immediately before the Apocalypse – was the Roman Empire. Theologians of Late Antiquity, who could have known nothing of Charlemagne and the Franks, had based this concept on a passage from the biblical Book of Daniel, according to which the world would end after the fall of Rome. Hence the need – if the Franks wanted to play a role in the predestined history of the world – to establish an unshakable link between the Roman and Frankish dominions. The idea of *translatio imperii* ranks in this sense as a particularly powerful historic-philosophical construct. To invoke Roman predecessors meant to be part of salvation history. That, and no less, was the purpose of the text inscribed over the entrance to the Vogtsberg: the integration of the Vogtland (centred on the Vogtsberg) in Roman-Frankish-German history.

In the logic of the authors of that text, the Vogtsberg was an appropriate motif for such an enterprise. The castle had admittedly, at the time when the verse came into circulation, long since passed out of the hands of the Reeves of Plauen: it was the administrative seat of the Ernestine electors of Wittenberg, who had kept a bailiff there since 1378. But there is something

Latin Drusus verse on a drinking vessel (1699)
(Schloss Burgk, Inv.-Nr. IX/14)

surprising about that, too. The House of Wettin had for centuries tried to control the Reeves of Weida, Gera and Plauen. After the Vogtland War of 1354–1357 matters were settled to the detriment of the reeves, who had to surrender the Vogtsberg, which they had taken over from the Reeves of Strassberg in 1327, to the victors. Emperor Karl IV pledged to defend the rights of the Wettins, if necessary by force and, after the Chemnitz division of the House of Wettin, the castle passed in 1382 into the ownership of Margrave Wilhelm [3].

This makes it almost certain that the rhyme in Enoch Widmann's chronicle does not originate with the reeves: it was propagated by later owners of the castle. And the motive is clear enough: the electors of Meissen – and in their wake those of Wittenberg – had high political ambitions. Elector Friedrich the Wise was close to being crowned Roman-German king, and to be able to present the Vogtsberg and Vogtland as a quasi-Roman heritage enhanced his claim. Moreover, the lines of verse had the additional advantage that they suppressed any memory either of the prior masters of the Vogtsberg or of those from whom the designation 'Vogtland' actually derived: namely the Reeves of Weida, Gera and Plauen. Widmann's chronicle faithfully transmits the historiography of the victors.

Nevertheless, one can by no means say that the reeves, destined in this transaction to be erased from history, were in fact so erased. After all, the name 'Vogtland', whose first appearance in German as *woyte lande* can be dated to 1317, has survived to the present day and will predictably continue *in perpetuo*. What exactly it refers to and how its borders are defined is a different matter – in fact an idle question. At the time of the reeves it would already have been impossible to draw the boundaries of that territory. The lands divided in 1238 among the three lines of reeves – those of Weida, Gera and Plauen – were not identical with those that passed three hundred years later, at the end of the Schmalkaldic War (1547) into the hands of Burgrave Heinrich IV of Meissen (ruled 1519–1554). And during those three hundred years the 'Land of the Reeves' changed its limits at least once a year. Here a new corner was added, there an enclave, and elsewhere entire villages, towns and even districts were lost, some briefly, others longer, and yet others for ever. Wars, marriages, divisions of inheritance and insolvencies all played their part, and these were so many and frequent that the reeves themselves might well have wondered at our desire to treat the Vogtland as a single entity with clearly defined borders.

Notes
[1] Text from the new edition by RÖSLER, p. 10, who also cites the Latin version *Castra locans Drusus hic Praetoria nomina monte fecit. Posteritas servat et ipsa sibi* (see hereafter FASBENDER, Drusus-Spruch). Note that the *oi* in *Voitsberg* (l. 4) is not a diphthong: the *i* merely denotes a lengthening of the preceding vowel. No Vogtlander would say 'Feugtsberg'. The confusion caused by such lengthening vowels is evident e.g. in the varying pronunciation of place names like 'Moers', 'Duisburg' and 'Soest' (which is 'Soost' rather than 'Söst').
[2] STECHE, Oelsnitz, 30.
[3] Years cited from Urkundenbuch der Vögte (UB Vögte: Deed-Book of the Reeves) I 610; II 15, 109, 274.

THE VOGTLAND OF THE REEVES

The foregoing observations should not, of course, conceal the fact that in many respects the territory of the reeves did coincide with the historico-geographical area between the upper Saale, the Regnitz, the Pleisse and the country around Gera, Ronneburg and Schmölln that today still bears the name Vogtland. In order to keep one's bearings within this complex territory and its narrative, it is advisable to focus on three or four main players: the Reeves of Gera, Weida and Plauen, and the House of Reuss that issued from the last-named line. The Reeves of Gera held sway in large tracts of Thuringian Vogtland, especially the western parts. For two centuries they resided at Osterstein Castle in Gera, then from 1425 to 1550 they split into three lines residing at castles in Burgk, Lobenstein and Schleiz, while at the same time retaining Gera. With the Reeves of Weida, resident there in the Osterburg, it is a different story. Already in the 12th century they held the Bohemian domain of Asch (Aš) [1]; but in 1248 they transferred their rule to Franconia, where they established their *curia* (court) at Hof on the Saale [2]. After 1427 they lost all rights to their hereditary seat, resided briefly in Schmölln, rather longer in Berga, and longest of all (1454–1535) as Lords of Wildenfels. The Reeves of Plauen circled repeatedly around their hereditary lands, finally losing them – after residing both in Mühltroff and on the Vogtsberg – in 1473 or 1482. Their policy of avoidance also led to incursions into the present-day Czech Republic where, as Burgraves of Meissen, they resided in the 15th century at Königswart (Kynžvart), Petschau (Bečov nad Teplou), Neuhartenstein (Hartenštejn) and Theusing (Toužim). The Plauen reeves gave rise to the House of Reuss, whose territorial centre in the early 14th century formed around their residence in Greiz in northern Vogtland, where their activities lay in close proximity to those of the Reeves of both Weida and Gera. But the Weida line had by then moved into Franconia and the Gera line into southern Thuringia. If one were to illustrate this 'migration of the reeves' with arrows on a map, the Reusses of Plauen would, broadly speaking, be moving north, the Reeves of Weida and Gera south, and the Reeves of Plauen south-east.

That on many maps the powerful mercantile city of Eger (Cheb) is counted as reeves' territory calls for some explanation. The imperial city, centre of the old Egerland, enjoyed considerable expansion until it was pledged in bond to the Bohemian crown in 1322. It is, however, worth mentioning that the Reeves of Weida were for three decades (1322–1351) appointed stewards (or royal bailiffs) of Eger Castle, an office that Heinrich X of Plauen (1412–1446) also held for a short time (1413–1416). Given that the reeves' possessions reached far into Bohemian territory, the inclusion of Eger in the Vogtland narrative would, therefore, seem justifiable. Here the borders of the admissible are distinctly fluid.

In other cases greater stringency is called for. Thus we must exclude not only the possessions of the Weida reeves in their former home (in the Harz Mountains or near Mühlhausen in Thuringia), but also most of the reeves' exclaves. Likewise, the fact that Heinrich V of Plauen held Borna, Kohren and Geithain for two years in 1357 and then swapped those towns for Golssen is as irrelevant for our narrative as are the temporary possessions of Burgrave Heinrich III of Plauen in Engelsburg near Karlstadt (1483) or Spremberg in Lower Lusatia (1498–1508). To mention these at all is simply to underline the variability of this entire territory, whose governance and ownership depended ever and again on the political skill (or its opposite) of the reeves.

THE REEVES

The earliest documentary evidence of the dynasty of the reeves appears in the first third of the 12th century. We know that they were newcomers to the region: their hereditary seat might have been the village of Weida, north of

Mühlhausen, which no longer exists today – a circumstance that fairly represents the origins of that line. The Weida line probably came into the Vogtland region as vassals of the Counts of Everstein, whose homeland was around Hameln and Holzminden in Lower Saxony. They are first mentioned in 1122, in the first and most important deed of this period, the episcopal confirmation of the parochial limits of the church of Plauen, founded by Adalbert von Everstein [3]. The later reeves would in time take over the possessions of the Eversteins in Plauen, which suggests that both groups had entered the region together.

The main signature to the deed of 1122 is the *ministerialis* Erkenbert von Weida. This *Erkenbertus de Withaa* is the first vassal to write his name as 'von Weida'. As well as his ministerial rank, his given name of Erkenbert is itself noteworthy: the Weida family had evidently not yet adopted their later custom of naming all their sons Heinrich. This again suggests that we are at the very beginning of the story.

But the Weidas have now arrived on the scene, and it will be profitable to pursue their tracks deeper into the 12th century – though not into the undocumented time before. (Heinrich 'the Pious' from Gleisberg, who was reputedly active in the formation of Weida in the 11th century, is passed over in silence by modern historians of the region [4]). The two sons of Erkenbert I, Heinrich I ('the Brave' 1139–1193), and Erkenbert II (1143–c. 1171) are, however, named in contemporary documents. Heinrich I appears as a witness to the grant of market rights to Chemnitz Abbey in 1143 by the Hohenstaufen King Konrad III (1138–1152). He is considered the founder of Weida and builder of the Osterburg, an ascription

which, although lacking documentary evidence, is suggested by church records and archaeological finds in the municipality. What is clear from this account, however, is that Heinrich kept close to the central authority of the day. Nevertheless, in the documents of the day he and his descendants remained – initially until 1196 – *ministeriales* [5].

This changed with Heinrich I's son, Heinrich II, known as 'the Rich' (1193–1209), who in 1209 is the first to be recorded as *advocatus de Vida* [6]: The Weidas are explicitly named here as reeves, a title they will henceforth bear with pride. That they had by now been granted the Vogtland as an imperial fiefdom was simply assumed by earlier historians, although there is no evidence of the fact; moreover it remains unproven with any certitude that the intermediate territory between Pleissen and Eger was even available as an imperial fiefdom for the emperor to grant. The alternative interpretation of the title *advocatus* is less spectacular, but does have documentary support. In 1237 Heinrich IV (1209–1238), Heinrich II's middle son, is recorded as holding the right of reeve over the old imperial foundation of Quedlinburg [7], whose canonesses possessed considerable property in and around Gera (among other places). This right must have been granted the Weida reeves by central authority. In fact Heinrich II of Weida – who in 1190 accompanied King Heinrich VI (son of the deceased Barbarossa) to Italy, where he was to be crowned Emperor – may well have already held the title of Reeve of the Quedlinburg foundation. Yet, even if this account of the derivation of the title of reeve is correct, it by no means suggests that the Weidas (or other dynastic branches of the reeves) would have rested content with this office. The conspicuous manner in which they wore their title of *advocatus* suggests immediate access to imperial power, which would also have applied to territorial affairs: In this context an imperial deed of 1214 designates three Weida brothers *advocati de Wida* [8].

In any account of the rise of the reeves, the provable and the probable part company in strange ways, nourishing a speculation whose confusion with fact has repeatedly stood in the way of research. Better, perhaps, to admit with MATTHIAS WERNER that in this process 'much remains unexplained' [9]. ENNO BÜNZ has observed that the speed of the reeves' ascent cannot be 'grounded primarily in imperial rights or in their position as imperial *ministeriales*' or other such conventional pattern [10]. Nor can one legitimately assume that dependent vassals of the king had simply of their own volition gained the rights and powers of dynastic nobles. Alongside the adoption of rights from the Eversteiners, other 'soft' factors will have played a role. The land the reeves took into their possession in the 12th century was untapped and thinly populated. The reeves only began to feel competition from other powers once they had developed and solidified the Vogtland.

Notes

[1] Czech place-names in parentheses.

[2] 'Hof' is German for the Latin *curia* (court). The city of Hof was founded by the Reeves of Weida, who established a court there.

[3] See UB Vögte I, 1. My basic considerations here follow BÜNZ, Vogtland, p. 21–32.

[4] See Bünz, Vogtland, p. 23–29; Werner, Vögte, col. 1814.

[5] UB Vögte I, 35.

[6] UB Vögte I, 38.

[7] See BÜNZ, Vogtland, p. 28f. The deed UB Vögte I, 66 names dominum Henricum seniorem advocatum de Wida – i.e. Heinrich II.

[8] See UB Vögte I, 42. Bünz points out that the title of 'Reeve' of a foundation must always have lain 'in the hands of a family member' (Bünz, Vogtland, p. 29).

[9] WERNER, Vögte, col. 1814.

[10] BÜNZ, Vogtland, p. 28.

THE REEVES' PROGRESS – A CULTURAL JOURNEY

The concept of 'cultural journey' that heads these pages may call for brief clarification. The journey is, of course, metaphorical: it exists in our description. But the description is based on a physical, geographical reality. It is, therefore, best envisaged as a narrative progressing through time and place along the tracks laid down by the medieval reeves (albeit using the pathways of modernity) within the territorial reality of the Vogtland as they grew and established it. The journey is, by that very token, cultural (from the Latin *colere*: to till, tend, take care of): it is the story of what has been made and cherished by human hands, and what remains from the time of its growth. This certainly includes works of art, for art in both the wider and narrower sense is unquestionably a cultural product; but to equate culture with art (as is often done) is good for neither. Culture is a far wider concept.

The culture on which our journey – and necessarily, therefore, our interest – focuses belongs to the late medieval era. It will become evident that, as ever, subsequent cultures have contributed decisively to the preservation or destruction of its heritage. But its traces can still often be found in the places where they were laid down: here the ruins of a castle or abbey, there a church or *schloss*, a manorial estate, a town hall or monument of early industrial culture – an ancient mill or long disused mine. Rarely do such objects remain untouched over the centuries. Firmer walls may be set on old foundations; a new and bigger nave may be appended to a Romanesque church tower; a hospice or hospital may be upgraded. 'Culture' in the sense in which the term is used here, has always been functional, even if all we see today is its abandoned shell – an artefact shorn of meaningful context that to modern eyes may well best merit the description 'art'.

The prime examples of such processes are churches. They are the places where older articles need not immediately yield to new or, when they yield, need not immediately be destroyed. There are legends – which almost certainly would have flourished in the 16th century – warning against the disposal of church artworks and artefacts: Wooden statues taken from an altarpiece, for example, would take terrible revenge on any who belittled them. Hence the hesitancy with which figures so recently objects of devotion were consigned to dusty storage. When RICHARD STECHE travelled through Saxony at the end of the 19th century inventarizing church artworks, he found many a saint's statue in the attic or storeroom of a church. And today many such figures, restored and set on their own small pedestal, have found a new place as artworks in their old church – the latest link in 500 years of Vogtland's religious culture. What they demonstrate is not just a change in aesthetic perspective: the many Protestant galleries erected over medieval wall paintings, the baroque pulpits with their ornate sounding-boards, testify to changes in theology and piety and a will to adapt to changing needs.

Elsewhere many objects have almost wholly disappeared. Centuries dedicated to progress or learned collection have consigned many material objects to the flames, or to the shelves and display cases of museums and archives. In either case the connection with the building in which these things once served a specific purpose, is lost. The loss is particularly drastic with liturgical articles: the widespread disappearance of missals and other books once used in church services, for example, is inexplicable. Whatever did not rot, or was not destroyed or officially removed, simply (and mysteriously) vanished. Even in 1930 the deanery of Saalburg noted that 'all old items [...] have disappeared in the last 20 years' [1]. In Plauen, with its many houses of monks and nuns, the only medieval manuscript to survive, although there must have been a considerable number – indeed, inventories from the Reformation period document their existence – is the city register. As for the chalices, patens, ciboria and other sacred vessels that must have belonged in every church and chapel in the Vogtland, one may wonder if they were melted down, stolen, or – in times of crisis – sold.

That is not to say that everything is lost. But the past century has done little to fulfil the hopes of the ministries, agencies, archives, libraries and scholarly associations primarily responsible for the seizure of these objects that they and their provenance might one day be rigorously investigated. Many such objects lie as good as lost in some locked official reserve, and the attempt to restore them to their place of origin will likely face bureaucratic obstacles that did not even exist at the time of their removal. The cultural progress of the reeves is beset with such pieces, incarcerated within alien walls. The reader bent on understanding the late medieval cultural landscape of the Vogtland cannot avoid encountering these hostages to fortune, at least in spirit.

And then there are the many items and aspects of that culture that have been irretrievably lost to the barbarity of the five or six hundred years between then and now. The Vogtland War (1354–1357) was the beginning, razing a whole series of castles; then the Hussites on their trail of destruction from Bohemia burnt down in 1430 whatever lay in their path. Soon after 1500 a major campaign was waged against the robber barons, felling yet more castles; and in the confusion of the Reformation age many churches and monasteries were torn down or structurally reshaped. The following century brought the Thirty Years War (1618–1648), with wandering bands of Swedes reducing towns to ashes and pulverizing strongholds. Then, 200 years later, the industrial boom of the 19th century triggered the replacement of the medieval substance of towns like Crimmitschau, Werdau or Zeulenroda with a pragmatic Neoclassicism and led in the case of several prospering cities to the belated consequence of bombardment in two World Wars. That in the closing days of the Second World War the National Socialists chose, for example, to entrench themselves in Hartenstein Castle has made that imposing Hohenstaufen stronghold inaccessible right up to the present day.

Further contributions to the effacement of the ancient cultural landscape were made first by the Russian forces of occupation, who cleared the margins of their zone with high ex-plosives, and then by an increasingly flourishing German Democratic Republic (GDR), under whose aegis Pöhl, for example, disappeared beneath the waters of the Pöhl Valley Reservoir (1958–1964), Culmitzsch was flattened by the Wismut Uranium Mining AG (1964–1970) and Troschenreuth by GDR frontier guards. The story continued, albeit with new priorities, after German reunification in 1990; and here, for a journey that calls itself cultural, the losses can be especially painful. Thus the ancient castle of Berga, where Heinrich von Plauen, a knight of the Teutonic Order, may have spent his youth, was largely demolished only a few years ago. Again, one would like to have more – and above all more recent – information about the old domain of Culmitzsch, in whose noble residence the 13th century Minnesinger Heinrich von Kolmas is reputed to have been born. Similar unease arises not only about Schloss Mechelgrün, a moated castle near Plauen which, after repeated speculative failures, now hides shamefacedly inside a copse, but also about Schloss Heinersgrün, which, converted recently at considerable expense into apartments, seems already to have been abandoned.

Today, the landscape of the Vogtland is populated with picturesque relics of ancient monuments wherever organized destruction has not eradicated their every trace. Thus all that remains of the medieval hilltop castle of Stein is a lakeside ruin toppling into the waters of Pirk Valley Reservoir. And in Saalburg, instead of demolishing the town wall, it has been integrated, complete with fortified towers, into a residential development. Along our journey, history has in fact worked some radical rededications, most notably in the case of Schloss Mildenfurth, which in 1544 sprang up literally within the walls of a medieval Norbertine priory. The process was exactly reversed in Strassberg, where a church was built in 1576 on the ruins of a castle, and in Kauschwitz, where a former defensive tower was converted into an 18th century chapel. Discoveries of this kind are guaranteed for all who dare look for them. In some cases, the Vogtland will admittedly drive tears into the eyes of the specialist, when confronted, for example, by a ring of GDR garages around the old convent walls near Saalburg. But happier conjunctions of old and new must not be left unmentioned either, like the old convent at Cronschwitz near Weida, purchased in the early 1990s by a gentleman who has taken every conceivable measure to conserve the premises that grace his garden. Nor would the Mildenfurth Priory complex be thinkable without its custodian, who moved into an adjacent building in hard times and has served as doorkeeper ever since. Again, the house at Kürbitz, once a manorial estate, has been restored (after some preliminary antics) at considerable expense. Today, however, it is private property, as is the old Kemenate (castle bower) above Ziegenrück, which is strictly 'no admittance'.

Finally there are all those sites that melt into the landscape as if seeking to remain unknown. There are no signposts to such places – or if there are, their condition alone reveals the distant age in which they were erected. The casual walker will not even notice the Dobenau Cliff above the Syra near Plauen; the track up to Königswart and Wiedersberg Castles can only be discovered by the determined seeker; and St. Clare's Chapel at Heinersgrün is only signposted when one is some way along the footpath leading to it. It seems as if some relics of the past would rather be forgotten – or is it perhaps the fear that, if found too easily, they will be the next in line for refurbishment? Nevertheless, inquiry generally reveals a neighbour who knows a neighbour who has a key – an unobtrusive solution that greatly benefits some important sacred buildings like the churches in Thossen or Sparnberg. That the more general (in itself meaningless) question addressed to the Lutheran Church of the Vogtland as to whether they are administering religious buildings or architectural monuments does not receive a univocal reply may also open a door here and there to the persistent inquirer.

The overall impression left by the monuments in stone and mortar that line the cultural progress of the reeves is, then, ambivalent. Very few sites (mostly castles) enjoy an infrastructure that allows of a spontaneous visit, and even then they often only open in summer months; castle ruins, on the other hand, are for the most part freely accessible. And while the major towns (Weida, Plauen, Hof, Cheb) have facilities for day-trippers, most sites up and down the Vogtland can be visited (other than an external view) only with properly planned preparation.

The cultural progress of the reeves traverses the entire historical Vogtland. It has taken me several years to find and follow its tracks, and there will not be many who will do so in such detail. Journeys of discovery should be carefully considered and undertaken initially only for a few days at a time. The historical Vogtland does not advertise itself; its monuments do not seek attention. One

Remains of a Königswart Castle wall, unsecured in a wood

must be able to appreciate the stillness of castle ruins hidden in a wood, the bleakness of a rock that once bore a flourishing pilgrimage chapel, the seemingly naïve wall paintings of a village church, the tumbling, ivied remains of a convent wall. One must be able to live with the many and varied rededications, witnesses to wanton repurposing, and with the glaring helplessness of later epochs.

Notes
[1] RONNEBERGER, p. 234.

GENERAL ASPECTS

FROM GREIZ TO GERA

Approaching the Vogtland from the west, one notices the beginning of a line of medieval fortifications along the autobahn. It could be said that this marks the embattled northeastern edge of the reeves' territory. The underlying dynamics of the region are evident in the attempts of numerous branches of the dynasty to establish a foothold here: the Reeves of Weida (Greiz, Crimmitschau) as well as those of Gera, the Reusses of Plauen from Ronneburg and from Greiz (Schönfels, Werdau, Neukirchen) as well as the Reeves and Lords of Plauen (Greiz, Meerane). Embarking on this cultural journey, one will do well to note these dynamics, palpable in the castles and residences of northern Vogtland. To begin at Greiz has the advantage that the town, with its castles, reveals in a nutshell the highly complex weft of relations among the Reeves of Weida and Plauen and the Reusses.

GREIZ

The origins of Greiz and its castle are shrouded in darkness: Their first mention is in documents of 1209, when Reeve Heinrich V ('the Younger' 1209–1240) received the fiefs of Greiz and Reichenbach. The derivation of the name Greiz from the Slavonic *grad* ('a firmly enclosed place') indicates that the core of the settlement should be sought in the castle above the White Elster.

In 1238 the reeves divided their territory and Heinrich V was allotted Greiz, which he had administered since 1209. He was the first and only reeve whose name is given in deeds as *Henricus dictus advocatus de Groyz* [1]; he and his wife *Ysengardis de Waldenburg* are also named in an ancient necrology from Mildenfurth [2]. As they produced no heir, the reeveship of Greiz passed to Heinrich's nephew, Heinrich I, Reeve of Plauen (1238–1303), thus ending the rule of the Weida line in Greiz and beginning an interlude of rule by the House of Plauen which already ended with the division of that house in 1303. Greiz thereupon passed to Heinrich II, son of Heinrich I ('the Reuss' 1274–1295) and grandson of Heinrich I, the first Reeve of Plauen. The dominion of the Plauen Reusses in Greiz began with this Heinrich II (1306–1350), the first of the line to call himself (from 1307 onwards) 'Reuss'. He was followed in 1350 by his eldest son, Heinrich III (1350–1368) who, in the division of inheritance with his brothers, received the town and castle of Greiz, while his brothers resided in Ronneburg. Heinrich III had two sons: Heinrich VI ('the Elder' 1368–1449) and Heinrich VII ('the Younger' 1368–1426), who governed Greiz in unison. In 1413, upon the deposition of Heinrich von Plauen, Grandmaster of the Teutonic Order, Heinrich VII, together with Heinrich ('the Younger') von Plauen zu Mühltroff, launched a three-year campaign of defamatory letters against the Order [3]. In 1414 he married again, his bride being Irmgard, daughter of Burgrave Albrecht II of Kirchberg. Notable for his belligerence, Heinrich VII fell in the Battle of Aussig (1426) against the Hussites. Shortly before that date, the brothers had undertaken a division of property rights over Greiz Castle into 'Greiz-Vorderschloss' and 'Greiz-Hinterschloss' (front and back castles respectively) – a somewhat abstract notion, as both terms referred to the same Upper Castle, which alone existed at that time. Nevertheless, the division passed down into posterity, being upheld by both brothers' sons, Heinrich IX (1449–1476) and Heinrich X ('the Younger' 1449–1462), who inherited the front castle.

Born in 1424, this Heinrich X, youngest son of Heinrich VII, adversary of the Hussites, was rarely at home. He gained valuable military experience leading his troops for the elector in the Saxon Fratricidal War (1446ff.), and immediately used this in the service of the Imperial City of Nuremberg in its conflict with Margrave Albrecht Achilles of Brandenburg (1449–1453). On March 11, 1450 he won a significant victory in Pillenreuth (Franconia) with the help of the Saxon noble Kunz von Kauffungen, whose troops engaged the margrave's forces in pseudo-combat, allowing Heinrich free passage with the main Nuremberg contingent. The heroic historico-political poetry of the day duly celebrates both his martial prowess and his fearlessness [4]. The considerable funds he was able to invest in the purchase of Oelsnitz, Adorf, Markneukirchen, Oberkranichfeld and other places may have been remuneration for his role in that campaign. When he died without issue in 1462, his property passed to his brother Heinrich IX.

In 1476 Greiz-Hinterschloss was owned by Heinrich XI and Heinrich XII ('the Middle'), and Greiz-Vorderschloss by Heinrich XIII ('the Quiet'). In the 1485 division of territories, Heinrich XII (1476–1539) stepped aside to Oberkranichfeld. In 1496 Heinrich XI married Katharina, daughter of Heinrich XII ('the Middle') von Gera zu Schleiz (1482–1500). Upon his death in 1502, Heinrich XIII (1476–1485/1502–1535) reunited the two Greiz domains. However, in the Schmalkaldic War of 1546–1547 his three sons sided with the Ernestines of the House of Wettin, after whose defeat at Mühlberg (1547) they were driven out of Greiz by the Plauen Heinrich IV, Burgrave of Meissen (1519–1554), and forced to withdraw to Oberkranichfeld and Weida. Only in 1562 were the Reusses able to regain the fiefdom of Greiz; however they retained it until the abdication of the last of their line in 1918.

The town below the castle residence developed without haste. It is named as a *stat* in 1359 [5]; walls and town gates are first mentioned in 1394 [6]; a mayor and council do not appear before 1486; the oldest civic privilege is dated 1527. The great fire of 1802 destroyed practically the entire prior substance of the town, including the old Church of St. Mary as well as the mid-16th century Lower Castle. Only the Upper Castle was (on this occasion) spared from the flames.

Notes
[1] See UB Vögte I, 74; Thoss, p. 7.
[2] See UB Vögte I, 33.
[3] See UB Vögte II, 577f.
[4] See KELLERMANN, p. 105–216.
[5] THOSS, p. 14.
[6] See THOSS, p. 16.

GREIZ UPPER CASTLE

We know from a deed of 1209, witnessed by four knights in residence there, that a castle already existed at this time crowning the 50 metre high hill on the right bank of the White Elster. Referred to in 1225 as *castrum Groiz*, the complex was substantially altered several times over the centuries [1], notably in 1540 after a fire caused by lightning, and c. 1700, when the defensive fortifications were removed and it was converted into a stately residence. Remnants of the south side of the outer bailey are still extant. The piecemeal baroque work on the lower courtyard dates from 1733–1753; the present-day access road must antedate this.

Recent excavations have brought some astonishing results [2], revealing ancient brickwork remains of the Great Hall, as well as a two-storey Romanesque chapel with an almost intact entrance portal and numerous other pieces. These strongly suggest that the Upper Castle may already have been used as a residence in the 12th century. Although only part of the complex was excavated, significant conclusions can be drawn as to its overall character.

The excavated area includes four separate buildings. The visitor enters the historical ensemble through the Upper Castle courtyard. Immediately behind the gatehouse the entrance area opens out into a sort of cusp with two residential houses (House A and House B) in front and to the right respectively; to the left is the chapel and next to it the Great Hall. These are among the oldest buildings, dating from the late 12th and early 13th centuries; the walls of the main storeys are in unrendered brick set on quarried slate foundations [3]. This would have made the castle eminently visible: the aesthetic impact of majestic red above a dark base, with the Great Hall at the centre, must have been impressive. We can imagine the hall – as at Eger or Weida – as a long building with a row of arcaded windows: from the east the outlines of the arches above the triple window pairs are still clearly visible. Nothing is known about the original layout of the upper storey with its four double windows (below the present-day roof); it might have been accessed via a gallery overlooking the courtyard.

Adjoining the Great Hall was a chapel on several levels [4] – a form found also in Eger and not unusual for Hohenstaufen sacred architecture. In this instance, like the hall itself, it had four storeys: cellar and foundation levels (of uncertain function) in undressed stone and two upper levels finished in brickwork. The lower of these two levels contained a short (1.5 m) chancel with an oriel-type apse (later removed) at its eastern end. As might be expected, the upper main storey was more elaborately decorated. As elsewhere, the two-storey construction indicates divided usage: the lord or burgrave would have attended service from the upper of these two levels and his retainers from the lower. Confirmation of this division may be found in the decorative remains of a tympanon found on the outside of the west

Greiz Upper Castle

wall on the upper level: a demi-figure of Christ in a gloriole enthroned on a circular arc as Lord of the World – an image that per se legitimated the secular lord.

After restoration, House A – originally a detached building connected neither to the chapel nor to the Great Hall – is now again accessible. Also dating from c. 1200, it measures 7.3 × 6.2 m., and it, too, is built of brick over a base of quarried slate. An interesting feature is the windows: set in relatively wide niches, two long slit windows that can be closed from inside are surmounted by small transom windows with no ostensible fastening mechanism – an idiosyncratic construction found also in France and in early Crusader fortresses [5]. Were they perhaps for ventilation? Once again a minor detail indicates the wider European perspective in which the Reeves of Weida saw themselves.

The excavations around the Great Hall also shed new light on the tower, hitherto envisaged as the castle keep [6]. It, too, dates in its main

Assorted altar figures at Mylau Castle

living quarters. A defensive wall, still Roman-esque in style, connects this building with the bell (or clock) tower. The wall is pierced by the oldest door in the castle complex, the Lion's Door, above which the lion of Bohemia brandishes its heraldic paws. A visitors' centre in the lower courtyard is planned, with the intention of preventing people from walking instinctively across the courtyard and through an archway to the left into the main older part of the castle. Here, on the left, the Great Hall terminates in the massive keep. The ground floor of the hall contains a chapel, while smaller rooms bear reminiscences of medieval and early modern history. The late Gothic figures of saints, now once more, it seems, taking their appointed place, belong to a lost altarpiece from the castle chapel [4]. Opposite the Great Hall is the east (or bower) wing with the former living quarters.

The present-day complex has seen many changes. In 1772 it was bought by a local citizen to use as business premises, and from 1808 a wool printing works was active there. The founding of the Castle Buildings Association in 1892 again heralded new times. In 1894 Mylau Town Hall was moved to the Upper Castle – an event clearly visible in the façade of the Great Hall – and the collection of the Nature Study Association soon followed. The castle complex became a museum, and one in which later epochs clearly dominate. The seeker after traces of the reeves will be rewarded only in the so-called Metzsch room, where a productive historicism bore fruit in 1899–1900 in wall paintings by the Reichenbach artist Richard Harnisch illustrating the fabled and fabulous history of Mylau, its castle, and its inhabitants.

Notes
[1] UB Vögte I, 529.
[2] For the older state of affairs see STECHE, Plauen, p. 37f.
[3] For further historical ownership details see DONATH, pp. 138–141.
[4] See STECHE, Plauen, p. 36.

REICHENBACH

Reichenbach was at one time a wealthy town which, at the end of the 19th century, could still boast scholars of some standing. Its settlement history is also of interest, combining as it did three distinct phases: a Sorbian settlement, a village documented c. 1200 as Oberreichenbach, and finally, around 1240, a walled town. The waterside focal point of these settlements suggests a favourable position on trading routes, and in fact the old imperial highway crossed the Seifenbach at Reichenbach and split 'into two strands, to Leipzig and via Zwickau and Chemnitz to Dresden and Silesia' [1]. Founded on textile manufacture, the town's light dimmed after the great fire of 1720. Today the line of the (demolished) town wall has been raised to view below the museum.

Set on the slope of a hill above the oldest level of settlement (now the 'Old Town'), the parish church of Sts. Peter and Paul, once the mother church of the territory of Mylau, is visible from afar. Bishop Günther von Wettin (1079–1090) already consecrated a wooden church on the site [2]. This was apparently followed c.1100 by a stone building, destroyed before 1140 and then rebuilt, which may have provided the Romanesque tower ground-plan of all later churches. Documents deriving from the 'Greiz Church Dispute' of the Weidas with the Lobdeburgs in 1225 mention a *Wernerus plebanus* (pastor) *de Richinbach* [3]. In 1260 the Reeves of Plauen granted the patronage of the town to the Teutonic Order (→ III.1.1), and in 1274 Heinrich I Reuss von Plauen confirmed all his deceased father's gifts to the order's house there, whose commander is named as Wilhelm von Mylau [4]. In the wake of conflagrations and depredations of all kinds, the church was (after 1430) reshaped several times, resulting in the loss of all traces of administration by the Teutonic Order, whose commandry is thought to have been situated on the site of the town's old archdeaconry.

Notes
[1] HHS Sachsen, p. 298.
[2] See WIESSNER, S. 750.
[3] UB Vögte I, 51.
[4] See UB DO, 263.

Neumark Manorial Estate (→ p. 299)
Neumark Church (→ p. 220)
Schönfels Castle (→ p. 281)

Church of Sts. Peter and Paul, Reichenbach

CHURCH OF ST. ANNE IN RUPPERTSGRÜN

Settlement of the old village of Ruppertsgrün probably dates back to the 12th century. A manorial estate is recorded there as belonging in 1398 to a Hans von Schönfels. The house has survived in the form of a long timber-framed building on a stone base, but the crest over the gateway noted by STECHE as that of the von Schönfels and Etzdorffs has vanished [1].

The Schönfels seem to have left their mark on the place in several respects. In 1513–1515 the family gave the village the Church of St. Anne, together with a church school. A replica of the founder's epitaph to the left of the church entrance commemorates this gift; the weathered original is inside the church. A successor to a successor building of the school still stands, recognizable from a tablet announcing 'Old School'.

The church has been repeatedly renovated, but in substance it lies across the threshold of

Church of St. Anne, Ruppertsgrun

Newly cleaned, their singular form ('Ionic scrolls combined with angelic heads') 'unwillingly suggests', as STECHE observed, 'a Byzantine-Romanesque heritage [2]. Nothing of their kind appears elsewhere in Vogtland. The pulpit, on the other hand, with its coloured images, is clearly 16th century; the impression (from a distance) that the stone head next to it resembles Luther might just be a coincidence. The red sandstone-tracery windows are at all events late Gothic. The family vault in the churchyard is post-Renaissance.

Notes
[1] See STECHE, Zwickau, p. 55.
[2] STECHE, Zwickau, p. 52.

WERDAU

In 1306 the son of Heinrich I Reuss (1274–1295), Heinrich II (1306–1350), and his cousin Heinrich III divided their inherited lands; Heinrich II retained the domain of Greiz with Werdau, Reichenbach, Mylau, Ronneburg and Schmölln. From this point onward, the town of Werdau on the banks of the Pleisse was governed by the Reusses, initially by the Reeves and Reusses von Plauen zu Greiz, then from 1350 by Heinrich III Reuss zu Greiz (1350–1368), and from 1359 until the death of the childless Heinrich V (1359–1398) by the Reusses zu Ronneburg. After that, Werdau passed to the House of Wettin. Situated on the east wall of the town, to whose existence the Burgstrasse still testifies, the castle was lost in the great fire of 1670.

Subjected to repeated catastrophes and above all to industrialist optimism, the town, stripped of its old substance, scarcely reveals anything of

the Late Middle Ages to the Renaissance – the eye accustomed to Romanesque and Gothic can be easily deceived. The nave galleries, for instance, which one might take to be a typically Protestant innovation, actually date from the time of foundation. The plate-like capitals on the pillars supporting the gallery are something of a mystery.

its pre-19th century past. A visit is really only worthwhile if one seeks evidence of the conspicuous enhancement to the leisure value of numerous municipal spaces achieved by post-unification rebuilders and renovators.

Werdau's small museum, focused on model-building and modernity, nevertheless holds one of the town's oldest relics, a stone tablet bearing the demi-figure in relief of a bearded man, traditionally identified as St. Giles, flanked by staff and hind. The staff must be that of an abbot, for the saint – according to legend, an Athenian hermit who founded the Benedictine Abbey of St. Gilles in Provence, where he died c. 720 – was never a bishop. With some confidence one can interpret the deeply eroded date in the lower half of the tablet as '1480'. The tablet itself probably comes from the old Church of St. Giles, which lay outside the town wall and was demolished in 1629. It was then mortared into the town wall, after whose demolition in 1835 it was moved to 'the south façade of the [...] Town Hall (completed 1728)' until in 1916 it eventually found its way into the museum [1].

The extraordinary care with which this tablet was treated had its reasons: To this day the civic arms of Werdau show St. Giles (one of the Fourteen Holy Helpers) with staff and hind – a reference to an ancient foundation legend also recorded in the famous *Legenda aurea* [2]:

St. Giles, patron saint of Werdau, depicted on a manhole cover

Fleeing from human commerce, Giles hid deep in the Provençal hinterland, where he was nourished only by the milk of a hind. One day the hind, pursued by the king's huntsmen, fled into Giles' thorny retreat and lay down at his feet. The saint's prayers held the hunters at bay for several days, but in the end an arrow pierced the thicket and hit – Giles. The king hurried to the hermitage, begged the pious man's pardon and wanted to send for his doctors, but Giles resolved to bear the wound and rejected the king's entreaties, requesting him instead to invest the money he was offering in the foundation of an abbey. Thus the Abbey of St. Gilles came into being (Gilg, *Giles*) [3]

St. Giles, one of the most popular of saints – as testified, for example, by his image in Chartres Cathedral (c. 1220) – gave rise to a whole arsenal of legends, and Werdau's own foundation legend borrowed copiously from that source. Here, however, Giles is himself a bishop who is out hunting, gets lost and sinks into an exhausted sleep. Awoken from wild dreams by a sound, he calls out 'Wer da?' ('Who's there?'), but it is only a hind, wounded by an arrow, that has lain down in his lap. The huntsman, overcome with pity, draws the arrow from the animal's shoulder. On his arduous homeward journey, Giles resolves to found a city at the place of his 'conversion' and to call it after his exclamation 'Wer-da(u)'. Later versions of the legend have the huntsman-bishop building a town hall on the spot. One wonders if the tale was inspired by the tablet on the Town Hall, or was the tablet set there because of the tale? Either way, one should not underestimate the significance of the foundation legend for the town. In certain circumstances it might even have possessed the force of a legal instrument [4].

Omitting only the name 'Giles', the Werdau legend calls on the motifs of hunting, an arrow, a hind crouching at the feet of a pious man, and a staff or crozier indicating that person's later rank as abbot. It also integrates a number of other motifs from the pan-European stock of foundation legends. A variant on the original legend is that the hind, not the saint, is wounded; new, too, that the hind plays a role in the naming of the town. But this is also an ancient motif, already evidenced in the 3rd century [5]. That the name 'Werdau' more properly derives from 'Ufer-Aue' ('riverbank meadow') is, of course, irrelevant for the legend.

Dedications to St. Giles can be traced back to the 12th century in Naumburg and Zeitz. The cult of the saint is generally thought to be associated with that of St. James, as the Abbey of St. Gilles lay on 'one of the main pilgrimage routes' to Santiago and the reverence accorded the saint would have been spread by 'pilgrims to Santiago and travelling merchants'[6]. The account of the establishment of the cult in Central Germany is as yet untold. We know that the wonder-working St. Giles was already invoked in 1150 by a Zeitz merchant with long-distance trading connections [7]. Werdau has gone so far as to implant the image of the saint, as represented in the municipal arms, on the town's manhole covers.

Notes
[1] STECHE, Zwickau, p. 74.
[2] See LA, pp. 666–669. The text translated here is the (frequently reprinted and still highly valued) German version of the Latin text made by Richard Benz (1884–1966), a much celebrated Heidelberg scholar born in Reichenbach.
[3] See LA, pp. 666–668.
[4] See FRANZ, p. 7.
[5] See FRANZ, p. 45f., 69.
[6] BÜNZ, WIPRECHT, p. 76f.
[7] See BÜNZ, WIPRECHT, p. 78. In Vogtland other dedications to St. Giles are found in Lengenfeld and Regnitzlosau (→ p. 257).

Langenhessen Church (→ p. 221)

CRIMMITSCHAU

The history of the reeves, as of the town and noble House of Crimmitschau, can be better understood in light of their joint history, which began in the early 13th century. At this time the von Crimmitschaus repeatedly appear alongside the prospective Reeves of Weida as witnesses to royal deeds: in 1212 in Frankfurt, 1214 in Eger, 1217 in Altenburg, and 1226 even in Parma. In 1225 Heinrich von Crimmitschau witnesses a contractual agreement of the Reeves of Weida concerning rights of patronage in Elsterberg and Greiz. In 1248 Gunther von Crimmitschau is named in a list of witnesses alongside the Reeves of Gera and Plauen, and in 1267 he performs this office again on the occasion of an award made to Altenburg Abbey by Reeve Heinrich von Weida. When in 1270 Reeve Heinrich, in memory of his father and forefathers, grants right of patronage over the parish churches of Hessen and Königswalde to the Church of St. Martin (and hence also to the collegiate foundation) in Crimmitschau, Gunther, Thiemo and Ulrich von Crimmitschau are among the witnesses. Soon afterwards, Gunther entered the Teutonic Order.

In 1282 Reeve Heinrich von Weida again grants property, this time in Rudelswalde, to the Church of St. Martin, and in 1291 *dominus Heinricus advocatus de Wida* is named among the witnesses to a gift by the Schönburgs to Crimmitschau Collegiate Foundation [1]. After that, there is no further mention in connection with the reeves of either the abbey, the town or the House of Crimmitschau, which evidently died out towards the end of the 13th century [2]. Crimmitschau then became, with Glauchau, the residence of the Schönburgs.

In sum, there seems, on the part of the Reeves of Weida, to have been a rather tentative interest in the Crimmitschau Abbey foundation during the second half of the 13th century. After that, their religious interests embarked on a path of their own, focusing on foundations for the mendicant orders.

Notes
[1] Sources: UB Vögte I, 39, 41, 45, 51, 137, 158, 209, 261.
[2] For the Crimmitschau family see Meinhold, p. 142 f.

CHURCH OF ST. LAURENCE AND ST. GEORGE

The oldest building (at least in spirit) in a town repeatedly swept by waves of fire and obsessive modernization is St. Laurence's, the principal parish church of Crimmitschau. A three aisled late Gothic building, it was preceded by a church already recorded in a deed of 1222, which in the mid-14th century gave way to a new building of which some relics survive. The tower and chancel (used as a winter church) date from 1353. The present church is the work of Assmann Pfeffer in the years after 1513.

The interior underwent the usual alterations, with baroque painting dating from 1675 and new stained glass windows in 1896. That year saw overall renovations that included the construction of a neo-Gothic entrance portal and the removal of many late Gothic objects. Architects were again involved between 1974 and 1978; this time the church was separated from the chancel, a displaced Lady Altar (c. 1550) from Lusatia was installed, Gothic tracery renewed and inscriptions cleaned by sand-blasting. The impression made by the gleaming white and red church that emerged from these measures is distinctly ambivalent: the building has been so radically optimized that one could mistake it for a modern imitation.

SCHLOSS SCHWEINSBURG

In the early 13th century the von Crimmitschaus built a *vest huz cremascowe* (1222) in Neukirchen. This might have been the same ancient moated

Main Parish Church of St. Laurence and St. George, Crimmitschau

Younger'), Lord of Reuss zu Greiz-Vorderschloss (1449–1462), took possession of the property for four years. From the Reusses it passed to the Metzsch family from Vogtland (1460–1474), then to the wealthy coal and iron merchant Hans Federangel (1474–1495) from Zwickau, and finally to a series of propertied families from the region, the von Endes (1495–1528), von Weissenbachs (1528–1583), von Einsiedels (1583–1605), von Starschedels (1605–1647) and von Boses (1647–1721) [1]. The increasingly dilapidated (and defensively long since useless) substance of the castle was converted by the von Berbisdorf family (1721–1810) into a baroque *schloss*, which was refurbished from 1908–1911 in the neo-baroque style.

Today the lower castle houses a wellness hotel. 'All that remains of the medieval buildings is (in part) the plain tower and some window jambs from the end of the 15th century' [2]. The masonry around the entrance would also be from this period. The chapel, which was affiliated to the Augustinian Collegiate Foundation of St. Martin (established 1222) has disappeared entirely. As a hotel, the whole complex is now private property and, as such, not even noted or signposted as a place of interest.

Notes
[1] For an overview see MEINHOLD, p. 153.
[2] STECHE, Zwickau, p. 59.

castle that in 1290 passed to the Schönburgers (and hence to vassals of the House of Wettin) and is first recorded as 'Schweinsburg' in 1486. Several families of standing owned the castle for shortish periods: after the Schönburgers (up to 1405) the Dukes of Saxony, until in 1456 Heinrich X ('the

Outer wall of former Schloss Schweinsburg

MEERANE

Forming a rough triangle with Crimmitschau and Schmölln, *oppidum de Mare* (1361) is among the properties held briefly by the reeves. In 1412 King Sigismund granted Heinrich X ('the Elder'), Lord of Plauen (1412–1426), the fief of the *markt genant das Mere gelegen zwischen Aldemburg und Krimschow* ('the market named *das Mere* lying between Aldemburg and Krimschow') in the event that his daughter-in-law Margarethe should die childless – an occurrence that came about shortly afterwards [1]. Probably in the same year, Heinrich married Katharina, daugh-

Altar figure from the Church of St. Martin, Meerane

CHURCH OF ST. MARTIN

Much altered and reshaped, the central town Church of St. Martin (first documented 1314) rewards a visit. Consecrated in 1503 and appealingly restored, the chancel still contains the altar triptych of 1506. The date can be found twice on the lower central panel; not recorded on any of the panels, the name of the artist, however, is disputed: sources name a Simon Müller von Altenburg, a Jakob Müller, and a Jakob Naumann. Two other names occurring in accompanying documents, *Hans Meier* and the *wirdiger* ('worthy') priest *Simon*, might refer to donors [2].

The carved central panel of the triptych (approx. 1.80 × 1.97 m.) holds the coloured and partly gilded figures of a Madonna and Child flanked by Sts. Dorothy and Catherine. Of the originally twelve saints' figures on the wing panels (six men and six women) only seven remain, among them Sts. Wolfgang, Oswald of Northumbria and Nicholas, and Sts. Barbara and Margaret. An unusual detail is that the names of the missing figures are written on the back, probably as a direction for the craftsman who assembled the work – an indication left behind afterwards that enables us mentally to replace the absent saints. Painted on the back of the wings are the evangelists and the annunciation scene.

Against the left-hand wall of the choir is a free-standing group of St. Anne with the Virgin and Child, the older lady (an unusual aspect) grinning broadly with joy as she embraces her daughter and grandson. The group will certainly at one time have stood elsewhere. The motif, which developed alongside the cult of the Virgin Mary, is common enough in Vogtland. For

ter of Alesch von Sternberg, reinforcing, with an effect that lasted well into the 16th century, the Bohemian ambitions of his own father.

Whether Heinrich von Plauen ever took possession of the town's legendary Castle Hill is not recorded. The hill is still there, long bereft of its 12th century castle, which earns neither sign nor notice. Coming from the church, one passes under an old arch belonging to an inn and enters the Schulgasse; the castle would probably then have stood on the right hand side.

arbitrament was again sought and the priest was bound over to pay 'three good *schock* small *groschen*' [5]. With the dawning of the Reformation the town council also thought fit to flex its muscles: in 1528 it installed a priest of its own choice, took possession of the parish revenues, and paid the preacher a smaller allowance. Again the nuns had to fight for their rights; but the income had diminished so radically that in 1529 the conflicting parties agreed to install Johannes Voyt as the best available solution, although they had initially rejected his candidature for the office [6].

After a major fire in 1665 the church was rebuilt in its old walls. In 1872 the baroque interior fittings were largely removed [7]. Despite its combination of plain whites and fading reds, its pseudo-Gothic windows and late Gothic traces, the church today is atmospherically what it has sought to be ever since 1528 or 1529: Lutheran and withdrawn.

Notes

[1] See ALBERTI, Schleiz, p. 22; GEHRLEIN, p. 69.
[2] See ALBERTI, Schleiz, p. 22.
[3] See HHS Thüringen, p. 356.
[4] See UB Vögte I, 65.
[5] See THURM, p. 176.
[6] See THURM, p. 177.
[7] See MERTENS, p. 175.

AROUND GERA

Gera is bedrock territory of the reeves: we can be certain that they resided here around 1200. Initially called a *villa* (country estate), by 1237 it had earned the name *oppidum* (town). The earliest municipal seals (deeds of 1350 and 1404) indicate the reeves as local lords. By 1360 the town has a council, and in 1404 three mayors and a judge are in office.

The post-medieval period of industrialization, with its consequences in terms of urban planning, including the bombardment of April 1945 and the ensuing period of reconstruction, did not leave the town unscathed. But in this respect the 20th century only completed what earlier epochs had begun. The old castle in the town, where the first reeves lived, was already largely destroyed in 1450 in the Saxon Fratricidal War; the one remaining corner tower was used as a prison until the great fire of 1780. Old St. John's Church (first documented 1200), where the Reusses were buried, had a similar fate, burning down twice, first in the Fratricidal War and then again in 1780. The coffins of the Reusses were moved to the Church of St. Saviour, an originally baroque (later art nouveau) foundation built in 1760 on St. Nicholas's Hill to replace the Chapel of St. Nicholas (first documented 1333, burnt down 1686). Here, in 1802,

Heinrich XXX, last Lord of Reuss-Gera, was laid to rest.

For more than two centuries now, the Gera of the reeves has therefore been past history. Today their presence is still tangible only on the city periphery: in Schloss Osterstein on the Hainberg, with its 15th century keep, and in the churches of the later incorporated districts, the most important of which is in the old Untermhaus settlement below the *schloss*.

GERA-LANGENBERG

For a clearer view of the history of the northwestern Vogtland, a visit to Langenberg is indispensable. Today a district of Gera, Langenberg was once the centre of an eponymous domain ruled from an ancient *castrum* or fortress, the *obern huse czu Langenberc* (upper house at Langenberg). Footpaths lead up the 'long hill' after which the area is named, but for the seeker of traces of the old fort they lead to nothing. The domain enters our field of vision in 1333, when the Reusses von Plauen zu Greiz and the Reeves of Gera acquired Langenberg from Friedrich von Schönburg [1]. The deed of purchase reads like a land registry entry, laying down with exactitude the shares of each party: three quarters for the Reusses, one quarter for the Geras.

On May 18, 1364 the Margrave of Meissen enfeoffed Heinrich V ('the Younger') von Gera (1311–1377) with the acquired domains, which the Reusses forthwith (on May 23) sold to the Reeves of Gera. The deed lists the contents of the transaction: *Langenberg unsir huz unde alles, daz darczu gehort, mit aller manschaft, allen rechten, lehen, werltlichen adir geistlichen, allen nuczcze, besucht adir unbesucht, alle genize, wiltban, vischerie, halzgerichte, mit allen rechten und allen dorfern* (Langenberg our house and all that pertains thereto with all men, all rights, fiefs secular or sacred, all uses sought or unsought, all fruits, game rights, fisheries, [and] capital justice, with all rights and all villages) [2]. The list of villages that follows – leaving aside *halb Groycz* (half of Greiz) – counts more than 45. The Reeves of Gera had then, for a while at least, acquired very considerable territories in which to develop their activities.

On the division of the domains in 1425 the old domain went to the Lords of Gera zu Burgk. The following year Heinrich VIII ('the Elder') von Gera zu Burgk fell at Aussig fighting the Hussites; Langenberg thereupon passed in jointure to his widow, reverting on her death in 1441 to her husband's brothers. From 1452 Heinrich IX ('the Middle' 1426–1482) ruled alone in Gera (and Langenberg). In 1482 Langenberg passed to Heinrich XI ('the Elder') von Gera zu Gera (1482–1502), who in 1502 sold it to his nephew Heinrich XIV ('the Elder' 1502–1538). In 1538 it passed to Heinrich XI's other nephew Heinrich XV ('the Younger' 1508–1550). A treaty of inheritance made by this Heinrich XV with Bur-

Church of the Fourteen Holy Helpers, Gera-Langenberg

grave Heinrich IV von Meissen, of the House of Plauen, stipulated that Langenberg should pass to that house. However, at the end of the Schmalkaldic War (1547) the king already granted Gera and Langenberg in fief to the House of Plauen, despite the fact that the Lord of Gera (who had transferred his allegiance to the Catholic side) still lived. For some two centuries, then, the House of Gera had ruled in Langenberg, yet one looks in vain for evidence of their activities there; too much ignorance has destroyed it. Of the old *castrun* not a stone is left; the 60 m. tall steeple of the church is the only landmark.

CHURCH OF THE FOURTEEN HOLY HELPERS IN GERA-LANGENBERG

The church, which may have borne this name from the late 14th century, is late medieval in substance. The ground floor of the tower dates back to the 12th or 13th century; the Gothic chancel was added in 1467 (under Heinrich IX) and the church, with its new late Gothic altarpiece, was reconsecrated in 1491 (under Heinrich XI). The chancel tower was rebuilt in 1502 (possibly already under Heinrich XIV). The nave in its present form is from the mid-18th century.

Little is known of the spiritual life of Langenberg. In 1365 a 'Pfarrer Heinrich' was at the same time provost of Saalburg Convent [3]. The interior furnishings, only partly still original, include on the south wall of the chancel bay an Ecce Homo relief with two angels, dated 1467. Apart from this, the visitor's attention focuses wholly on the high altar triptych dedicated to the Fourteen Holy Helpers (dated 1491) [4]. The 'Holy Helpers' are a group of saints invoked by the faithful in various situations of need: Sts. Christopher and George against (among other things) plague, leprosy and venomous snakes, St. Blaise against throat ailments, Cyricus against evil spirits, Denis against headaches, Erasmus against stomach ache and cattle pest, Catherine against lactation insufficiency in nursing mothers, Vitus against epilepsy and rabies, and so on. Their formation into a single group providing maximum assistance in every situation can be observed in Southern Germany (esp. Regensburg, Nuremberg) towards the end of the 14th century. In some places, other pop-

ular saints with similar functions (e.g. Leonard, Sixtus, Sebastian, Nicholas, Oswald, Pancras and Wolfgang) crowded into the programme. The Langenberg triptych, however, shows the classical canonical formation.

Known as the 'Silver Altar', the retable rises to the central figure of a Madonna on the Crescent Moon, flanked by the apostles Andrew and Thomas. A second Virgin and Child with wreath-like nimbus occupies the central niche of the carved altarpiece, which is notable for its silver background. On both sides she is surrounded by saints: on the upper left St. Christopher with the Christ Child, followed by Sts. Blaise, Cyricus and John, the Beloved Disciple (not a Holy Helper); on the lower left a headless St. Denis is followed by the martyrs Erasmus and Giles, the legendary founder of Werdau (→ p. 32 f.). The right-hand panels contain four saints each: in the upper panel St. Catherine stands next to the Madonna, followed by Sts. George (with the dragon beneath his feet), Acacius and Eustace. The lower panel holds St. Barbara (again closest to the Madonna) followed by St. Pantaleon, a physician denounced by his colleagues, St. Margaret, who tamed a dragon while in prison, and St. Vitus, who healed the son of the Emperor Diocletian from rabies (known as St. Vitus' dance).

The upper panels of the triptych wings – also of some artistic value – show two episodes (the annunciation and visitation) from the life of the Virgin Mary. The lower panels today again portray two scenes from the legend of the appearance of the Fourteen Holy Helpers in 1445 to the shepherd's boy Hermann Leicht from Langheim. The legend runs as follows:

While tending his flock, Hermann heard a child crying. He found a child holding a candle in its hand, who laughed at him and vanished. Upon leaving, Hermann turned around, only to see the child again, this time with a candle in each hand. The apparition recurred the following year, but now the child was surrounded by fourteen other children in red and white garments. In honour of these events the Chapel of the Fourteen Holy Helpers was built in 1448.

The cult of the Holy Helpers lived long in Franconia. The two Langenberg panels were replaced in 1680 with (on the left) a Baptism of Christ and (on the right) a crucifix flanked by St. Paul and Martin Luther. That the panels were restored to their original form in 1927 is clearly visible.

Notes
[1] See UB Vögte I, 723.
[2] UB Vögte II, 134.
[3] See RONNEBERGER, pp. 86, 172.
[4] For further details see LEHFELDT, Gera, p. 88 f.

THE OLD VILLAGE LIME TREE

On the old market square in Langenberg there stands an ancient lime tree, albeit not as ancient as local legend would have us believe. The Emperor Heinrich is said one day to have been in the neighbourhood of Langenberg when the wheel of his coach broke. The emperor sent to Langenberg, but the message came back that a dance was in full swing under the lime tree and no one could come and help. 'Then was the Emperor angry. "If you must dance today", he said, "all well and good; but on this day in every year until the end of time you shall then also dance."' Since then,

the people of Langenberg perform their 'dance of duty' every Whit Monday, for the emperor had ordained a heavy penalty: 'Should the dance ever fail to take place, Langenberg shall present him in recompense with a coach and six.' So far as the dancing was concerned, the legend evidently justified (if it did not, indeed, found) a tradition that lasted well into modern times. 'The bourgeois citizens of Langenberg would also attend, dressed in dark suits, albeit without dancing, and the event would end in a fair' [1]. The motif of being cursed to dance is old. Here it is coupled with a duty to central authority: the dance frees the people from the obligation of providing their master with a coach. This suggests the possibility that an old Langenberg privilege might stand behind the story – a privilege whose true origins were no longer understood.

Notes
[1] Text cited from EISEL, no. 785. Similar situations inform the stories of the dancers of Cölbigk and of the Freiberg 'murder pit' (GRAESSE, no. 275).

BAD KÖSTRITZ

Köstritz, on the White Elster, developed from two manorial residences into a village. Recorded in 1320 as having a church, it passed in 1333, as part of the domain of Langenberg, from the Schönburgers to the Reusses, who in 1364 pledged it in bond to Heinrich V ('the Younger') von Gera (1311–1377). In 1388 his son, Heinrich VII von Gera (1377–1420), granted Ilse von Techwitz a jointure on half a barbican at Köstritz, and in 1390 Heinrich von Röder gave Heinrich a letter of receipt over the fief of estates in Köstritz which he had inherited from his uncle, Otto von Breitenbuch. In 1409 Heinrich was obliged to grant the sale of an interest rate for Köstritz to the cathedral chapter at Zeitz [1]. In the 1530s, considerable estates were owned there by Levin von Wolframsdorf, who was, however, at the same time deeply in debt to the wealthy nuns of Cronschwitz [2].

Set on a hill spur, the church, with its polygonal chancel and tower foundations, stems partly from the period around 1507. The early 18th century galleried nave underwent neo-Romanesque refurbishment in the late 19th century [3]. In the Late Middle Ages the church was dedicated to St. Leonard, whose tracks we frequently cross in Vogtland (e.g. in Friesau or Sparnberg). Strangely, he is absent from the 'silver altar' in Langenberg, although in other places he often supplants the bishop Cyricus.

In the Middle Ages Köstritz was insignificant; it only gained any importance in the late 19th century, when it was discovered as a spa. Granted a town charter in 1927, it is today known above all for its brewery (→ p. 401 f.), whose presence is documented since 1543. Beer was first served in the 'Goldener Löwe' ('Golden Lion') inn.

Notes
[1] UB Vögte II, 134, 325, 339, 497.
[2] See THURM, p. 229.
[3] See LEHFELDT, Gera, pp. 78f.

CONVENTUAL CHURCH OF ST. MARY AND ST. JOHN THE BAPTIST IN BAD KLOSTERLAUSNITZ

Established in the mid-12th century, Marienstein Convent in Lausnitz – an Augustinian foundation – was according to legend built on the site of a hermitage dwelt in by one Kuniza, a pious widow [1]. A papal deed of 1137 suggests that it may originally have been a double foundation, but the attempt to introduce the Rule of St. Benedict failed. The house was well populated by the daughters of the lower aristocracy: in 1220 its capacity had to be reduced to thirty places. Consecrated in 1180/81, the convent church was ravaged by fire in 1212. A conflict with the Cistercian Convent of St. Michael in Jena, which broke out in 1333 and was only resolved in 1337, gradually 'drew more or less the whole region of the Middle Saale Valley into its vortex' [2].

The possessions of the convent – which was dissolved in 1522 but in 1537 still counted five nuns – were not inconsiderable, a circumstance to which the reeves also contributed. In 1220 Heinrich von Weida was present *cum fratribus suis* when the emperor put the convent under his protection. In 1255 the Reeves of Weida, Plauen and Gera gifted the convent the village of Schliefstein; before May 1259 the Reeves of Weida and Plauen further endowed the *ecclesia sancte Marie in Luseniz* with the village of Reichersdorf; in 1260 the Reeves of Weida and Gera confirmed the convent's purchase of Seifartsdorf; and in 1267 Heinrich von Gera granted the nuns an interest based on Dürrenebersdorf [3]. The noticeable attention paid by the reeves to the foundation for high-born women more or less coincides with the period of tenure of Provost Heinrich (1255–1266); after this date it ceased and the reeves founded religious houses of their own (e.g. Weida, Saalburg) for their daughters. In fact, after the mid-15th century repeated conflicts arose between the Lausnitz foundation and the Lords

CHURCH OF ST. URSULA IN GERA-LUSAN

St. Ursula's in Lusan (a village later incorporated into Gera) is considered the oldest church inside the present-day city limits. It was built c. 1240 as a Romanesque tower-church in *villa, que dicitur Losan* [1] – a Romanesque double window indicates its age. The nave was added c. 1300, and the Gothic sacristy to the north of the chancel, according to a lost inscription, in 1333 [2]. Set on an ancient hill and surrounded by houses and apartment blocks, the church stands at the centre of a graveyard that is still in use.

Notes
[1] UB Vögte I, 94.
[2] See LEHFELDT, Gera, p. 94 f.

VILLAGE CHURCH TAUBENPRESKELN

The old church village of Preskeln – in ancient documents also called Schafpreskeln or Taubenpreskeln – was also later incorporated into Gera. In 1362 Heinrich von Gera granted a nun in Cronschwitz an annuity from estates in *Prosklin* [1], and in 1411 Heinrich von Weida sold *Proskelin mit allen rechten in dorffe unde in felde* (Preskeln with all rights to village and field) to a Herr Mülich from Neumark [2].

Considered – on account of the embrasures in the tower – a fortified church, the Romanesque building consists of a single nave. STECHE, who saw it before the far-reaching rebuilding and re-equipment of 1889, observed: "The chancel (now just closed) above which at the end of the

Village church, Taubenpreskeln

15th century a massive tower was erected, opens with a semicircular arch set on Romanesque bevelled plate imposts; this has a boss depicting a mutilated human head. Of the former Romanesque apse only the pillars remain; these have on the north bevelled, on the south three-quarter rounded plate imposts." [3]

The church, whose interior no longer contains anything old, was reconsecrated in 2000.

Notes
[1] UB Vögte II, 98.
[2] UB Vögte II, 526.
[3] STECHE, Zwickau, p. 66.

RUINS OF OSTERSTEIN CASTLE (GERA)

The 'House' in the place-name Gera-Unterm-haus ('Gera-Below-the-House') – i.e. the 12th century castle of the Reeves of Weida on the hill – was taken over by the Lords of Gera as their residence in 1450, after the destruction of the city castle proper in the Saxon Fratricidal War. When (in 1550 or 1563) their line died out, the castle passed to the Reusses von Plauen zu Greiz, who converted and extended it into a res-idential *schloss* [1]. This, despite its importance for the history of the Vogtland, has not sur-vived [2]. Hit in the American bombing raid on Gera, it was later largely demolished in pursuit of the GDR national development plan. Only the castle keep, reinstated for the Federal Garden Show in 2002, reminds one of the ensemble's 12th century origins, but this, too, is now again closed to visitors.

The old service quarters of the *schloss* below the keep are currently being renovated, albeit without any ostensible purpose. The gatehouse is used for temporary exhibitions. The *schloss* gardens, redesigned in 1732, were attractively renovated for the Federal Garden Show, their margins adorned with fragments of mighty pil-lars as pointers (needing no commentary) to the 'good old days'. That this was ever a place of courtly culture – that the Vogtland minnesinger Heinrich von Kolmas (documented 1262) may

once have entertained Reeve Heinrich I (1224 – 1269/74) within these precincts (→ p. 316) – today defies imagination.

Notes
[1] See LEHFELDT, Gera, p. 128.
[2] LEHFELDT's detailed description refers to the state of the buildings before 1900, which then presented 'a coherent whole' (p. 126).

CHURCH OF ST. MARY IN GERA-UNTERMHAUS

The late Gothic Church of St. Mary stands pictur-esquely beside the bridge across the Elster. The tower, sanctuary and oldest part of the nave were built around 1440, but the sanctuary is said to have belonged to an earlier chapel dating back to 1193 (or 1206). Its obtuse window arches have been taken as evidence of this early origin [1], and in fact the windows seem to have little in common with the bays in which they sit.

One seeks in vain here for a unified signature: the interior reflects every phase of the church's history. An alternative to the continual reshap-ing was contemplated in 1882: the church was in any case too small and it was due for demo-lition and replacement. But at the last minute the decision was taken to continue with the age-old reshaping. The monumental wooden barrel vaulting was carried back into the nave and two neo-Gothic staircases (which already needed renovation in 2003/11 [2]) were added from the outside. A particularly mysterious item is a pillar in the sacristy bearing fragments adorned with lilies which are said to have served as a staircase support; but that can hardly have been their

IN THE CRADLE OF THE VOGTLAND

Behind Gera lies the original homeland of the reeves: the cradle of the Vogtland. Here their 'cultural progress' is on all sides tangible in the monuments they left behind. The history of the region, as so often, starts in the mists of time; but our story begins when the mists are already dispersing into the valleys of the Elster and Weida. Heinrich I ('the Brave' 1143–1193), who inherited the domain of Weida from his father Erkenbert I, is perhaps the first to bear the title of *Vogt* (reeve); it was he that founded the new town of Weida. It is, however, only when his son Heinrich II ('the Rich' 1193–1209) assumes power that we first perceive the extent of the reeves' territory. Heinrich was Lord of Weida in his own right; he governed Gera and Plauen in fief to the Counts of Everstein, and Greiz in fief to the emperor. With Greiz he also held the domains of Reichenfels, Pausa, Reichenbach, Mylau, Werdau, Auerbach, Gefell, Hirschberg, Asch, Selb and Mühltroff [1]; and in fief to the Bishop of Naumburg he held Langenberg, Ronneburg and Schmölln. In the good fifteen years of his rule, however, this Heinrich not only multiplied the family properties; in 1193 he also founded Mildenfurth Priory. About him legends and anecdotes circulated for hundreds of years, spreading the fame of the reeves when no one could any longer remember to which of the many Heinrichs the stories originally applied.

WÜNSCHENDORF

The wealth of history latent in the small area between Wünschendorf and Mildenfurth is apparent in the names that feature there. Four places stand out: The (no longer extant) castle on the Veitsberg (St. Vitus' Hill) that presides over the confluence of Weida and Elster; the Church of St. Vitus on that hill; the Wendish settlement (*slavica villa Mildenvorde*) that gave its name to Wünschendorf (Wendischendorf – Wendish village); and the German settlement of *Mildenvorde* that gave its name to the Norbertine Collegiate Foundation of Mildenfurth Priory.

Let us begin with the Veitsberg. It is undisputed that an early fort stood on this strategically favourable spot. The Norbertine Arnold von Quedlinburg, who in mid-12th century Mildenfurth wrote a record of the founding of the church on the Veitsberg, gave no date for this transaction; but Master Alexius Krossner, who at the beginning of the 15th century translated Arnold's report into German, quoted (or invented?) the date 974. This is universally considered too

Romanesque and Gothic forms on the Church of St. Vitus, Wünschendorf

early: historians plead for a mid-11th century dating. Archaeological findings suggest that both the castle and the church were destroyed three times in the following hundred years. After that, Erkenbert I von Weida (1120–1143) and his sons, rather than rebuilding the castle yet again, simply removed their residence to Weida. All that remained on the Veitsberg was the church, reconsecrated (after its third razing) by Bishop Gerung of Meissen (1152–1170) in 1162 [2]. A local tradition holds that remnants of the old fort were built into the east end of the north aisle of the church.

CHURCH OF ST. VITUS IN WÜNSCHENDORF

The ancient church on the Veitsberg was, like St. Laurence's in Hof (→ p. 101 f.), an 'old parish' with far-flung boundaries. The well-documented 'Hof church dispute' shows that the benefice holder drew exceptional revenues from his spiritual territories, so the loss of any part of an 'old parish' had immediate financial consequences. And this was the case with the Norbertine Priory at Mildenfurth, whose rights over St. Vitus's

Church dated from the time of its foundation in 1193 [3]. The canon responsible for the parish lived not on the Veitsberg but next door to the priory, and the curate also evidently found it simpler to live at the priory. But relations between church and priory must have been even closer. Right from the 14th century St. Vitus occasionally appears as a subsidiary patron saint of Mildenfurth (St. Mary and St. Vitus), albeit without this becoming consistent usage in the form of a priory seal or deeds relating to the foundation. Few names are extant of pastors of St. Vitus's who can be unequivocally related to the priory [4].

Nor do we know much about the spiritual life of this church. A statue cemented into the wall depicts the martyrdom of St. Vitus (feast day June 15), who was (c. 304/05) boiled in oil for his faith under the Emperor Diocletian, whom he had cured of an illness. The healing saint became very popular: invoked against illness of man and beast, he was honoured especially as the patron saint of domestic animals, above all of poultry, which was frequently offered to him sacrificially [5]. The late Gothic high altar triptych can be ascribed to the rebuilding phase of 1475/1480. Its centre panel holds a Madonna and Child in radiant gloriole, the child feeding a bird; to left and right are carved figures of Sts. Barbara and Catherine; the painted outside panels show on one side St. Vitus with cockerel and book, on the other St. Livinus (especially honoured in Mildenfurth) with the tongs used to pull out his tongue. LEHFELDT read the words HANS TOPPHER FECIT, with which the artist would have sought to secure his memory, on St. Catherine's nimbus [6]. The predella has an image of Jesus'

'St. Livinus of Ghent', from the Wünschendorf triptych

parents kneeling devotedly before the child. Further altars the church might once have possessed have disappeared. Two 12th century stained glass windows are set in prominent, but for the visitor awkward, positions (→ p. 345 f.).

St. Vitus's is sometimes spoken of as a 'pilgrimage church' – a description first popularized by a chronicler of the Reformation period, the Pirna Dominican Johannes Lindner (1530). What rather happened was that, after a mid-15th century reform, Mildenfurth made every conceivable effort to play a role in the spiritual life of the re-

Reliefs with scenes of the Passion, Church of St. Vitus, Wünschendorf

gion. One aspect of this was the cult of the Flemish saint Livinus, who was honoured not only on the Wünschendorf triptych but also with an altar in Weida's Widenkirche [7]. The exterior of St. Vitus's carries a series of reliefs, dating from the extension of the church around (or after) 1475, that depict scenes from Christ's passion. A clockwise circuit of the church would in this light have amounted to performance of the Stations of the Cross. Passion cycles of this kind are familiar from monastic cloisters, and it may be assumed that the *via dolorosa* at St. Vitus's Church was used for devotional processions, which the chronicler would without demur have categorized as 'pilgrimages'.

Notes
[1] See GEHRLEIN, p. 10.
[2] WIESSNER, p. 1006.
[3] DIEZEL, p. 154.

Illuminated initial from the Rule of St. Augustine (Mildenfurth Library El. F. 23, 98r)

Taking a few steps eastwards, one meets three sculptures that sit, as if waiting, in front of the *schloss* wall. Here one is where the former nave stood, its dimensions indicating the width of the 'narthex'. Moving forward one comes to the point where the crossing would have been, facing the chancel and semicircular apse: from west to east a distance of 73 metres. In ground plan the church was a three-aisled cruciform basilica, probably with a crypt beneath the chancel, the chosen burial place of the Reeves of Weida. We know this from a necrology covering the period 1193–1280 which lists the members of the dynasty buried in the *ecclesia sancte Marie Mildenvordensis*: these are Heinrich II ('the Rich' 1193–1209) and his wife Berchta, reputedly a *comitissa de Tyrol*; Heinrich V ('the Younger') *cognominatus de Groez* (1209–1240) and Isengard von Waldenburg; Heinrich VI ('the Peppersack' 1238–1254) and Heilika von

Hardegg; Heinrich VII ('the Red' 1254–1260) and Irmgard von Dewin; and Heinrich VIII ('of Orlamünde' 1254–1279) [6]. Whether this tradition was further continued can no longer be ascertained.

Set in the mid-16th century on the ground plan of the abbey church, the *schloss*, with the pillars and capitals it took over and integrated from that building, provides some information about its architecture; but little is known today about its interior furnishings, altars, wall paintings and so on. Remnants of ancient wall paintings have been found mortared into various window jambs on the south side of the main chancel bay and the east bay of the south clerestory, and a depiction of Christ as Lord of the World (c. 1450) can be found in the north chancel aisle by the north transept. This is all largely inaccessible to visitors, but at least recent photographs are available [7]. The church's liturgical vestments and vessels were handed over to the elector after 1529, and whatever had monetary value was melted down or sold.

The cellar vaults in which Volkmar Kühn has grouped his sculptures would have been part of the *schloss* building. The round tower providing access to the only partly secured upper storeys has a deeply weathered portal arch on whose sides one can make out the figures of two women: Judith, who beheaded the warrior Holofernes, and Lucretia, who turned a knife against herself (→ p. 349 f.).

Notes
[1] See Diezel, p. 193.
[2] Backmund, col. 484. For the foundation legend see AK Jena 2019, pp. 12–15.
[3] Schmidt, Arnold, p. 442.

[4] See UB Vögte I, 38, 57.
[5] Diezel, p. 194.
[6] The necrology is printed in UB Vögte I, 33.
[7] See Eichhorn, pp. 38 f.

WEIDA

We encounter Erkenbert I *de Withaa* (1120–1143), a *ministerialis* whose family probably came from the area around the River Unstrut near Mühlhausen, for the first time in a deed of 1122. The von Weidas seem to have taken their name with them when they moved south-east to the region of the River Elster, where they found a tributary of that river and founded a settlement, to both of which they gave their family name. The origins of the 'New Town' are dated between 1163 and 1193; the Old Town probably goes back to the 1150s. No other town in the Vogtland harbours such a wealth of remains from the early period of the reeves. A veritable Romanesque artery runs through the town centre.

RUINS OF THE WIDENKIRCHE

Set on a slight hill, the church, whose ruins have been known since the 16th century as the Widenkirche, is the oldest parish church in Weida Old Town: it, too, may stem from the mid-12th century. Initially subject to St. Vitus's Church (→ p. 56 f.), it may have been detached from this affiliation by the Lord of Weida on the occasion of the founding of the town. The church was dedicated to the Blessed Virgin, a Marian tradition that goes back, then, to the very beginning. The name 'Widenkirche', despite its apparent phonetic similarity to 'Weida' or 'Weiden', has to do with neither, but with the Latin *dos* (dowry); it referred to the bestowal or dedication (*Widmung*) of a gift or benefice – in this case the parish territory of 'Widenvorstadt'. Over time, the somewhat obscure reference slipped from the thing given to its recipient, which became the 'Widenkirche' ('dedicated church') [1]. The original meaning, however, is retained in ancient deeds: In 1267, long after the establishment of Weida New Town with its own church, the altar dedicated to St. Catherine there was endowed with holdings *in antiqua civitate in dote* (in the old town [held] in benefice) [2] – i.e. Widenvorstadt. The spelling 'Wieden' for 'Widen' is simply wrong.

In 1230 Pope Gregory IX confirmed Mildenfurth Priory in its possession of the parish *in Wyda sancte Marie cum omnibus pertineciis suis* (of St. Mary in Weida with all that pertains to it), which means that the rights of the priory in the Widenkirche parish, as well as the church's dedication to the Virgin, were established before that date – it is generally assumed that this had been the case from 1209. A deed of 1320 states that the provost of the priory had the right to nominate the pastor. That the benefice was well funded is clear from a schedule of parish dues. The church enjoyed special assets administered by so-called 'altar persons': citizens of Weida appointed by the council, to which they had to render annual account [3].

In these circumstances it was only natural that dissatisfaction with the services offered by the priest should lead to questions being asked as to whether the town had any say in his appointment. And when (before 1493) the priest Johannes Franz thought good to censure the

Widenkirche ruins

assembled women and daughters of the town with *etzliche sintliche und unczymliche wordt* (certain sensual and unseemly words), his position became untenable. Franz, however, would not go quietly; he took the matter to court, but did in the end leave the town (in 1497). However, when his successor left in turn for Gera in 1502, he mooted to Franz the possibility of returning to Weida. Whereupon Franz moved back from Freiberg and was duly re-inducted into office by Provost Konrad Berger of Mildenfurth (1495–1534). The citizens of the town, however, had not forgotten and turned to the elector, who ousted the priest despite the intervention of the provost and the threat of renewed court proceedings. Franz, deprived of his benefice and even of compensation, actually took the matter to court again [4].

Towards the end of the Middle Ages the church had four endowments, two of them an-

Remaining capitals in the Widenkirche

niversary masses, and in addition four mass stipends. That was not much. Each endowment – anniversary mass, pastoral care, or mass at a particular altar – fell to a particular priest to execute. The Widenkirche had four side altars, dedicated to St. Livinus, the Holy Cross, the Twelve Apostles, and St. Anne (mother of the Virgin Mary) [5].

The Reformers treated the Widenkirche very severely, declaring it closed in 1526 and designating the Franciscan friary church the town's new parish church. The provost of Mildenfurth was not consulted. As for the priest, the appointed 'visitors' recorded that he was *dem wortte gottes alleczeit entkegen* (consistently opposed to God's

word) [6]. Already damaged by fire in 1504, the church was abandoned, and by 1554 no religious service could be held there. In 1663 it again suffered from fire and in 1789 from an earthquake. In 1811 one of its dilapidated twin towers was demolished. All the present-day ruin has managed to conserve is the centuries-long erosion of the building's substance. Of the nave only the side walls remain; the Gothic windows of the ivy-clad chancel reveal some ruined tracery and a few remnants of ornate capitals defy the elements. In 1934 the last surviving fresco of a Marian cycle – appropriately a depiction of Mary's death – was rescued and transferred to the parish church (→ p. 352 f.).

'Death of the Virgin Mary', transferred from the Widenkirche to St. Mary's Church 1934

Notes

[1] See DIEZEL, p. 169.
[2] UB Vögte I, 144.
[3] See DIEZEL, p. 171; MICHEL, p. 235.
[4] For further details see DIEZEL, pp. 172 f.; MICHEL, p. 242.
[5] See DIEZEL, p. 173. The Altar of St. Anne was gifted c. 1500 by Jobst von Lohma (see MICHEL, pp. 235, 244).
[6] DIEZEL, p. 177.

PARISH CHURCH OF ST. MARY

On a straight line between the ruined Widenkirche and the ruined Dominican convent stands the former church of St. Mary, raised in 1527/28 to the rank of parish church of Weida. That it has no tower but only turrets reveals it to be the church (perhaps based on an earlier chapel) of a mendicant order – in this case the Franciscans.

Since when it has been dedicated to the Blessed Virgin is unclear. Two churches in close proximity with the same patron saint would be most unusual. The original Franciscan chapel is assumed to have been a modest Lady Chapel, but historians rightly observe that the dedication of the chapel would not automatically have been transferred with its new status as parish church [1]. Moreover, on closer examination of the relevant deed of 1350, the Marian patronage of the chapel itself becomes somewhat uncertain. The Franciscan guardian Heinrich von Weida (1350–1355), a cousin of Heinrich XI ('the Elder') von Weida (1293–1363), attests the en-

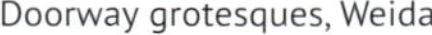
Doorway grotesques, Weida

dowment of an anniversary mass for his *liben mumen* (dear mother), Salome Reuss, second wife (1335) of Heinrich II Reuss von Plauen zu Greiz (1306 – 1350). The Franciscan pledges that *alle sunabende eyne messe zu singende in der selben capellen von unser liben vrowen ane an grozen heyligen tagen* ('every Sunday Eve a mass will be sung in this chapel of our dear lady and on great holidays') [2]. The formulation could apply to a Lady Chapel, but it could also apply to the *liben vrowen* Salome, or even to a 'mass of the Blessed Virgin' (*von unser liben vrowen*). The question of a double Marian dedication remains unresolved.

The narrow main door of the church, above which a stone statue of the Virgin was later set, would allow a mendicant friar more easily to pass than a stream of parishioners. As for the galleries installed in the long and narrow nave, they certainly did not aim for aesthetic unity. An overall sense of confusion is heightened by the panels and curtains that obstruct and obscure the entrance area [3].

The Thirty Years' War took early toll of the building, whose fittings and furnishings are all post-1644. Nevertheless, the church's prime artwork, the 'Death of the Virgin Mary' – last surviving element of the Marian fresco transferred in 1934 from the Widenkirche – rewards attention (→ p. 352 f.).

Notes
[1] See Schmies, p. 257.
[2] UB Vögte I, 921.
[3] On the architectural history of the church see in detail Francke, Schicksale, pp. 17 ff.

GROTESQUE HEADS ON A RENAISSANCE DOORWAY

Passing down the street one may notice a bearded man glaring grim-faced from the doorway of one of the finer houses, while an angelic-looking woman appears to avoid his eyes. Scenes from a marriage? In antiquity grotesques of this kind had an apotropaic function, repelling evil spirits. During the Renaissance they came back into fashion and were commonly set on oriels and (above all) doorways as threshold markers. They often bare their teeth, roll their eyes, or stick out their tongue; some seem to purposely alarm or mock the observer, others clearly depict the owner of the house, or its builder. In Freiberg a (really) beheaded Kunz von Kauffungen leers from a Town Hall oriel. No limits were evidently set to the moralizing or mischievous play with these figures.

RUINS OF ST. PETER'S CHURCH (WEIDA NEW TOWN)

Weida New Town was probably laid down in the third quarter of the 12th century, the work of Heinrich I ('the Brave' 1143–1193), the first true Reeve of Weida. The town would have had a spiritual centre from its inception, and this would most likely have been the hall church dedicated to the apostle Peter [1], even if its name only appears considerably later in documents. From 1262–1286 the New Town pastor, Siboto, drew up deeds with faithful regularity for his secular lord. In 1287 the Reeve of Weida dedicated the chapel of St. Catherine to St. Peter [2]. From 1293–1298 the *plebanus* was Berthold. With the incorporation of the church in the new Dominican convent in 1296 the situation changed: the New Town church was now in the care of Dominican *fratres* (friars), who also catered for the nuns [3]. Masses were celebrated at the high altar and four side altars – of Our Lady, All Saints (1373), the Blessed Sacrament (1449), and the Holy Cross [4].

Tower of St. Peter's Church , Weida New Town

With the Reformation came a general 'cleansing' of Weida's religious landscape and a school was built on the foundations of the nave of St. Peter's Church. Since its destruction in the

Thirty Years' War, the ruins have deteriorated still further. The second tower was demolished in 1829, the nave built into a private house. The crypt, which is still partly preserved, is inaccessible, its entrance blocked. Overgrown with ivy, the remaining Romanesque tower can on a sunny day cast a veil over much dereliction, yet the state of this once important church is no less than appalling.

Notes
[1] See DIEZEL, p. 168.
[2] See UB Vögte I, 224.
[3] See MICHEL, pp. 235 f.
[4] See MICHEL, p. 236.

Ruins of the Dominican convent (→ p. 267)

OSTERBURG (WEIDA)

Strategically placed above the town, the 'steadfast house at Weida' – known only since the 17th century as the Osterburg – was founded by Heinrich I ('the Brave' 1163–1193). It is, with the no longer extant castle in Wünschendorf, among the earliest buildings in the entire territory of the reeves.

The *castrum* only appears sporadically in written records. A deed of 1287 uses the term, and in 1351 the Weida family draws up a deed *in castro Wyda* [1]. We may assume that this was done in the castle chancery – although to call it a chancery may be an exaggeration. Relatively few (15) extant documents, distributed across a relatively short period (1336–1362), testify to their origin here. The scribes follow one another: the first, with three documents, from 1336–1343; the second, with 11 documents,

from 1345–1357; the third, with only one document, in 1362 [2]. They would in any case have been a small group that would also have fulfilled other duties at court. The very first notary under Heinrich XI ('the Elder' 1302–1363) was probably his chaplain from 1337–1362, Heinrich von Reitenbach, who held a benefice at the Chapel of St. Catherine in St. Peter's Church. 'The Weida scribes drew up their deeds independently under the overall supervision of Heinrich von Reitenbach. They were all clerics and members of the reeves' council' [3]. The chancery clerk Nicholas (1346–1358), at the same time a schoolmaster, appears in a deed of 1346 as *Nicolaus unsz schriber* (Nicholas our scribe) alongside *Heinrich unser capelan und schryber* (Heinrich our chaplain and scribe) [4].

Approaching the castle, one observes a modern installation on the wall of the former Great Hall. Relevant findings have led to a highlighting of the arcade of arches (c. 1150 –1175) on the several storeyed Romanesque building. Of the five bays outlined in the masonry, three evidently contained four arched windows: the earlier façade was evidently far lighter and more open than that of the Renaissance castle that overlayed it post-1536.

The monumental keep, stylistically so different from the Renaissance complex, has been called 'lordship symbolized in stone' [5]. Although old, it is not all of a piece. The octagonal spire is a 14th century addition to a massive 12th century tower. It affords a good view of the town and its various monuments as described above. The museum, which offers nothing of interest for the history of the reeves, may be passed over in silence. Some regional sacred artworks can be

Look into the inner courtyard of the Osterburg Castle in Weida

viewed in the tower, albeit confined to display cases. The dragon pinned down by a knightly St. George is not the only item here that could be released to freedom with impunity.

Notes
[1] See UB Vögte I, 224, 924.
[2] See GLEISSNER, p. 10.
[3] GLEISSNER, p. 13.
[4] UB Vögte I, 881.
[5] BÜNZ, Vogtland, p. 28.

ALONG THE WESTERN BOUNDARY

The area still defined by the modern roads stretching south-west of Weida to Schleiz marks the western boundary of the territory of the reeves. Here they had to share dominion with other nobles like the Lobdeburgers or those of Arnshaugk. Nevertheless, with every southward step one penetrates more deeply into the lands of the Reeves and Lords of Gera, who kept residences in Burgk, Lobenstein and Schleiz, developing the last-named in 1482 into a true residence town.

RUINS OF REICHENFELS CASTLE (HOHENLEUBEN)

Coming from Weida, one is used to ruins. If the weather is good, one can stroll pleasantly enough through the ruins of Reichenfels Castle, built by the Reeves of Weida on a spur of the hills probably as early as the 12th century. By 1356 it was held by the Reeves of Gera; in May 1370 they sold *daz hus Richenfels* to the Tannrode brothers, with the right of repurchase. In 1382 Heinrich VII von Gera (1377–1420) was granted permission by the margrave to pledge *castrum Richenfelsz* as security for a loan, a procedure that soon recurred; in 1384 he pledged the same property to Hein-

rich Reuss von Plauen. The division of the Gera inheritance in 1425 saw *Reichenfels das slosz* (or *die borg Richenvels*) pass to Heinrich VIII ('the Elder'), who in 1426 fell at the Battle of Aussig [1]. In February 1503 Heinrich XIV ('the Elder') von Gera zu Schleiz (1500–1538) sold Reichenfels to Hans von Machwitz zu Wiedersberg, but reserved to himself the privilege of the stag hunt [2].

The castle was ringed by a polygonal curtain wall, protected by a keep, and cut off from its approaches by a fosse. Its position and layout indicate great age [3]. The stone bridge that leads today across the fosse to the old castle gate is much later. Remains of the wall at the west of the complex indicate a 'goodly height' of six to eight metres [4]. Around 1800 Heinrich XLIII Reuss zu Köstritz planned a neo-Romanesque *schloss* on the premises, but the project was abandoned in 1811. In 1872 the *schloss* tower collapsed, prompting the demolition soon afterwards of both *schloss* and castle. The foundations were put under a preservation order in 1944 and 1955.

Besides the old service building, which today houses a café restaurant, the castle forecourt contains the Hohenleuben-Reichenfels Local History Museum (→ p. 353) founded in 1825 by the Vogtland Historical Research Association of

Inside Reichenfels Castle ruins

Hohenleuben [5]. An exhibition presents a short history of the castle, based partly on archaeological findings, and the museum has what must be the most extensive collection of publications on the history of the Vogtland, as well as some Gothic sculptures (→ p. 354 f.).

Notes
[1] See UB Vögte II, 182, 272, 291, 708, 721.
[2] See VON RAAB II, 216. For further ownership history see LEHFELDT, Gera, p. 163.
[3] LEHFELDT, Gera, p. 162.
[4] See LEHFELDT, Gera, p. 162.
[5] For the history of the association see TREBGE.

Langenwetzendorf (→ p. 319 f.)

Keep of former Niederpöllnitz Moated Castle

(1304–1341), Gerung von Pöllnitz (1306–1309), Lutolt von Pöllnitz (1317–1341), another Volkwin von Pöllnitz (1324–1355), and finally Gottschalk von Pöllnitz (1358–1377). In 1411 Gerhard von Pöllnitz is ranked by the Margrave of Meissen among *unser liben getruwin* ('our dear loyal [retainers]') [1], but after that the Pöllnitz line is no longer mentioned in connection with the reeves. The daughters of the house (e.g. Adelheid and Kunigunde von Pöllnitz 1309) entered the convent in Weida, and in the 15th century Pöllnitz passed to the Planitz family.

The tall (c. 20 m.) tower of the keep bespeaks both age and importance; the high quality stonework of its first level indicates a 12th century dating [2]. The middle portion, of poorer workmanship, is dated to the 14th, and the upper part to the 15th century. In the 19th century the remains of an old rampart were found to the south and east of the tower.

Notes
[1] UB Vögte II, 548.
[2] LEHFELDT, Neustadt, p. 317.

NIEDERPÖLLNITZ

Today the square keep of the former moated castle of Niederpöllnitz rises starkly skyward from its carefully maintained environs like an erratum. As early as the 12th century it was the seat of the von Pöllnitz line, who in the early 13th century were allied to the House of Wettin, but by the end of that century are recorded as vassals of the Reeves of Weida. We encounter them witnessing deeds in a century-long sequence: Gottfried von Pöllnitz (1266–1288), followed by Volkwin von Pöllnitz (1289–1297), Ludwig von Pöllnitz

ROUND SCHLOSS, OBERPÖLLNITZ

A few kilometres away in Oberpöllnitz the Pöllnitzes had another residence: a round, moated castle first recorded in 1341 that was part of a now largely non-existent manorial estate. An inscription over the entrance dates the building to 1414, but its final late medieval additions can be ascribed to the 16th century. The castle remained in the possession of the Pöllnitz family until 1800. In the course of the 19th century it underwent fundamental reshaping as a *schloss*.

Round *schloss*, Oberpöllnitz

The world no longer contains many round buildings of this sort; nevertheless, the decaying – and after 1945 misused – premises were, under the GDR regime, scheduled to be blown up (1977). Today the house has been refurbished as a private dwelling and is no longer open to visitors.

DÖBLITZ FORTIFIED CHURCH

Concealed dreamily in a girdle of trees on the edge of Döblitz, a village now incorporated into Triptis, is what in its forms, but above all its at-mosphere, reveals itself as an early Gothic 13th century fortified church. The double moat that once secured it is now no more than a ditch, but door-bolt holes in the opening of the tower entrance indicate the church's function as a last refuge in attack. The tower also has slit openings for bowmen.

Entering the church via the heavy wooden door in the north wall, one faces the small, obtusely pointed windows in the south wall, between which in 1965 parts of a 4 × 8 m. wall painting were discovered. At the centre, a Christ Triumphant is enthroned in a gloriole, with to his right the dis-

Fortified church, Döblitz

'Christ Triumphant' enthroned in a gloriole

Round tower of Triptis Castle keep

ciple John and to his left a Madonna in prayer. Somewhat apart, at the edge of the sanctuary, one can make out the apostle Andrew with his cross.

TRIPTIS

Visible from afar, the keep of Triptis Castle stands today, encircled by houses, 'as the sole proud remnant of this once clearly important ensemble' [1]. Built in the early 13th century by the Lobdeburg-Arnshaugks to secure a long-distance trading route, the moated castle was (along with Ziegenrück) granted in fief to Heinrich Reuss ('the Younger') von Plauen zu Greiz (1306–1350) by the Margrave of Meissen, a transaction confirmed by Ludwig the Bavarian in 1327. In August 1328 the margrave ordered his bailiff to attend upon the will of the Reuss *in Cygenrucke, Triptes et Uma*. Left in ruins by the Vogtland War of 1358, the castle reverted to the House of Wettin. However, we continually meet members of an old von Triptis family witnessing deeds as citizens of Weida and *fideles* of the reeves: Bruno (1288), and

AUMA

Church of St. Mary, Auma

Like Triptis, Auma would once have had a castle, erected in the 13th century by the Arnshaugks to guard long-distance trade; but, unlike Triptis, there is no longer much left of it. And who would look for 'the remains of a former castle complex' in a parsonage basement [1]? Auma, too, was granted in fief to Heinrich II Reuss ('the Younger') von Plauen zu Greiz (1306–1350) [2], but, as with Triptis, his descendants had to return it to the House of Wettin in 1358.

Newly built by Master Matthes Francke from Triptis in 1520, St. Mary's Church is rather oversized for such a village. Among its few late Gothic remnants is a 'Burial of Christ' set in a baroque frame below the pulpit. 'The individual, almost life-sized figures are lovingly expressed, their prominent noses and full faces, as well as the fall of their garments, reveal them as products of the regional school'[3]. The work may have been part of a larger altar retable, of which further fragments were set on the east wall of the church. LEHFELDT identified St. Ursula, the Virgin and Child with St. Anne, St. Elizabeth of Hungary-Thuringia with 'bread and flask', and St. Margaret with the dragon [4]. 'Around 1 m. in height, they are relatively well preserved, also in their colours and gilding, or generously applied silvering' [5]. For the rest, the interior of the church is largely the result of a catastrophic fire in 1790. A late Gothic figure of St. Catherine salvaged from a carved reredos in St. Nicholas's Church was set on the inner north wall of the nave after the demise of St. Nicholas's around 1840 [6]. The image of a self-possessed woman, the patron saint of students appears before us, book in hand, clad in

then above all Heinrich von Triptis (1306–1327) and Konrad von Triptis (1324–1337), who merits the forthright description *civis in nostra civitate Wida* [2].

Notes
[1] LEHFELDT, Neustadt, p. 239.
[2] See UB Vögte I, 623, 625, 648, 787; II, 25.

the bourgeois dress of the period (c. 1500), her hair gathered in a roll under a brooched and jewelled cap. Like a Madonna on the crescent moon, she treads the instruments of her martyrdom beneath her feet.

Notes
[1] BLASCHKE/JÄSCHKE, p. 54.
[2] See UB Vögte I, 648.
[3] LEHFELDT, Neustadt, p. 189; see DESEL, p. 99.
[4] See LEHFELDT, Neustadt, pp. 190f.; MERTENS, p. 151.
[5] LEHFELDT, Neustadt, p. 191.
[6] See WERNER, Katharinenfigur, pp. 95 f.

Church of St. Jocelyn in Rödersdorf (→ p. 243)

SCHLEIZ

Schleiz became a formal residence of the Reeves of Gera (1482–1550) only under Heinrich XII ('the Middle') von Gera zu Schleiz (1482–1500), but the Gera dynasty had established itself here a good deal earlier. Towards the end of the 13th century the town had a mayor and council – although a deed of December 1297 is evidently undecided as to whether it should call *Slouwicz* a *civitas* or an *oppidum* [1]. In 1359 Heinrich von Gera ordered the municipal law of inheritance in such a way that daughters were on an equal footing with sons – evidently to prevent loss to the leading family – but it had the effect of strengthening a civic entity that had been singularly weakened by the complexity of its governance. For Schleiz consisted not just of an Old Town and a New Town; the Old Town alone was divided into an Upper and Lower Town, each of which was under the dominion of a different member of the Gera dynasty. It was the same for the New Town, with the result that by the end of the Middle Ages we

Burnt-out tower of Schloss Schleiz (destroyed 1945)

have to do with four different towns of Schleiz. Conflicts between them developed around customs dues, and in 1476 a fire further weakened the commonalty. Only when the four separate districts were reintegrated in December 1482 – an event celebrated with much pathos – was the establishment of a residence in Schleiz possible

(→ p. 388 f.). In 1492 Heinrich XII confirmed the town's charter, whose wording largely followed that of the (pre-1487) statutes of Gera (→ p. 382).

After 1496 Schleiz burnt down in 1689, 1837 and 1945. The town centre contains nothing earlier than 1547. The Church of St. Nicholas, since 1284 under the Teutonic Order, was demolished in 1856. The parish church of St. George (last destroyed 1945), also belonged to the Teutonic Order, which ran a school here. In the town proper the only thing worth photographing is the heavenward striving towers of the one-time *schloss*. They date from 1837 and, as they stand, represent the burnt-out condition of 1945; but in this way they preserve the memory of preceding buildings better than would any reconstruction of a later state.

Notes

[1] ALBERTI, Schleiz, pp. 5f.

St. Mary on the Hill, Schleiz (→ p. 206)
Chapel of St. Wolfgang, Schleiz (→ p. 245)
School at the House of the Teutonic Order, Schleiz (→ p. 421)

ALONG THE SAALE THROUGH THE TERRITORY OF THE REEVES OF GERA

Through his marriage with Lukardis von Lobdeburg-Arnshaugk, Reeve Heinrich I von Gera (1238–1274) already gained considerable territory to the east around Tanna, Mühltroff and Pausa. Then in 1278 Lobenstein passed into the possession of his two almost same-aged sons Heinrich II ('the Elder' 1274–1311) and Heinrich III ('the Younger' 1274–1311). In the year in which both these died (or abdicated?), Heinrich II's two sons, Heinrich IV ('the Elder' 1311–1343) and Heinrich V ('the Younger' 1311–1377), founded Saalburg Convent. After the Vogtland War of 1354–1358, the Gera line lost the title of reeve and the sale and mortgaging of their properties began. In 1366 Heinrich V sold Burgk Castle to the Teutonic Order; in 1370 he pledged Reichenfels Castle against a loan; in 1371 Blankenberg went to the King of Bohemia. At the same time he managed to buy Lobenstein (sold in 1369) back and to hold it henceforth as a fief of the Bohemian king. In 1403 his son, Heinrich VII of Gera (1377–1420), rebuilt Burgk Castle. The 15th century was marked by divisions of the inheritance, first by Heinrich VII's three sons, giving rise in 1425 to the three lines of Gera zu Burgk, Gera zu Lobenstein and Gera zu Gera. And although one of these sons, Heinrich IX of Gera zu Lobenstein (1425–1452) and Gera zu Gera (1452–1482), succeeded (in 1452 and 1467)

in reuniting all three domains under a single hand, on his death in 1482 his three sons again divided the inheritance, giving rise to the domains of Gera zu Schleiz (1482–1500) and finally 'half Schleiz' (1500–1538).

VILLAGE CHURCH OF ST. MARTIN IN GRÄFENWARTH

Gräfenwarth is today part of the town of Schleiz. The small 14th century village church may have been founded by the von Machwitz family and may also derive from the Saalburg Church of St. Mary. At all events, like the chapel in Kulm, it was incorporated into Saalburg Cistercian Convent, which already drew revenues from the village at the time of its foundation (1325), and in 1338 from three further *hufen* (peasant farmland allotment) [1]. That the church was a place of pilgrimage for the Saalburg nuns is a pure invention of more recent writers [2]. A church visitation of 1533 lists Gräfenwarth as a *capelle*, in other words as a church without parish rights. The interior furnishings date from the 18th century.

Notes
[1] UB Vögte I, 585, 799.
[2] Ronneberger, p. 115.

Remains of a wall at Walsburg Castle

RUINS OF WALSBURG CASTLE

On the way to Ziegenrück it is worth making a short detour, if only for the view, to Walsburg. Here, just after Essbach, the Wisenta flows into the Saale, and here on Vogelherd Hill a castle is first recorded in 1290 under the name *Waldesberk*. It was probably built by the Lobdeburgers to secure the Saale crossing. In 1323 the castle passed to the Counts of Schwarzburg, and already in the 15th century it seems to have become derelict. In 1538 the site belonged to the von Watzdorf family, who owned the neighbouring estate of Dörflas.

By the end of the 19th century little remained of the castle [1]. Not even signposted today, the site is reached up a steep path parallel to the hiking track. Quarry-stone foundations indicate ancient walling. The inner courtyard of the main castle contains an almost fully overgrown water cistern.

Notes
[1] See LEHFELDT, Greiz, p. 49.

Bird's eye view of Wysburg Castle ruins

RUINS OF WYSBURG CASTLE

On about the same level as Walsburg but the other side of the main north-south road and already in the municipal district of Saale, the ruins of Wysburg Castle, north of Weisbach, form a highly interesting counterpart to Walsburg. Mentioned incidentally in a deed drawn up in 1347 for Heinrich von Gera with respect to Saalburg Convent [1], Wysburg is recorded since the 14th century in connection with the Lords of Posseck [2]. Around the middle of the 13th century the Geras seem to have taken over Weisbach from the Lobdeburgers, who had erected a small motte-and-bailey castle on the south-east edge of the domain. However, in the ever-threatening conflict with the powerful Counts of Schwarzburg this would not have been enough for the Geras, and around 1280 they began building the complex on the Schlosskuppe. The position of the castle makes it unlikely that it would have served to control the trade routes or river crossing.

But there is no mention anywhere in the records of a hilltop castle near Weisbach. Nor will it have stood intact for more than half a century. It is thought to have succumbed, along with neighbouring Elsterberg Castle, to the onslaught

Logs and stakes set in the walls as incendiary devices

Siege cannon balls

of the forces of the imperial cities, allies of the Margrave of Meissen, in the autumn of 1354, at the beginning of the Vogtland War.

Starting with initial excavations in 1985, Wysburg Castle has been the subject of some remarkably detailed and careful archaeological research. Ideally presented and well signposted, the site amply rewards an hour's visit [3]. One reaches the castle proper via the fosse leading to a gate whose ancient threshold has been preserved. Here, in the northeast corner of the wide outer bailey, are the remains of service buildings. Straight on, at the breach in the north wall, is an intriguing reconstruction of siege techniques: wooden pegs hammered into the stonework from outside as incendiary devices to enhance the effect of firing the wall. Returning to the outer bailey, one comes across the remains of an old bread-oven and the bakery (roofed over since 2017). The eastern section of the fosse between bailey and castle proper contains a cistern divided by a stonework outflow between tank and settling basin. At the heart of the complex are the truncated walls of the apartment tower, Great Hall, annexe and castle keep. The old stonework is systematically separated from the newly reconstructed parts with courses of red bricks.

The exhibition at 'Haus Wysburg' Museum in Weisbach contains many details relating to the excavations, among them some cannon balls, weighing up to 70 kg., with which the castle was presumably destroyed.

Notes

[1] See UB Vögte I, 884.
[2] See UB Vögte II, 424, 530, 579.
[3] For what follows see TANNHÄUSER/ROSSBACH.

View of Ziegenrück with the Church of Sts. Bartholomew and Nicholas

ZIEGENRÜCK

One of Germany's smallest towns, but at the same time a very old one, Ziegenrück lies picturesquely scattered between steep, thickly wooded slopes along the valleys of the Saale and its small tributary the Dreba. Its civic arms, a goat (*Ziege*) bearing a three-towered building on its back (*Rücken*), is the product of a readily understandable misinterpretation of the Sorbian word for a bend in the river. The town can be taken to mark the westernmost point of the reeves' activities.

Already in 1258 Sophie, *advocatissa de Wida*, is recorded as endowing Pforta Abbey with estates near Ziegenrück [1]. But it was not until c. 1327 that the Reeves of Plauen were enfeoffed by Margrave Friedrich of Meissen with the strongholds of Triptis and Ziegenrück [2]. In following times the strategically important town was frequently a bone of contention between reeves and margraves [3].

Around the Town Hall, church and parsonage the town's Renaissance and 17th century bourgeois-Protestant culture has been resur-

The 'Bower' above Ziegenrück

rected with considerable attention to detail. The three-aisled church under the double patronage of St. Bartholomew and St. Nicholas was built c. 1214 and raised to the rank of parish church in 1360. Substantially renovated in the 15th century, it was ravaged by fire in 1656. The interior of the church today contains no trace of the Middle Ages, but some remnants of late Gothic tracery still cling to the ancient tower, which seems to snuggle into to the overhanging hill. An unusual feature for a church is the draped arch window to the street [4].

Above the town are the remains of an old fortress, first mentioned in records of 1222, which belonged to the imperial estate of Saalfeld. Today all that stands of this, after several fires, is the four-storey 15th century winter apartments, the bower. Of the keep, a stump still stands; the rest was demolished in 1775. Smartly restored, the complex found temporary use as a youth hostel. Now it is in private hands and inaccessible. No sign or notice refers any longer to the civic arms of Ziegenrück.

Notes
[1] UB Vögte I, 112.
[2] See UB Vögte I, 623, 625, 653.
[3] See UB Vögte I, 702 f., 716.
[4] See MERTENS, p. 190.

KNAU MANORIAL ESTATE

Behind Ziegenrück – and hence beyond the western boundaries of the Vogtland proper – in Saale Valley Municipal District, lies Knau Manorial Estate. By the mid-13th century it was already in the hands of the Knau family, who by the 15th century at the latest held estates in Treben (1458–1521) and Haselbach and were castellans at Altenburg. In this latter function the *Knewe* twice (1291 and 1317) testified in the affairs of the reeves [1]. A Herr Jaroff von Gräfendorf zu Knau maintained his step-daughter Veronika in Cronschwitz Convent and upon her death (1505) endowed a *Seelbad* (bathing day for the poor) for the repose of her soul [2].

That the estate is first mentioned in records of 1522 is irrelevant for its earlier history. After the death of Melchior von Knau (1512–1521), the last of his line, the von Gräfendorfs seem finally

Knau Manor (aka Schloss Knau)

to have taken over the estate, while the Treben estate went to the Burgraves of Leissnig.

The mansion was reshaped several times over the centuries: its present condition is critical – it was, indeed, already so in the 19th century. The rendering is flaking even off the part that can clearly be ascribed to the 16th century. An octagonal staircase tower rises courageously from the greying complex [3].

Notes
[1] UB Vögte I, 263, 477.
[2] See THURN, p. 82, 229.
[3] See LEHFELDT, Neustadt, p. 31 f.

SCHLOSS BURGK

Set high on a rocky plateau above the Saale, which at that point has been dammed to form the Burgkhammer reservoir, Schloss Burgk is visible far and wide. Often used as a film set by the GDR film group DEFA ('Deutsche Film AG' 1968–1981), the castle is one of the region's most popular tourist destinations. Its designation as *schlosz* goes back to the early 15th century [1]. In the course of the 17th century the old defensive structures were dismantled by the Reusses and the castle was transformed into a stylish residence. The park and elegant 'Pavillon Sophien-

Rectangular embrasures at Schloss Burgk

lust' testify to the aristocratic culture of the 18th century. In 1763 the interior furnishings of the castle – now more a hunting lodge and *maison de plaisance* – were renewed, and from 1768 Burgk became the permanent residence of the elder line of Reusses.

As a result of the Feud of Schleiz, waged by the Reeves of Gera and Weida from 1314–1316 against the Margrave of Meissen, the Burgrave of Nuremberg and the Bishop of Bamberg, the Gera

line were granted a permanent fief of Burgk, as well as Schleiz and Saalburg [2]. However, only a little later they suffered painful losses in the Vogtland War (1354–1357), after which they found considerable advantage in a firm relationship to the Teutonic Order. In 1365 the Margrave of Meissen, as feudal overlord, allowed the Geras to pledge *ir hus dy Borg* (their house of Burgk) against a loan from the Order [3].

The state of dependency was over remarkably quickly. The reeves regained their house, and in 1403 Heinrich VII von Gera (1377–1420) had the old premises demolished – events documented at the time (1416) in an inscription in the castle chapel which ran as follows: *als man schrieb 1403, do brach derselbe herr von Gera ein altes schlosz, das hier stundt, abe, das sein vatter auf ihn bracht hatte und hub in demselben iar am dienstag nach Quasimodogeniti das schlosz wieder an von neues zu bauenn* (in the year written 1403 the same Lord of Gera tore down an old *schloss* that stood here, which his father had left to him, and began in the same year on the Tuesday after *Quasimodogeniti* [Low Sunday] to build the *schloss* anew) [4]. The later installation of an organ in the chapel occasioned the removal of this text.

After Heinrich VII's death his sons divided the estate (1425) [5] and Heinrich VIII ('the Elder' 1420–1426) took possession of the newly constituted domain of Burgk. But he was killed the following year in the Battle of Aussig against the Hussites, whereupon his brothers Heinrich IX ('the Middle') von Gera zu Burgk (1426–1482) and Heinrich X (1426–1452) exercised joint dominion until the younger brother died, after which Heinrich IX ruled alone for a further thirty years. In 1478 he, too, pledged Schloss

Burgk against a loan. After his death the estate was again divided and the domain passed (1482) first to Heinrich XIII ('the Younger' 1482–1489), then in 1489 to his brother Heinrich XII ('the Middle' 1489–1500), who pledged it to the elector's collector, Ulrich von Ende. In 1510 Heinrich XV ('the Younger' 1500–1550) managed to redeem the property, and after the Schmalkaldic War (1547) he was granted the fiefdom of Burgk anew. He died childless in 1550.

The castle erected by Heinrich VII von Gera has come down to us largely intact. The old Great Hall is has been preserved, as have the keep and two stone bridges flanking an area 'that forms a splendid bailey' [6]. Further convincing evidence of the castle's defensive qualities are the many rectangular embrasures. An old covered defensive walkway leads to the Red Tower, which wears a Renaissance cap. Like almost all the interior rooms, the castle chapel was also thoroughly refurbished; an exiled Gothic Madonna that long stood lonesome at the chapel door was in 2019 returned to Hohenleuben Museum.

In the course of restoration work in 2016 in the 'Chinese salon' behind the chapel, an impressive medieval wooden wall was discovered. The massive planks could be dated dendrochronologically to 1402, evidence that the building measures Heinrich VII initiated in 1403 included a state-of-the-art 'wooden chamber'. Coated with clay, walls of this kind helped maintain air quality and room temperature during the winter months. Not many such fittings are left, and – alongside the 'wooden chamber' of Pirna (1381) – that of Schloss Burgk is among the oldest in Central Germany. Not that the conservation experts felt it necessary to spend time on such a point: the planks were briefly uncovered and then hidden away again behind a rococo façade.

Notes
[1] UB Vögte II, 619. For basic information see LEHFELDT, Greiz, pp. 34–47.
[2] See GEHRLEIN, p. 18.
[3] UB Vögte II, 143, 145.
[4] UB Vögte II, 619.
[5] See UB Vögte II, 708.
[6] LEHFELDT, Greiz, p. 41.

SAALBURG

In Saalburg – incorporated into Ebersdorf only in the 21st century – we encounter the Reeves of Gera from the beginning of the 14th century. Around 1311 they seem to have elevated the Church of the Holy Cross outside the town (in what is now the district of Kloster) into a Cistercian convent (→ p. 271 f.). Once a wealthy foundation, all that remains of it today are some overgrown wall segments wedged inaccessibly on private premises between business shacks and GDR-vintage garages .

At the time (1311) the old parish church of St. Mary – probably founded before 1223 [1] – already existed (→ p. 233). A deed of 1303 mentions a *plebanus de Salburc*; in 1310 the priest is named as Konrad, and the following year an *ecclesia parrochialis in Salburg* is recorded [2]. In 1325 the church and parish were incorporated into the convent, and the people of the town from now on shared spiritual services with the nuns. This inevitably caused conflict, and in 1361 the Reeves of Gera had to mediate between town and convent because the *plebanus* chose not to live among his flock but with the nuns. Only in

Church of St. Mary, Saalburg

1387 was the position of *messner* (mass priest) established to ensure regular religious provision for the townsfolk. By the early 15th century (at the latest) a Corpus Christi Fraternity like that of St. Laurence's in Hof had been formed (→ p. 101 f.).

St. Mary's is old: the tower stonework indicates a 14th century dating; chancel and nave are from the 15th century, possibly the outcome of a major fire. In this connection, a singular feature of the church's post-1476 history is the many indulgences to which it gave rise. The Saalburg

Memorienbuch of 1490 refers to all those *dy czu dem gotzhauss geholffen und geratten haben und dy da steyner dartzu geben* ('who helped with the house of God and counselled and gave stones thereto') [3]. In later centuries the church was also damaged by fire in various ways. The interior furnishings are from the 17th century.

Notes
[1] See RONNEBERGER, p. 105.
[2] RONNEBERGER, p. 105.
[3] RONNEBERGER, p. 107.

Saalburg town walls (→ p. 390)

ST. GEORGE'S CHAPEL KULM

A detour to the outlying district of Kulm conveys an impression of the parish of Saalburg's subsidiary churches. Here an ancient chapel dedicated to St. George the dragon-slayer already in its outer appearance seems to defy the centuries that have passed since its foundation – even if not all its elements still stem from the year of its consecration (1223). Even a century and more ago the chapel seemed, with its thick low walls and barred windows, to stand defiantly against the storms of time [1]. Its altar harboured relics not only of St. George, but also of the Apostle Peter, Archbishop Otto, and the Eleven Thousand Virgins.

St. George's Chapel gained early popularity, and its proximity to Saalburg facilitated its incorporation into that parish in 1325. Already in 1318 Friedrich von Kulm had sold estates to the convent, and in 1325 the nuns were confirmed in their possession of half a farm in Kulm. In 1357 Hans von Kospoth gave them a peasant farm. A folk-tale speaks explicitly of 'big pilgrimages in honour of St. George the Martyr' [2].

The spiritual life of Kulm was subsequently played out above all in Saalburg. Only one mass a day was said by the provost of Saalburg – from 1506–1540 a Johann Götze – whose services are meticulously recorded in a receipt book of Kulm church covering the period 1507–1540 [3]. The secular concerns of the church were catered for by two altar persons and two church elders.

As in Saalburg c. 1490, so too in Kulm a *Memorienbuch* (c. 1500) bearing the names of benefactors (though not the sums given) has survived [4]. It may have been connected with the

Chancel and apse of St. George's Chapel, Kulm

St. George's pilgrimages: registers noting the origins of donors were kept at other pilgrimage sites and can be of some use in gauging the popularity of these cultic centres.

Notes
[1] MEYER, p. 94.
[2] See MEYER, p. 97; EISELT, 963.
[3] See RONNEBERGER, p. 173.
[4] See MEYER, pp. 94–99; RONNEBERGER, p. 114.

Ruins of Lobenstein Castle

LOBENSTEIN

The 30 m. high tower of an ancient keep still stands guard over Lobenstein. Probably built by the Lobdeburg dynasty, the castle is thought to date back to the 11th century; around it the town grew up. Lobenstein was the seat of the Reeves, then of the later Lords of Gera: as early as 1278 Reeve Heinrich II ('the Elder') von Gera (1274–1311) issued a deed here [1].

The 'century of the Heinrichs' in Lobenstein opened with the division of territory undertaken by the sons of Heinrich VII von Gera in 1425 [2]. Heinrich IX established the domain of Lobenstein. In 1435 he married Mechthild, daughter of Count Günther XVIII of the House of Schwarzburg-Wachsenburg. In 1461 he undertook a pilgrimage to the Holy Land. When he died in 1482, his sons again divided the inheritance, with Heinrich XIII ('the Younger' 1482–1489) taking the domain of Lobenstein. When he in turn died in 1489, Lobenstein passed to his brother Heinrich XI ('the Elder' 1489–1508), who in 1497 was forced to pledge it against a loan from the third brother, Heinrich XII (1489–1500). In 1501 Heinrich XII's sons, Heinrich XIV ('the Elder' 1508–1538) and Heinrich XV, divided their father's lands yet again, and in 1508 they also inherited Lobenstein from the (now deceased) uncle who had earlier pledged it in security. This Heinrich XV ('the Younger' 1508–1550) was the last Lord of Gera zu Lobenstein: on his death the domain passed to the Burgraves of Plauen. But they were no more successful at keeping Lobenstein than the Gera reeves had been. Heinrich VI ('the Younger' 1554–1572), last scion of the Reeves and Lords of Plauen, pledged Lobenstein repeatedly without ever managing to redeem it [3]. So Lobenstein passed to the Reusses, who engaged in protracted litigation with Heinrich's widow. By 1601 the castle had lost any function; its masters abandoned it and moved down the hill into the Old Schloss. Nevertheless, in 1632 footloose Swedish troops took it upon themselves to destroy most of the former complex. After the great fire of 1714 the New Schloss was built to the north of the old town as the baroque residence (until 1824) of the princes of Reuss-Lobenstein.

Notes
[1] See UB Vögte I, 184.
[2] See UB Vögte II, 708.
[3] See GEHRLEIN, p. 36.

The remaining sections of the chapter take us into the so-called 'Berger Winkel', a neck of land around the municipality of Berg containing many castles and ruins. During the post-war division of Germany this area was divided by the so-called 'Iron Curtain'. Today it still bears scars that have not fully healed.

CHURCH OF ST. JAMES IN BERG

As Berg lay on the Upper Franconian trade route from Hof to Lobenstein, its integration into the infrastructure of the Pilgrim's Way to Santiago is readily conceivable. First recorded in 1320, its church and parish of St. James incorporated, for example, the subsidiary church in Sparnberg. The names of the priests are recorded with some regularity since the mid-14th century. In 1358 the powerful priest of the 'old parish' of St. Laurence in Hof, Heinrich von Töpen, had to promise the Reeves of Weida to cease troubling Albrecht, the priest of Berg: *Auch schol ich hern Albrechten lazen bliben bi der pharre zu dem Berge, di bile er lebet, und herr Otte schol in darin ungehindert lazzen an alle arglist* ('I shall also leave Master Albrecht to remain in the parish of Berg while he lives, and Master Otto shall leave him unmolested by any guile') [1]. The context is indirectly clarified by a deed issued ten years later (1368) by Johann Sparnberg the Younger to which *her Ott pfarrer czum Berge* (Master Otto, priest of Berg) testifies [2]. When the *curia* of Regnitz came to an end, patronage was exercised by the Lords of Reitzenstein, whose epitaphs are found on the outside wall of St. James's Church. After initial Lutheran purgation, the interior of the church later underwent baroque refurbishment. Evidence of the Middle Ages is only extant outside, in 14–15th century remnants of the old churchyard walls and gate tower, and in an ancient expiatory cross some 150 metres along the road to Schnarchenreuth said to commemorate a Hans von Dobeneck from that town, struck down on the highway in 1487 [3].

Reconstructed walls at Lichtenberg Castle ruins

Notes
[1] UB Vögte II, 14.
[2] UB Vögte II, 167.
[3] See GEBESSLER, p. 38

Church of St. Walburga in Bad Steben (→ p. 363)

RUINS OF LICHTENBERG CASTLE

Coming from the direction of Bad Steben, one drives through the old town of Lichtenberg in the forest clearance area of the Dukes of An-dechs-Merania. Below the castle precincts, whose tower is visible from all around, lies the singularly protracted centre of the old town, dedicated (as is its church) to St. John the Baptist and first mentioned in records of 1337. Iron and copper mining accounted for the special value accorded the small domain of Lichtenberg. In 1427 it passed from the Counts of Orlamünde, *ministeriales* of the House of Andechs-Merania, to the Margrave of Brandenburg, who immediately sold it to the collector of Hof, Kaspar von Waldenfels.

Ruins of outer wall at Blankenberg Castle

RUINS OF BLANKENBERG CASTLE

Of the old castle complex, which survived the onslaught of Hussites in 1430 and of the South German imperial cities in 1444 only to be totally destroyed in 1554, some sizable remnants have been secured and are attractively presented. The tower, which might be taken for an ancient keep, dates in fact from 1936, when it grew out of the ruins of an earlier staircase tower [1].

Notes
[1] See HHS Franken, pp. 305–307.

The name Blankenberg (or Blankenburg) is common to many castles, which is often a hindrance to the ascription of their hereditary ownership. This particular castle, erected on a spur of the hills above the valley of the Saale and first recorded in 1192, seems to have been the residence of *ministeriales* first of the House of Andechs-Merania and then of the Reeves of Weida, who gained possession of it – in addition to Blankenberg and Blankenstein near Hirschberg – at

Model of Old Schloss (2007), Blankenberg Castle

the latest in the 13th century. Only their name connects them with the Blankenbergs of Niederkrossen, *ministeriales* of the House of Orlamünde, who supported the reeves in the Guttenberg Feud (c. 1380–1383) [1].

The Blankenbergs with whom we are concerned here repeatedly testified for the Reeves and Lords of Gera and, with them, were active in the interests of Saalburg Convent (→ p. 271 f.), where their daughters were also often accommodated, rising not infrequently to the rank of abbess or prioress [2]. In the affairs of Saalburg,

the brothers Erkenbrecht and Johannes *fratres dicti Blankenberg* testify in 1338 for the Reeves of Gera, and in 1347 Eberhard von Blankenberg, among other *gestreingin knechten* (upright men), does so for Reeve Heinrich V ('the Younger') von Gera (1311–1377); in 1361 Eberhard and Erkenbrecht *gebruder genant von Blankenburg* ('the said brothers of Blankenberg') are present at the settlement of a dispute between the Cistercian nuns and the town of Saalburg. In 1392 Arnold Blankenburger zu Harra gives the convent an estate, a transaction confirmed by Heinrich VII von

Gera (1377–1420). The same *Arnold Blanckenberg* mediates for the Lord of Gera in 1402 in the settlement of a dispute with the Bishop of Bamberg, and in 1415 he even consents to stand warranty for the marriage contract between Heinrich VIII ('the Elder') von Gera (1420–1426) and Margarethe von Wertheim (married 1412) [3].

By then Blankenberg Castle had long since passed out of the hands of the reeves. Already in 1371 the Reeves of Gera had been obliged to sell the old fort to the Bohemian crown, and in (or after) 1411 Jan von Berg zu Syrau, who since 1402 had been in the service of the Lords of Weida, bought it from Heinrich von Pöllnitz [4]. In 1422 it finally passed to the House of Wettin, who in 1422 enfeoffed the Lords of Reitzenstein with the property [5].

Blown up under Soviet aegis in 1948, the ruined site, situated inaccessibly within the inner-German frontier strip, was suitably restored after 1989. In 2007 a model of the old castle was placed below the ruins .

Notes
[1] See Lullies, pp. 67 f.
[2] See Ronneberger, pp. 168–170.
[3] See UB Vögte I, 799, 884; UB Vögte II, 90, 346, 431, 600.
[4] See Lullies, p. 12.
[5] See von Raab I, 433.

SPARNBERG

On dreamy, wind-still summer days one feels the presence of a myth wafting around the ancient town that nestles into a bend in the Saale – a myth that makes us forget that Sparnberg today counts less than 200 souls and has since 2005 been part of the municipality of Hirschberg. How old is Sparnberg? Or rather, when did medieval Sparnberg fold its wings? Was its castle really once part of the *limes sorabicus* (Sorbian boundary) built by Charlemagne (before c. 850) as a defence against that Slavic people? Or was it only built in the 12th century as an immediate imperial fief of the Lords of Reitzenstein? And did it really receive its charter as a town in 1302 from a grateful King Wenceslaus II, whom the townspeople had cared for on his flight? Does this legend explain the old seal of Sparnberg inscribed with the words *sigillum Sparnberg oppidi* (seal of the town of Sparnberg)? And how does this traditional account fit the documented market rights accorded Sparnberg by Wenceslaus IV of Bohemia in 1379?

RUINS OF SPARNBERG CASTLE

The origins of Sparnberg Castle are, then, unclear. It only entered documentarily verifiable history when Ulrich Sack von Planschwitz purchased it from Heinrich II ('the Elder') and Heinrich III ('the Younger') von Gera (1274–1311) in 1302 [1]. In1327 Petzold Sack von Sparnberg was granted the fief of the castle and its allotted lands by King Johann of Bohemia. The deeds indicate that the Sparnbergs of Sparnberg were a branch of the Sack family (not to be confused with the Sparnbergs who were related to the Sparnecks and Waldsteins).

In the 14th century, relations between the Sparnbergs and Saalburg Convent were close (→ p. 271 f.). In 1331 Petzold Sack and his sons Jan and Jenlein endowed the convent with interest rights from Frössen and Künsdorf; in 1355 Jan von Sparnberg added similar rights from Göritz

Remains of wall and tower, Sparnberg Castle

and Grün, and in 1368 from Göttengrün [2]. In 1374 Adelheid von Sparnberg is recorded as abbess of the convent and in 1387 Heyle von Sparnberg as prioress [3].

Towards the end of the 14th century the Sparnbergs appeared several times in the Egerland. Diezmann von Sparnberg the Younger was among the robber knights who in 1381/82 waylaid the Eger councillor Nickel Rudusch. Petzold von Sparnberg pursued the same vocation some four years later in the Bayreuth area, but then in 1396, as the vassal of the burgrave, swore to keep the peace in Egerland. In the Guttenberg Feud, Severin von Sparnberg took the side of the reeves (and margraves); this did not, however, prevent him and his sons from being arraigned by the von Feilitzsches for robbery and plunder in Feilitzsch and Trogen [4].

In the second half of the 15th century, both the castle and the village (or town) of Sparnberg underwent repeated changes of ownership. Before 1458 Matthes Russwurm held Sparnberg in pledge; in that year Duke Wilhelm von Sachsen pledged both castle and domain to Hans von

Waldenfels [5]. In 1487 the castle passed from the ownership of Nickel von Machwitz to Friedrich von Reitzenstein [6]. Today, apart from a picturesque quarry-stone wall with fragments of a tower hiding shamefacedly in a wood, nothing remains of the former complex.

Notes
[1] UB Vögte I, 353.
[2] See RONNEBERGER, pp. 151–154.
[3] See RONNEBERGER, pp. 168 f.
[4] See LULLIES, p. 85.
[5] See VON RAAB I, 600.
[6] See VON RAAB II, 12.

CHURCH OF STS. SIMON AND JUDE IN SPARNBERG

Set in the Saale Valley at the foot of the hill on which the castle once stood, the late Gothic church with its unusual dedication to Sts. Simon and Jude – evidently the earliest place of worship in Sparnberg – was built between 1437 and 1439. Until the 19th century the parish remained incorporated into the 'old parish' of Berg. Secured by a wall and gate, the premises convey the impression of a fortress church. Rectangular in ground plan, the church has a massive square tower surmounted by an octagonal timber-frame upper storey rendered to match. Narrow Gothic windows indicate the age of the building, which has been renovated both inside and out. Donor images of the von Reitzenstein and von Zedtwitz families have been preserved in the (later) altarpiece.

Some late Gothic wall paintings partly uncovered after 2005 call for more thorough research [1]. On entering the church one sees on

Church of Sts. Simon and Jude, Sparnberg

the right the legs of St. Christopher surrounded by fishes. But that is all one sees: the (later) wooden galleries cut the giant figure more or less in half. Another figure closer to the chancel has been almost completely laid free and professionally restored: it depicts a man in a monk's cowl holding a massive chain in his hands. He seems to be communicating with the people in the house

Wall painting, Sparnberg Church (St. Leonard)

opposite. The reference of the painting is as yet unclear, but it could represent St. Leonard [2]. Other images of saints can be found, for example, in the window recesses. Judging by the shape of the cross, the crucified figure in the window next to the monk would seem to be St. Andrew.

Notes
[1] See SLADECZEK, p. 210. SLADECZEK assumes that Sparnberg was around 1500 a village.
[2] Sts. Leonard and Christopher were also once connected in the (lost) wall paintings of St. Leonard's Church in Köditz.

HIRSCHBERG

Hirschberg, too, is old. Its position at the Saale river crossing explains the presence of the castle atop an imposing promontory of rock and the growth of a town documented since the mid-12th century. Both castle and town were in 1232 in the hands of the Hirschbergs, originally a line of *ministeriales* of the House of Andechs-Merania who, like the Sparnecks, were an offshoot of the Waldstein family [1]. That the Reeves of Weida as early as 1246 issued a deed in Hirschberg in

Main building, Schloss Hirschberg

favour of the parish church in Gefell, to which they paid dues in goods and tithes, is regarded by critical historical research as unlikely. What is certain, however, is that the Reeves of Plauen received the castle of *Hirzsberg* (which his predecessor Rudolf von Habsburg had purchased) from King Adolf of Nassau. The Hirschbergs are not often cited in the lists of those who witnessed deeds for the reeves; they occur more frequently in the affairs of the House of Wettin. In 1341 the brothers Heinrich and Eberhard von Hirschberg had to make amends with 'our dear and gracious lord' (*unserm liben gnedigen herrn*) Heinrich the Elder von Weida and bind themselves in future to 'serve him and his descendants in all respects as do their other men and vassals' (*dinen an alle list alz ander ir man und diner*). After the Vogtland War Heinrich V ('the Middle') von Plauen zu Mühltroff (1348–1357) had to yield Hirschberg to the House of Wettin, who soon afterwards placed the castle under the dominion of the Bohemian crown [2]. We encounter descendants of the Hirschbergs on the side of the Burgraves of Nuremberg in the sale of Hof and the Regnitzland by the reeves (1373), and then on the side of the Guttenbergs in that family's feud (1380–1383) [3]. After 1480 the *ministeriales* von Beulwitz from Saalfeld held the castle for almost 200 years as a Bohemian fief [4].

Between December 31, 1455 and January 13, 1456, Nikolaus Perner, a priest from Zeitz, composed *in castro Hirspberg* parts of a manuscript collection held today in the cathedral library in Naumburg (MS 25). Under the titles 'Cordiale de quattuor novissimis' and (falsely attributed to St. Augustine) 'Speculum peccatoris' the codex contains two well-known works of spiritual piety. Neatly penned in two columns, the manuscript also contains texts Perner had copied earlier (1445) on the Mühlburg near Mühlberg (Arnstadt). Two other codices (Naumburg MS 23 and MS 27) testify to his status as chaplain and preacher. Of these, the endpaper of MS 23 (partly composed in Arnstadt in 1445) presents copies of some deeds issued by Heinrich VIII von Gera and

Burgk (1425–1426). The manuscript may have been bound in the Gera/Schleiz area; it seems to have arrived in Naumburg in the course of the 15th century.

Schloss Hirschberg, as we have it today, was begun in 1664 under Heinrich X Reuss-Lobenstein-Ebersdorf and subsequently altered on several occasions, last of all (fatally) in 1825. However, it remained in the possession of the Reusses until 1920. There is probably some older material in the truncated tower (now simply a store-room), but landmark preservation orders make restoration of the premises difficult. From a distance, as well as close up, the *schloss* resembles a tenement building from the GDR era.

Notes
[1] See Lullies, p. 25.
[2] See UB Vögte I, 86, 302, 387, 724, 837; UB Vögte II, 12, 13, 34.
[3] UB Vögte II, 205; See Lullies, pp. 24–26.
[4] See Lullies, pp. 13 f.

THE REEVES OF WEIDA IN THE REGNITZLAND

When in 1248 the House of Andechs-Merania died out in the male line, Heinrich VI ('the Peppersack') of Weida (1238–1254) – as heir to his grandmother Bertha von Vohburg, the Andechs-Meranian spouse of Heinrich II ('the Rich' 1193–1209) – claimed immediate imperial dominion as Reeve of the Regnitzland. That was something of a coup, and it did not, of course, come to pass without awakening interest. If, as one sometimes reads, the noble birth of the countess belonged to a prior realm of fiction, that fiction now proved highly effective: the Reeves of Weida moved into the Regnitzland and, as an unmistakable sign of their mastery, had the walled city of Hof New Town laid out (before 1260) according to their plan. The growth in prosperity of the city and region under the reeves was not really affected by the takeover in 1318 by the Burgraves of Nuremberg, to whom the reeves then had to swear fealty – an oath that was renewed in 1357. In 1366 Heinrich XIII ('the Knight' 1351–1373) yielded Hof and the Regnitzland to his brother Heinrich XIV ('the Red' 1355–1389) who, however, had to sell the entire territory to the burgraves only a few years later in 1373, thereby ending the mesne (or sub-) fiefdom. In 1389 Heinrich XIV's son, Heinrich XVI (1374–1404), received the town and castle of Weida in fief from the Margrave of Meissen. Meanwhile, the tardiness of the burgraves in paying occasioned some military skirmishes with the Weidas. In fact the outstanding sum from the Regnitzland sale made its final appearance in the accounts of the last Reeve of Weida, Heinrich XIX ('the Younger' 1427–1462) in 1447.

PARISH CHURCH OF ST. LAURENCE IN HOF

St. Laurence's is the oldest church in Hof. First documented in 1214, it changed its shape several times as a result of fires. Scarcely more imposing than the surrounding buildings, it no longer conveys the impression of having once been the mother church of the entire Upper Franconian region [1]. In the 15th century St. Laurence's was a wealthy parish with sub-parishes not only in the district of Hof but in what today is Thuringia (Gefell, Hirschberg) and in South-West Saxony (Bobenneukirchen, Grosszöbern). These provided rich revenues, a fact that did not remain unnoticed by the Bishop of Bamberg, who sought in 1374 to install one of his own cathedral canons there. Encountering lively opposition from the incumbent of the benefice, Konrad von Weis-

Church of St. Laurence, Hof

selsdorf, the bishop served him with an interdict and dismissed him from his post. But the matter did not end there: the interdict affected both the Reeves of Weida as masters of the territory and the Burgraves of Nuremberg, to whom they had only the previous year sold their interests [2]. Anticipating the bishop's action, the burgraves quickly (1374) withdrew the parish of Steben and the chapel in Naila from the superior parish of St. Laurence's and granted authority over the benefice to the Counts of Orlamünde. The reeves had wriggled free of the noose just in time, and the Hof parish dispute need no longer bother them.

For centuries St. Laurence's remained an attractively endowed benefice. When the incumbent, Canon Georg von Künsberg of Würzburg Cathedral, died in 1463, Hertnit vom Stein (c. 1427–1491), dean of Bamberg cathedral and counsellor of the Margrave of Brandenburg, cherished hopes of succeeding him. After all, the right of nominating the new pastor lay with his master, Margrave Albrecht Achilles. But the margrave had other plans. He had long wanted to establish a collegiate foundation in Kulmbach, and the vacancy at St. Laurence's was an ideal opportunity to secure the necessary funding for that project [3]. He placed the matter, however, in none other than Hertnit's hands. The diplomat's first move was to install the margrave's chaplain as *locum tenens* in the Hof parish. In March 1464 the plan for the

'Hertnit altar', with Emperor Heinrich II nd Empress Kunigunde

incorporation of St. Laurence's in the Kulmbach foundation was duly confirmed by Pope Pius II. Everything, then, was in place. Why the project was not implemented is unclear: the death of the pope and resistance from Kulmbach may have played a role. For the margrave's counsellor, however, the convoluted story had the desired outcome. Albrecht Achilles withdrew his chaplain from Hof, and in August 1466 Hertnit vom Stein's name appears for the first time on a deed as incumbent of the benefice of St. Laurence's [4].

There is, then, some justice in the designation as 'Hertnit altar' of the retable in St. Laurence's Church, although the painting was originally meant for the Chapel of St. Jerome (1480)

in St. Michael's Church in the city. A work of the highest quality [5], its central panel shows Emperor Heinrich II (d. 1024) and Empress Kunigunde (d. 1033) – canonized in 1143 and 1200 respectively – as founders of the see of Bamberg (1007), which is represented by an outsize model of the cathedral they bear between them. At their feet in pious prayer kneels the donor of the altarpiece, Hertnit vom Stein. When open, the inner wings show St. Laurence and the Archangel Michael, the outer wings Empress Kunigunde walking on glowing ploughshares and St. Nicholas. Closed, the polyptych depicts the Annunciation. The choice of the Bamberg saints Heinrich and Kunigunde 'would not have been purely arbitrary': Hertnit also propagated their cult in other places [6].

Towards the end of Hertnit's incumbency, St. Laurence's again displayed its competitive spirit vis à vis St. Michael's, when the second priest, Johannes Lindner, composed a detailed and comprehensive *Directorium* containing rules for every activity of the parish, from the ritual induction of the schoolmaster to the services offered by the clergy with details of the occasion, scope and tariff associated with them [7]. Amounting to a portfolio of the church, the work was (if only on account of its language – Latin) evidently intended for internal ecclesiastical use. Contemporary documents of the same kind from other cities imply that it was not meant to say anything special about the state of the church.

With its many stylistic overlays, which cite rather than derive from the epochs in question, St. Laurence's Church seems somehow timeless. The north portal is Neoclassical; the central section of the hall-type nave is decorated with stucco panels dated 1947/48 and the marbled stucco wooden pillars with Ionic capitals supporting the double-tiered galleries are also from that time. Nothing here could be called either Romanesque or Gothic. The vertically staggered south window rows convey the impression of a two-storey building. Apart from a wooden chancel crucifix that can be dated around 1500, none of the paintings, epitaphs or funerary monuments are earlier than the 17th century [8].

Notes

[1] For architectural history of the church see GEBESSLER, pp. 10 f.

[2] See UB Vögte II, 219, 205.

[3] See THUMSER, p. 82.

[4] See THUMSER, p. 84; RÖSLER, pp. 201 f.

[5] See WEISSMANN, Altar; GEBESSLER, pp. 12 f.; THUMSER, pp. 174 f. The depiction of Sts. Michael and Laurence deserves special attention: it has sometimes led to the assumption that the *Hertnit Altar* was gifted by vom Stein on the occasion of his induction as pastor of St. Laurence's Church.

[6] For Hertnit's devotion to St. Kunigunde see THUMSER, pp. 174 f.

[7] Edited by CH. MEYER, pp. 289–320.

[8] See GEBESSLER, pp. 12–14.

CITY CHURCH OF ST. MICHAEL

Built on the site of an older chapel also dedicated to the archangel, the three-aisled Gothic hall church of St. Michael in Hof makes a far more powerful architectonic impression than St. Laurence's [1]. But a century had to pass before the New Town church could assert itself (in 1486) over the earlier parish as the city's principal place of worship. This had consequences for the life of both parishes: the city school is thought to have moved to St. Michael's in this context, and the great Easter procession, in which the scholars also participated, ended with the storming of that church's portal (→ p. 424).

Since the introduction of the Reformation in Hof (1529), St. Michael's has been a Lutheran church – as its *obbligato*, rather overpowering side-aisle galleries demonstrate. The altar retable dominating the broad chancel space features late 19th century (1884) monochrome statues of the four evangelists flanking a central carved relief (also monochrome) of the Last Supper – the sermon and communion service being cornerstones of Lutheran doctrine.

Homogeneously neo-Gothic in its furnishings, the tall, light interior, with its markedly

City Church of St. Michael, Hof

cool atmosphere, once had considerably more Catholic furnishings. It harboured, for example, a two-volume book of responsories, the *Graduale*, commissioned in 1489 by the mayor and council of Hof from the citizen Johannes Schreiber. On completion, the work was clad in a rich binding and chained to a lectern in the church. Enoch Widmann, who saw it in 1546 at the Latin school, where it was then kept, was full of praise: Schreiber, he said, had *den Namen mit der That gehabt* ('had the deed that went with his name' [Schreiber = scribe]). But, as the chronicler went on sarcastically to note: both volumes were in 1553 *von einem der geistlichen, guten Kirchend-iebe entwandt, schändlich zerrissen und verportirt* ('removed by one of the good, spiritually minded church robbers, torn outrageously to pieces and borne off') [2].

We also know of various altar foundations. In 1438 the Leipzig theologian Johannes Tortsch from Hof gifted an altar *mit frommer leut hulf* ('with the help of pious people'), having, as Enoch Widmann reports, *fur sein person einen halben hof zu Gumpersreut Unser Lieben Frauen zu einer ewigen mess dazu erkauffet* ('for his own person sold half a farm at Gumpersreut for a mass to be said *in perpetuo* in honour of Our Lady') [3]. On their safe return from Santiago, a group of pilgrims donated an altar of St. James in 1487 [4], and in 1465, just before St. Michael's was elevated to its primacy among the city churches, Hertnit vom Stein commissioned the famous Nuremberg artist Hans Pleydenwurff to paint an altarpiece for the church. Known as the 'Hofer Altar', the work – a present for King Ludwig II – was moved to the Alte Pinakothek in Munich in 1811, thus saving it from the fire that devastated Hof in 1823 and burnt St. Michael's down to its boundary walls [5]. Another valuable artwork was passed on by St. Michael's to the hospice church.

Notes
[1] For architectural history of the church see Gebessler, pp. 7–10.
[2] Rösler, pp. 71f.
[3] Rösler, p. 177; Montag, Birgitta, p. 183.
[4] See Kluge, p. 20.
[5] The most recent history of the 'Hofer Altar' is by Schawe, pp. 23–51.

Latin school (→ p. 424)
Hospice church (→ p. 229f.)
Holy grave (Theresienstein City Park) (→ p. 258)
City wall (→ p. 398f.)

FRANCISCAN FRIARY

The Franciscans probably came to Hof in the last quarter of the 13th century. We know that in 1292 they were granted permission by the Archbishop of Magdeburg to sell indulgences [1]. By then they already had a church, but its conversion into a genuine friary church only took place with the advent of the Poor Clare sisters in the mid-14th century. The building measures were energetically supported by Heinrich XI and Heinrich XII of Weida, and the church was consecrated on September 7, 1376 [2].

Soon after the arrival of the mendicant friars in Hof a classic conflict scenario arose. The pope had granted his new preaching order wide spiritual powers and the local clergy resented the competition. In his campaign against the new (and superior) forces, the pastor of Hof, Johannes von Schafstedt, left no stone unturned. He organized disturbances to their religious services and condemned them as heretics; he rejected confessions heard by the friars, and even refused the last sacraments to a dying man who sought burial in the Franciscan graveyard. In the end the Bishop of Naumburg dismissed the turbulent priest and in 1322 confirmed the right of the friars to unimpeded pastoral activity [3].

But the citizens of Hof were happy with their Franciscans: the friary was the first address when it came to choosing a site of divine grace for one's eternal rest. A recurrent phrase in Widmann's *Chronicle* is *ligt im closter bei den Franciscanern begraben* ('buried at the Franciscan friary') [4]. And the widespread support brought with it a measure of prosperity. The Leipzig theologian Johannes Tortsch, who had already given an altar to St. Michael's in 1438, disposed in his will that 'four anniversary masses from the interest of 325 gulden should be said in the Franciscan Friary in Hof for the repose of his soul and those of his parents' [5]. Tortsch who seems to have died before 1446, was an energetic promoter of the cult of St. Bridget of Sweden, whose legends and revelations he propagated in many works [6]. By the 15th century, at the latest, the friars had evidently also collected a reputable library, kept in their summer house in a room measuring 14 × 9 m. (→ p. 338). In 1525 the Reformation in Hof swept all before it, including the Franciscan Friary. In 1864 the west building had to make way for a gymnasium, and in 1902 the dilapidated church was demolished. The summer house has been integrated into Hof Grammar (High) School.

Notes
[1] Letters in Enoch Widmann: see RÖSLER, pp. 86–89.
[2] Enoch Widmann cites background and motives: see RÖSLER, pp. 137 f.
[3] Enoch Widmann either does not know, or tactfully passes over, the dispute.
[4] RÖSLER, p. 248 (Dietrich von Sparneck); p. 204 (Hans Rabensteiner the Younger); p. 211 (Wilhelm von Wildenstein); p. 216 (Friedrich von Lüchau); p. 220 (Matthes von Reitzenstein) etc.
[5] MONTAG, Birgitta, p. 184; RÖSLER, pp. 183 f.; see also RÖSLER, p. 177.
[6] See MONTAG, Birgitta, pp. 190 f.

POOR CLARES' CONVENT

Historical research sees the settlement of Franciscan women's orders in Hof as taking place over a considerable period, starting in 1287 or 1291, with further foundations in 1317 and (by Gertrud von Uttenhofen) in 1348 [1]. The first nuns came from Eger; the founder, who entered the convent with her daughter Katharina, served as its superior from 1353–1378. The presence of the Poor Clares can be seen as providing an impetus for the construction of the Franciscan church, which was used by both friars and nuns. Nevertheless, the building took from 1351–1376 to complete.

As masters of the city, the Reeves of Weida contributed actively to the foundation. Especially Heinrich XI ('the Elder') von Weida (1293–1363), whose daughter had entered the convent in 1355, continued to ensure its prosperity. The subsequent scenario is familiar to us from Cronschwitz, Weida and Saalburg. But matters soon changed: in June 1373 Heinrich XIV ('the Red' 1355–1389) sold the city of Hof and the Regnitzland to the mighty Burgraves of Nuremberg who thereupon, with the purchase of the Poor Clares' Convent, changed their accommodation policy for their daughters. This had hitherto centred on Cistercian houses. On the death in 1409 of Abbess Katharina, who titled herself *Burgrävin czu Nurmberg* (burgravine of Nuremberg), the position of convent superior passed to her sister, Burgravine Agnes of Nuremberg [2].

Commencing in 1461, the Bishop of Bamberg made serious efforts to reform the religious houses in his care. Nuremberg and Bamberg had already implemented their reforms, but the Franciscans of Hof resisted every attempt of the order's Saxon province to infuse them with a reforming spirit. So Margrave Albrecht Achilles von Brandenburg-Kulmbach, who wanted the convent to shelter his sickly daughter Margaretha, set about investigating the institution, as a result of which he issued a statement making explicit his own idea of the life to be lived there by his daughter [3]. Margaretha, accompanied by three other young women, duly entered the convent in 1467. Again time passed until Albrecht's successor, Margrave Friedrich the Elder, undertook another reform attempt, arguing that lack of compliance with the Franciscan rule required the imposition of 'Convent Regulations' from his own pen, dated 1502. His actual concerns were largely restricted to ordering the convent finances and the prevention of women of ignoble birth from taking the habit – by now a mere two-thirds of the nuns could be counted daughters of the Margrave of Brandenburg [4]. It is scarcely surprising that Friedrich's 'Regulations' remind one (not only in style) of princely court ordinances [5].

The convent initially withstood the Reformation, but was dissolved on the death of its last abbess in 1564. Enoch Widmann bitterly lamented the destruction of the buildings and convent possessions: not even the Hussites (in 1430) had raged and plundered as did the 'decent' citizens of Hof, nor had 'the Turk' ever instigated such devastation. Particularly painful to him was the loss of valuable parchments and Bibles, psalteries and hymn-books that would in his opinion have continued to do good service. And everything, absolutely everything that was not destroyed was stolen and sold, *dass auch das glock-lein im kirchturnlein nit hat konnen sicher bleiben, sondern ist verdistillirt worden* ('that even the little bell in the church's turret could not remain safe but has been melted down') [6]. Flayed to the bone, the building later served successively as a girls' school, granary, salt depot and prison. The entrance is today above the building: on entering the inner courtyard one should keep to the right as far as the old boundary walls. The play of light in the bare white cloisters is conducive to meditation.

Notes
[1] Enoch Widmann dates the foundation to 1348: see RÖSLER, p. 105.
[2] Widmann provides a detailed list of abbesses: see RÖSLER, pp. 105–108.
[3] See HILSENBEIN, pp. 275 f.
[4] See HILSENBEIN, p. 285.
[5] See HILSENBEIN, p. 289.
[6] See RÖSLER, pp. 108 f.

FRIENDS, ALLIES, ADVERSARIES – FRANCONIAN NOBILITY IN THE REGNITZLAND

The land that opens out to the south of the *curia* of Regnitz into the triangle of Münchberg, Selb and Wunsiedel was in the Late Middle Ages turbulent territory. On the one hand there were the allies of the Reeves of Weida – families like the Kotzaus, who had accompanied them on their southward expansion and remained loyal right up to the loss of the Regnitzland. On the other hand the country was populated by knights whose inclination to violence grew with their economic decline, and from whose strongholds feuding spread to the entire country. Their shifting alliances are scarcely penetrable even to specialists. The Guttenberg Feud (1380–1383), for example, involved hundreds of greater and lesser nobles in incessant skirmishing. The only two protagonists that can be more or less confidently distinguished here are the reeves and their allies in the north of the territory and the imperial city of Eger in the south-east, whose merchants were a constant prey to violence.

OBERKOTZAU

Oberkotzau is the seat of the von Kotzau family, who followed the Reeves of Weida into the area and expanded their activities as *ministe-*riales around Hof. Kotzau was an imperial fief: the family had received it directly from the king. Their name first occurs in a document of 1234, when Konrad von Kotzau endowed a *remedium animae* (spiritual memorial in the form e.g. of an anniversary mass) in Speinshart Abbey for his deceased son Albrecht, who had married the daughter of the Reeve of Weida (Heinrich II? 1193–1209) [1]. Members of the wider family (whether Kotzaus, Fattigaus or Rehaus) are subsequently named again and again in deeds as witnesses for the Reeves of Weida and Plauen.

In the Margraves' War between the City of Nuremberg and Albrecht Achilles von Brandenburg (1449–1453), Hans von Kotzau took the side of the margrave and was captured in the Battle of Pillenreuth (1450), which Kunz von Kauffungen and Heinrich X ('the Younger') Reuss von Greiz (1449–1462) – who were in the service of Nuremberg as mercenaries – won by ruse for the imperial city. A political ballad of the time, mocking the defeat of the margrave on his 'fishing tour' in Pillenreuth, devoted a stanza to the master of Kotzau: "The Nuremberg men cried 'Unsere Frau' ['Our Lady'], Which boded ill for Hans Kotzau: He choked upon the fish he'd caught. Close friends he'd been with the margrave. He'll find it hard his skin to save."

Nave and rotunda of Church of St. James, Oberkotzau

Lamb medallion on the south wall of the nave

It seems the anonymous author doubly resented a Franconian knight falling so low as to join the margrave's camp.

The Kotzaus of Fattigau owned estates in Schwarzenbach and Förbau, among other places. Before 1380 Heinrich von Kotzau was collector in Hof. In the early 16th century they moved further towards the Egerland. Razed several times, the Kotzau's old castle was converted into a baroque residence in the 18th century and rebuilt in 1852. Today it is in private hands as a home run by the *Diakonie* (Protestant Church social services) and is closed to visitors.

The Lutheran Church of St. James is situated in the centre of Oberkotzau next to the bridge over the Schwesnitz [2]. Its chancel, destroyed in the Hussite assault of 1430, was rebuilt some ten years later by Hans von Kotzau; in 1935 it was replaced with a striking rotunda. The church itself, now largely a product of the Baroque, is worth visiting as the burial place of the Kotzaus, whose epitaphs adorn the walls both inside and out. The vandalized figure of the church's patron, his feet broken off, would originally have been part of the altarpiece (c. 1500). On the south wall of the nave, near the corner to the rotunda – certainly not its original location – is a stone medallion of a lamb.

Notes
[1] See UB Vögte I, 59.
[2] For history of the architecture and furnishings see GEBESSLER, pp. 54 – 56.

CHURCH OF ST. JOCELYN IN REHAU

Around the mid-14th century the Kotzaus also had a family seat in Rehau, but in 1394 they, like the reeves before them, had to yield to the expansionist thrust of the Burgraves of Nuremberg and sell them the domain.

In 1470 the Bishop of Bamberg granted the Lords of Rehau the right to a parish of their own [1], and by the end of that century the town's principal parish church of St. Jocelyn had come into being on the site of an earlier chapel (recorded 1417) destroyed by the Hussites [2]. With the church in Eger, it marks the easternmost extension of the dedication of churches to the Breton saint [3]. Apart from the ground-

'Veil of Veronica' image of Christ, tower portal

Bronze replica of tomb slab of Hans Behr (d. 1497), first pastor of Rehau

plan, the chancel, baptistery, tower portal and stone tabernacle are pre-Reformation. The ogival peak of the tower portal bears a stone relief image of the face of Christ in the tradition of the 'Veil of Veronica' [4] – not a frequent motif in the Vogtland, but one that has, so to speak, thrust itself into the picture in various places (Theuma, Weissdorf) on the basis of the Veronica legend. The deeply slanted embrasures of three arrow-slit windows on the north wall of the tower reveal their defensive purpose. Immediately below the

Förbau Church with meagre roof turret

Notes
[1] For details of the transactions see HÖLLERICH, pp. 19–33.
[2] See HÖLLERICH, pp. 33 f.; TRIER, pp. 171 f.
[3] See TRIER, pp. 236, 245.
[4] See HÖLLERICH, pp. 36 f.
[5] See HÖLLERICH, p. 40.

Pilgramsreuth (→ p. 359)

FÖRBAU CHURCH

Unlike the big Church of St. Gumbert in Schwarzenbach, the small Lutheran church in Förbau (now an incorporated part of Schwarzenbach) repays a visit. The outside of the rectangular church is from the 15th century, but the sacristy is earlier, dating from the first half of the 14th century [1]. The interior has seen several reshapings and today has an unmistakably baroque accent. Nevertheless, a (newly framed) wooden crucifixion group over the sacristy door – probably from an old altarpiece – stems from the period around 1500 [2]. The church was refurbished and reconsecrated in 2000.

Notes
[1] See GEBESSLER, p. 42.
[2] GEBESSLER, p. 42.

modern altar, the copy (reduced in size) of the gravestone of Hans Behr (d. 1497) is also worth noticing. As the first pastor of Rehau he was active in the foundation of the parish in 1470, and in 1492 negotiated an increase in the church's endowment from the council [5].

The Bavarian Vogtland ends just south of Schwarzenbach; beside the road are two old stone crosses. But although Münchberg and Sparneck are no longer in the Vogtland, Sparneck is still valuable for Vogtland history and a visit is worthwhile. The town was home to a powerful family who also had possessions near Hof – they were, for example, masters of Gattendorf – and their relations with the reeves were rich and various. That they actually founded Hof in 1082 is, however, pure invention.

SPARNECK

The Sparnecks and Sparrenbergs, one of the most important dynasties of the minor aristocracy between Bayreuth and Hof, actually came from Haidstein near Cham in the Bavarian Forest. Their name derives from the 'spars' in their coat of arms. In 1202 they built Sparnberg Castle; in 1209 they are recorded as *ministeriales* of the House of Andechs-Merania; in 1223 Rüdiger von Sparneck and Arnold von Sparnberg, sons of Rüdiger von Sparnberg, testified at a meeting of the court of justice in Eger – by this time Sparneck Castle, which is reliably recorded only in 1298, may well also have been built. The Sparnecks appear in connection with the reeves in 1246, when Konrad von Sparneck testified in a transaction concerning the church in Gefell. A hundred years later (1348) Reeve Heinrich XI ('the Elder') von Weida (1293–1363) issued a deed in a dispute between Rüdiger von Sparneck, referred to as *unser lieber swager* ('our dear brother-in-law'), and Waldsassen Abbey [1].

However, amicable relations ceased ten years after this (1358) when Heinrich XIV ('the Red') von Weida (1355–1389) withdrew the hereditary and highly lucrative office of forestry commissioner from the Sparnecks and sold it to the City of Eger [2]. This gave rise in 1375 to armed skirmishes which, however, had to stop in March 1376. The forced sale of Münchberg to the Burgraves of Nuremberg in 1373 was actually the beginning of the end for the Sparneck line. When the Guttenberg Feud (1383–1386) with the reeves broke out, the brothers Babo, Erhart and Friedrich von Sparneck sided with the Guttenbergs [3], which left them facing their

Spars on heraldic arms of the Sparnecks

own cousin Severin von Sparnberg in the ranks of the reeves [4]. The fall of the Sparnecks was sealed when in 1523 they allowed Thomas von Absberg to keep a prisoner in their castle on the Waldstein. This incited a vast army of the Swabian Federation to march on Upper Franconia, where they destroyed 23 castles of the 'robber knights', among them Sparneck, Waldstein and Gattendorf.

Notes
[1] See UB Vögte I, 86, 903.
[2] See UB Vögte II, 20; LULLIES, p. 5.
[3] On the Guttenbergs see LULLIES, pp. 48–53.
[4] See LULLIES, p. 85.

Chancel of St. Vitus' Church, Sparneck

CHURCH OF ST. VITUS AND CARMELITE FRIARY

The Sparnecks were active in establishing religious foundations, and their late attempt to attract Carmelite friars to the town's parish church of St. Vitus is particularly interesting. The exact year of the foundation is not known, but it may already have been in 1455. Legend has it that Friedrich von Sparneck vowed to found a friary at the church; he died in 1477 and was buried in the crypt beneath the sanctuary. The foundation, which was proceeding rather slowly, was completed by his son [1]. Friedrich's tomb-slab can be found in the lower storey of the bell tower [2].

The first friars came from Bamberg, whose prior was still in charge of the Sparneck house in 1513. As the Carmelites were a mendicant order who, unlike traditional monks, did not engage in arable or livestock farming, they had to sustain themselves by begging – apart from their income from the original Sparneck foundation. For this activity they were allocated a district comprising the Sparneck possessions and probably also Münchberg, Kirchenlamitz, Helmbrechts and Gefrees – a not strikingly generous allowance [3].

In the 1523 woodcut depicting the destruction of Sparneck Castle, the church and friary to the left of the picture, are untouched by fire. Up to 1534 the house had had 15 priors, but it was physically demolished during the Reformation. Today scarcely anything is visible; one has to picture the friary to oneself in the broad meadow behind the church, with cloisters joining the two buildings. Some remains appear to have survived until the late 18th century, and excavations revealed buried ruins in 1928. The Church of St. Vitus was Lutheran from 1562. Despite a touch of baroque, notably in the stuccoed ceiling, the Protestant atmosphere makes a generally positive impression. The north wall of the chancel features a stone tabernacle or 'sacrament house' from the early period of the friary [4]. In 1932 some late Gothic frescoes depicting Sts. Catherine and Barbara were uncovered – and then painted over again! [5]

Notes
[1] See the corrections by DIETEL, pp. 65 f.
[2] See BREUER, p. 38.
[3] See DIETEL, pp. 67 f.
[4] BREUER, p. 38, suggests a date 'c. 1477'.
[5] See BREUER, p. 38; ROTH, p. 15.

Grosser Waldstein Castle ruins (→ p. 292 f.)

WIEDERSBERG CASTLE RUINS (TRIEBEL)

The hilly spur of the Haagberg may have held a castle since c. 1200, built by the Reeves of Weida, masters of the Regnitzland to secure the trading route from Plauen to Hof. Around 1300 the complex was extended, but in 1357 the Reeves of Plauen had to yield Wiedersberg to the Margrave of Meissen.

The castle was the dynastic seat of the Wiedersbergs, a long-established line of Vogtland nobility who from the later 13th century are repeatedly recorded as testifying for the Reeves of Plauen: first of all in the person of Reimbot von Wiedersberg (1267), then in 1288 the name Eberhard von Wiedersberg appears, and ten years later *Eberhardus iunior de Widersberch* – presumably his son – concludes a long list of witnessing reeves. The name of this junior Eberhard recurs throughout the following decades when the rights of the Reeves of Plauen are at stake: in 1306, for instance, in the great Bobenneukirchen settlement between the different lines, or in 1309 in favour of the Teutonic Order in Asch [1]. A deed of 1313 names the knight Eberhard von Mylau *dictus de Widersperch* as exchanging properties with the Teutonic Order in Plauen, and in 1318 this Eberhard and his brother Heinrich testify in a transaction involving the church in Adorf – and thus again the Teutonic Order. Eberhard appears for the last time in 1327, when Heinrich III ('the Tall') von Plauen (1303–1347) is perforce enfeoffed with the domain of Plauen by King Johann of Bohemia. In 1333 Heinrich's name again appears, this time in a list of reeves witnessing a deed [2]. After that the Wieders-

Gate tower, Wiedersberg Castle ruins

bergs disappear from the purview of the Plauen reeves. In the 15th century the family migrated to Bohemia, where they pursued a substantial career as nobility.

In 1372, the castle was confirmed as being in the possession of the Margrave of Meissen. In 1386 Margrave Wilhelm made Wiedersberg over to his 'true knight' Jan Rabe, whose sons were duly enfeoffed with the property by Elector Friedrich in 1414. Not long afterwards, however, in 1421, the von Machwitz family purchased the castle, which they managed to keep in the family until 1580 – in 1452 they also bought the village of Wiedersberg from a certain Nickel Fassmann [3]. By 1500 the castle had increasingly lost its function, and from that point on it fell into disrepair. Meanwhile the village was beginning to take on the contours of a town, which was soon graced with a Renaissance mansion. The curtain wall and keep of the castle have survived and been discreetly restored.

Notes
[1] See: UB Vögte II, 12 f., 15; UB Vögte I, 138; 230; 325; 387; 409.
[2] See: UB Vögte I, 447, 492, 611, 725.
[3] See: UB Vögte II, 200; von Raab I, 22 f., 129, 251 f., 533. See Donath, pp. 63 f.

AROUND PLAUEN

Established by the descendants of Heinrich IV ('the Middle'), whose rule over Plauen and Gera began in 1209, the Plauen dynasty of reeves is a rather later development than those of Gera and Weidau. Heinrich IV's sons ended joint rule of their territories by division of the inheritance in 1238, after which the elder son, Heinrich I (1238–1303), took the reeveship of Plauen and the younger – also a Heinrich I (1238–1274) – that of Gera. On the latter's death in 1274, Heinrich II (1274–1302), elder son of the first Reeve of Plauen (called 'the Bohemian' on account of his marriage in 1283 to the daughter of the powerful Bohemian noble Borso von Riesenburg) ruled together with his father, who, however, outlived him by a year. On his grandfather's death in 1303, the reeveship passed to the next 'Bohemian', who ruled together with his cousin Heinrich II until 1306. The line then split again: Heinrich II (1306–1350), son of Heinrich I ('the Reuss' 1274–1295), founded the line of the Reuss von Plauen zu Greiz. For four decades Plauen was the residence of Heinrich III ('the Tall' 1303–1347), who acquired the district of Mühltroff from the Reeves of Gera. After the early death of Heinrich IV ('the Elder' 1347–1348), who already ruled over Mühltroff in his father's lifetime, the remaining brothers again divided the inheritance, Heinrich VI ('the Younger' 1348–1357) taking Plauen and Heinrich V ('the Middle' 1348–1357) Mühltroff, which he lost, however, in the aftermath of the Vogtland War (1354–1357) – he died in increasingly parlous circumstances at a free *hufe* (peasant farm) in Dresden in 1364. Bereft of prospects, Heinrich V's son, Heinrich VII, married a daughter of the House of Weida, and his two sons, Heinrich the Elder and Heinrich the Younger, made their careers in the Teutonic Order. Meanwhile Heinrich VI founded the line of Reeves von Plauen zu Plauen. However, after the Vogtland War their orbit of power remained considerably restricted until the founder's great grandson, Heinrich X, established himself as Burgrave of Meissen in 1426.

The Reeves of Plauen ruled at various times over extensive territories. To the west their boundaries were marked by Mühltroff and Pausa, to the south-west by Wiedersberg Castle – a frontier post, as it were, to the Regnitzland. To the south-east lay Oelsnitz and Adorf, beyond which the Bohemian holdings of the Plauen dynasty stretched from Franzensbad (Františkovy Lázně), via Eger (Cheb) and Königswart (Kynžvart), to Buchau (Bochov) and Engelhaus (Andělská Hora) in the Karlsbad (Karlovy Vary) district. The northeastern boundary formed by the Erzgebirge range was flanked by castles from Schöneck and Auerbach to Rodewisch.

Schloss Mühltroff

SCHLOSS MÜHLTROFF

Preceding the present-day *schloss*, which stems basically from the 16th and 17th centuries, an earlier low-lying moated stronghold dates back possibly to the 11th century. Built before 1240 as their dynastic seat by the Counts of Lobde-burg-Arnshaugk, the castle passed to Reeve Heinrich I von Gera (1238–1274) by marriage. In 1306 Reeve Heinrich III ('the Tall' 1303–1347) von Plauen acquired the district of Mühltroff from the Reeves of Gera. From 1347–1348 *Muldorff* was briefly in the hands of Heinrich IV ('the Elder') von Plauen but, following the division of territories, it passed in fief to his brother Heinrich V ('the Middle' 1348–1357) von Plauen zu Mühltroff [1]. In the aftermath of the Vogtland War he, however, had to yield Mühltroff to the victorious House of Wettin. The castle was burnt down in the Guttenberg Feud of 1380–1383.

In 1400 the Margrave of Meissen mortgaged the castle and town of Mühltroff to Günther von Bünau, and again in 1403 to the Walman broth-ers, one of whom was Mathis Walman, bailiff of Mühltroff [2]. In 1418 the Tettau family redeemed both castle and town from the Walmans [3].

Then in 1436 it was ingested by the noble (and powerful) House of Sack – a note at the transfer remarked that on account of its frequent mortgaging the property was 'dilapidated and almost derelict', but that ended with its purchase by the Sacks. In 1513 Hans and Caspar Sack duly quarrelled about their shares, not only of fields and meadows, but even of the house fittings and furnishings [4]. Today the oldest part of the much altered complex, which 'still contains core elements of a medieval moated castle', is the early medieval Wartturm (tower), whose reputedly 3 m. thick walls may well date from the early 13th century [5]. The façade of the building, which served after 1949 as a housing tenement, is in need of renovation.

Notes
[1] See UB Vögte I, 905.
[2] See VON RAAB I, 53, 62.
[3] See VON RAAB I, 202, 204.
[4] See VON RAAB I, 347; VON RAAB II, 285.
[5] DONATH, p. 31; see also STECHE, Plauen, pp. 30 f.

THIERBACH CHURCH

From Mühltroff local roads lead via Langenbuch or Ranspach to the village of Thierbach. A parsonage without a parson, and a slowly decaying brick school building, block the view from the street onto the old church, whose graveyard is still in use. Its oldest parts, among them the chancel, date back to the early 14th century; the nave, however, was only completed in 1568. Almost all the details noted by STECHE are now lost [1], but other elements have been newly revealed in the form of wall paintings whose outlines have been uncovered by restoration work in

Wall painting from the chancel of Thierbach Church

the chancel. These have not yet been interpreted by specialists, but the left-hand figure can safely be seen as a female saint. The three narrow windows of different height behind the altar repay closer inspection.

However, the most interesting aspect of the precincts is the fortified churchyard, in whose walls the villagers could find protection. Behind the church, the remains of one of the towers that

Protective rampart around Thierbach Church

secured the area, evidently at one time used as a charnel house, are still visible. To the left of the path leading up the hill past the parsonage is an elevation in the ground marking the remains of the rampart that protected the walled church-yard. A pointless rearguard action in the last days of the war provoked heavy gunfire that seriously damaged the complex. Models of the church in earlier times are displayed in a covered booth on the road.

Thierbach was among the *dorffer* listed in 1377 in a settlement made by the Reeve of Gera with the Margrave of Meissen; in 1379 it is recorded as a *villa* in the *districtus Muldorff* [2]. In 1426 the people of Thierbach had their privilege of a room set aside for dancing confirmed by the landgrave (→ p. 390 f.).

Notes
[1] See STECHE, Plauen, p. 84.
[2] UB Vögte II, 241, 257.

EBERSGRÜN CHURCH

Two kilometres northeast of Pausa lies the village of Ebersgrün. Once dedicated to St. Mary Magdalene, its single-aisle church, equipped with a massive tower, dominates the upper part of the village. Its interior furnishings are largely from the 18th century, but the church and its grounds are fraught with legend, three aspects of which are of interest to the modern visitor: a group of altarpiece figures, a stone cross, and a quarry-stone wall bordering the farm by the north entrance to the churchyard.

In the church are the remains of a 15th century carved wooden retable featuring at its centre a Virgin and Child flanked on each side by two women saints and the twelve apostles. That one of the women 'strangely bears a skull as attribute' [1] may have given rise to the following legend: "In a spacious room in the belfry of Ebersgrün church stand figures of the twelve apostles that formerly graced the altar; they were set aside there after the introduction of the Reformation. Everyone stood in a certain awe of these figures, for it was said that whoever mocked or touched them would reap dire vengeance. A peasant boy helping the sacristan ring the bells once had the impertinence, when he had finished his work, to tug the beard of one of the apostles and box the ears of St. Peter. That did him no good. The same night at the hour of twelve the saint stood life-size at his bed and returned the treatment, not only, however, that he saw and heard no more, but that his very life passed from him. Since that day no one has dared insult the twelve again." [2]

West gable sandstone cross from Ebersgrün Church, now on churchyard wall

A Gothic sandstone cross that once adorned the west gable of the church was set in the course of the 19th century on the churchyard wall. Legend has it that if the cross was ever moved from there, the church would be haunted by a ghost [3]. And the same legend tells of an abbey that once stood near the church: "Midnight in the church of Ebersgrün is an uncanny hour, for at that time the prior of the ancient abbey walks about. Shortly before the introduction of the Reformation in that place he fled with the treasures of the abbey and church and lost his life, no man knows how or where. He appears in the habit of his order, just as he had in life, but with heavy burdens on his hands and back, and he seems to utter the wish that someone relieve him of his onerous load." [4]

A 'prior' suggests a collegiate foundation, but no such ever existed here. Indeed, Ebersgrün is not recorded in the deeds of the reeves as possessing a church at all. Nevertheless, to the right of the path leading from the main road, pieces of an old quarry-stone wall (under conservation order)

Dobia Parish Church

mark the boundary of the next-door farm. With a little fantasy one can see these as the remains of an old abbey wall. All three legends bespeak the processes of severance associated with the Reformation.

Notes
[1] STECHE, Plauen, p. 8. See also HILLER, p. 128.
[2] GRÄSSE, 641. See also EISEL, 528.
[3] See SCHRAMM, p. 43; HILLER, p. 127.
[4] GRÄSSE, 642. See also EISEL, 206; HILLER, pp. 125 f.

DOBIA PARISH CHURCH

Low and (at the time of writing) colourless, the old church of Dobia crouches in its churchyard, its chancel tower as if canting in the wind. The slate roof and hatch dormers belie the great age of the building, whose chancel, with its tower and Romanesque windows, was erected c. 1200 and reshaped c. 1225. Granted parochial rights only towards the end of the 14th century, the church acquired in 1513 an artwork of historical impor-tance: an altar triptych by the Zwickau artist Pe-

'Madonna' in a gloriole between St. Nicholas and King Oswald

ter Breuer dated 1512 [1]. The central panel of the triptych holds a Madonna in a gloriole, flanked by the bishop St. Nicholas and – somewhat unfamiliar in this region – St. Oswald of Northumbria. HENTSCHEL observed that the three (or four) figures were by no means uniform in execution. The predominantly diagonal lines marking the folds of Nicholas and Mary's garments contrast with Oswald's statuesque stance: 'There is suddenly nothing left of the billowing textiles, the restlessly undulating folds and seams of the altarpiece's side-panel figures' [2]. HENTSCHEL saw this as revealing 'something of what Dürer sought to achieve, in contrast to the agitation of the late Gothic, [...] a hint of the classic art of the south' [3].

Nicholas and Oswald are traditionally associated with generosity, a motif evident in the popular cult of the Nicholas (Santa Claus) figure and in legends surrounding the British national hero, Oswald, who on Easter Sunday broke not only his bread but also the silver platter holding it and gave it to the poor. Seeing this, Bishop Aidan cried out: 'May this hand never decay'. Oswald was killed fighting the heathen on August 5, 642; his corpse was dismembered and the parts later recovered; the incorruptible hand was kept as a relic in Bamborough [4]. Especially among the nobility, the pious Christian warrior enjoyed high repute. Regensburg in Upper Germany was for a long time a centre of his cult [5], which over the centuries accumulated some folklore attributes such as a talking raven (Dobia lost its raven in the course of the 20th century). The figures of Sts. Catherine and Barbara by the Breuer pupil Michael Heuffener (d. 1517) in the Hospital Church in Hof (→ 229 f.) make an instructive comparison with the Dobia triptych.

Notes
[1] See HENTSCHEL, Breuer, p. 216; see also LEHFELDT, who considered the artist 'a member of the Vogtland School still under the influence of Nuremberg' (Greiz, p. 77).
[2] HENTSCHEL, Breuer, p. 150.
[3] HENTSCHEL, Breuer, p. 151.
[4] See CURSCHMANN, pp. 169–171.
[5] See CURSCHMANN, pp. 188–193.

ELSTERBERG

Elsterberg was founded by the Elsterberg family, a line of the influential regional dynasty of Lobdeburg whose origins lay in Franconia but whose primary seat was in Lobeda (Jena). The dynasty had five main branches, of which the Elsterberg line first came into contact with the Reeves of Weida in connection with the settlement of a conflict in 1225. At the time, Elsterberg belonged to the brothers Herrmann and Hartmann von Lobdeburg. The dispute concerned the building of the Church of the Virgin Mary in Greiz, which the Lobdeburg family considered as rightly af-

filiated – and hence owing patronage dues – to the parish of St. Laurence in Elsterberg. Bishop Engelhard of Naumburg negotiated a settlement in which the Lobdeburgs waived their claims to the church in Greiz in return for the reeves waiving all further claims in Elsterberg [1].

Between c. 1250 and 1350 the Elsterbergs played an important role in the retinue of the Reeves of Weida. We encounter Elsterberg *milites* as witnesses for the reeves from 1267 [2], and then with considerable frequency in the persons of Hermann (1300–1335), Burkhard (1300–1333), and, for the Reeve of Gera, Busso von Elsterberg (1312–1335). After the Vogtland War the Elsterbergs bound themselves to serve the Margrave of Meissen [3].

Many catastrophes have shorn the town of Elsterberg of its remaining historical substance. Newly built after the fire of 1840, St. Laurence's Church is a neo-Romanesque building with no earlier features.

ELSTERBERG CASTLE

The Lobdeburgs seem to have erected Elsterberg Castle towards the end of the 12th century. They created 'a fortress of extraordinary strength, with ramparts partially blasted out of the rock and double walls equipped with towers' [4]. Substantial sections of the curtain wall, with a broad outer bailey and flanking towers, have survived, albeit from the time after the Vogtland War (1354–1357). Although its gates were opened to the enemy, the castle was destroyed by the Erfurt forces and razed by the victors. In 1382 the old buildings passed to Margrave

In the outer bailey, Elsterberg Castle ruins

Wilhelm I of Meissen (1343–1407), in 1413 to Lippold von Hermannsgrün, and in 1440 to the Bünau family [5].

The Upper Castle rises above the town, its massive Great Hall, with upper storeys of the timber-frame construction usual at the time, crowning a rocky spur. The wide courtyard once contained a Chapel of St. Barbara, now recognizable only in the outline of its foundations. The outer bailey, whose exterior wall is still largely intact, makes a pleasant walk; four of the originally five flanking towers have survived in re- stored form, the southernmost perhaps as a cannon bastion. Towards the entrance, the castle wall coincides with the Elsterberg town wall. Overall, the castle – although rightly referred to as a ruin – gives the impression of a consistent, self-contained entity.

Notes
[1] UB Vögte I, 51; see THOSS, p. 12.
[2] E.g. a certain Conradus de Elsterberch: UB Vögte I, 144.
[3] UB Vögte II, 59. 'Busso' may here be a variant of 'Burkhard'.
[4] STECHE, Plauen, p. 9.
[5] See VON RAAB I, 114. For further ownership history see DONATH, p. 153.

Elsterberg Castle ruins

RUINS OF LIEBAU CASTLE

High on the right bank of the Elster, some two kilometres north of the dam, the prominent remains of Liebau Castle crown the tip of a flat rocky spur; the ruins are approached via a bank above a section of fosse. Probably built in the second half of the 13th century, the castle is first recorded as *castrum lubawe* in March 1327. Reeve Heinrich III ('the Tall') von Plauen (1303–1347) was granted Liebau along with several other castles in fief by King Johann of Bohemia [1]. After the Vogtland War, Heinrich V ('the Middle') von Plauen zu Mühltroff (1348–1357), had to yield the castle to the House of Wettin [2]. In 1441 the complex passed to the Döhlau family, who converted it in the 16th century into a Renaissance *schloss*, abandoning the old (eastern) parts of the complex below the curtain wall. Now secured (albeit open to the elements), the remains of the staircase tower suggest an octagonal structure on a rectangular base. Burnt down by Swedish troops, the building was left derelict in the 19th century [3].

Liebau Castle ruins with octagonal staircase tower

The area around the castle is steeped in history. Excavations have revealed the existence of probably prehistoric settlements nearby, but have also raised further questions. Some 300 metres south of the reeves' castle, bordering the park of the manorial estate, are the remains of another fortified complex, known as 'Old Liebau'. Near a fosse cut into the rock are the remains of a tower and behind it a house – probably the first attempt of the reeves to secure the northern boundary of the Dobnaugau (c. 1200) [4]. A comparison of the low-lying spur on which these fragments stand with the hill spur of the Liebau ruins immediately explains why the fortifications were relocated.

Notes
[1] UB Vögte I, 611.
[2] See UB Vögte II, 12.
[3] For ownership history see DONATH, p. 158f.
[4] For the remains adjacent to the castle see FISCHER, pp. 13 – 22.

The Hunting Lodge, easily confused with Old Jössnitz Castle

JÖSSNITZ

A mere four kilometres north of Plauen lies the village of Jössnitz (recorded in deeds as *Gössnitz*, *Gesniz*, *Iesnitz* etc.), with its church. The Milden-furth Norbertines already owned property here in 1230, but in 1263 they relinquished it to the Teutonic Order in Plauen. The estates acquired in the early years of the burgeoning collegiate foundation were probably too far away [1].

Crowning a hill above the carefully main-tained park, the small *schloss* or hunting lodge constructed in the 16th century for Jobst Hein-rich von Watzdorf still stands, marked as such by his family crest cut in stone. This is not the old castle whose predecessor may have been erected by the Lobdeburgs: set at right angles to the hunting lodge, this was demolished in 1860, its sole survivor a roof turret now gracing the lodge [2]. Since the late 13th century the com-plex is attested as the manorial estate of the von Jössnitz family [3]. A century or so later it was purchased by the von Sparnecks; then until 1444 (or 1501) it belonged to the von Dobenecks [4], who were followed by Jan von Dölen. His family maintained close relations with the Cistercian nuns in Frankenhausen until 1528.

The village church, which lacks all architectural interest, was perhaps founded by the Teutonic Order. Refurbished in 1755, it contains some relicts of late Gothic wood-panel painting, found in 1837 in the loft, which Dresden specialists immediately (and erroneously) attributed to Lukas Cranach [5]. The panel (77 × 115cm), which contrary to all expectations did not stay in Dresden, is today set in a niche on the north wall of the church. A striking feature is its curved form, which STECHE did not, however, ascribe to climatic warping: "The valuable painting, executed spaciously and carefully against a gold background, shows the saintly knight George in combat with the dragon; in the background is the king's daughter, praying [in gratitude] for her freedom, beside her a lamb. A remarkable feature is the outsize plume on the saint's helmet. In the left foreground the members of the donor's family kneel in prayer, their heads presented in masterly depth of feeling and truth to life." [6]

Another noticeable aspect of the work is that the shield destined to hold the arms of the putative donor was left blank. STECHE considered the panel an early 16th century work of the Franconian school. The dragon-slaying motif has led to speculation that the painting derived from the so-called 'Liekirche', a legendary foundation of the von Tettau family, probably suppressed during the Reformation, on the very hill where a dragon (German *Lindwurm*) once took its daily toll of blood.

Von Watzdorf arms on the Hunting Lodge

Notes
[1] See UB Vögte I, 129; DIEZEL, p. 255.
[2] See DONATH, pp. 24f.
[3] See UB Vögte I, 259; POENICKE, p. 37.
[4] VON RAAB II, 198.
[5] See POENICKE, p. 38.
[6] STECHE, Plauen, p. 10.

NEUENSALZ CHAPEL

Neuensalz Chapel was long regarded as worthless from the art-history point of view, but in 1981, when the towerless building was scheduled for demolition, a bricked-up Romanesque window was found. The almost rectangular ground-plan of the chapel, with no recognizable apse, suggested an early date for its predecessor chapel, perhaps as early as the 12th century. STECHE found remains of the old altar surround from Altensalz Church (c. 1500) in the chapel loft [1].

Notes
[1] STECHE, Plauen, p. 44.

Ruins of Mechelgrün Waterside Castle (→ p. 287 f.)

Neuensalz Chapel: a Teutonic Order foundation

STRASSBERG CHURCH

Set like a fortress on a hilly spur, Strassberg Church was only built in 1576. Nevertheless, there are several reasons for spending time here. First, because the building grew, so to speak, out of the destroyed *castrum* of the Reeves of Strassberg, a complex thought to have been situated on the hill behind the church ; secondly, because Otto IV von Lobdeburg-Arnshaugk assigned a chapel in Strassberg to the house of the Teutonic Order in Plauen in 1284 [1]; and finally because of some late Gothic artworks of indeterminate origin which may have been connected with that chapel.

Let us, however, start with the Reeves of Strassberg. First recorded in 1194, they held in fief – as predecessors of the Reeves of Weida – the old imperial territories between the Egerland, the Regnitzland and the Dobnagau. Their hereditary seats were at Strassberg and on the Vogtsberg near Oelsnitz. Almost a century later, in April 1280, their castle is cited in a deed of Landgrave Albrecht von Thüringen in Erfurt [2] as *castrum destructum adhuc dinoscitur feodali*

Romanesque window in Neuensalz Chapel

Detail from 'Mockery of Christ', Strassberg Church

titulo possidere (a destroyed fortress from which they [the Reeves of Strassberg] formerly derived their title). Reduced to the status of a rural estate, it was granted in fief by the Reeves of Plauen and Gera to the Teutonic Order. By then, the Reeves of Strassberg had long lost their right to that title, and especially the Vogtsberg and von Raschau lines (also resident on the Vogtsberg) went on to earn a dubious reputation in the 14th century as robber knights.

The *capell zu Straszburgk* (chapel at Strassberg), granted to the Teutonic Order in 1284 by Otto IV von Lobdeburg-Arnshaugk (1235/52 – 1289) *auf vhleisziges bitten der geistlichen brüder des deutzschen hoffs zu Plauen* (upon the earnest pleas of the reverend brethren of the Teutonic house at Plauen), has disappeared. Its relation to the church that rose out of the ruined castle is unclear. The Lobdeburg deed stipulates as a condition of the transaction that the Teutonic Order *uff iren uncosten die kirch bauen und darinn wochentlich auf dreien tagen und auf den fürfesten die metten, mesz und vesper andechtiglich halten* (at their own cost maintain the church

View of Castle Hill and church above Strassberg

and therein on three days weekly and on major feasts celebrate matins, mass and vespers with due reverence) [3]. (Given the sense of the Middle High German verb *buwen* [here *bauen*] as 'to cultivate [compare *Bauer*: peasant farmer] or maintain' rather than 'to build', this does not mean that the order should build a church where the chapel stood, but that they should keep the existing chapel in a sound and attractive condition.)

Fixed immediately to the right of the entrance is a worm-riddled fragment of the mocking and scourging of Christ. Found in 1888 in the church loft, the work – in itself of high quality – has been beset by more than woodworm. Religious rage, in all probability, has led to the defacing of the soldiery, thus obliterating the contrast surely intended by the artist between the resigned and suffering Son of God and his tormentors.

The north aisle of the church contains the remains of a late Gothic (c. 1500) wooden altarpiece which STECHE found in the loft. 'Artistically of more than ordinary provincial quality' [4], it contains, between a painted Annunciation scene on the wings, a central carved panel with the figures (l. to r.) of John the Baptist with his attribute of a lamb resting on a book, Mary Magdalene with her box of ointment, and St. Anne. On her arm the child Mary is crowned as queen of heaven. (This differs from the traditional *Anna Selbdritt* – St. Anne with the Virgin and Child – which we have already encountered several times, inasmuch as the child figure is here Mary, not Jesus.) The three

Central panel of Strassberg Triptych with Sts. John the Baptist, Mary Magdalene and Anne with her daughter Mary

figures would certainly at one time have stood in a different order, and perhaps at a different place. The painted wings, imbued with what has been called an 'unmistakable [stylistic] signature' suggest a contextual affinity to a 'southern Vogtland and north Bavarian group of works, ranging as far afield as an altarpiece in Saalfeld, Thuringia', which may be connected to a workshop in Hof [5]. A striking detail of the scene is the practical girdle book lying on a stool behind the figure of Mary.

Notes
[1] See UB DO, 394.
[2] UB Vögte I, 201.
[3] UB DO, 394.
[4] FICKER, p. 12; See STECHE, Plauen, p. 81.
[5] FICKER, p. 13.

Kürbitz Manorial Estate (→ p. 304)

Girdle book on a table corner in the 'Annunciation' painting

St. Saviour's Church, Kürbitz

ST. SAVIOUR'S CHURCH, KÜRBITZ

St. Saviour's Church in Kürbitz is a remarkable example of early 17th century sacred architecture. Founded by Urban Caspar von Feilitzsch (d. 1649), evidently as the burial place for his family, the church contains – in addition to the elaborately decorated 16th–17th century chantry [1] – three pre-Reformation items of significance: the 15th century altarpiece, a figure-group from a lost carved-wooden retable, and the tomb slab of Jobst von Feilitzsch.

The polyptych (c. 1500) on the south wall of the church lacks both predella and crown. Its central panel is devoted to an *Anna Selbdritt* (see previous section) in which St. Anne holds her grandchild, Jesus, while Mary hands him a grape. The inside wings show the apostles Peter and

Paul, the outer wings Sts. John the Evangelist and Catherine. On the panel with St. Peter is an image of the donor, about whose identity RICHARD STECHE proposed an interesting hypothesis. Before the time of Friedrich the Wise, who energetically promoted the cult of St. Anne, the *Anna Selbdritt* image was rarely found in the electorate of Saxony. But in 1494 Friedrich made a pilgrimage to the Holy Land, on the way back from which he obtained a papal brief from Alexander II allowing him 'to celebrate the feast of St. Anne in a manner equal to the highest feasts of the Church'. As Hans and Jobst von Feilitzsch accompanied the elector to the Holy Land, STECHE concluded that the donor image was a portrait of the same Jobst von Feilitzsch whose tomb slab is also found in the church.

Although by neither of the Cranachs, the Kürbitz polyptych is a work of considerable value. STECHE's opinion that it was 'indebted to the older Holbein' [2] remains open to discussion. The artists in question seem to be from Hof. All that remains of a small carved-wooden retable is a figure-group (dated c. 1500) depicting John the Evangelist with Mary, two figures from a 'Burial of Christ' that in the early 18th century still adorned the Feilitzsch chantry. The final pre-Reformation item mentioned above is the tomb slab of Jobst von Feilitzsch (d. 1511), which bears an inscription in German. The name Jobst – an abbreviated form of Jodokus (Jocelyn) – recurs frequently in the genealogy of the von Feilitzsch family: as early as 1300 a Jobst von Feilitzsch was dubbed knight of Christ in the Holy Land.

Notes
[1] For illustration see BÜNZ, Kulturgeschichte, p. 196.
[2] STECHE, Plauen, p. 26.

ST. MARTIN'S CHURCH, THOSSEN (REUTH)

Today part of the municipality of Reuth, the hamlet of Thossen contains 'one of the oldest churches of the region' [1], a squat Romanesque building that may well date back to the 13th century. Its age is reflected in its dedication to St. Martin. The artistic and historical importance of this church has always stood in striking contrast to its remote location. Until the tower was built (in 1488) it seems to have been a simple chapel, and prior to 1538 it was affiliated to the parish of Kürbitz, thereafter to Rodersdorf. The visitor coming from the chapel in Neuensalz will immediately see the differences here: Thossen Church has distinctly bigger windows, an apse, and a more recent west tower. The wall around the church once bordered the graveyard.

Although purified in the Lutheran style, the interior presents a highly atmospheric ensemble of early medieval sacred art. One is surprised to find not only a carved-wooden Gothic altar retable, behind which leans a gilded wooden processional staff bearing a Christ-figure, but also ancient wall paintings rediscovered in 1954. The paintings on the east wall of the nave are believed to stem partly from the time of the church's construction. They present a version of the Last Judgment in which above all the demons veritably leap out at the viewer in untrammelled naïve fury. The crossing to the chancel is also protected by demons and other fabulous creatures. If anywhere, then here, in this quiet church in this remote place, where time seems to stand still, an intimation of magical presences arises. The rustic pew in the west gallery – no more than

St. Martin's Church, Thossen

Medallions with fabulous creatures in the triumphal arch

a single long wooden beam – reinforces this impression.

The altar retable, a regional artwork c. 1517/1520, presents in its central panel the Virgin and Child flanked on the opened wing panels by Sts. Martin and Stephen. The hems of Mary's and Martin's garments carry Latin inscriptions

Interior of St. Martin's Church with altar retable and group of monsters on pulpit wall

which 'have given rise to the wildest interpretations, but whose indisputably correct reading [...] is impossible and is here rendered yet more difficult by the reworking of the script'. Nevertheless, one can with STECHE read '*maria mater gratiae, mater misericordiae, ora pro nobis*' ('Mary Mother of Grace, Mother of Mercy, pray for us') [2]. Above the predella stands the figure of a man 'in bourgeois dress' [3] bearing a coat of arms that has been identified as that of the von Thussels (or Thusels), a family who, along with their close associates the von Machwitzes, belonged to the circle of the Reeves of Plauen. Konrad Thusel testified half a lifetime long (1297–1323) for the Plauen dynasty [4]. That the altarpiece was made for a church of St. Martin is evident from the scenes of the saint's miracles that come to light when the inner wings are closed. These are flanked, as almost everywhere in Vogtland, by Sts. Catherine and Barbara.

Notes

[1] BÜNZ, Kulturgeschichte, p. 190. For illustration of the interior see also AK Mühlhausen 2013, p. 16. Legend has it that the church was built above a well sacred to the Germanic tribes. See GRAESSE, 684.

[2] STECHE, Plauen, pp. 87 f. For an alternative reading of the inscriptions connected with the Germanic tribe theory see ILLING, pp. 7 f.

[3] STECHE, Plauen, p. 88. ILLING, pp. 3 – 8 has a sensitive description of the altarpiece and a variant dating (pp. 2 f.).

[4] See UB Vögte I, 318, 325 etc.

Ruins of Schloss Geilsdorf with moat

SCHLOSS GEILSDORF (WEISCHLITZ)

Already in the 12th century a waterside castle is said to have stood in Geilsdorf. Before 1382, one of the Sack family, Ulrich Sack zu Geilsdorf, developed this into a manorial residence [1]. The family stayed there, extending the small church, which was subject to the Teutonic Order, and finally in 1512 extracting it from its affiliation to Kürbitz and acquiring the right of presentation to the benefice [2]. The Sacks remained at Schloss Geilsdorf until 1564. They were succeeded by the von Reitzensteins, who stayed for a hundred years. In 1730 the house and estate passed to the von Nauendorf family, who also kept it for a hundred years [3]. By

1866 the *schloss* was so dilapidated as to be no longer usable; when STECHE saw it, it was 'in irremediable decay and shorn of all but a few remnants of its furnishings' [4]. Today the decline has been stopped, the remaining structure secured, and the waters around the *schloss* kept within their banks.

Notes
[1] See VON RAAB I, 13. Ulrich Sack issued a deed as late as 1415 (UB Vögte II, 600).
[2] See VON RAAB II, 267.
[3] For a correct account of more recent ownership history see DONATH, pp. 54f.
[4] STECHE, Plauen, p. 10.

Ruins of Burgstein pilgrimage chapels (→ p. 252)

SCHLOSS HEINERSGRÜN (WEISCHLITZ)

Situated at the southern end of the village of that name lies the ancient noble seat of Schloss Heinersgrün, first recorded in 1296. For STECHE it was still 'a medieval, albeit altered, building with round towers (likewise altered) constituting its oldest parts' [1]. In 1330 the manorial estate was already the residence of the von Feilitzsch family. They erected the *schloss* around the middle of the 16th century, remained there until the mid-17th century, and regained possession in 1785. After a fire in 1920 the house was completely rebuilt. The 'traces of an earlier dungeon' that POENICKE detected in one of the towers are no longer evident [2]. Above the village the old Chapel of St. Clare, burial place of the Feilitzsch family, crowns 'a friendly hill' [3] (→ p. 255).

Schloss Heinersgrün (restored)

Notes
[1] STECHE, Oelsnitz, p. 8.
[2] See POENICKE, p. 22. For more recent ownership history see DONATH, pp. 58f.
[3] POENICKE, p. 22.

PLAUEN

The oldest deed related to the Vogtland is a ruling of 1122 ordering the parish affairs of Dobnagau. It presupposes the existence of a church in Plauen and of an urban residence of the Counts of Everstein. Despite numerous catastrophic fires, the city still offers enough traces of the reeves to fill a good half day. The route suggested here can be varied at will: the historic core is in any case so tightly woven that one soon picks up the threads again.

THE 'MALZHAUS' ('MALTINGS') – CASTLE OF THE COUNTS OF EVERSTEIN

Anyone interested in the historic sites of Plauen must begin at the Malzhaus. The name stems from the function allotted a new building erected by the City Council between 1727 and 1730 on the foundations of an ancient castle. Built towards the end of the 11th century, before Plauen existed as a town at all, the castle belonged to the Counts of Everstein, later liegemen of Henry the Lion, Duke of Saxony. In 1122 Adalbert I of Everstein founded the Church of St. John under the shadow of his castle [1]. The deed enacting this foundation bore the name of Erkenbert von

Weida (*ministerialis*) as a witness; as such, it represents the entry onto the stage of history of what was destined to become the dynasty of the reeves.

The Weida reeves first appear as vassals of the Eversteins, who, however, after the political demise of Henry the Lion (1180) evidently withdrew to their Lower Saxon homeland, where they died out soon after 1400. The Weidas, on the other hand, flourished: they had joined the winning side of the Hohenstaufen, and the Plauen line of reeves came into being in 1238 with the division of the inheritance by the sons of Heinrich IV ('the Middle') von Weida (1209–1238). Heinrich I von Plauen (1238–1274) duly erected his castle on the hill, sounding the death knell of the Everstein 'city castle', which became henceforth simply the 'old castle', or *daz hous* (the house). 'The house', however, retained a certain appeal as a property that included a number of fields and other parcels of real estate, and in 1468 the Wettins enfeoffed two liegemen with the complex [2]. Nevertheless, by 1590 it was a ruin which the City Council now took into its care [3].

The Eversteins had situated their castle favourably on the south-west corner of an elevated plateau, at its corner a massive but slen-

The 'Malzhaus' on Plauen's old city wall

der round tower, four metres in diameter, which would appear from its situation to date from the earliest period of construction [4]. The tower marks the end of the outer city wall which, built at the reeves' behest in the first half of the 13th century, enclosed a wide bailey between the castle and the Strassberg Gate. Nine metres from this tower, a second, rectangular tower protrudes some three metres eastwards from the wall. Like the so-called 'Dansker' on the front of the house of the Teutonic Order, it probably served as an oriel-style latrine [5]. To the northeast a pond feeding into a moat marked the border to the city.

The various buildings of the Everstein complex can only be envisioned by analogy. The most important clue is in the foundations and cellars of the Malzhaus, which were raised in 1730 on a rectangular (c. 18 × 28 m.) section of the original castle foundations. This section did not, however, include a cellar room (c. 15 × 5 m.) with a barrel-vaulted ceiling along the west wall of the house. Differing stylistically from the Malzhaus vaults, this room is thought to belong to living quarters that may have preceded the building measures of the reeves [6].

Notes
[1] UB Vögte I, 1.
[2] See BACHMANN, p. 41.
[3] See LUDWIG, p. 88.
[4] BACHMANN, p. 25.
[5] See BACHMANN, p. 43.
[6] See BACHMANN, pp. 43f.

'Komturhof' (Commandry) of the Teutonic Order (→ p. 209f.)
Church of St. John (→ p. 225f.)
City defences (→ p. 391f.)
Old Mint (→ p. 392f.)
'Rähme' (→ p. 406)
Upper and Lower City Mills (→ p. 406f.)
Bath-houses on the Elster and Syra (→ p. 408)
Latin School (→ p. 422f.)
St. Elizabeth's Hospital (→ p. 429f.)

REEVES' CASTLE IN PLAUEN

The castle erected on the hill above Plauen effectively replaced the original Everstein stronghold in the city (→ p. 140f.). It is thought to have been built between 1244 and 1250 by Heinrich I of Plauen (1238–1274), who wanted to establish the new line of reeves in a *castrum* appropriate to their status. We know little about the castle's development in the 13th–14th centuries, but it burst onto the stage of history in light of the Hussite campaign of 1430.

A number of chroniclers retailed the barbarous events, among them an Augsburg historian who penned with horror the following account: "They [the Hussites] took a small city, Plauen, which belonged to the Lords of Plauen, and when they came, all the people fled to the castle above the city; and they took the women who had remained in the city and drove them in front of them up to the castle; and they in the castle did not want to shoot their [own] women and children, so the heretics took the castle and cut down most of the people there." [1]

Despite the widespread destruction, the castle was repaired and remained the residence of the Plauen reeves until 1466, when they lost their position to the House of Wettin. They, in turn, exercised dominion from a distance, through a bailiff resident on the Vogtsberg.

The reduced domestic arrangements in Plauen evidently involved considerable inconvenience when noble guests stopped by. Thus the bailiff's accounts for summer 1471 record visits not only by Elector Ernst of Saxony (1464–1486) on his way back from the Regensburg Imperial Diet, but also by Margravine Anna, wife of Albrecht Achilles of Brandenburg (1471–1486). In May 1477 Albrecht the Bold (1464–1500) passed through Plauen, followed shortly afterwards by his wife Sidonie of Saxony who, according to an invoice dated May 19, caused not inconsiderable personal expense. Finally, when Duke Johann of Saxony (later Elector Johann 'the Steadfast' 1525–1532), stayed overnight early in 1506 on his way to Kulmbach, the castle retinue had serious problems making him comfortable in the no longer inhabited quarters [2]. The accounts show that they had to borrow bed linen from the bailiff's wife.

Between 1477 and 1541 the House of Wettin undertook alterations to the old reeves' castle. Without providing an exact topography, invoices allow us to form a general picture of the complex around 1500. What is certain is its roughly triangular shape, with an alleyway leading up past the redoubts to the narrow gate on the hill, next

Remains of the Reeves' Castle silhouetted against the sky

to which the 'Red Tower' has survived as the only visible remnant of the inner defences. The castle was protected by an outer bailey to the south and west, while to the right the later Bailiff's House may have been the residence of the stewards engaged by the reeves to manage the complex. Hans von Kospoth, for example, was appointed castellan by Heinrich III ('the Tall' 1303–1347) in September 1337 with a remuneration of 4 marks [3]. Until 1500 the administration of the domain, subsequently conducted in adjacent buildings, would have taken place in the castle.

The way into the castle led through the gate and across an outer ward some 40 metres in depth to the inner fosse protecting the main buildings. Next to the southern inner wall were storehouses whose cellars are thought to have 'already lain beneath the main buildings of the early reeves' castle'. However, their function – which may well have changed over the centuries – can no longer be clearly determined. We only know from the invoices what was there in 1500: a brewery, an armoury and, of course, a castle chapel in which in 1487 two priests, accompanied by the schoolmaster and a more than respectable choir of 38 boys, sang mass. The alterations after 1500 not only upgraded the old complex, but also entailed some new building, for example in the upper courtyard: "new hearth-warmed master quarters with noble apartments, chapel and courtroom, and in the front courtyard a large new corn house whose two storeys contained on the ground floor a spacious courtroom, with residential and administrative quarters above. [...] Furthermore a grand new tower, a new armoury, a new gatehouse with adjoining bakery, and new stables." [4]

Invoices from 1492 indicate that around fourteen persons were employed in the castle. As well as the chaplain, these included a tax collector, judge, clerk, passport-letter clerk (for the regulation of travel into and out of the domain), cellarer, cook, fisherman, two locally recruited soldiers and two guards, a gatehouse keeper and a court servant. Also permanently engaged at the castle were a master armourer, a master brewer, and a water-pipe master. With the introduction of the Reformation the chapel was abandoned. The looming Peasants' War of 1525 led to improvements being made in the castle's armaments and defences [5].

After the defeat of the Protestant forces under Elector Johann Friedrich (1532–1547) at Mühlberg in 1547, Emperor Karl V restored Heinrich IV, Burgrave of Meissen (1519–1554), who had remained a Catholic, to the fief of Plauen. But Heinrich had scarcely moved into his old residence when the city fire of 1548 largely destroyed it – a blow from which the castle did not recover. For more than a century the premises lay waste, until Duke Moritz of Saxe-Zeitz rebuilt it in 1670. All that remained of the old complex was the Red Tower.

Most recently the city has set out to reinstate its castle hill. Reduced to ruins by a combination of repurposing and Anglo-American bombardment, the premises are being step by step cleared and recultivated. The trees on the steep bank down to the Syra have been felled and the wall abutting the old Red Tower opened to view in all the glory of its bright new rendering. The driveway up to the gate has been freshly paved, and steps, benches, and viewing points set on the slope, while the remains of the castle walls beyond rise stark and picturesque into the sky [6].

Notes
[1] CDS Augsburg III, pp. 487.36 – 488.1.
[2] See von Raab, Nachtlager, pp. 41 f.
[3] UB Vögte I, 792; see Bachmann, p. 68.
[4] Quoted in Bachmann, p. 54.
[5] See Bachmann, p. 59.
[6] The recurrent assertion (even in Bachmann) that the castle hill was known as 'Hradschin' has no basis in premodern documents.

Plauen Aqueduct (→ p. 393)
Dominican Friary (→ p. 273 f.)
Nuns' Tower (→ p. 275)

OLD TOWN HALL

A Town Hall is first documented in Plauen in 1382; but, as so often, that is only circumstantial – the civic constitution is older, and mayor and sworn-in citizen councillors are already attested in 1329. The oldest surviving city seal is also from that year [1]. Stylistic evidence can be gleaned for an early council building, but not before 1300. Isolated elements from that period still lie hidden in the interior of the present-day building.

The Town Hall – that much is certain – always stood as a detached entity on the market square. It served, as was usual until well into the modern period, not only for the regulation of citizens' affairs – this took place in the court chamber on the ground floor, which gave onto a covered balcony for proclamations on the marketplace. The council chamber – always the most important room – took up the south-west corner of the upper floor. The administrative offices were, it seems, originally located in a neighbouring wing which also housed the town clerk, but they later found their way into the south-east corner of the same floor [2]. There was, of course, also a chapel with 'fine star vaulting' and a four-part draped-arch window onto the market square. Long since deconsecrated, it was dismantled in 1825 [3]. Also *de rigeur* were the council cellars in the south-west corner, with a connecting bar-room reserved to the councillors in a mezzanine on the long east side of the building [4].

The Town Hall we see today from the market square is divided clearly into two sections; its splendid south-gable façade came into being immediately after the great fire of 1548. At its centre is the magnificent clock, a replica of the one created in that same year by the horologist Georg Puhkaw from Hof, in whose upper segment two golden lions sound the quarter hours – the original clockwork is exhibited in the Vogtland Museum. Other major alterations occasioned by the fire include the wood-beam ceiling by Paul Mansagk in the south-east corner of the building. The first and second storeys date from an earlier phase of alterations (1508), also determinable

Plauen Town Hall

from a wood-beam ceiling in the south-west corner and from castle accounts of 1506–1508; the building measures were evidently undertaken (and conscientiously recorded) not by the council but by the territorial lords [5]. The late Gothic draped-arch windows are like those to be found at Schloss Netzschkau (→ p. 311 f.).

The entrance to the building is through a late Gothic portal beneath the covered balcony. From here 'a few steps lead up to the great net-vaulted central corridor. [...] Below the entire old Town Hall run barrel- and rib-vaulted cellars; in particular the south-eastern mezzanine, with its masterly cell vaulting of 1508, is of outstanding architectonic interest' [6]. For STECHE this part of the building belongs to 'the most glorious period of native medieval architecture developed by Arnold of Westphalia and Hans Reynhart' [7] – not that STECHE thought either of these master-builders had actually worked in Plauen. Next to the Town Hall is a statue intended to commemorate Heinrich von Plauen as a knight of the Teutonic Order (→ p. 212 f.).

Notes
[1] See BACHMANN, p. 129.
[2] See BACHMANN, pp. 141–143.
[3] BACHMANN, p. 132.
[4] BACHMANN, p. 144.
[5] See BACHMANN, pp. 129 f.
[6] LUDWIG, p. 64.
[7] STECHE, Plauen, p. 60.

'Wen-Igel' in the Herrengasse (→ p. 394)

JUDENGASSE (JEWRY/JEWS ALLEY, NOBELSTRASSE)

We no longer know in which quarter of medieval Plauen Jews had settled. The traces of their life, the location of their communities, which would never have been large but must have had at least a prayer house, have been erased. Alongside the scenarios of loss that in any case permeate the Vogtland, the folly of later centuries has contributed massively to this deletion. However, the ambivalent image Plauen possesses in this matter justifies some observations on the Jewish presence in precisely this Vogtland city. Let us, then, choose, in pursuit of memory, not just any random spot, but one whose associations are nevertheless uncertain: the street by the city wall called until 1815 'Judengasse', from then until 1945 'Königsstrasse' (King's Street), and today 'Nobelstrasse' (Nobel or Noble Street). As a memorial site it competes *prima facie* with the 'Judengärten' (Jews Gardens) mentioned in 1412 as lying outside the Strassberg Gate, and a 'Jüdengässchen' (Jews Alleyway) which in 1880 ran beteeen Strassberger Strasse and Mühlstrasse (Mill Street). Perhaps all that speaks for Nobelstrasse is that the Reeves of Weida and Plauen repeatedly placed the Jewish community under their protection, a fact that in the early period can be loosely connected with their leanings towards the 'pragmatic, open-minded policies' of the Hohenstaufen [1]. In Plauen the statutes of 1368 make this quite concrete.

As early as 1351, when Europe was beset by plague (and with it pogroms) Heinrich XII ('the Younger') von Weida (1293–1357) issued a passport letter for a number of Jews, among whom we have the names of *Mayr von Plawen*, his wife *Bel*, *Baroch*, and *Veytel des Mayrs sun von Weide* (Mayer of Plauen, his wife Bel, Baruch and Vitus, Mayer's sons from Weida) [2]. But a good deal more important for the legal status of the Jews were the Plauen Statutes (1368), whose sixth article rules *daz jüden haben alle recht an clagen und an puse in vnserm wicpilde als andere cristen levthe haben* (that Jews enjoy all the rights to litigation and satisfaction in our group of wicks [mercantile settlements] that other

Christian people possess) [3]. Towards the end of that century the municipal register records a lawsuit between the Jew Vigdor and Rudolf von Meldinge, which presupposes the circumstances detailed in the statutes.

Whether only Jews dwelt in Plauen's Judengasse, and whether they did so continuously, is questionable. One can assume that Nickel Zoberzer, listed as 'Nikolaus' in the tax register of 1382, was not Jewish. By then the Jews may have been banished to the Strassberg settlement outside the walls, where their cemetery was situated from 1350. Nor was the mayor Friedrich Weiss, who lived in the Judengasse between 1454 and 1473, a Jew. On the other hand the inheritance register of 1520 records a house between the Kirchgasse (Church Alley), St. John's Church and the city walls where Jews had formerly lived [4]. The last payment of 'Judenzins' (Jewish tax) in Plauen is dated 1484/85, which may coincide with their expulsion [5]: pogroms took place in 1501 and 1504 in Zwickau and 1515 in Hof.

In sum, therefore, we can say with confidence that in the second half of the 14th century the Jews of Plauen enjoyed the rights granted to other citizens, that they probably lived at that time inside the city walls, and that this may have been in today's Nobelstrasse.

Notes
[1] W. SCHMIDT, p. 4.
[2] UB Vögte I, 925.
[3] MÜLLER, Urkunden, 469.
[4] See W. SCHMIDT, p. 5.
[5] See BÜNZ, Kulturgeschichte, p. 183.

ALONG THE EASTERN BOUNDARY

The Reeves of Plauen sought to secure the eastern flank of their territory with a string of manorial estates and castles, among them strongholds in Schöneck, Falkenstein, Auerbach and Treuen. Today the condition of these buildings varies from the ruined remains of Schöneck and Falkenstein, through Auerbach (which offers little more), to the prettily restored knight's *schloss* in Treuen.

CASTLE RUINS AND TOWN OF SCHÖNECK

Schöneck seems to have established itself as a settlement towards the end of the 12th century. It was dominated by a hilltop castle, the so-called 'Alter Söll', which eventually became the centre of the place. An Albert von Schöneck, castellan of Elsterberg, enters the records in 1225 in the deed that ended the 'Greiz church dispute' between the Reeves of Weida and the Lobdeburgs. Can that really be the same man who, full of days, testified for the Plauen reeves in 1274? In that year the name of Schöneck first occurs in deeds enacted by the Reeves of Plauen. From 1300 – 1327 Tosso von Schöneck, in particular, repeatedly testifies for the reeves as a manifestly zealous ally. In 1327 *castrum Schöneneck* is cited in the deed in which Heinrich von Plauen received his domain in fief from King Johann of Bohemia. By 1370, however, Heinrich had to relinquish the castle in order to pay his debts [1].

In 1370 Karl IV raised Schöneck to the status of a town and granted it the domain of Elbogen (Loket). The castle was at that time in the hands of the Thosse family, but the following decades saw rapid changes in ownership until in 1397 Schöneck passed to the Schwarzburgs. In 1398 King Wenceslaus of Bohemia granted the town a remarkable privilege, a veritable act of mercy: "that when a poor but respectable man turn to Schöneck, he shall not be pursued on account of his debts, nor shall anyone forestall the citizens [from cutting wood] in the forests and copses, and even one who has fled to Schöneck on account of manslaughter shall have his freedom there." [2]

In 1422 Schöneck was mortgaged to the House of Wettin, who in 1437 pledged it further to Kaspar Schlick, Burgrave of Eger and Elbogen. The Schlicks held the castle until 1499 and built the Church of St. George, which was consecrated in 1491. From this period (1497) dates what to the modern observer must seem a singular ritual: the mayor, judges and councillors of Schöneck must confirm to the municipal council of Elbogen on

'Alte Söll' rock with the remnants of castle ruins

request 'that they are aware that these by an-cient tradition have at all times held the keys of the town in their possession'. Conversely (1498) Schöneck council must confirm to Elbogen: "that the citizens of Elbogen by ancient tradition have every year elected their own council, not, however, the lordship of Elbogen, and that the council ensure upon its own devices the structural condition of the town with respect to gates, towers, walls, baileys and whatever else pertains to defences, and that the right of closure of the gates belongs to the council alone." [3]

The way up to the steep cliff has been secured. What remains of the walls does not, however, convey any impression of the nature of the old castle complex.

Notes
[1] See UB Vögte I, 51, 173, 175, 611, 613; UB Vögte II, 186.
[2] VON RAAB, Annex 7. For Schöneck's foundation legend of the poor charcoal burner see GRAESSE, 633.
[3] See VON RAAB II, 137, 143.

Remaining stub of Falkenstein Castle

FALKENSTEIN

An old Vogtland dynasty of *ministeriales* may well have maintained a castle on the 'Falkenstein' around 1200. The Falkenstein family, who came into the area at that time as liegemen of the Reeves of Weida and Plauen, were in the 13th and 14th centuries among the most zealous allies of the Plauen reeves, for whom Johannes von Falkenstein repeatedly testified between 1260 and 1283, and Arnold von Falkenstein between 1314 and 1328 [1]. The Falkenstein daughters – among them Adelheid (1360–1378) and Margarethe (1395) – duly entered the convent at Weida.

The Falkensteins soon appear in connection with activities of the Teutonic Order, with Johannes witnessing in 1266 the sale of property and in 1279 the transfer of dues to the Plauen commandry. In 1290 the family themselves transfer estates in Adorf to the order's house in Plauen, and estates in the village of Mühlhausen to the house in Adorf. In 1314 Arnold von Falkenstein is present at a ruling by the Reeve of Plauen in a property dispute of the Plauen commandry, and in 1328 at the grant of dues to the Adorf house, where he shortly afterwards personally established a foundation for an early mass. In 1335 Heinrich von Falkenstein is among the witnesses to the transfer of dues to the order's Adorf house [2]. By the time of the Vogtland War, however, the name of Falkenstein has ceased to appear in connection with the reeves. After that war, Heinrich von Plauen confirmed the Falkenstein Church of the Holy Cross in its ownership of estates in Remtengrün which the pastor, Johann von Raschau, had acquired *zu der Luppoldin von Valkenstein und zu ihren kindern* (for Luppoldin von Falkenstein and her children) [3]. In the Chemnitz division of the Wettin inheritance in 1382, Falkenstein passed, along with Elsterberg, to Margrave Wilhelm.

In January 1400 Falkenstein was granted by the Margrave of Meissen to the Trützschler family [4], in whose hands it long remained. Under their governance Falkenstein appears to have gained a town charter (1448); a mayor and council are recorded in 1469. In 1507 the pastor of the Holy Cross was a Konrad Trützschler. Militarily superfluous and probably by now too small, the castle, which the family had abandoned in 1528, was replaced with a residential *schloss* built on the old estate yard. The castle was largely demolished in 1618 [5]. In 1544 Georg Trützschler, who had been active in the sequestration of Mildenfurth (1531/33), is recorded as possessing an *incunabulum* containing Ulrich von Richental's *Chronicle of the Council of Constance*, which he presented to Levin Metzsch at Mylau.

Whatever the town possesses of substance earlier than the great fire of 1859 can be found on the stub of the old castle, all that remains being the foundations of a square tower measuring a mere 8 × 8 m. The neo-Gothic Church of the Holy Cross is vastly oversized.

Notes
[1] UB Vögte I, 215.
[2] See UB Vögte I, 136, 192, 242, 451, 632, 639, 757.
[3] UB Vögte II, 101.
[4] See VON RAAB I, 49.
[5] See DONATH, p. 100 for later ownership history of the *schloss*.

Auerbach Castle keep

AUERBACH CASTLE

Auerbach is first recorded towards the end of the 13th century, but the castle, set on a rocky spur above the town and first recorded in 1348, is probably older. In that year the Margrave of Meissen confirmed the Reeve of Plauen in the fief of *Pusin et Urbach castra cum omnibus suis iuribus, utilitatibus et attinentiis universis* (Pausa and Auerbach castles with all their rights, benefits and appurtenances of any kind) [1]. Auerbach was at the time the residence of Konrad von Auerbach, a liegeman whose family had loyally served the Reeves of Weida.

Castrum Auerbach was part of the eastern defensive ring of the Plauen reeves. They continually extended and reinforced these defences, whose changing ownership history fairly reflects their strategic value. In the Chemnitz division of 1382 Auerbach passed to Margrave Wilhelm.

Reconstructed foundations of Göltzsch Moated Castle

In 1402 Heinrich IX of Plauen (1373–1412) mortgaged *Urbach hus und stat* (the house and town of Auerbach) back to the margrave who, however, waived his share of the capital sum in favour of his vassal. Then in 1411 Heinrich X of Plauen (1412–1426) transferred *Urbach slosz und stat* (the castle and town of Auerbach) as a jointure (widowhood security) for his wife Margarethe von der Dahme; three years later, in October 1414 *Uwerbach slosz und stad* were again conveyed as a jointure, this time to Anna von der Dahme, wife of Heinrich XVIII ('the Middle') von Weida (1404–1411) [2]. From 1425 Auerbach belonged to the Burgrave of Dohna; from 1499 until the 19th century to the von der Planitz family [3].

After the fire of 1757 the only surviving remnants of the old castle are the keep, with a diameter of 10 metres and lower walls 3.5 metres thick, a few pieces of wall, and the vault in today's café [4]. Below the keep, which was only raised to its present height in 1909, is the municipal museum, which at least has a room dedicated to the early history of the complex.

Notes
[1] UB Vögte I, 905.
[2] See UB Vögte II, 274, 418, 494, 549, 587.
[3] For later ownership history see DONATH, p. 115.
[4] See STECHE, Auerbach, p. 4.

RUINS OF GÖLTZSCH MOATED CASTLE (RODEWISCH)

At the centre of Rodewisch the confluence of the Göltzsch and Pöltzsch streams forms a peninsula that yields insights into the early history of the Vogtland. Twentieth century excavations uncovered the 21 × 21 m. square foundations of a moated castle, most likely the 'stronghold' built by the reeves around 1200. Set around a small interior courtyard – on the ground floor stone-built and above this timber-framed – the living quarters followed the line of the north and west outer walls. The moat encircling the castle has also been restored [1] and is today full of fat carp. Across it a drawbridge towards the east provided access. The castle is not recorded in any deeds, probably because Göltzsch was only treated as distinct from Auerbach from 1535. Rodewisch, which only became a town in its own right in 1924, was in any case an insignificant appendage. In the deed of 1411 enacting the jointure of Margarethe von Plauen, *Redewisch* is listed as one of the *dorffern* (villages) [2].

Obergöltzsch Renaissance Mansion

OBERGÖLTZSCH MANSION

Immediately behind this castle footprint stands a delightful Renaissance mansion, resplendent in radiant white. It was built in the early 16th century for Hans von der Planitz (1473–1535), who from 1504 owned Göltzsch Castle along with the whole of Auerbach, and who evidently no longer wanted to reside on the small moated island. The new mansion, said to display 'simple architectural aspects of the period around 1500' [3], underwent several phases of alteration. Among its earliest elements are the barrel-vaulted ground floor and the two diagonally set towers. Reconstruction took place in the years leading up to the Second World War [4]. The old gatehouse of the estate, accessed via an embankment, has also been pleasingly refurbished .

Notes
[1] See DONATH, p. 119 f.
[2] UB Vögte II, 549; see also VON RAAB I, 517 (1450), where Göltzsch and Rodewisch are treated under 'estates and villages'.
[3] STECHE, Auerbach, p. 9.
[4] See DONATH, p. 120. The situation around the (now closed) gatehouse museum is less fortunate.

Restored gatehouse (former local history museum)

CHURCH OF ST. PETER IN RÖTHENBACH (RODEWISCH)

St. Peter's Church in Röthenbach, a district of Rodewisch, was built in 1736; its predecessor, built as a flood protection measure on an elevated platform, would have been the focal point of the old settlement. Three works from the studio of the Zwickau artist Peter Breuer provide a good reason for visiting the church: an altar re-table dated 1516; a pair of roughly contemporary candle (or similar) holders in the form of angels, once fixed to processional staffs; and a (now freestanding) 60 cm. tall figure in lime-wood that once formed part of a St. Anne group crowning an altarpiece [1]. The retable may provide some clues about its own origins: the relatively 'small size of the two St. John figures' in the central panel could imply that the figures of Sts. Peter and Paul were originally meant for that position [2]. 'The most attractive aspect of the Röthenbach work', HENTSCHEL opines, 'is the Nativity group on the predella panel' [3]. HENTSCHEL accentuated the tranquillity of the statues' garments, which recalled the figure of St. Oswald in Dobia and which he had interpreted there as a counterbalance to late Gothic dynamics.

The two kneeling angels, each piously holding in its hands a twisted lantern staff, would make ideal candlesticks, but KÜHNE, who brought the works to light, considered it certain (from comparison with similar works) that they did not originally fulfil this function, but were set atop processional staffs [4].

The St. Anne group shows the classic formation, the saint carrying the Christ Child and his mother Mary, with a further interesting motif that may be peculiar to Breuer: around the naked Christ Child's neck is a chaplet with a coral [5]. This theologically surprising element – Why should the Son of God need an amulet to ward off harm? – may be explained by the coral just being the equivalent of a teething ring. Coral is recorded elsewhere as having been used for this purpose [6]. Moreover, Breuer valued the motif, indeed, it became a sort of trademark of his. The chaplet occurs in other Christ-figures from the Zwickau workshop in Vogtland churches (e.g. Stangengrün 1509), and it is entirely possible that Breuer adopted the motif from his great confrère, Matthias Grünewald, whose work is roughly contemporary and who employed the motif in the *Isenheim Altarpiece* (1506/1515) [7].

'Christ Child' with painted coral teething chaplet (Hohenleuben Local History Museum)

Notes
[1] HENTSCHEL, Breuer, p. 220; STECHE, Auerbach p. 11, missed the Breuer connection.
[2] HENTSCHEL, Breuer, p. 165.
[3] HENTSCHEL, Breuer, p. 167.
[4] See AK Mühlhausen 2013, pp. 275f.; HENTSCHEL, Breuer, pp. 169, 171, 221. SLADECZEK, pp. 165f. cites another example of this sort of repurposing.
[5] AK Mühlhausen 2013, pp. 136f.
[6] See AK Mühlhausen 2013, p. 137.
[7] AK Mühlhausen 2013, p. 137.

WALDKIRCHEN VILLAGE CHURCH

Set on a hill-spur in this one-street village is the 'woodland church' that gave its name to Waldkirchen. Basically a much-altered 13th century hall church, its surviving elements include not only a Romanesque west portal with four-tiered archivolt and tympanum, but also 'a wooden door with late Romanesque iron fittings' [1] very similar to those at St. Martin's in Thossen [2]. Patronage of the church passed in 1461 from the territorial lord to the Teutonic Order at Rei-chenbach [3]. Old furnishings include a ciborium (vessel in which consecrated hosts are kept) and a 15th century altar triptych with a *Coronation of the Virgin* [4]. The church is one of those historical sites that do not reckon with visitors.

Notes
[1] BÜNZ, Kulturgeschichte, p. 190; see also STECHE, Auerbach, pp. 12–14.
[2] See STECHE, Auerbach, p. 12.
[3] See VON RAAB I, 651.
[4] STECHE, Auerbach, p. 14.

Schloss Treuen (→ p. 300)
Schloss Netzschkau (→ p. 311)

FROM THE VOGTSBERG TO THE ASCH LAND (AŠSKO: AŠ PANHANDLE)

VOGTSBERG CASTLE (OELSNITZ)

Towering above the Voigtsberg district of Oelsnitz, Vogtsberg Castle is the imposing product of rebuilding measures undertaken in the aftermath of the Thirty Years' War, albeit with a few scattered Gothic remnants. Still monumental in impact, the stronghold soon stimulated the poetic imagination. In his chronicle of that city, the Hof schoolmaster Enoch Widmann (1551–1617) transcribed some lines of verse that not only present the Vogtsberg as a legacy of the 'Germania' campaign of the Roman *Vogt* (or reeve) Drusus, but derive the very name and concept of 'Vogtland' from his office. The lines, reputed to have adorned the entrance to Vogtsberg Castle, have already been critically commented in these pages. In a later version, approximating that of the Vogtsberg Inheritance Register of 1542, they came to light on the wall of the castle's so-called Prince's Hall in 2007 [1].

The reeves acquired the castle late and lost it early. The Plauen dynasty, who only took it over from the defunct line of the Reeves of Strassberg (→ p. 130 f.) in 1327, were – despite their assembled pleas to the emperor in 1349 to confirm their *ius feudale* in *castrum Woytsperg* – already compelled to relinquish it in 1357 to the victorious House of Wettin. The latter gained the assurance of Emperor Karl IV that their rights would be secured – if necessary by force of arms. In 1362 the Margrave of Meissen transferred the *Voytsperg* to his brother Balthasar, who was still a minor [2], and in 1378 it became the seat of a bailiff whose fief was so well endowed that it gave rise to extensive conflict. Two regional courts of law, on the Vogtsberg and at Adorf, were subject to the bailiff. The first holder of that office was the knight Jan Rabe von Mechelgrün, who we will later encounter as bailiff at Thierstein Castle (→ p. 293). He was succeeded by Lupold von Wolframsdorf (c. 1389) and Hans von Dolen (1395–1400) who, along with their successors, left account books that shed valuable light on the economic and legal history of the Vogtland [3].

The oldest part of the surviving castle complex – including the keep, which has a diameter of almost 10 metres at its base – was built between 1232 and 1249 by the Reeves of Strassberg and Eberhard von Vogtsberg. The west and south towers date from around 1300, and the two-storey St. George's Chapel – discernible from the outside by its Gothic windows – was added c. 1330 by the Reeves of Plauen [4]. The Wettins strengthened the fortifications with five bastions

Vogtsberg Castle and keep

and an outer bailey on the open flank. The west wing was built c. 1505 onto the north wall of the freestanding Great Hall.

The original castle was burnt down during the Thirty Years' War. The ravages to which the rebuilt complex was subjected in the course of the 19th and 20th centuries – penitentiary, Hitler Youth centre, refugee accommodation etc. – made thorough refurbishment necessary [5]. Today the buildings preserve something of the spirit of a medieval castle, although their substance (wooden ceilings etc.) refers largely to the 17th century. Only close observation reveals the cusp of a bricked up Gothic window. The real age of the severely darkened supporting structure presented as the remnant of a medieval latrine is perhaps better left open. The furnishings of the castle chapel, including the figure of St. George, have been purchased or donated in recent (or very recent) times.

Notes
[1] See FASBENDER, Drusus-Spruch.
[2] See: UB Vögte I, 610, 915; UB Vögte II, 15, 109, 274.
[3] VON RAAB, Erbbuch, pp. 40 –169 offers an exhaustive analysis.
[4] See DONATH, p. 89; STECHE, Oelsnitz, pp. 29f., considers the chapel earlier; but, as in Greiz, the two-storey building would have been the work of the reeves.
[5] For later ownership details see DONATH, pp. 89 –91.

EICHIGT

Three episcopal sees, Naumburg, Bamberg and Regensburg, meet in Eichigt, a circumstance commemorated in a group of three modern stone obelisks, of the same size but of different coloured stone, set in an open space, the crooks of three croziers suggesting connection in difference. The recently revealed late Gothic wall paintings in the Church of St. Catherine should on no account be missed (→ p. 358 f.).

ADORF

By mortgaging Adorf in 1281 to Reeve Heinrich I von Plauen (1238–1303), King Rudolf I laid the foundation for the village's rapid development into the small town whose long, narrow marketplace Heinrich laid out on a spur above the valley of the Elster in 1290, when he at the same time gave Adorf its town charter. Remnants of the considerably later town wall are still extant – a rare survival in the Vogtland (→ p. 394). Adorf's growth would have been largely due to the Teutonic Order, which had already opened a house there before 1290 (→ p. 214) [1]. In 1294 the reeves granted the request of their chaplain Konrad, the priest in Asch, to affiliate the Church of St. Michael in Adorf to his *curia* [2]. It only became an independent parish in 1325. The church of 1768 – essentially what we see today – was based on the new building of 1511, with only the tower added later (1904). The south wall bears a sandstone relief dated 1522 of the Fall from Paradise "in conjunction with the municipal arms [...], a fine example of early Renaissance

Stone obelisks at the meeting of three diocesan boundaries in Eichigt

forms" [3]. Situated outside the town walls, the Lutheran Church of St. John offers rather more patina.

Notes
[1] See UB DO, 477.
[2] UB DO, 549.
[3] STECHE, Oelsnitz, p. 4.

Reconstructed remains of Adorf town wall, in the foreground a round tower

MARKNEUKIRCHEN

The complex but fascinating history of Markneu-kirchen is to some extent reflected in the changing names by which the place has been known. Around 1200 there seems to have been a small moated castle, the seat of the Nothaft family, bordering the water meadows of the Lesser Elster there. Known as the 'Altes Schlössel' ('little old castle'), it was demolished in the 19th century. It was among the *slossen und guten* (castles and estates) that Heinrich von Plauen had to yield to the House of Wettin in the aftermath of the Vogtland War (1357) [1].

The Nothafts established the core of the nascent town, with its parish dependencies, around the mid-13th century. In 1274 it appears in the records as *Newenkirchen*. A century later, in 1378, it had still not shaken off the name of its founders and is entered in deeds as *Nuwenkirchen dictum Nothafft*. Although by the mid-14th century the Reeves of Plauen had granted it a town charter, it remained unfortified – a simple market place. Hence the prefix of 'Mark' – missing its final 't' (as in Neumark[t]), not out of any desire to ease pronunciation but simply through the obtuseness of the king's officials in Dresden, who in 1858 thought good to withdraw the final letter that made all the difference to the meaning of the name (*Mark* = march or border region; *Markt* = market town).

The original Church of St. Nicholas in *Nuwenkirchen* is a recurrent presence in the historical records. In 1340 its priest testified in a dispute between the church in Regnitzlosau and Konrad von Reitzenstein [2]. In particular, St. Catherine's Altar there attracted persistent attention. In 1405 Nickel Thoss endowed it with an early mass, in 1412 Sieghard von Falkenstein with the income from a farm, and in the same year the pastor and municipal council vowed formally to maintain both foundations *in perpetuo*. In 1455 interest and estates in Raun purchased by the community from Johannes Clebesattel were added; and in 1458 the Neipergers from Eschenbach enacted a generous endowment for an early mass at St. Catherine's Altar [3]. One would like to know what such a well-endowed institution looked like: the Regensburg parish register indicates that St. Nicholas's was one of the richest benefices along the entire border between Bohemia and Saxony [4]. Unfortunately the whole town burnt down in 1840, and the Church of St. Nicholas now gracing the market square is a neo-Romanesque building dating from 1842–1848.

Notes
[1] UB Vögte II, 12 f.
[2] UB Vögte I, 824.
[3] See: VON RAAB I, 76, 105, 107, 568, 597.
[4] See BÜNZ, Kulturgeschichte, p. 180. Only Asch, Eger and Schönbach were wealthier.

SCHLOSS SCHÖNBERG ON THE KAPELLENBERG

Only a close look will reveal any 15th century elements in Schloss Schönberg, which was handsomely restored in 1994. One of these is the octagonal tower, 20 metres high and dating from 1485, around which the three-storey mansion was erected 200 years later (1685). The front oriel, on the other hand, is probably a mere late Gothic citation.

The old moated castle, already a manorial residence in 1261, was the southernmost defensive bastion against the kingdom of Bohemia. Situated in the Egerland, it possessed from 1322 at the latest, when that territory was mortgaged, the precarious status of an enclave of the Reeves of Plauen [1]. By 1386 it was held by the Thoss family as a fiefdom of Eger castle [2]. With time, the strategic importance of Schönberg vanished, and in 1485 it passed to the von Reitzensteins, a widely ramified family who rebuilt it and lived there continuously until 1945 [3]. The Schönberg Reitzensteins formed a dynasty in their own right, with three lines resident in Schönberg, Konradsreuth and Regnitzlosau respectively.

Notes
[1] See STURM, p. 96.
[2] See STURM, p. 149.
[3] See STECHE, Oelsnitz, p. 20. For later ownership history see DONATH, pp. 73–75.

Chapel on the Kapellenberg (→ p. 260)

Schloss Schönberg, today again ownerless

ASCH

Asch is ancient reeves' territory. The Weida line are thought to be the first holders of the fief of the 'Bohemian Vogtland', when towards the end of the 12th century Heinrich II ('the Rich') of Weida (1193–1209) governed the domain of Asch without personally residing there. Less than a century later the Plauen line was there, with Heinrich I of Plauen (1238–1303) receiving the fief of the *forum* Asch from King Rudolf in 1281 [1]. In the division of the inheritance with the Reusses (1306),

Heinrich III ('the Tall') von Plauen (1303–1347), who around 1302 had married the Bohemian noblewoman Margarethe von Seeberg, gained Asch for himself and the elder Plauen line. In 1331 the domain passed to the House of Luxembourg in the person of Johann of Bohemia (1296–1346).

Fires and depredations of every kind have erased all evidence of the old medieval town. The parish Church of St. Nicholas, whose patronage the Teutonic Order had secured from King Ottokar II in 1263 – a grant confirmed by the Reeves of Plauen in 1270, 1289, 1290 and 1309 [2] – has

'Seated *Ecce Homo*' from Holy Trinity Church (Municipal Museum, Asch)

disappeared as completely as its successors, the stone church of 1370 and the baroque building of 1747 [3]. Around 1350 the benefice was, with Eger, among the wealthiest in the border country between Bohemia and Saxony [4]. The commandry of the Teutonic Order (→ p. 215) has also vanished without trace.

As if by a miracle, however, a Gothic statue – a *Seated Ecce Homo* from the Church of the Holy Trinity – has been preserved and can be found appropriately hidden among much later works in a quiet corner of the Municipal Museum. On

its base some names, still legible despite defacement, are (by no means carelessly) engraved, along with a date whose '16' may be read as 1516. The figure is of a type common enough in the region, but in this instance its well-preserved original colouring gives it added charm [5].

Notes
[1] See HHS Böhmen und Mähren, p. 9.
[2] See: UB DO, 174, 219, 462, 477, 733; UB Vögte I, 409.
[3] See BLASCHKE/JÄSCHKE, p. 100.
[4] See BÜNZ, Kulturgeschichte, p. 180.
[5] See OTTOVÁ/MUDRA, pp. 198 f. Other examples of the type are cited on pp. 192–197.

RUINS OF NEUBERG (NEUBERK) CASTLE, PODHRADÍ

The slender round tower of Neuberg Castle still rises defiantly from the stronghold's ruined walls into the land of Asch. Visible for miles around, it takes its name from an ancient dynasty of Bohemian Vogtland. The Neubergs came into the region as *ministeriales* of the emperor, gaining control of a number of properties scattered around the Vogtland and Egerland, as well as of the market centres of Selb and Asch. The way they did this, however, led again and again to the destruction of their castle at Neuberg.

The family was one of the regional troublemakers. In 1324 they had to make terms with the City of Eger following the murder of a court messenger [1]; then in 1330 Konrad von Neuberg had the von Haslau family outlawed. The Neuberg's downfall was accelerated by three feuds that beset the region in the second half of the 14th century: in 1361 with their Sparneck cousins, with whom they were (despite the kinship) at

Neuberg Castle ruins

daggers drawn; then in the Guttenberg Feud (1380–1383), when Hans von Neuberg, a notorious highwayman, took sides with the reeves; and finally, in the feud of the landed nobility which broke out shortly afterwards with the City of Eger, during which Konrad's son, Friedrich von Neuberg, was taken prisoner in an attempted abduction and probably executed (1382). By 1412 (or 1390/92) the domain of Neuberg with all its possessions had passed to the von Zedtwitzes [2].

Well laid out, the spacious castle precincts retain a certain atmosphere, the many perceptible changes witnessing to their long ownership history. Set on a precipitous cliff, the 14th century four-storey round tower is among the oldest extant elements, its narrow entrance door, 8 metres above the ground, only accessible with a ladder. Service buildings like the brewery cellars at the foot of the tower are part of the 16th century complex. In 1610 a major fire destroyed the castle. A line of old trees separates the castle ruins from the Lutheran Church of the Good Shepherd (15th century, baroque interior) (→ p. 233 f.).

Notes
[1] For what follows see Lullies, pp. 80 f.
[2] See HHS Böhmen und Mähren, pp. 393 f.

Farm animals could be tied to the rings in the Neuberger stables

SCHLOSS GRÜN (DOUBRAVA)

The von Zedtwitzes, a well-established family in the domain of Asch, purchased the castle at Doubrava (formerly Grün) from the Neubergs. In the 15/16th centuries it would have been a dynastic seat. The last structural changes occurred with the neo-Gothic conversion of 1783. Marked '1760', the coat of arms above the entrance comes originally from Schloss Krugsreuth (→ p. 166). The dilapidated premises are no longer open to visitors.

The von Zedtwitz family were originally imperial *ministeriales* from the Regnitzland. Their name derives from the domain of Zedtwitz, which later (1502) passed to the von Feilitzsch family and was absorbed into Feilitzsch. The family flourished at least partly on the proceeds of highway robbery, a business in which Jörg von Zedtwitz made himself a name. But Heinrich von Zedtwitz (d. 1413), a vassal of the Burgraves of Nuremberg had already pursued that career in the Egerland between 1382 and 1412, waylaying Nuremberg merchants on the road to Bärnau in 1411. In the Guttenberg Feud he had taken the Guttenberg side against the reeves. This Heinrich should be distinguished from his uncle of

Schloss Krugsreuth, on the verge of dereliction

the same name [1], whose family testified for the Reeves of Gera from the 13th century, and are still recorded as doing so in 1363 in deeds relating to Saalburg Convent [2].

Notes
[1] See LULLIES, pp. 64f.
[2] See RONNEBERGER, p. 65.

KRUGSREUTH (KOPANINY)

Another property of the von Zedtwitz family is the old house of Krugsreuth Manorial Estate.

First recorded in 1537, the building was substantially altered on several occasions, and for decades now has been in a state of slow but unremitting decay. It was probably converted into a *schloss* only in 1612. The first recorded owner of Krugsreuth is Peter von Zedtwitz who, as a counsellor of the Burgraves of Nuremberg, extended the Bohemian domain in 1377. The family resided at the *schloss* until their dispossession in 1945. Very recently a citizens' initiative seems to have had some success in saving whatever can still be saved of the old premises.

THE REEVES IN BOHEMIA

The reeves had been active in Bohemia since the end of the 12th century, when Heinrich II ('the Rich') of Weida (1193–1209) held (among other territories) the domain of Asch. By the mid-14th century the Weidas still held the regional court of justice in Eger (1344–1351), but their Bohemian sojourn ended with the Vogtland War (1354–1357). By then, however, the Plauen dynasty had entered the scene, with Heinrich II ('the Bohemian' 1274–1302) marrying Katharina von Riesenburg in 1283. In 1301 this 'Bohemian' Heinrich was appointed collector of Eger by King Albrecht of Habsburg, an office in which, after his death the following year, he was succeeded (in 1304) by his son Heinrich III ('the Tall' 1303–1347), who (c. 1302) had also married a Bohemian noblewoman, Margarethe von Seeberg. Upon the division of the inheritance with the Reusses in 1306, Asch and Graslitz (among other domains) passed to Heinrich III, but the Bohemian connections of the Plauen line seem already to have ceased before his death in 1347. They were, however, resumed with Heinrich IX, who in 1387 gained possession of Königswart (Kynžvart), and above all with his son, Heinrich X (I), Burgrave of Meissen, who established his domain in Petschau (Bečov nad Teplou). Four generations of the Plauen Burgraves of Meissen – who had had

to leave their eponymous city for good in 1482 – went on to live in Bohemia.

GRASLITZ (KRASLICE)

Although relevant 12th century deeds do not mention the fact, Graslitz – a name derived from 'Greselein' (conifer wood) – in the valley of the Zwota, belonged to Waldsassen Abbey, which, as an immediate imperial foundation, fell within the remit of the reeves. Heinrich I of Plauen (1238–1303) received *castrum Greklis* in 1272, with 'all its appurtenances', as a gift of King Ottokar II of Bohemia. These 'appurtenances' were, at least on parchment, attractive, as they included both gold and silver mines [1]. On Heinrich's death, his grandsons, the cousins Heinrich III ('the Tall' 1303–1347) and Heinrich II (1303–1350), divided their inheritance, the former – son of Heinrich II ('the Bohemian' 1274–1302) – gaining possession of Asch and Graslitz.

Ownership structures in the region changed radically when Waldsassen Abbey sold the Schönbach Land to the Sparnecks as a fief of the Bohemian crown. But it was evidently the Plauen reeves who induced Karl IV in 1370 to grant Graslitz the same town charter as Elbogen [2], and they continued to hold Graslitz until 1401, when it finally passed to the Reitenbach family [3]. Soon afterwards Kaspar Schlick, a powerful regional mortgager, also held Graslitz, but by mid-century the Plauens were again active there, now as Burgraves of Meissen. After 1466, however, as a result of his feud with Plauen, Burgrave Heinrich II of Meissen (1446–1482) lost Graslitz Castle, which the Bohemian king now granted in fief to the House of Wettin. Yet this was still not the end of the Plauen saga in Graslitz, as they came back in the person of Heinrich IV, grandson of Heinrich II, who was among the winners of the Schmalkaldic War (1546/47). One of his spoils was the town of Graslitz, recently (1541) elevated to the status of a 'free mining town' with a population already approaching 6000 [4].

Notes
[1] UB Vögte I, 167.
[2] See Böhm, p. 22; HHS Böhmen und Mähren, p. 170.
[3] See Böhm, p. 22; von Raab, Annex 9.
[4] See Böhm, p. 23.

SCHÖNBACH (LUBY)

Schönbach lies at the foot of the Erzgebirge (Ore Mountains), but not on a stream (*Bach*) – the suffix Bach came, as in 'Brambach', from the dialect *-bich* (beech). Nor is Schönbach particularly 'beautiful' (*schön*); the first half of the name comes from the word *Schonung* ('forest clearing'). But all that had been long forgotten by the time Schönbach entered the historical records as a possession of Waldsassen Abbey in 1165. By 1319 the town had emancipated itself to the extent that it had been granted a municipal charter on the model of Eger, and in the same year the Reeves of Plauen came to an agreement with Waldsassen that they would 'protect the abbey and place no hindrance in the way of the development of the town of *Schönpach*' [1]. But Schönbach never developed to any real extent; a town wall is mentioned *en passant* in 1409 and, as well as the main market, there was a pottery market and a horse market.

Already before the mid-14th century, Waldsassen had (against high compensation) relinquished its feudal rights, and for Schönbach an unsettled century began. The Sparnecks bought the town from the Cistercians, and in 1356 they were granted Schönbach and all its other properties in fief from the Bohemian crown. In 1389 King Wenceslaus IV appointed Günther von Schwarzburg as governor of all his Vogtland territories in Bohemia. It was only in 1422, after Schönbach had been temporarily held by the Margraves of Meissen, that a long period of unchanging governance under the Schlicks (1434–1547) secured the lasting affiliation of the town to Bohemia [2]. As the Schlicks were bailiffs of Schöneck Castle, the affairs of Schönbach were generally enacted there, or later at Elbogen or Eger.

Not much is known from the records about Schönbach's churches. A small parish of the diocese of Regensburg is thought to have already existed here by 1118, but a regular church was only built towards the end of the 12th century. Dedicated to St. Andrew, it was affiliated in 1184 to Waldsassen; a century later (1286) it took in the entire domain of Schönbach and was endowed accordingly [3]. In 1410 Heinrich IX von Plauen zu Plauen (1373–1412), as patron of Königswart, granted a benefice exchange with the incumbent priest in *Schonbuch* [4]. The baroque con-

St. Sebastian's Cemetery Church

version of 1734 radically altered the interior of the church; all that remains of the Romanesque original is the tower; high altar, side altars, confessionals etc. are from the 18/19th centuries.

Notes
[1] UB Vögte I, 501; see MÄDLER, Geschichtsforschung, p. 9; MÄDLER, Allerlei, pp. 50 – 52.
[2] No old castle is recorded in Schönbach; see MÄDLER, Geschichtsforschung, p. 10; HHS Böhmen, p. 553.
[3] See BÜNZ, Kulturgeschichte, p. 180.
[4] UB Vögte II, 523.

Burg Wildstein (Skalná) (→ p. 294)

ST. SEBASTIAN'S CEMETERY CHURCH IN WILDSTEIN (SKALNÁ)

The Cemetery Church in Wildstein – a hall church with a roof turret and a flat-beamed ceiling vault – dates in its present form from the end of the 17th century; but it replaced a much earlier building from the 14th century. In contrast to many other churches of the region, its baroque conversion – evident above all in the high altar (dedicated to St. Sebastian but flanked by figures from the period around 1500), as well as in the pulpit and side altars – was never complete. The church has also preserved a crucifix dated c. 1500 [1].

Notes
[1] See HAMPERL, Topographie, p. 635.

Church of St. John the Baptist in Wildstein (Skalná) (→ p. 213)

RUINS OF ALTENTEICH (STARÝ RYBNÍK) CASTLE

Around 1360, Jan Rabe von Mechelgrün built a castle on a hill about eight kilometres north of Eger. It took its name from the two ponds (*Teiche*) surrounding it. The ground plan of the castle was almost rectangular (c. 33 × 15 m.), its external walls some 1.5 m. thick. Two towers, protruding like horns, originally reinforced the narrow exposed side. The Great Hall was at first set on the opposite (north) side, which would have been accessed via a bridge. That the windows were later enlarged indicates that the defensive function of the complex (in any case less than prodigious) was by then no longer a primary consideration [1].

Tax registers for 1391 allocate Altenteich to the parish of Wildstein. After 1400 it belonged to various citizens and lower ranking nobility from Eger, who dismantled the old castle and converted the main building into its present form. In 1550 the complex passed to the Wirsberg family, and then to the Trautenbergs. After a fire in 1792 it was no longer used [2]. Today the premises are locked and left derelict; nevertheless, viewed from across the pond, noteworthy remains of the old buildings still rise picturesquely into the evening sky.

The Rabe von Mechelgrüns enter the records as liegemen of the Reeves of Plauen in 1302 in the person of *Iohannes Corvus de Mechtildegrune* (*corvus = Rabe* = raven). In 1367 Jan Rabe testified for Heinrich VIII of Plauen (1357–1373) next to the wealthy Plauen citizen Heinrich Hund, and in 1388 he did so, together with Heinz Rabe, for Heinrich IX of Plauen (1373–1412). The last of the Rabe line to serve the Plauen reeves in this way was, in 1413, Hans Rabe *von Mechtildengrune* [3], who by 1414 was evidently dead. In contrast to his son, Albrecht Rabe, who in 1381/82 was active as a robber knight in the Egerland, and his relatives Heidenreich, Eberhard and Konrad Rabe, who teamed up with Hans von Neuberg in pursuit of that profession [4], Jan Rabe managed, through a combination of diplomacy and loyalty, to remain largely aloof from the squabbles and skirmishes of the Egerland.

Notes
[1] WEINELT, p. 46.
[2] See WEINELT, p. 45; HHS Böhmen und Mähren, p. 5f., HAMPERL, Topographie, p. 616.
[3] See UB Vögte I, 346; UB Vögte II, 159; 324; 567.
[4] See LULLIES, pp. 95f.

RUINS OF HASLAU (HAZLOV) CASTLE

Dominated by the long-established residence of the Haslau family, a market settlement already grew up in the 12th century on the old trade route from Hof via Rehau to Asch and Eger. Surrounded by a fosse, Haslau Castle – originally Romanesque, later converted in the Gothic style – stood on a hill inside the settlement. Today its chapel has been restored and stands, brilliant white, amid perilously ruined but recently se-

Ruins of Altenteich Castle, viewed across the pond

cured walls from every century. No interior furnishing is older than the 17th century [1].

The Haslaus from the Asch Land enter the historical records in 1224. Whether – and if so when – they migrated from Austria to Bohemia remains an open question. Their relation (if any) to the von Haslau dynasty on the Leitha in Lower Austria is difficult to determine.

In 1310 Reeve Heinrich III ('the Tall') von Plauen (1303–1347) entered into a dispute with Waldsassen Abbey relating to the murder of his judge, Konrad von Haslau, in Bärnau. The *miles* Konrad had estates in Leuthen, which Heinrich duly made over to Waldsassen in 1314. In the same year *Bertholdus de Hasela* testified for him in matters relating to the Teutonic Order. The Haslaus from Haslau must be distinguished from the Haslaus of Wilkau-Hasslau (Zwickau), a branch to which that Dietrich von Haslau probably belonged who in 1356 testified in a boundary adjustment for Reeve Heinrich V ('the Younger') von Gera (1311–1377). As a supporter of Heinrich XVI of Weida (1374–1404), he – or a descendant of the same name – was in 1390, at the instigation of the Reusses of Greiz, banned as an imperial outlaw [2]. The Haslaus of Asch were also caught up in the feuding that beset the Egerland in the second half of the 14th century.

Ruin and decay at Haslau Castle

Friedrich von Haslau, who backed the Guttenbergs in the feud of that name, was, like his son
Michael in 1385, a robber knight [3].

Notes
[1] See HAMPERL, Topographie, p. 620.
[2] See UB Vögte I, 423; 449; 451; 972; UB Vögte II, 340.
[3] See LULLIES, pp. 22 f.

SEEBERG (OSTROH) CASTLE

At the turn of the 13th century the seat of a
family of *ministeriales* – and around it a growing settlement – existed a mere eight kilometres
northeast of Eger. This may well have been the
dynastic residence of the Seebergs, who were
associated by the end of that century with the
Reeves of Plauen.

In 1297 Albrecht of Seeberg (1279–1312)
yielded his rights in Tachau Castle to the Bohemian crown, and among the *fideiussores* (sworn
trustees) to this act he nominated *Henricus
advocatus de Plawe*. This can only have been
Reeve Heinrich I von Plauen (1238–1303). The
two men had known each other for some time,
having testified together in Prague in 1279 to a

Seeberg Castle façade, with fantasy arms of former owners

deed relating to the house of the Teutonic Order in Zwätzen. In 1302 the old reeve's grandson, Heinrich III ('the Tall') of Plauen (1303–1347), married Albrecht's daughter, Margarethe von Seeberg. Ten years later, together with his father-in-law, Heinrich III sold Bärnau Castle to Waldsassen Abbey [1]. He had been collector of Eger since 1304.

Seeberg Castle is first recorded in 1322, when the Egerland was mortgaged to the Bohemian crown [2]. From 1349 Seeberg was subject to the City of Eger; then in 1434 both castle and domain passed to the powerful Count von Schlick.

In 1461 Wilhelm Schlick's widow sold the castle to Caspar Juncker, a wealthy citizen of Eger who had married one of the Schlick family. In 1463 Juncker was granted Seeberg as a fief, and soon afterwards he offered it for sale [3]. In1470 he started building the Church of St. Wolfgang, a work completed by his widow Anna in 1478. In 1485 Nikolaus Schlick III bought the castle back, only to sell it to the brothers Konrad and Jost von Neuberg in 1497. The last of the Neubergs, Johann Albrecht, sold the premises in 1580 to Georg Wolf von Brand. In 1648 the castle was burnt down by Swedish troops.

Seeberg Castle, too, underwent considerable rebuilding over the centuries. The Romanesque Great Hall to the north of the complex, where the Hohenstaufen *ministeriales* lived, and the old curtain wall with the entrance portal probably stem from the 12th century. The south wing was constructed before the middle of the 14th century, followed by the outer ward; remains of the curtain wall can still be seen by the barn and the servants' quarters. A narrow Gothic gateway, secured with a fosse and drawbridge, still leads to the former castle garden. The outer bailey also belongs to this building phase; later, with the onset of the Renaissance, when the castle had lost its military purpose, the bailey was built on by the Neubergs. The reshaping of the castle complex was completed before the Thirty Years' War.

Having suffered the intrusions of the 19th century and the depredations of the post-1950 era, the castle has now been handsomely restored. Its entrance façade, emblazoned with the arms (some of them fantasy constructs) of former owners, was thoroughly medievalized in the early 20th century. The approach is over a bridge that merely cites the former defensive purpose of such structures, while in the fosse below it a few goats graze. In the barn on the right a local history museum presents the culture of rural Egerland with some interesting references to early research in this field.

Notes
[1] See UB Vögte I, Annex 4; UB Vögte I, 191, 430.
[2] See SIEGL, Seeberg, pp. 212 f.
[3] See HHS Böhmen und Mähren, pp. 566 f.; SIEGL, Seeberg, pp. 214–221.

CHURCH OF ST. WOLFGANG, SEEBERG (OSTROH)

A short walk from the castle, St. Wolfgang's Church was commissioned in 1470 by Caspar Juncker of Eger and completed by his widow Anna in 1478; by 1485 both lay interred there. Later owners of Seeberg restyled the church in the baroque manner and it was altered again in 1721. The late Gothic character of the original building is only preserved in the exterior walls of the nave and chancel; the interior was largely disfigured in the later 20th century.

Two qualitatively very different works created for St. Wolfgang's (or for the castle chapel) can be seen today in two different museums in Cheb. In 1498 a master from Eger – probably from the workshop responsible for the Madonna from a house in Eger's 'Stöckl' district – created an altar retable featuring an extended pietà relief. The work 'presents the moment after Jesus has been taken from the cross, when Mary gathers the corpse in her lap and weeps in a grief shared by the two civic figures of Joseph of Arimathea and Nicodemus, by Mary Magdalene and John, and by two women disciples' [1]. The special point of interest in this presentation is its combination of the devotional pietà – whose popularity developed in the 14th century as an aid to individual immersion in the sufferings of Christ – with a more narrative exposition of the Passion story involving further characters [2].

Even more deserving of attention is the Seeberg Lady Altar in the Fine Arts Gallery. Dated to c. 1520, it is generally ascribed to a workshop influenced by Landshut or Regensburg [3]. The central 'Madonna and Child on a Crescent Moon'

'Coronation of the Virgin' (detail) from Seeberg (Gallery of Fine Arts, Cheb)

is flanked by two bishops and a pair of hovering angels that have lost the crown they should be holding. The Child Jesus again wears a coral amulet around his neck. The wings of the triptych hold a Virgin and Child with St. Anne and a St. Christopher notable for grasping his staff (at whose base a donor figure cowers) with both hands while a diminutive figure ruffles his hair. The artistic quality of the work is evident especially in the powerfully expressive features of the flanking figures, who have been (albeit not finally) identified as the itinerant bishops Erhard and Burkhard. Here the Upper German influence ascribed to Tilmann Riemenschneider – or above all to Hans Leinberger – is apparent [4].

The short footpath to the church leads along by the castle, down through a thickly wooded valley past a small mill and millpond, and up again over a ramshackle bridge.

Notes
[1] Tietz-Strödel, Plastik, p. 281.
[2] See Tietz-Strödel, Plastik, p. 281; Ottová/Mudra, pp. 213–215.
[3] Tietz-Strödel, Plastik, pp. 284–287, dates the altar to the 1530s; Ottová/Mudra, pp. 259–273, corrects the popularly transmitted provenience from St. Jocelyn's Church.
[4] Tietz-Strödel, Plastik, p. 285; Ottová/Mudra, pp. 264–266.

Burg Liebenstein (Libá) (→ p. 295 f.)

IN THE OLD IMPERIAL CITY OF EGER (CHEB)

Of all the staging posts in the cultural progress of the reeves, the old imperial city of Eger offers the richest collection of relicts, both material and immaterial, of the premodern era. Every epoch and stylistic trend from the Romanesque to the Renaissance, every genre of creative activity from architecture to the goldsmith's art, every stratum of medieval life from the imperial palace to the burgher's dwelling has left its traces in this city. In this impressive assemblage of powers both sacred and secular let us, then, first sketch briefly the situation of the reeves.

Where emperors and kings, monks and merchants held sway, the reeves played a relatively minor role. That they were present in Eger at all was due to their administrative function in the machinery of the central power. Their first appearance in Eger was on June 2, 1214, when *Heinricus de Widah et frater suuus* (Henry of Weida and his brother) testified for Friedrich II; a week later *Henricus et duo fratres eius advocati de Wida* (Henry and two of his brothers, Reeves of Weida) performed the same office [1]. At the end of that June week in 1214 all three sons of Heinrich II ('the Rich' 1193–1209) – the brothers Heinrich III ('the Elder' 1209–1219), Lord of Weida and Ronneburg, Heinrich IV ('the Middle' 1209–1238), Lord of Plauen and Gera, and Heinrich V ('the Younger' 1209–1240), Lord of Greiz

and Reichenbach – were present in Eger. There could be no better proof of the loyalty of the reeves to the House of Hohenstaufen.

In December 1257 Duke Ludwig II of Bavaria, acting as regent for Konradin, the last of the Hohenstaufens, appointed Heinrich VII ('the Red') of Weida (1254–1260) to the position of territorial judge for the Egerland [2]. That may well have been a clever move on the part of the regent, who was alive to the potential of the defensive alliance contracted earlier that year between the reeves and the Margraves of Meissen, entailing as it did concerted action in the event of a military occupation of Eger. Through the office of judge, the Reeve of Weida was bound in with the emperor and the imperial city, obviating any further danger of such a development [3].

'Heinrich the Red' was the first of the Weida line to hold such an influential office. Although its authority diminished with the mortgaging of Eger in 1322, the Weidas took great pains to retain the office of territorial judge within the family, and it was duly held from 1323–1340 by Heinrich XI ('the Elder' 1293–1363) and from 1344–1351 by Heinrich XII ('the Younger' 1293–1357); in 1349 the latter's son Heinrich XV ('the Younger' 1322–1357) also enjoyed that title, but the Vogtland War (1354–1357), in which the reeves took sides against the emperor, put an end to all that. When in 1358 the Weidas sold the office of forestry supervisor in Egerland to the City of Eger, they could pride themselves that they had *die pflegnüz zu Eger inne [...] wol sechs und dreissig iar* ('enjoyed the domain of Eger for a good thirty-six years') [4]. After a long interval the Plauen reeves entered the stage again for a few years (1413–1416), but Heinrich X of Plauen (1412–1426), the future Margrave of Meissen, withdrew from Eger in order to join an (unsuccessful) alliance against King Wenceslaus IV of Bohemia.

Notes
[1] UB Vögte I, 41, 42.
[2] UB Vögte I, 109, 110.
[3] See Sturm, p. 59.
[4] UB Vögte II, 20.

HOHENSTAUFEN IMPERIAL PALACE

Emperor Friedrich Barbarossa's palace in Eger is the only surviving Hohenstaufen building in Bohemia. It was erected on the site of an early 12th century castle built by Margrave Diepold II of Vohburg. According to Tietz-Strödel, 'Barbarossa invariably used old feudal castles for this purpose, exploiting their political and defensive status' [1]. Nor was Diepold the first to build on this strategically favourable site: the rocky elevation had first held a Slavic complex and before that a hill fort that may have dated back to the 9th century.

Architectural historians disagree about the exact date of Barbarossa's palace. When he married Diepold II's daughter Adelheid in 1149 (Heinrich 'the Rich' of Weida, it may be remembered, later married Bertha von Vohburg) Fried-

Black tower of the Hohenstaufen Imperial Palace in Eger

rich stayed overnight in the Town Hall. The couple separated already in 1153, but Friedrich does not seem simply to have returned the estates he had gained by marriage. Barbarossa officially took possession of the Egerland only in 1167 as part of the inheritance from his cousin Friedrich of Rothenburg. When the Emperor stayed in Eger in 1179 he is still reported as having spent the night *in curia sua apud Egaram* ('in his domain at Eger'), which may mean the castle of his ex-father-in-law – in which case a probable date for the beginning of work on his own palace would

Imperial Palace ruins

be in that same year (or at least not before 1167). In contrast, by 1183, when he was again in Eger, Barbarossa's accommodation was termed *castrum imperatoris Egere* ('the emperor's castle at Eger').

Approaching the castle from the town, one is confronted with a black tower at the southern edge of the complex. In every respect – colour, size, monumentality and position – the keep, clad wholly in 'massive rough-hewn ashlars' of black basalt [2], clashes strikingly with its surroundings. Protruding wedge-like from the battlements, it is automatically associated with age, and in this respect has been the subject of endless speculation. Far from belonging to the earlier castle, however, it was erected at the same time as the other palace buildings. Its defensive function is eminently clear from the 3 metre thick walls that form the base of the keep. Set diagonally to the outer castle walls, it 'reduced the surface available for siege ladders and widened the field for defensive archers [3]. That the tower was in continual use is evident from the fact that it was 'extended upwards in the 16th century with a brick platform for artillery' [4].

Taking up the entire eastern half of the spur,

the Hohenstaufen Great Hall would have formed an elegant contrast to the dark block of the tower. All that is left of it are parts of the walls, two storeys high, furnished to the north and east with finely arcaded windows. 'Three equally high windows in the long north wall, each divided into five segments, and a double window to the north' [5] would have filled the Great Hall – an impressive 25 × 10 m. – with light. To the west of the hall an irregular row of windows in the north wall suggests a series of neighbouring rooms, thought by historians to be the emperor's apartments. Crosses scratched in the western double window on this wall indicate the existence of a small interior chapel. Next to it, two rooms, each furnished with a fireplace and an oriel-type latrine, would have been living accommodation; especially the fireplaces were essential to what was a favourite winter residence of the imperial court. That the back room here did not have a double window suggests that it may have been a bedroom. A gallery connecting the emperor's hall with the private rooms and service block would have run along the whole south of the wing [6]. The slanted wall where the Great Hall meets an obtuse angle in the ramparts may indicate an architectural concession to the prior building.

In the course of the 15th century two timber-framed storeys were added to the Great Hall. The glory of the Hohenstaufen days was long gone, and 'the imposing, as well as defensive imperial façade now formed the base of a baronial residence whose timber-framed superstructure conveyed a homely bourgeois touch' [7]. Art historians are evidently undisturbed at the dereliction suffered by this extension over the centuries, a fate shared by the *Kuchlhaus* (kitchen building)

Stonemason's mark on a window arch

which in 1485 replaced the burnt out service block, and was itself replaced in the 17th century by a casemate (fortified artillery emplacement). In 1702 the Great Hall would again be used as an ammunition store, and one can only be thankful that it did not explode. After losing its roof structure in 1740, the Great Hall was abandoned to the ravages of time; today only the Hohenstaufen foundations remain.

Notes
[1] Tietz-Strödel, Kaiserpfalz, p. 17.
[2] Hotz, p. 86.
[3] Tietz-Strödel, Kaiserpfalz, p. 19.
[4] Hotz, p. 86f.
[5] Tietz-Strödel, Kaiserpfalz, p. 22.
[6] See Tietz-Strödel, Kaiserpfalz, p. 23.
[7] Tietz-Strödel, Kaiserpfalz, p. 25.

Commandry of the Teutonic Order (→ p. 215 f.)
Church of St. Nicholas and St. Elizabeth (→ p. 235 f.)
Franciscan Friary (→ p. 276 f.)
Poor Clares' Convent (→ p. 278 f.)
Chapel of Sts. Erhard and Martin (→ p. 365 f.)
Gabler House (→ p. 368)
Stöckl (Market Square) (→ p. 414 f.)
Latin (Grammar/High) School (→ p. 425)
Hospital of the Blessed Virgin and Hospital Church of St. Bartholomew (→ p. 434 f.)

Remains of covered city wall behind the Franciscan Friary

OLD CITY WALL

After the great fire of 1270, Eger set about erecting substantial municipal defences. On the model of South German systems, a 25 – 30 metre wide, 8 metre deep fosse was dug around the city and lined on the city side up to the ramparts with stone. An outer ward was thus created between the ramparts and the city wall. The wall itself was up to 10 metres high. At regular intervals it was interrupted by rectangular towers, most of which, until the final years of the 19th century, still gave Eger the appearance of a fortified imperial city. Some of the towers were then converted into bourgeois houses [1]. The city fosse, on the other hand, was put much earlier to other uses – as a children's playground, a shooting range (see a civic ordinance of 1430 on this subject), and a site for leasehold stalls [2]; in the 16th century it was converted into fish ponds [3].

Some remnants of the old city walls have survived. Behind the Franciscan church the old

Market Square, Eger

garden is still bordered by a picturesque section of the inner wall with a 15th century covered defensive walkway ending in a slender tower with arrow-slit embrasures .

Notes
[1] See TIETZ-STRÖDEL, Entwicklung, pp. 95 – 97.
[2] See STURM, p. 193.
[3] See STURM, p. 185.

HISTORICAL ROOF TRUSSES AROUND THE MARKET SQUARE

The houses around the old market square of Cheb form a single façade, albeit of varying age. Appearances may well be deceptive, indicating later stylistic leanings, but clear evidence of age can be found in the scientific dating of roof-truss members. On this basis the city has recently organized a tour of the most important examples. This offers a good impression of the develop-

Roof truss: Eger Market Square's floored attics date from the 14th century

ment of complex roof-carpentry techniques from the 14th to the 20th century.

In our context the focus will lie on 14th–16th century structures. The earliest roof trusses (dendrochronologically dated to 1373/74 and 1389/90) are in house nos. 3 and 506 at the eastern end of the market square. These constructions are striking for their queen posts: suspended from the roof-trees, these support paired lateral 'V'-struts and ensure longitudinal rigidity through a combination of horizontal ties and 'X'-crossed struts. Dated between 1419 and 1538, ten such constructions dotted around the market square (esp. house nos. 2, 476, 507, 511) have additional side braces and tie frames – a necessary measure as the houses became wider. Viewed longitudinally, the tie-beam trusses divide the roof spaces vertically into three; the tie-beams could then be laid with planks, creating useful extra space. The eastern group of so-called 'Stöckl' houses (→ p. 414 f.) almost all have this type of roof truss, datable to around 1450.

Corner tower, Königswart Castle

CHURCH OF ST. MARGARET, KÖNIGSWART

The old Church of St. Margaret may already have stood in the town since the 13th century; incumbents' names are recorded from 1317 and 1372. In June 1408 Heinrich IX of Plauen zu Plauen, who held the patronage, installed the Eger chantry priest Sigismund as *parochus* in place of a certain Nikolaus who had declined the benefice. There was at the time a consider-able to-ing and fro-ing in what were probably the less attractive benefices. Thus Sigismund already resigned in 1410 and Heinrich installed the priest Konrad as *Brazecz* (*praeses*). Seven years later a Peter from Königswart swapped places with his fellow priest Johannes from Sandau [1].

In 1476/77 Wenzel Scherffan, the pastor of Königswart, records having purchased from the estate of the Elbogen preacher Michael Rötel, who had studied in Leipzig [2], a manuscript of the widely used Latin-German glossary *Vocabu-larius Ex Quo*. Scherffan furnished the codex with several hundred entries of his own: German and Latin verses mocking ethnic groups, towns, cities and members of the clergy; rebukes against women; rules of conduct; vagabond songs (including some from the *Carmina Burana*); erotica, riddles, and word games; grammatical, botanical and medicinal mnemonics. Much of this compilation probably served to liven up his sermons. Scherffan also made some valuable observations about the weather in 1477, a year of heavy snowfall in the hills when animal fodder became so scarce that sheep and cattle starved to death. How long he remained in Königswart is not known.

The church itself is first mentioned in records of 1460, when Margarethe von Schwamberg, Heinrich IX's daughter, donated an image of St. Margaret for the high altar. When the Plauens were driven out in 1506, the church also burnt down, but by 1509 a new church had already replaced it. In 1856 and then again in 1869 this fell victim to further fires in the town, after which it was rebuilt with a consistently neo-Gothic interior.

Notes
[1] See UB Vögte II, 489, 523, 635.
[2] The manuscript is today in Frankfurt University Library (MS Barth 136).

SCHLAGGENWALD (HORNÍ SLAVKOV)

Even before 1300 tin mining was an important economic factor around the edges of the Kaiserwald, and the region began to flourish with the newly established town of Schlaggenwald (1300) – named after its founder, Slackko von Riesenburg – which was furnished with the municipal charter of Luditz in 1341. Around the turn of the century the Reeves of Plauen entered the scene. Having gained the rich mining territory of Petschau (1454) under Heinrich II (1446–1482), they fostered the growth of the town, and in 1489 Burgrave Heinrich III of Meissen (1482–1519) granted Schlaggenwald the full charter of Eger. Six years later the Plauens lost the lucrative tin mines to the Pflugk von Rabensteins, under whom Schlaggenwald indisputably attained 'its highest architectonic and cultural splendour' [1]. They seem to have been responsible for both the Hospital Church of St. Anne in the New Town (c. 1500) and the parish Church of St. George (1518–1520), at least as they now stand. Both buildings are today in a thoroughly regrettable condition.

PARISH CHURCH OF ST. GEORGE, SCHLAGGENWALD

There would, of course, have been a parish of Schlaggenwald before 1520, and a parish church from the early 14th century. When the Riesenburgs presented the priest Ulrich as *parochus* in Schlaggenwald (1357), he was at the same time tasked with care of the filial parish in Petschau. After this, the Plauens had a constantly changing stream of parish and chantry priests on their hands [2].

The church built by the Pflugk von Rabensteins in 1517 measured 36 × 16 m. Today it stands picturesquely before a dilapidated cemetery whose encroaching conifers would have been tamed, were anyone to have taken care of

Early 16th century Parish Church of St. George, Schlaggenwald

the church at all. The doors are barred and the windows full of holes; the roof burnt down in 1964, opening the way to rapid dereliction. The tower, once inhabited by a watchman, stood on porous ground and had to be renovated in 1593, 1785 and 1847. At least the viewing platform has been reopened.

Notes
[1] HHS Böhmen, p. 549.
[2] See UB Vögte II, 509, 597, 632, 689, 691.

PETSCHAU CASTLE (BECOV NAD TEPLOU)

On a rocky spur above the narrow stream of the Tepl (Teplá), at the crossing of two important roads – from Elbogen (Lotek) to Pilsen (Plzeň) and from Tepl (Teplá) to Schlaggenwerth (Ostrov) – the Lords of Ossek and Riesenburg built a castle. First recorded in deeds of 1349, it soon gave rise to a settlement, and by the mid-14th century silver and tin were being mined in the

nearby Kaiserwald. It is, then, no surprise that the Ossek and Riesenburgs chose Petschau as their residence and centre of activities and in 1399 granted the prospering town extensive privileges: freedom of movement, inheritance rights and freedom from feudal labour, as well as brewery, forestry clearance, timber and hunting rights [1].

The domain of Petschau was, then, a highly attractive prize when Heinrich IX, Lord of Plauen zu Plauen (1373–1412), acquired it for the reeves of that line through his marriage with Anna von Riesenburg (1383). It only became their residence, however, under Heinrich X (I), Burgrave of Meissen (1412–1446), who married Katharina von Sternberg in 1412. Already in that year Heinrich X issued deeds in Petschau and claimed the subsidiary title *dominus in Betschaw*; in 1424 a deed refers to him as *residentis in castro Beczaw*. In 1426 there was considerable unrest on account of the Hussites gathering in Mies. The organization of an effective defence failed, and in 1430 Burgrave Heinrich had to set about rebuilding the castle [2]. Like the Riesenburgs before them, the Plauens granted Petschau preferential treatment, and in 1482 Burgrave Heinrich II of Meissen (1446–1482) gained from King Vladislav II the Elbogen municipal charter for the town, complete with market, municipal and fortification rights [3]. In 1495 the Pflugk von Rabensteins bought the attractive town and built the castle out as their residence; however, a mere half century later (1547) they lost both town and

Petschau Castle on the Tepl

castle to the Plauens and the Counts von Schlick.

The ancient stronghold confronts us, then, today as the home of many masters and with many phases of alteration and extension. Among its oldest parts, dating to the early 14th century, are the lower level of the round tower at the southern end of the cliff, whose upper levels were substantially reduced in the 17th century, and the four storey tower with domestic apartments. To the east this adjoins the massive wall of the outer ward, while to the west further living quarters are bounded by another wall. The castle chapel on the lower level of the apartment tower dates from c. 1400. The pale rose-coloured, mid-18th century Barocke mansion of the Lords of Kaunitz no longer has fortifications of any kind. In 1760 the town and castle both went up in flames. Petschau's golden age was past, nor did the age of industrialization bring it back. One valuable acquisition under the castle's later owners is the *St. Maurus Reliquary*, an example of the Rhineland goldsmiths' art exhibited in the castle museum.

Notes
[1] See HHS Böhmen und Mähren, p. 443.
[2] See UB Vögte II, 674, 625, 674, 701, 736.
[3] See HHS Böhmen und Mähren, p. 443.

THEUSING (TOUŽIM)

Situated on the old trade route between Eger and Prague, Theusing was a late acquisition of the Reeves of Plauen. They took over the domain under Heinrich III in 1490, when Theusing, profiting from the destruction of the nearby settlement of Uitwa, had already developed into a town furnished (c. 1469) by royal privilege with a defensive wall [1]. The settlement had grown up around the Norbertine priory, a subsidiary house of the Mühlhausen (Milevsko) foundation, whose existence is recorded in a deed of 1354 but otherwise plays no part in the chronicles of the order. In 1420 the Mühlhausen canons fled to the fortified priory in Theusing, but by 1427 the Hussites were again at their door. Jakubek von Wresowitz took the town, which the king subsequently mortgaged to him (1437), and in that same year Johannes von Wresowitz built a castle there.

Theusing remained a Plauen domain for some time. In 1519 Heinrich IV took it over from his father, and in 1538 he received it as his inheritance; in 1544 he built the lower castle. When Heinrich V (1554–1568) died without issue, Theusing passed, along with Buchau, Graslitz and the Engelsburg, to the Lobkowitz and Hassensteins.

The town suffered repeatedly from fires. Late Gothic remains can be found only in the core of the upper castle, which was erected on the foundations of the Norbertine priory but fell increasingly into disrepair and dereliction after fires in the 17th century. The complex can be read as an allegory of transitoriness. While the lower castle sits attractively in its pale yellow wash against the hill, the overgrown town walls below the crumbling upper castle convey a sense of veritably medieval austerity.

Notes
[1] See HHS Böhmen und Mähren, p. 614.

STIEDRA (STEDRÁ)

Stedrá was from the early 13th century the seat of a dynasty of knights who bore that name. In 1321 the village was donated to the old Norbertine convent at Chotesov and the old 'Burglin' (Stedrý Hrádek Castle) in the Borek district was sold to the Riesenburgs. In 1417 Heinrich X (I), Burgrave of Meissen (1412–1446), took both castle and town and used them as a base for his ill-fated campaign against King Wenceslaus [1]. In 1506 Stedrá passed from the Guttensteins to Heinrich III, Burgrave of Meissen, who amalgamated it with his estates in Schlössles (Prohor) (→ p. 331).

Notes
[1] See UB Vögte II, 644.

BURGLIN (STEDRÝ HRÁDEK)

The old 'Burglin' ('small castle') in the Borek district is today part of the municipality of Psov (Schaub). The Plauens were first here in 1417 when Heinrich X (I), Burgrave of Meissen (1412–1446), who had resided in Petschau since 1412, used it as a base for sallies against King Wenceslaus (1418/1419). The undertaking came to an unhappy end when Wenceslaus's troops took the castles of Hassenstein and Stedrý Hrádek, and Heinrich von Plauen was temporarily imprisoned in Prague [1].

Notes
[1] See UB Vögte II, 644

LUDITZ (ZLUTICE)

Luditz, on the trade route between Eger and Prague, probably belonged to the Benedictine Abbey of Kladrau (Kladruby) in the 12th century, but in 1280 it passed to the Riesenburgs, who developed it into a town which was granted the municipal charter of Eger by Karl IV in 1375. Soon afterwards the Plauens would have established a customs post on the trade route from Luditz. Karl's successor, Wenceslaus, confirmed Heinrich IX of Plauen (1373–1412) *und seinen erben* ('and his heirs') in possession of this right in December 1387 [1].

The enjoyment of the many privileges granted the town by the Lords of Elsterberg from 1415 onwards did not last long, as the Hussites sacked Luditz in 1422 and made it, under Jakubek von Wresowitz, the centre of their rule. From here they assaulted Theusing and Petschau [2]. Plauen governance began in 1537, when Henry IV bought Luditz, and ended in 1560 when the town passed to the Lobkowitz zu Hassensteins. The finely illuminated Czech *Zlutice Hymnal* of 1552, a work of some art-historical significance, falls precisely within this period.

Notes
[1] UB Vögte II, 320. The publications of the active historical society founded in Bad Sooden-Allendorf (Hesse) by post-WW 2 refugees from Luditz tend to depart from rigorous academic standards; the Plauen reeves, for example, are not even mentioned (see FLEISSNER).
[2] See HSS Böhmen und Mähren, p. 347 f.

BUCHAU (BOCHOV)

Favourably situated on the trade route from Prague to Elbogen, the small town of Buchau was established around the mid-14th century. It gained its own charter in 1349, and in 1366 and 1375 it was granted the charters of Luditz and Eger respectively. Buchau was also a parish by 1352. Until 1406 the town was in the hands of the Riesenburgs [1], but in 1410 it was purchased by Heinrich X of Plauen zu Plauen (1412–1426), resident at Petschau, who also assumed the patronage of Buchau church [2].

In 1426, when the Burgraves of Meissen died out, Emperor Sigismund enfeoffed Heinrich X with the burgraviate. As Heinrich I, Burgrave of Meissen (1426–1446), he also received the county of Hartenstein in fief. His son, Heinrich II, Burgrave of Meissen (1446–1482), withdrew his allegiance from the Utraquist Bohemian King Georg of Podiebrad (Poděbrady), who thereupon had Buchau and Hungerberg Castle burnt down (→ p. 193). But his successor Vladislav II, whose ambitions Heinrich II had supported, rebuilt the town in 1471, erecting Neuhartenstein Castle opposite Hungerberg as its replacement (→ p. 193).

The Plauens remained in Buchau for some time. Their hometown of Plauen, overrun by the Hussites in 1430, became a source of increasing irritation to them, to the point where Heinrich II launched a feud with the city, which in 1466 complained to (of all people) Georg von Podiebrad about its feudal lord. In response, the Hussite enfeoffed the House of Wettin with the city, castle and domain of Plauen. Heinrich II was captured in 1473 in an attempt to besiege Plauen, and only released in 1476. After his death in 1482

Site of Hungerberg Castle with Neuhartenstein Castle in the background

his son, Heinrich III (1482–1519), Burgrave of Meissen and master of his father's Bohemian estates, finally relinquished Plauen altogether.

In 1501 Heinrich III's daughter Margarethe married Jaroslav II of Lobkowitz and Hassenstein in Buchau. Heinrich IV (1519–1554) transferred his residence from Neuhartenstein to Engelhaus in 1532, amalgamating the two possessions into the new domain of Neuhartenstein-Engelhaus.

Under Heinrich V (1554–1568) Buchau was also lost in 1567.

The late Gothic Church of the Archangel Michael fell victim to the great fire of 1666. The only remaining item of historical interest in Bochov is the ruin of the Chapel of St. James outside the town. Apparently built in 1356, it underwent baroque conversion in the 18th century. Today, supported by a minimum of measures and sheltered from view behind a screen of trees, it is little more than a heap of rubble.

Notes
[1] See HHS Böhmen und Mähren, p. 81 f.
[2] UB Vögte II, 558; also 637, 649.

HUNGERBERG CASTLE (HLADOVY VRCH)

After Heinrich II had renounced his allegiance to the Utraquist Bohemian overlord, Georg of Podiebrad, the king had Buchau and Hungerberg Castle burnt down. Instead of rebuilding the castle in 1471, however, Heinrich left it in ruins and erected Hartenstein Castle opposite.

A signboard in Czech conveys a pale impression of the old castle complex. The visitor to the stony hilltop should be equipped with some idea of castle architecture and an ability to take pleasure in minute details. There is nothing more to see.

RUINS OF NEUHARTENSTEIN CASTLE (HRAD HARTENSTEJN)

By the time Heinrich II built Hartenstein Castle (c. 1473), the age of such strongholds was over, as they afforded no protection against contemporary artillery. Already in disrepair by 1573, Neuhartenstein was finally abandoned in 1609. Only a few prominent remains of the old Plauen castle still stand. A tower, converted into a viewing platform, is generally closed. Excavations on the hill reveal traces of building foundations beneath the ground. The area is picturesque but unprotected.

RUINS OF ENGELHAUS CASTLE (ANDELSKÁ HORA)

What remains of the venerable Gothic castle of Engelhaus, whose imposing ruined walls still mark the skyline above the few village houses, reveals clearly enough why the submission of this stronghold to their rule was so long and so earnestly sought by the Reeves of Plauen. An academic analysis of the castle complex – built, probably by the Riesenburgs, towards the end of the 14th century and first recorded in 1402 – confirms the impression: "The medieval castle is divided into two sections, which were surrounded by a multiple ring of defences. A curtain wall furnished with a semicircular bastion led from the two wings of the Great Hall – which were laid out in the form of a trapezium – to the summit of the rocky mount. Here stood a rectangular keep that probably dates from the earliest phase of the complex. Its geographical position afforded [...] maximum protection." [1]

Heinrich II took Engelhaus in 1467, but only managed to stay there for a year. Heinrich III installed himself there more permanently in 1480, extending the castle to form a secondary residence. Engelhaus only became the primary residence of the reeves, however, under Heinrich IV (1519–1554), who moved there in 1532 from Neuhartenstein, uniting the two lands into Neuhartenstein-Engelhaus. On the death of Heinrich V without heir, the domain passed in 1567 to the Lobkowitz von Hassensteins, ending almost a century of Plauen rule. In 1635 the castle was sacked by marauding Swedish troops, and a fire in 1718 consumed whatever was left.

Ruins of Engelhaus Castle

CHURCH OF ST. MICHAEL, ENGELHAUS

St. Michael's Church in Engelhaus was built between 1487 and 1490. Despite its later baroque reworking, one can still see in it the hand of a major architect, namely master-builder Erhard Paur of Eichstätt. In his home city Paur seems to have worked alongside his brother Hans, who was responsible both for the cathedral *mortuarium* there and for the Church of St. Laurence in Nuremberg (1458–1462). In 1472 Erhard Paur, who had worked in both Regensburg and Amberg, was in the service of the City of Eger, which was busy extending its defences after a recent fire. In 1476 King Vladislav II in person sought Paur's services for the construction of his new castle in Prague, but five years later, when the City of Leipzig requested his release for alterations to St. Thomas's Church, the elders of Eger refused to let their *statmaister* ('city master') go [2].

Notes
[1] HHS Böhmen, p. 136.
[2] See Tietz-Strödel, Entwicklung, p. 130.

Entrance to Hartenberg Castle ruins

RUINS OF HARTENBERG CASTLE (HREBENY)

In contrast to the rocky fastness of Engelhaus, Hartenberg Castle – which probably dates from the late (if not mid-)12th century – experienced full-scale transformation into a Renaissance *schloss*. However, despite its many masters and master-builders, it is also today a ruin. Hartenberg is in the best sense of the word a palimpsest, built over and over again in such a way that the prior layers of its history remain visible.

Already in 1169 Friedrich Barbarossa installed retainers in Hartenberg. In the same year the existence of a Chapel of the Three Kings is attested there. The dedication might suggest that the retainer in question accompanied the emperor on his Italian campaign: Barbarossa unearthed the relics of the Magi in Milan in 1162 and took them back to Cologne [1]. In 1196 the noble Franconian family of Hartenberg is recorded at the castle: the Hartenbergs sought the proximity of Waldsassen Abbey, where they had established a number of foundations [2]. In 1350 Karl IV seized Harten-

Hartenberg Castle, converted into a Renaissance *schloss* in the 17th century

berg as a Bohemian crown property, after which it underwent the changes of ownership usual in the region, with the Schlicks entering the field in 1462.

The massive castle tower at the end of the long double-winged Great Hall certainly dates from the 13th century. The ground plan of the hall itself is from the following century, and the outer ward was probably laid out at the same time. The Great Hall stands on ancient Gothic foundations, below which runs another extensive barrel-vaulted storey; the Schlicks added a second storey in the 15th century. The development of new weaponry necessitated the construction of a forward bastion, and a gatehouse with drawbridge over the fosse was also constructed at this time.

In 1551, when the Schlicks opted for the Lutheran faith, the Plauens acquired the castle as a mortgage from King Ferdinand I [3]. Its conversion into a Renaissance residence began in the 17th century, when its defensive function finally became obsolete. Here, too, the Thirty Years' War left its scars, and in 1668 the entire complex burnt down. Nevertheless, Goethe, who stayed here in 1821, found words of praise for the ruins [4]. In the 19th century the Auerspergs cut back the medieval fortifications still further.

Notes
[1] See THEISINGER, p. 599f. The chapel was thoroughly renovated in 1471. Umberto Eco's *Baudolino* includes a charming rendering of the episode of the relics' discovery.
[2] See THEISINGER, p. 599.
[3] See THEISINGER, p. 601.
[4] For details see THEISINGER, p. 602 – 604.

THVRINGIÆ
PARS.
TERRA ADVOCATORVM
vulgo
VOIGHTLAND.
Descripta ab Olao Ioannis Gotho
S. R. M. Sueciæ Geographo.
Sala fluvius
Rudelstadtt
Combach
S. Kolben
Brettis
Kolben
Gerrendorf
Salfelt
Fischdorf
Obernitz
Kauladorf
Roschwitz
Zigenrick
Crislondorf
Lema
Schwartzburg
Teschitz
Bretteritz
Sala flu.
Läurgrin
Wisenthal flu.
Eybz
Laßen
Steinsdorf
Die Burgh
Schleutz
Lang
Zur Meure
Meulucht
Leina
Ilm
L. Ebesdorf
Peritz
Osch
N. Loquitz
Grun
Zelgrun
Leukenberg
Weisbach
Zepten
Lang grün
Danne
Neundorf
Gelitz
Altn Geser
Lowenstein
Stolberg
Schihbach
Zepten
Probs zell
Cemnitzhamer
Wirnsdorf
Gresenthäl
Roda
Launitz
Lemnits fl.
Lichtendam
Lisken
Witzbach
Harra
Salbingh
Seiplondorf
Buchbach
Moßbach
Blankenberg
Werdersberg
Blankesteinburd
Blina
Opdenberge
Spernberg
Kirchen
Iuditz
Gerolezgrun
V. Kotze
Nivenhauß
Hosseck
Teuschnitz
Ayle
Stainwisen
Silbitz
Sala flu.
Neikerid
Wildenfels
Helmeritz
Munchberg
Cronach
Lenges
Dobraberg
Neusorg
Fridmansdorf
Ruchendorf
Leute
Gutenberg
Kupferborg
Stainpach
Gefres
Wyrsberg
Weiß
Roeting
Stainach
Schorges
Treges
Schwartza
Preßeck
Snornitz
Weyß Magn flu.
Stainach
Preneck
Culmbach
Himelsen

SPECIAL ASPECTS

W e have proceeded topographically in the first part of this book. The vagaries of historical chance, which still give structure to the cultural landscape of the Vogtland today, were revealed at every step. This castle has stood here for centuries, that church was spared fire; there, another castle fell into ruin in a dispute over ownership, while that old mill has been lovingly restored; in one city a temporary economic upswing has wiped away all historical substance, while in another the opportunity passed them by and the historical heart has been happily preserved. These surprises, offering themselves to the observer on their way through such a structured landscape, are simply not to be missed.

In the second part of this book, we shall, however, deviate from this random topographical principle. The following chapters will appeal to those who want to compare castle complexes with one another in detail, who want to deepen their knowledge of late medieval sacred art, who would mentally browse through monastic scriptoria or quietly wander through the Vogtland on the ancient paths of pilgrimage. 'Specialists' like to travel with particular objectives. Sometimes an insignificant relic is enough to set an entire mental cosmos in motion. Their itineraries may be more extensive, but the highlights are most often anchored in academic discourse. This presentation tries to enhance that discourse, or present it, at least, in outline.

In festo Apostoli ...
barmhertziger ewiger got, der du uns das wort des lebens, deinen
lieben Jhesum Christum, durch die heiligen Apostel, hast
lassen predigen vnd aller welt, durch die heiligen Apostel, hast
lassen glauben, vorleyhs vns, das wir in der selbigen Apostolischen
vnd Christen, mügen vor allem dessen, vnd in aller ley
verfolgung bewaret vnd erhalten werden, durch den selben vn
sern herrn Jhesum ...

Missale ad notulam do
minorum teutonico
rum: denuo diligentissima
reuisum recognitione.

Ad lectorem:
Nos castigati viciorum labe caremus.
Non habet in nobis cretica lingua locum.
Arte sua Thomas Anshelm nos pssit in vrbe
Hagnoa celebri: quē bene laudat opus.

Oratio de Ascensione

Almechtiger gott, wyr bitten vorleyhe vns, die wyr deyn
eyngepornen son vnsern seligmacher glewben, das er sey
gen hymell gefarn, das wyr auch mit vnserm gemüeth
mügen im hymel wonen, vnd alle yrdische ding vorachten.
Durch denselben vnsern herrn Jhesum Christ dynn son etc.

Oratio de sancta Trinitate
Visitationis Marie

O Herr Jhesu Christe, der du in der besuchung deiner Mutter Marie
das kindlen Joannem in seiner mutter Elizabet hast mit dem heiligen
geyst erfüllet, vnd wunderparlicher weis erfrewet, wir bitten, vorleyh
vns das wir in dem selben geyst recht gesynnet werden, vnd vnser
ner tröstung allezeit frewen mögen, das er durch sein krafft vns
bestehe, vnser kirchen gnediglich reynige, vnd vor allem widerwer
tigen beschütze, der du lebst vnd regirst mit Vater vnd heiligen geist
Warer Got, von ewickeit zu ewickeit amen, den selben etc.

Annunciationis Marie

O Got der du dein wort hast durch würckung des heyli
geist in dem reinen leib der junckfraw Maria lassen fleisch wer
den, verleyh vns die wir Jhn vor Jm waren got vnd
Jhn erkennen vnd bekennen, in solchem glauben seuglich
vnd bestendigklich zu bleiben, durch den selben etc.

Complenda

Wir dancken dir barmhertziger got, vor deine vetterliche güte vnd trew
das du mit der reinen aufferstehung Christi, vnser gründlich
vernufftheimus vns, die wir an Jhn glauben, vnschuldig
mit dem selben deinen son durch dein wort vnd geist du vnser heit
... gschehen, der mit dir lebt vnd regirt in einickeit des heiligen
geistes etc.

IN THE FOOTSTEPS OF THE TEUTONIC ORDER

The Order of Hospitallers, first called into being on the beach of Acre in the Holy Land, and which, in the years that followed, spread throughout Europe under papal charter in the form of the Teutonic Order of Knights, soon developed a firm footing in Thuringia. Its presence in the Vogtland would go on to exert a wide influence on the history of the region. Wherever the Teutonic Order set up, its organization of affairs followed a strict discipline. First, as a rule, came the transfer of a parish church, along with the construction of a monastic facility (the commandry), under the authority of a commander who was charged with the development of its economic performance. A school under the auspices of the Order frequently accompanied the church. Whenever there was a hospital nearby, the Order, mindful of its tradition of care, would take charge of health provision. Nor would it forget its military traditions. The Teutonic Order was a military body *par excellence*. Thus it monopolized and shaped many areas of a town's community life. Whoever opened their gates to the knight-brothers acquired a strong partner for their town or city.

The Reeves of Weida, Gera and Plauen needed a strong partner. It is unclear when they first came into contact with the Order, but the relationship was certainly beginning to grow after 1214. When, in June 1214 in Eger, Friedrich II gifted the Teutonic Knights the Poor Hospital in Altenburg, *Heinricus de Widah et frater suus* were among the witnesses. A half year later, February 1215 saw the Kaiser making a gift to the Order of a chapel in the distant Vintschgau, and once again a *Heinricus de Widach* pays witness. In 1219, Friedrich grants the Order the Monastery of the Holy Trinity in the even more distant city of Palermo, and here again *Henricus de Widach* appears. In the same year Heinrich III (1209–1219), eldest son of Heinrich II (1193–1209), joined the Teutonic Knights. In 1224 his younger brother Heinrich IV (1209–1238) granted the Order the Church of St. John in Plauen, which he had been given by Heinrich III [1]. Thus the reeves created the basis of a commandry in Plauen which would set in motion a relationship that was to be as productive and many-sided as its two hundred years would allow.

In the course of the centuries, numerous members came from every family of reeves to join the Teutonic Order: Heinrich IV, who separated from his wife in 1237 and pursued a career in Prussia as an official of the Order; Heinrich von Gera, who was Grand Commander until 1314 and still to be found around 1326 as the Commander of Engelsburg; Heinrich Reuss von Plauen, who, in 1335, was discharged from his duties as Commander of the Bailiwick of Kulm (Chełmno)[2];

Cross of the Teutonic Order on the gable of St. Wolfgang's Chapel, Schleiz

Heinrich the Elder von Plauen zu Mühltroff, who joined the Order in 1391 and who, in a tactical master stroke, was elected Grand Master in 1410; Heinrich the Younger who, following in his brother's footsteps became Commander in Danzig (also in 1410). Both fell foul of Michael Küchmeister, following whose abdication Heinrich Reuss, the middle son of Heinrich VII von Greiz-Vorderschloss, came to Prussia, acted as commander of the army in the Thirteen Years' War (1454–1467) and in 1469 was elected against his own will as 32nd Grand Master of the Order, only to die a year later. The history of the reeves in the Teutonic Order is indeed a very eventful one, compared

to which the history of the Teutonic Order in the Vogtland itself may look comparatively calm. It is important to be conscious of these different histories. In Prussia the reeves were knight-brothers. In contrast, there were only a few knight-brothers in their houses in the Vogtland.

The Plauen Commandry, whose remains are still extant in the area around the old Commandry Court ('Komturhof'), has historically been the heart of the Teutonic Order in the Vogtland. There are also numerous churches, which the order was awarded successively; but there is not much left to see of the schools and hospitals today.

Notes
[1] See UB Vögte I, 41, 43, 47, 50.
[2] See HELMS, pp. 28, 60, 147.

REICHENBACH

The early history of the parish church of St. Peter and Paul in Reichenbach (→ p. 30) and its transfer to the Teutonic Order is complicated. The research situation is still affected by the so-called 'Reichenbach Counterfeits', composed by a notary in Eger [1]. The earliest sources relating to the church in Reichenbach derive from 1263 and 1271. A document which the Land Commander presented to the Bishop of Naumburg in June 1271 with a statement from 1140 confirming the rights of the Order is suspect not only because of its insertion of a statement to the effect that the *patronus* of the parish church in Reichenbach is *Heynricus advocatus de Plawe dictus Ruthenus* – 'Reuss' only existed as a title after Heinrich I, the 'Reuss' (1274–1295), married a Russian princess in 1289. We can nonetheless state that the Order already owned the church at this time: in October 1271 Heinrich von Plauen bequeathed it income from sources in the town [2]. Yet by all accounts the Commandry, which is thought to have been located where the later archdeaconry building now stands, does not seem to have been established until the 14th century. Members of the reeve families are registered again and again as Commanders of the Reichenbach house: in 1323/24 Heinrich von Gera, 1336 Heinrich von Plauen, 1344 another Heinrich von Gera. There was also a school as part of the foundation (1315). The Commandry, however, remained small. During the visitation of 1411, only one brother was accounted for; in 1451 there was a Commander and three brothers, all of whom were clergymen [3]. The church building was redesigned several times, so that traces from the time of the Order may be sought in vain. A chapel built in 1302, which the Reeves of Plauen endowed richly, can no longer be located [4].

Notes
[1] See FLACH, pp. 209–222; SOMMERLAD, p. 16.
[2] See UB DO, 174 (1263), 226 (1271), 228 (1271).
[3] See Visitationen I, 62; Visitationen II, 175.
[4] See UB DO, 668.

SCHLEIZ

In 1284, the Teutonic Order received the patronage of the parish church of Schleiz from Otto IV von Lobdeburg-Arnshaugk (1232/52–1289) [1]. It is called *ecclesia parrochialis in Slewiz* in all the documents; a patronal feast does not appear. This must have been the parish church of St. Nicholas, which has been documented since 1232 [2]. In the following year, the people of

Arnshaugk transferred ownership of the village of Grün to the Order, to allow for the development of the settlement. In 1290, Heinrich II and Heinrich III von Gera (both 1274–1311) put the parish church of St. Andrew in Tanna, which they had already given to the Order in 1279, under the patronage of the House of Schleiz.

The knight-brothers quickly took over all the places of worship in the town. After 1284 they founded the Church of St. George in Neustadt, dedicated to the famous dragon-slayer, in the immediate vicinity of which they built their commandry. In addition, there was a hilltop church above the town, which replaced an older chapel dedicated to St. Anne. The Order may also have acquired the All Saints' Chapel attested in 1394. It certainly stamped its cross on the gable of the Wolfgang chapel at the Wisenta river crossing (→ p. 245 f.). Commanders have been documented here since 1297 [3]. Lords of Gera and Plauen do not seem to have been generally among them, but with Peter von Feilitzsch (1365) and Dietrich von Flurstädt (1392) we see something of the Vogtland nobility in person. On the occasion of the visitation of 1411, the commandry counted *fratres 6, quorum 3 presbiteri* (6 brothers of whom 3 are priests) which would mean that there were at least three knight-brothers in Schleiz. During the inspection of 1451, a total of five priest-brothers were counted [4]. A school under the administration of the Teutonic Order is documented from 1367 (→ p. 421).

Notes
[1] UB DO, 404; see also ibid. 405.
[2] See BLASCHKE/JÄSCHKE, pp. 198 f.; ALBERTI, Geschichte, pp. 52 f. offers a different account.
[3] See ALBERTI, Geschichte, pp. 14 f.
[4] See Visitationen I, 62; Visitationen II, 175.

Tower of St. Mary on the Hill, Schleiz

ST. MARY ON THE HILL AT SCHLEIZ

The history of the founding of St. Mary on the Hill at Schleiz is complicated. Older documents are missing. In December 1359 Heinrich V ('the Younger') von Gera (1311–1377) handed over to the Teutonic Order the chapel erected by the in-

habitants of Gera *uf dem berge zu unsir vrouwen to Sleuwicz* (on the hill in honour of Our Lady of Schleiz), on the proviso that they did not let the chapel *abe lasen gen* (fall into disrepair). On closer reading, one is inclined to think that it is the hill which is called 'Marienberg' or 'Frauenberg', and not any chapel. A deed of 1377, according to which the people of Gera exchanged tribute *di wir hattin gegeben czu sente Annen cappellen uf unszer vrouwen berge* (given to Saint Anne's chapel on Our Lady's Hill) can be understood in this way. SCHMIDT allowed himself to postulate that there must have been a chapel of St. Anne in the church on the hill [1]. While this is possible, there can be no talk of a 'church' on the hill at that date. However, on the south side of the nave of the later church, which ends in a polygonal choir, attached somewhat like a ship's tender, we do find preserved a chapel of St. Anne, also ending in a small polygonal choir. It seems that the earlier building dates back to the Romanesque period. The single nave was later erected, while maintaining the Romanesque west portal, perhaps sometime after the middle of the 14th century. The pillars on the wall supporting the nave's vaulted ceiling date back to the 15th century.

Sources only become more abundant from the late 15th century. This was the time when Heinrich XII ('the Middle' 1482–1500) took possession of the castle and town of Schleiz. It was at this time (1484), too, that Eberhard von Brandenstein zu Ranis promised materials for the construction of a hilltop church at Schleiz, 'especially for the choir, tower and altar' [2]. In 1489, the leading master-builder, Hans Karl from Ranis, signed contracts for the scaffolding; in 1492, he was promised a considerable sum to make the choir win-

Tomb effigy of Heinrich XII von Gera (d. 1500) in the Tower Chapel of his Church on the Hill

dows and some cornice pieces. This process was repeated with the pillar imposts in 1494 and with the choir vaulting, for the completion of which in 1499 his successor Nickel Panhorn von Ranis was remunerated. Henry XII spared no expense on the reconstructed hilltop church. Perhaps he hoped to establish a mausoleum for his family there; but he never saw the completion of the work. In 1506 stone was brought in from Ranis, in 1507 the bell was cast in a Schleiz workshop. Heinrich's sons shared power afresh in 1501, with the result that work ended with the elaborately designed sandstone tomb of Heinrich XII in the tower chapel. Erhard von Kospoth, who died in 1505, was buried in St. Anne's chapel. The pulpit, though repainted around 1670, still dates from the time of the major rebuild (c. 1490) [3]. As to the rest, the hilltop church was refashioned in as baroque a style as possible.

Notes
[1] See UB Vögte II, 61, 239.
[2] WEISS, Bergkirche, p. 9.
[3] See WEISS, Bergkirche, p. 12.

The Church of St. Wolfgang in Schleiz (→ p. 245 f.)

TANNA

Heinrich I von Gera (1238–1269) was the first Reeve of Gera to acquire property in the upper Saale valley: in Lobenstein, Stelzen, Pausa and Tanna, in addition to Mühltroff. His sons,

Commandry buildings behind St. Andrew's Church, Tanna

Henry II and Henry III (both 1274–1311), conferred the patronage of the parish church of St. Andrew in Tanna on the Teutonic Order in 1279 – the patronage initially appears to have been in Plauen, and after 1290 in Schleiz [1]. Clearly out of a caution based on bitter experience, the brothers ensured that their patronage was reconfirmed at regular intervals. In 1343 Heinrich III ('the Tall') von Plauen (1303–1347) and his son already endorsed five of the deeds so far issued in the matter. Notwithstanding, the parish church in Tanna was incorporated sometime before 1349 by the Reeves of Gera into the Cistercian nunnery near Saalburg (→ p. 271 f.). The rivalry had evidently been smouldering for

some time. In 1349 Heinrich von Töpen, who had been pastor of Tanna, promised the Saalburg sisters to help them enforce their claims. Later (1358) Heinrich V ('the Younger' 1311–1377) and Henry VII von Gera (1377–1420) were to claim that they had acted in good faith when the parish church was incorporated into the nunnery, but the submission of further relevant documents made them realize their error. The sisters in Saalburg were now granted the patronage of the church in Gera-Tinz (→ p. 218 f.), which was, however, unfavourably distant. The brothers of the Teutonic house went one better: they bought Wüstendittersdorf, now a district of Schleiz, from the same Cistercian sisters [2].

The house in Tanna was not large. When an inspection was carried out in 1410/1411, the following was noted: *Thann frater unus* (one brother in Tanna). On the occasion of the visitation of 1451, only five priest-brothers were listed. There was no question of a Commander. In addition there was a Herr Bartholomäus, *eyn gromenteler* ('grey coat' or monk) [3].

The current Church of St. Andrew was rebuilt after the town fire in 1640. In addition to the main entrance, above which a naive late Gothic crucifixion has been preserved, the crossing vault in particular shows traces of the previous build-ing. It is an 'open church'. A visit to the outdoor area surrounding it, which has been designed with some effort, is well worthwhile. Here also is the torso of a stone cross moved from Seub-tendorf, which perhaps once marked the Order's possession of an abandoned village, the 'Käm-mera' (chamber bailiwick) attested in 1503 [4] .

Notes
[1] See SOMMERLAD, p. 17.
[2] See RONNEBERGER, p. 38.
[3] See Visitationen I, 62; Visitationen II, 175.
[4] See HUMMEL, Kreuzsteine, pp. 197–200.

PLAUEN COMMANDRY COURT (KOMTURHOF)

In 1224 Henry IV ('the Middle' 1209–1238), handed over the church in Plauen to the Teutonic Order; its patronage eventually followed in 1244, and the Teutonic Knights immediately began building a commandry. This seems to have been in the area of Neustadtplatz [1]. The relocation of the commandry to its current location would be decisive for the development of the Order in Plauen.

It would be a mistake to think that the old *Komturhof*, albeit seen today in all its restored splendour, was once all there was to the commandry. The extensive complex was divided into an upper and a lower part. The Commandry Court itself adjoined the inner wall of the old town and practically occupied the entire outer bailey. The working areas of the Order then extended below the abbey building, towards the Syra stream, with a brewery, vegetable gardens etc. The brothers' residential buildings were gathered around to-day's churchyard, where they formed a closed

Boundary stone from Seubtendorf estate, now in front of St. Andrew's Church

Plauen Commandry Court
(*Komturhof*) with St. John's Church
in the background

Foundations of Teutonic
Order's *Dansker* (latrine)
tower on Plauen city wall

unit similar to the communal courts of cathedral canons. The commander's house stood virtually on top of the town walls. In addition, a passageway still known as 'the gate' led out of the town: perhaps a secret exit for the Order, who may not have wanted their guests stopped by the town watchmen. When a section of wall collapsed at this point around 1500, the town obtained a concession in the form of its own key and shared key privileges [2].

In front of the *Komturhof* was a tower, forming a corner point of the new town fortifications which from 1244 ran parallel to the Mühlgraben; their massive remains still seem to be sticking out of the ground. This tower, later apostrophized as the 'Tower of the Teutonic Knights', is now thought

to have been a 'Dansker' or latrine. Thus in 1336 Henry III ('the Tall') von Plauen (1303–1347) granted his cousin, the Grand Commander *Reusze genant* (called Reuss), the right of construction of a pathway to the tower atop the town walls: *daz sy sullen obir dy statmueren eynen gank zcu yrem heymlichen gemache buewen so sy best mogen* ('that they should construct a walkway over the town walls to the privy, as best they may') [3].

But the land belonging to the Order extended even further. It stretched right down to the old Elster bridge, where in 1332 Heinrich von Plauen had St. Elizabeth's Hospital *gebawet vnd gestiftet* ('built and funded') *vor unserer stat zu Plawe bei der steinern brücken* ('in front of our town of Plauen beside the stone bridge'), thereafter

handing it over to the Order (→ p. 429 f.). Opposite the hospital (demolished in 1949) was the Lower Mill (demolished in 1939), whose shared use the Order had been granted in 1224, until Heinrich I von Plauen (1238–1303) handed over his share in 1244 (→ p. 406 f.). Furthermore, the Order had 'at the parish church on the Elster' (*que iuxta parrochialem [...] ecclesiam in Alestra ad meridiem est locata*) a bathing room (*stuba balneari*), for whose fitting out Heinrich IV ('the Middle' 1209–1238) in May 1236 ordered generous tithing incomes in Plauen and Gera (→ p. 408 f.) [4].

The Plauen house was one of the larger communities in the Bailiwick of Thuringia. However, it was always to remain a priestly commandry, without any secular knights. Initially, a prior was appointed as senior clergyman to supervise it. From about 1265 the office of commander replaced that of the prior [5]. During the visitation in 1410/11, *8 presbiteri* were listed among the Plauen *fraters*; in 1451 seven religious brothers and the commander were listed [6].

There is almost no record of the spiritual life of the commandry. A deed of 1291 has, therefore, attracted some attention. In it the Land Commander of Thüringia decreed that the library of the late priest-brother Petrus was to be transferred to the Order's house in Zschillen near Rochlitz. KARL HEINRICH LAMPE believed that this *frater Petrus sacerdos* came from the house in Plauen [7]. Among the 13 titles recorded in the document, numerous collections of sermons stand out as pastoral aids. The Land Commander ruled that these books should not be taken from the house, but should be used for the benefit of the clergy [8].

Notes
[1] See LUDWIG, p. 35.
[2] See BACHMANN, p. 23.
[3] See UB Vögte I, 776; BACHMANN, p. 28.
[4] See UB Vögte I, 714; LUDWIG, p. 44; UB Vögte I, 64; see LUDWIG, p. 37 f.
[5] See. MILITZER, pp. 204 f., 272.
[6] See Visitationen I, 62; Visitationen II, 175.
[7] See UB DO, 506, note 2.
[8] See MENTZEL-REUTERS, pp. 332 f.

STATUE OF HEINRICH VON PLAUEN AT PLAUEN TOWN HALL (1923)

Heinrich the Elder, firstborn son of Henry VII von Plauen zu Mühltroff, joined the Teutonic Order in 1391. He settled in the State of the Teutonic Order in Prussia. From 1399 to 1402 he was commander of the house in Danzig (Gdańsk), from 1402 to 1407 in Nessau and Morin, and from 1407 to 1410 in Schwetz. In 1410, the order experienced the debacle of the Battle of Tannenberg (Grunwald), in which around 40,000 men lost their lives on the side of the Order, including the Grand Master. This catastrophic defeat unexpectedly became the springboard for Heinrich's later renown. Heinrich, who had not taken part in the battle, led the scattered troops back to Marienburg (Malbork), the main house of the Order, which he defended for over nine weeks against the pursuing Polish-Lithuanian troops, who were well-aware of the historical significance of this action. Storming the house would have meant the end of the State of the Order in Prussia. The fact

that Heinrich was able to hold Marienburg, on the other hand, could mean the rapid restoration of the Order's rule in West Prussia. In recognition of his merits, the general chapter elected Heinrich von Plauen 27th Grand Master.

It could be argued that Heinrich's election was symbolic. After the Peace of Thorn (Toruń) in 1411, the new Grand Master was obliged to pay considerable reparations. When asked for financial support, the Livonian branch of the Order simply fobbed the new Grand Master off with a reference to his now notorious poverty. That Heinrich went on to stage a crackdown in the rich cities of Thorn and Danzig, which had offered their services to the Polish crown as 'tax refugees' after the end of the war, going so far as to execute three of the town councillors in Danzig, was seen as proof of his 'autocratic' tendencies [1]. Perhaps overestimating his options, or at least the loyalty of his followers, Heinrich decided in 1413 to attack Poland head-on. But the Marshal of the Order, Michael Küchmeister ordered the withdrawal of the troops, and by the time Heinrich tried to depose him at Marienburg, a plot against Heinrich was already in motion. Heinrich von Plauen was promptly dismissed as Grand Master and given the commandry of Engelsburg. The fact (of which Heinrich must have been aware) that his brother, along with some followers, was engaging in further intrigue finally made Heinrich *persona non grata* [2].

In the period that followed, from 1414 to 1422, Heinrich von Plauen – along with his brother, the former Commander of Danzig, now downgraded to *Pfleger* ('caretaker') of Lochstädt – was initially held in open detention in Brandenburg Castle (Haff), but, after further intervention by

Statue of Grand Master Heinrich von Plauen (1410 –1413) outside Plauen Town Hall

the Plauens, now committed to prison in Danzig. Heinrich was only pardoned by Küchmeister's successor, Paul von Rusdorf, who offered him in turn the post of caretaker of Lochstädt. And there the hero of Marienburg died in 1429. He was buried in the church in Marienwerder, where his gravestone is still visible today.

The story of Heinrich von Plauen has fascinated people for centuries. It has been easy for later generations to find a hero in the saviour of the Marienburg, fighting against the 'enemy from the East': a Teutonic knight who success-fully held out in a hopeless situation. But neither German nor Polish nationalists ever conceded any ground here. What Marienburg was to one, Tannenberg was to the other. None other than the Romantic poet Joseph von Eichendorff, who was employed in administrative work in Danzig and Königsberg (Kaliningrad), wrote a tragedy in 1830, *The Last Hero of Marienburg* in which Heinrich appears 'as a great, tragic hero figure, ultimately not understood by his own people, but who follows their law' [3]. He is understood only by the women, whom he, as a member of a religious order, is forbidden to desire [4]. A planned, though never completed, drama by the historian Heinrich von Treitschke would in all likelihood have been less nuanced [5]. The limestone statue on the east wall of Plauen Town Hall, executed in 1923 to a design by the Dresden sculptor Selmar Werner, stands, therefore, in a long tradition .

Notes
[1] Biskup, p. 125.
[2] See Nöbel, pp. 65 – 67.
[3] Boockmann, p. 452.
[4] See Kirchberger, pp. 163 f.
[5] See Boockmann, p. 455.

CHURCH OF ST. JOHN THE BAPTIST IN SKALNÁ (WILDSTEIN)

The Church of St. John the Baptist in Skalná (Wildstein) was actually founded by the Teutonic Order. The church was probably settled from Eger (Cheb). The Lords Nothaft, longtime resident in Wildstein Castle (→ p. 294), probably also played a role. In the years that followed, the Nothafts and the Teutonic order remained intimately connected.

The exact age of the foundation is not known. However, a *plebanus* (pastor) *in Wiltstein* is documented in 1281 when Ekkehard Nothaft von Wildstein granted the Teutonic Order the right of patronage over a tithe in Oberndorf. When Engelhart von Wildstein sold a piece of forest to Waldsassen Abbey in 1295, a Commander Meinhard von Eger gave his seal to the sale. When the Wildsteiners bought their castle back in 1298, the Commander of Eger, Heinrich von Kürbitz, acted as witness. Finally, in 1307, Heinrich von Wildstein, son of Ekkehard Nothaft, gifted the commandry in Eger tithes in Lindau and Hirschfeld. Wildstein's *plebanus Dominus Henricus* is among the witnesses [1]. From the poorly documented early history of this church, only a near-event is worth mentioning: on May 18, 1382, a large-scale attack on the celebration of the consecration of the Wildstein church, planned along with a considerable following by the Vogtland knight Heinrich von Döhlen, a highway robber active in Egerland and a supporter of the reeves in the Guttenberg Feud of 1380, was roundly thwarted [2].

Further conclusions about the exact role played here by the reeves, or the possible existence of a residence, are prohibited by the scant documentary situation. Although the church and old castle dominate the town, a visit is only to be recommended for those who are prepared to concentrate on the castle or can enjoy baroque sacred architecture of the early 18th century [3].

Notes

[1] See UB DO, 355, 568, 612, 709.

[2] See Lullies, p. 70.

[3] See Hamperl, Topographie, p. 635 for details of the church furnishings.

ADORF COMMANDRY

Around 1270 the Teutonic Order also put down roots in Adorf. In February 1290, the Church of St. John the Baptist appears as a daughter church of Asch (Aš), which had been granted previously to the Order. Sometime between 1323 and 1328, the Order's house, which may have been located on the site of the modern rectory, became independent [2]. Like Asch and Eger (Cheb), it belonged to the Bailiwick of Thuringia. With only four priest-brothers, it remained easily manageable. The fact that St. John's Church is also known as a 'hospital church' may indicate an old affiliation; this is not reflected, however, in any extant documents.

Donations to the Order are documented from around 1400. In 1407, the brothers were granted the Chapel to the Holy Cross by the town council, which also contributed to the celebration of a mass *in perpetuo* for themselves. The commander in 1419 was one Hans Gumerauer, a member of an influential family from Eger [3]. During the visitations of 1410/11 and 1451, three priests were on each occasion recorded as resident in the house [4]. There is nothing to indicate that the reeves earmarked the Adorf house for strategic purposes.

In 1498 the chapel was given a pointed arch gate. Despite being destroyed several times in the Schmalkaldic and Thirty Years' Wars, the gate survives to this day: not as the portal of the Chapel of the Holy Cross, but as the entrance gate to the St. John's Church, newly built in 1856. The gate is, strictly speaking, the only historic relic of the Teutonic Order in a town much troubled by fires and war, and through which the Reformation swept as early as 1521.

Notes
[1] See UB DO, 477. The transition from Asch is controversial.
[2] See Sommerlad, p. 17.
[3] See von Raab I, 64 (1404); 241 (1419); see also von Raab I, 83.
[4] See Visitationen I, 62; Visitationen II, 175.

ASCH (AŠ) COMMANDRY

The house of the Teutonic Order in Asch is likely to be only a little older than that in Adorf. It must have been established in connection with the takeover of a church. In which case, admittedly, there are three mutually contradictory documentary sources: (1) as early as 1263, the Teutonic Order secured the right of patronage of the churches in Plauen, Reichenbach and Asch under King Ottokar II; (2) in 1270, Reeve Heinrich I von Plauen (1238–1303) gave the parish and the right of patronage of the church in Asch to the Teutonic Order, the list of witnesses being led by a Commander Johannes from Plauen and a Commander Herrmann from Eger; and (3) in February 1290 Heinrich von Plauen transferred Asch, together with its daughter house in Adorf, to the Order. In addition, Heinrich confirmed as belonging to the Asch house the properties that his *avunculus* Heinrich von Weida had assigned to it. In 1309 Heinrich III ('the Tall') again confirmed the right of patronage [1].

In the following years traces of the reeves may be sought in vain. Unlike in Reichenbach or Plauen, there are no family members among the brothers. In any case, the branch, like its Adorf daughter house, may not have accommodated more than three or four priest brothers. It is not recorded at all in the visitation of 1451 [2]. From

Detail from portal of St. John's Church, Adorf, originally from Holy Cross Chapel (1498)

then on, along with the entire historic centre of Asch (→ p. 162 f.), it is lost to history, a victim to repeated periods of reconstruction. Not even the church, first built in stone around 1370, has survived. The baroque church built in 1747 finally burned down in 1960.

Notes
[1] See UB DO, 174 (1263), 219 (1270), 477 (1290), 733 (1309); see also Sommerlad, p. 16.
[2] See Visitationen II, 175.

EGER (CHEB)

The beginnings of the Teutonic Order in Eger (Cheb) probably date back to the era of the Hohenstaufen Emperor Friedrich II: Lampe suggests dates either after 1214 or around 1236 [1]. The Teutonic Knights presumably settled on a plot of land that King Heinrich had bought from the Lords of Liebenstein around 1234. The commandry site was planned below the parish church and close to water [2]. The knight brothers can be documented in 1256 when the Bishop of Regensburg made a donation to the hospital of the Teutonic Knights. In 1258 and 1259, Konradin, as son of Hohenstaufen Emperor, together with Pope Alexander IV, confirmed the grant of the patronage of the Church of St. Nicholas to the Order. The sources then become suddenly plentiful, informing us of an economically strong and politically influential commandry, which appears to have been closely connected, not only through its members, with the Vogtland and the Order's houses in Plauen and Schleiz. The reeves, too, had repeated dealings with the commanders.

In 1264, the Pope had to exhort the brothers of the commandry to properly declare their incomes and goods in order to assess their tithes. Generally speaking, their contributions flowed regularly. We hear of some significant benefactors to the house. In 1279, Heinrich I, Count Palatine of the Rhine and *dux Bawarie*, granted the commandry an estate in Moschwitz, and this was confirmed in 1283 by his successor Ludwig (d. 1294); in 1290 Burgrave Friedrich III of Nuremberg confirmed the brothers' property in Au. From 1281 the Nothaft family of Wildstein Castle repeatedly benefitted the Order. In 1292, the Order bought two villages owned by Albrecht Tullinger [3]. It was in these years (1296–1298) that Dietrich von Colditz, a *ministerialis* from Thuringia, became commander in Eger; he later rose to high rank within the Order as Senior *Trappier* (Master of the Wardrobe) in Venice (1304) [4].

The extent of the Order's possessions in Eger becomes clear from a list of 1448. The house was one of the largest in the Bailiwick of Thuringia. During the visitation of 1410/11 *fratres 19, quorum 16 presbiteri* (19 brothers, 16 of whom were priests) lived there, constituting one fifth of the entire complement of the Bailiwick of Thuringia (*Summa fratrum 98°*), which after Franconia (198) was the second largest in the Holy Roman Empire and Italy. By 1451 there were still fourteen brothers, of whom only one was apparently *eyn ritterbruder* (a knight brother). In addition, it seems, as in Plauen, to have accommodated two incorporated members of the pastoral clergy [5].

Conflict with Waldsassen Abbey was inevitable for anyone setting up in the region. In the spring of 1265, the prior of the house in Plauen had to arrange for arbitration. Shortly thereafter, however, it seems that commerce was harmoniously renewed. A hundred years later, in July 1360, the Reeve of Plauen himself had to intervene to settle a dispute between the commandry and the City of Eger – in light of which it is astonishing that conflict with the Knights of the Cross with the Red Star, who had run their own hospital in Eger since 1270, was not more frequent [6].

Notes

[1] UB DO, 142.

[2] See Tietz-Strödel, Entwicklung, p. 84.

[3] Sources: UB DO, 135, 142, 145, 178, 304, 382, 489, 352, 355, 514.

[4] See Militzer, p. 399.

[5] See Visitationen I, No. 62; Visitationen II, No. 175.

[6] Sources: UB DO, 184, 185; UB DO, pp. 212 f.; UB Vögte II, 74; UB DO, 585 (arbitration 1296).

Main parish church of St. Nicholas and St. Elizabeth (→ p. 235 f.)
Library of the Teutonic Order (→ p. 338)
Latin school (→ p. 425)
Teutonic Order Hospital of the Holy Virgin (→ p. 434)

CHURCHES OF THE VOGTLAND

It is hardly surprising that the history of the Vogtland does not represent a peak of church history. The ecclesiastical development of the region in the Middle Ages formed part of the general developments of the time, especially those in the Diocese of Naumburg, whose bishops were responsible for the core areas of the Thuringian and Saxon Vogtland. These were mostly grouped into a single archdeaconry, itself divided into six deaneries, four of which, with their seats in Gera, Weida, Greiz and Schleiz, provided the organizational backbone of the Vogtland. The Northeast, with Schmölln and Crimmitschau, was already contained in the archdeaconry of Altenburg, while the Bavarian Vogtland belonged partly to the diocese of Bamberg (Hof, Rehau) and partly to that of Regensburg (Adorf, Asch).

Of course, such administrative structures do not always reflect the historically potent priorities of regional church development. These were shaped by the so-called old parishes: early churches deemed responsible for religious activity through a relatively wide network of subsidiary or daughter churches (lat. filia). The Church of St. Vitus in Wünschendorf was the centre of just such an old parish, as were St. Laurence in Hof, St. Laurentius in Elsterberg and the parish of Berg (St. James the Great) in the 'Berger Winkel'

(The Berg Corner). It goes without saying that the history of these old parishes is always a history of decentralization. In such cases, it was not so much a question of what incomes an old parish could expect for its respective services, but of the degree to which the communities in the area influenced matters. Mildenfurth Priory, to which the Church of St. Vitus belonged, repeatedly felt pressure from such quarters.

The history of architecture and art in general will forever be linked in a unique way with the course of church history. Romanesque, Gothic, baroque and neo-classical houses of worship can all be found within the compass of the 'The Reeves' Progress'. Their current appearance, however, is often not an indicator of the real age of a church. Many Romanesque buildings are in fact located in small and very small villages (around Gera, for example). They do not invariably prove, though they may imply, that neither means nor opportunity allowed the construction of later buildings on the site. In terms of architecture, the High Gothic is less well represented than the Romanesque. It was not until around 1500 that the late Gothic building boom began, refashioning the previous styles (e.g. in Neumark). In places where fires were a frequent occurrence, there are often newer or significantly renovated church buildings (e.g. in Berga, Gera, Greiz, Ziegenrück). In such cases, not only the advent of the Reformation, but also the desire to rebuild, as well as the financial assets of the local lords, played an important role. In terms of art history, this means that immersion in the ecclesiastical landscape of the reeves may well involve looking in the villages – and that not only in terms of architecture. Many village churches since the Late Middle Ages (including Dobia, Münchenbernsdorf, Röthenbach) have been home to first-class works of art. The following journey through the Vogtland's more sacred landscape has, then, sought to mediate between aspects of historical, architectural and art-historical significance.

Church of St. Mary in Gera-Untermhaus (→ p. 52 f.)

VILLAGE CHURCH OF ST. MARGARET IN GERA-TINZ

St. Margaret's Church in Gera-Tinz is one of the oldest places of worship in the area of Gera. Its pastor was chaplain to the reeves at Osterstein Castle (→ p. 52). The first clergyman identifiable is to be found in 1315 as a witness for the reeves of Gera; in 1320 the *plebanus in Tintz* represented his lord, Heinrich von Gera, as procurator in a dispute with Waldsassen Abbey [1].

The lower part of the tower is an architectural relict from the early 13th century [2]. The demolition of the nave (1838) was the most serious of the church's numerous alterations. The nave, a construction of the 15th century, was explained by the popularity of the church as a place of pilgrimage for Saint Margaret, on whose feast day (July 13) indulgences were granted and a fair was

held. The church was therefore very attractive as a benefice. In 1359, Reeves Heinrich V and Heinrich VII of Gera transferred it to the economically ailing but distant convent of Saalburg. This led to inconveniences on all sides, but it was only in 1496 that Heinrich XI ('the Elder') von Gera zu Lobenstein (1489–1508) swapped the church in Tinz back for the parish of Friesau, which then went to Saalburg [3].

In a remarkable document dating from around 1400, two brother-priests – Heinrich, incumbent of Tinz, and Friedrich, incumbent of Berga – bequeathed 'for the salvation of their souls' a whole series of books to Mildenfurth Priory [4]. The titles suggest the profile classic of the classic pastor. Since Mildenfurth was entrusted with the spiritual care of the surrounding area, the donation would certainly have been well received.

From around 1500 the church exhibits an embarrassment of riches; a series of sacred works of art were created and its liturgical objects upgraded. In 1503 a new church flag was purchased; in 1505 a great crucifix was acquired and in 1513 an altar dedicated to St. Valentine. In the same year a carpenter was paid for a new pulpit [5]. Battle-ready, the church in Tinz sallied forth against the Reformation which, after all, the territorial overlord managed to resist until 1540. Following the arrival of the new faith, the only thing left of the interior, apart from the crucifix, was the altar triptych, an 'outstanding piece' by Matthias Plauener, a master craftsman from Zeitz [6]. In its opened state (on feast days), it contains statues of the Virgin Mary as the Madonna of the Crescent Moon in the middle. On her right is St. Margaret with a dragon underfoot and St. Barbara. On the left are Mary Magdalene

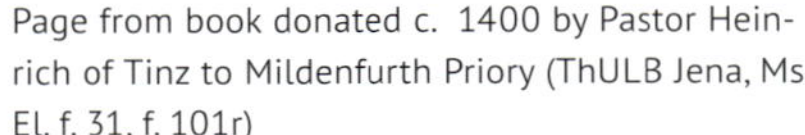

Page from book donated c. 1400 by Pastor Heinrich of Tinz to Mildenfurth Priory (ThULB Jena, Ms. El. f. 31, f. 101r)

Central panel of altar triptych, St. Margaret's Church, Gera-Tinz (1497)

with her jar of ointment, and St. Anne with the Virgin and Child: "The following feature is remarkable: all five women saints are shown as smiling and friendly; this smile, characterizing the heavenly intercessors, is not simply imposed stereotypically on the faces by the artist, but is individually tailored to each: sovereign for Mary, girlishly innocent for Barbara, flirtatious for the Magdalene." [7]

The right wing panel features the saint-bishops Wolfgang and Valentine of Terni, while on the left are the martyrs St. Andrew (with his cross) and St. Sebastian. On the normally closed exterior, whose left wing panel is missing, are portraits of St. John the Baptist and St. Laurence (with his gridiron) framing St. Odile of Alsace, who carries a book with a pair of eyes on it, and St. Lucia of Syracuse, with a sword through her throat.

Notes

[1] UB Vögte I, 463, 502.
[2] On the changes see Lehfeldt, Gera, p. 110f.
[3] See Ronneberger, p. 115.
[4] The list of titles has happily been preserved in a Jena manuscript; see Tönnies, pp. 316f.
[5] See Sladeczek, pp. 165, 160.
[6] Lehfeldt, Gera, p. 111. Only from church accounts do we learn that in 1493 a painter was paid for murals; see Sladeczek, p. 210.
[7] Lehfeldt, Gera, p. 112.

Ruins of the Widen Church in Weida (→ p. 62 f.)
St. Mary's City Church in Weida (→ p. 65 f., 352 f.)
St. Peter's in Weida Neustadt (→ p. 67)

Neumark Church (1498)

NEUMARK CHURCH

There would certainly have been a church in Neumark as early as the 12th century. The very well-preserved building we have today, beautifully restored on the inside and tastefully presented, was built in 1498 largely in its present form.

The most valuable objects in the interior include two preserved pieces of the lost Lady window with the figures of donors and clergymen [1], above whom are Latin banners that carry their prayers up to the Blessed Mother: 'From all sinners take their chains, and bring light to the blind', the donors ask, while the pastor prays: 'Mary, Mother of Grace and Mother of Mercy, protect and receive us in the hour of our death'. As RICHARD STECHE has pointed out, these are set pieces from the vespers of the Little Office of the Blessed Virgin Mary. 'The images were made by a competent master and are all the more valuable because only a few such are preserved in the country.' [2] The windows have recently been attributed to the famous master Hans Hesse (c. 1470–1539).

Also noteworthy is a crucifix, which has been attributed to Peter Breuer from Zwickau as an early work and dated to around 1498–1500 [3]. Older art historians were full of praise for the crucifixes created by Breuer in these years: "Still today, they self-evidently achieve the aims of religious devotional imagery, despite all changes of faith and taste! How securely they stand between the extremes of an exaggerated depiction of suffering and misery and a beautiful but tempered nude! And how convincingly they combine the current ideal of the Christ with Breuer's typical representation of the body!" [4]

The crucifix hung in the Gothic chancel arch until 1844 [5] and, after twenty-five lean years in the church loft, arrived in its present location on the south wall of the choir next to the pulpit of 1869.

Stained glass window, Neumark Church, with donor and priest figures

Notes
[1] Figure also in AK Mühlhausen 2013, p. 41.
[2] STECHE, Plauen, p. 45.
[3] See HENTSCHEL, Breuer, pp. 107, 195 f.
[4] HENTSCHEL, Breuer, p. 107.
[5] See STECHE, Plauen, p. 45.

Church of St. Anne, Ruppertsgrün (→ p. 31 f.)

LANGENHESSEN CHURCH

Focused around its church, the ancient village of Langenhessen lies halfway between Werdau and Crimmitschau. The old church building probably owes its existence largely to the Augustinian canons of St. Martin's in Crimmitschau (founded in 1222), who received the patronage of the *parochia in Hessen* in 1270 from Reeve Heinrich VIII 'von Orlamünde' (1254–1279) [1]. STECHE dated the 'formation of the two vaulted bays' of the choir to this time [2]. It is unclear how patronage then passed to the Cistercian convent in Frankenhausen around 1285 or 1289. Bishop Bruno of Naumburg (1285–1304), during whose tenure the sisters moved here from Grünberg, may well have helped in the process [3].

The chancel has a four-winged carved altar retable. RICHARD STECHE, who was the first to describe the figures and motifs, was unable to decipher them consistently. Above the altarpiece are carved images of a pope with a book, St. Anne with the Virgin and Child, and the dragon-slayer George, while the panels hold carved figures

Stepped gable, Langenhessen Church

of St. Margaret, John the Baptist, Mary and the Child (in the centre), and St. Catherine. The predella has a carved Entombment of Christ in the middle, a painted monk-saint on the left, and St. Laurence on the right. With the wings folded,

the polyptych shows a cycle of images from the life of John the Baptist. The lower set, which Steche describes as follows, deserves attention: 'An Augustinian monk in white under-habit and black scapular brings the head [of the Baptist] to a second', while 'a priest in red under-garment and white tunic, holding a holy relic, calms a storm that is threatening a ship.' [4].

The supposed presence of the Augustinians is astonishing, given the dating of the altar. Next to the apostle Peter stands the year 1507, next to the artist's monogram the year 1508. But the run-down abbey of St. Martin had already passed to the Carthusian Order by 1480, so the reason for the representation of Augustinians is rather unclear. In view of the generous support of the Carthusians by Electress Margarethe and the rich Zwickau (and Crimmitschau) bailiff Hans Feder-angel, the elaborate altar is readily conceivable as a work for them. Steche, who did not want to 'rank it above similar works of the same period', compared 'the careful treatment', which shows 'the strong influence of the younger Franconian school', with the pieces in St. Vitus's (Wünschen-dorf) and the retable in Ulm [5]. Hentschel makes it clear that the Langenhessen polyptych is not by Peter Breuer, but must be assigned to the Zwickau sculptor Leonard Herrgott (d. c. 1540) [6].

Notes
[1] UB Vögte I, 158.
[2] Steche, Zwickau, p. 34.
[3] See Wiessner, p. 818.
[4] Steche, Zwickau, p. 35.
[5] Steche, Zwickau, pp. 35 f.
[6] See Hentschel, Breuer, p. 228.

Church of St. Jocelyn in Rödersdorf (→ p. 243 f.)
Church of St. Mary-on-the-Hill at Schleiz (→ p. 206)

PARISH CHURCH OF ST. MARY IN SAALBURG

The Church of St. Mary in Saalburg is old. We possess no exact information about the date of its foundation. There are reasons to believe that it existed before 1223; however, the first priest there, a *plebanus de Salburc*, is only recorded in 1302 [1]. Thereafter, the trail of evidence rapidly increases: a *plebanus* Konrad is active in 1310, and in 1311 the *ecclesia parrochialis in Salburg* is formally cited in a letter of indulgence. The most important event in the history of the church followed in 1325, when the Reeves of Gera handed St. Mary's over as part of their plans to adequately endow the Cistercian Convent in Saalburg (→ p. 271 f.). From then on, town and convent not only had to share the premises, but also the services of its clergy. This turned out, as one might have expected, to be a bad idea. In 1361, the Reeves of Gera had to mediate between the people of Saalburg and the convent because their priest lived in the convent rather than in the town. The church was also lacking in liturgical objects and books. It was not until 1387 that a position was created for a *messner* (mass priest) to regularly look after the needs of the townspeople.

The church building itself dates from the 14th and 15th centuries, the tower belonging to the 14th, the choir and nave to the 15th. At the end of the 15th century, the building seems to have been badly damaged. Perhaps it was burned down, or maybe it simply collapsed. In 1476, 1480 and then again in 1487 generous indulgences were granted in favour of the church. In 1490 the *liber memoriarum* (parish obituary book) com-

Fieldstone Church of St. Mary, Saalburg

memorates all those who sponsored building stone for the church. A Corpus Christi Fraternity now formed at the church, and in 1491 Katharina and Margarethe von Blankenberg invested serious sums for their memorial services.

The Church of St. Mary seems to have had at least three altars at this time. In addition to the main altar of St. Mary, there was (from 1361) an altar dedicated to St. Catherine. A third altar, also dedicated to Our Lady, was probably in a chapel in the bell tower. Anyone standing on the ground floor of the tower can still see a bricked-up window that belonged to this chapel. Otherwise, the furnishings of the church date largely from the 17th century.

Notes
[1] All data from RONNEBERGER, pp. 105–107.

CHURCH OF ST. LEONARD IN FRIESAU

Perhaps as early as the 11th century, at least long before the town of the same name was founded, the Benedictines from Saalfeld built a small chapel in Friesau. The herringbone-like masonry at the lower part of the church tower indicates its true age. The first reconstruction seems to have been carried out in the 12th century when Friesau became a place of pilgrimage. Further reconstruction, for which letters of indulgence were evidently issued, took place between 1408 and 1440 [1]. Anyone standing today in front of the squat, fortress-like complex with its line of defensive embrasures will see a 15th-century building. In 1496 Heinrich XI ('the Elder') von Gera zu Lobenstein (1489–1508) gave the attractive parish church to the nearby convent in Saalburg in exchange for the Church of St. Margaret at Gera-Tinz [2]. Friesau remained in the tenure of nuns until the Reformation.

The interior of the church is unusually rich in late Gothic works of art. The three altarpieces are rightly centres of attention. The high altar triptych, dated 1447, is of Franconian origin. It has painted wings and carved figures in the central panel, including images of the patron saints of the church, Sts. Nicholas and Leonard [3]. A side altar of St. Michael has a triptych with late Gothic figures and carvings from the workshop of Hans Gottwald in Saalfeld and dates from around 1515. 'In the rather neglected arch and pinnacle superstructure, St. Michael holds a weighing scales in which a soul, shown as a child, is to be weighed against the church and the Eucharistic host, while devils try in vain to make the soul seem lighter than its counterweight' [4]. Finally, a third altarpiece of the same origin and age 'is the counterpart of the previous one; the two must, then, have formed paired side altars' [5]. The painted 'Mass of Saint Gregory' on the right side-wing perhaps merits examination: 'Saint Gregory, clad in red, can be seen on the right praying at the altar, while the cardinals with the papal crown wait behind him, and on the left Christ's head appears behind the altar.' [6]. This motif has become rather rare (see Church of St. Mary in Weissdorf → p. 361 f.).

One of the few medieval stained-glass windows that has survived in the Vogtland region is the Friesau sun-crowned Madonna, made around 1430. It is located in the apex window of the chancel, framed by later bull's-eye panes. The Woman of the Apocalypse, surrounded by a wreath of rays, should actually be standing on a crescent moon, not on a tiled floor. As in the Church of St. Wolfgang in Schleiz, the boy Jesus hugs his mother closely. 'The long robe with its loosely dangling folds, its ends draped on the floor, displays typical elements of the image of the beautiful Madonna' [7]. Stylistically, the presentation is based more on the Bohemian than the Thuringian style of the time.

Tower, chancel and apse of St. Leonard's Church, Friesau

Finally, the church boasts a chalice dated 1509 by the goldsmith Andreas Eckhart, a 'gem of the rarest kind' [8]. At the urging of Heinrich XII, Eckhart moved his workshop before 1500 from the reeve's residence in Gera to Schleiz. In 1503 Heinrich XIV ('the Elder') and Heinrich XV ('the Younger') granted him the privilege of a licence

prohibiting the establishment of any other goldsmith in either the old or new towns of Schleiz [9]. Two chalices from Eckhart's hand have survived, the older of them from 1496. The name, *Juncfrav Marthe ferbers*, engraved on the rim of its base, identifies the donor, who presumably presented it to the Church of St. George in Schleiz, which still owns the work today [10]. The Friesau chalice also bears an inscription, which identifies it as the gift of the former Mayor of Schleiz, Johann Verber. His sick daughter was healed in 1509 by a pilgrimage to Friesau. The dedication to the patron saints of the church, Leonard and Nicholas, at the foot of the chalice has bound this object forever to the church in Friesau. Perhaps we can see the recuperated daughter of the donor in the praying young woman at the foot of the cross.

Notes
[1] See LEHFELDT, Schleiz, p. 50.
[2] See RONNEBERGER, p. 115.
[3] See LEHFELDT, Schleiz, p. 51.
[4] LEHFELDT, Schleiz, p. 53 did not know the workshop of origin.
[5] LEHFELDT, Schleiz, p. 53.
[6] LEHFELDT, Schleiz, p. 54. On the triptych's images see also MEIER, pp. 119–182.
[7] CVMA, p. 162.
[8] LEHFELDT, Schleiz, p. 54 did not know the work's origin or donor history.
[9] See WERNER, Abendmahlskelche, p. 125.
[10] See WERNER, Abendmahlskelche, pp. 114–120.

Church of St. Martin in Thossen (→ p. 135 f.)

CHURCH OF ST. JOHN IN PLAUEN

Surrounded by smaller churchyard buildings, whose predecessors once dated to the arrival of the Teutonic Order, the double-towered, whitewashed Church of St. John rises prominently at the entrance to Plauen old town. Coming from the south-east, anyone who sees the southern of the two towers can identify the slim, double-arched windows as Romanesque and the windows in the nave with their refined tracery as Gothic. There is a great deal of history in this church, purged by the Reformers, which is one of the oldest in the Dobnagau. In 1122, when Bishop Dietrich of Naumburg (1111–1123) confirmed its ecclesiastical status in the presence of Erkenbert von Weida [1], it would in essence have been nothing but a small, timber-framed mission church. Around 1230 the Teutonic Knights effectively built over this structure, adding the two large towers at the western end of the east-facing site. This gave rise to a mighty pillared basilica, albeit with a remarkably short nave, which seems to have been based in the details of its design in particular on the Order's basilica in Zschillen (Wechselburg) [2]. The buttresses on the chancel point to completion after 1240, while a Gothic window on the north wall of the chancel indicates a certain prolongation in the period of construction. This had been bricked up when the Chapel of the Reeves was added in 1322 and was only opened up again during the restoration work of 1951/52.

Like almost all older churches, the Church of St. John in Plauen is a palimpsest: parts of the building have been functionally repurposed and architecturally overwritten. The position of the chapel of John the Evangelist, where in 1264 the Cronschwitz nuns Kunigunde and Emicha wanted to be buried, is completely unclear [3]. Or did they simply mean in the church itself? By 1265 a Chapel of the Blessed Virgin may have stood where the completely unadorned sacristy is today. In the corresponding position on the left of the choir is the somewhat later (1322) 'Chapel of the Reeves'; neither chapel belonged to the ground-plan of the older church. 'Before the two chapels were built, there were very likely two small rectangular rooms continuing the side aisles of the basilica on either side of the chancel; about these, however, not much can be said today' [4].

Unlike the Chapel of the Blessed Virgin, of which there is only archival evidence, the 'Chapel of the Reeves' has been preserved over the centuries. The similarity of its layout to the roughly contemporaneous chapel at Vogtsberg Castle is unlikely to be accidental. The floor plan is in each case polygonal. A seven-vaned star vault divides the ceiling, its plain grooved ribs running into the corners of the wall. In the central boss, two griffins twist between Gothic foliage. Otherwise the chapel is unadorned. The altar, which Heinrich 'the Tall' (1303–1347) and his sons donated in 1322, bequeathing its related incomes to their notary for life, perished in one of the many fires (1430, 1548).

Headstone from tomb of Heinrich 'the Tall' (d. 1347) and his wife Anna von Schwarzburg (Vogtland Museum)

St. John's Church, Plauen, stands on the old city wall

The chapel derived its true importance from the crypt beneath it. During excavation work in the winter of 1952/53, workers discovered among the ruined fragments the headstone of the grave slab of Heinrich 'the Tall' (d. 1347) and his second wife Agnes, Countess of Schwarzburg. Heinrich had gifted the chapel altarpiece in 1322 for his own memory and that of his deceased wife, Margaret von Seeberg, whom he had married c. 1302 [5]. It seems, then, that the Church of St. John in Plauen was intended as the burial place of the Reeves of Plauen. Unfortunately, the condition of the crypt allows no further conclusions

about the further development of this project. However, other family members were later buried in the church, the most famous being the last great Burgrave of Meissen, Heinrich IV (d. 1554), whose epitaph was painted in 1562 and set in the church in 1567 but removed in 1815. In 1607 he was joined by the widow of Burgrave Heinrich V (1554–1568), Katharina Margravine of Brandenburg-Ansbach (died. 1604 in Theusing) [6].

The church remained unscathed throughout the Hussite assault of 1430 and the later Lutheran purges, between which events, however, the north tower partially collapsed in 1473, prompting the city to request a master-builder from Eger. Work was still continuing on the tower in 1530. The current form of the church emerged after the city fire of 1548: the nave and transepts were merged into a three-aisled basilica-style church. The old interior was ruthlessly stripped in 1815 and its contents replaced with new and unrelated items.

Notes
[1] See UB Vögte I, 1.
[2] See BACHMANN, p. 77.
[3] See THURN, pp. 48 f.
[4] BACHMANN, p. 77.
[5] See UB Vögte I, 518.
[6] See WEISS, Plauen, p. 18.

THEUMA CHURCH

Centred on its church, the old village of Theuma lies about 6 kilometres southeast of Plauen. For the most part, its massive church building dates back to the time around 1400 and was under the patronage of the Teutonic Order. It first appears in deeds of 1267, when Heinrich I von Plauen (1238–1303) donated a farm in Theuma and two farms in Bergen to the church and confirmed the donations of grain that farmers from the surrounding villages had made to support church services [1]. In 1500 the people of Theuma donated twenty guilders for an early mass [2]. As late as 1322, Theuma was not an independent parish church, but a chapel dedicated to Mary Magdalene. The church is first mentioned as a parish in 1483, when it is said to have been destroyed during the Hussite Wars [3].

From the early 16th century an altar polyptych dated 1512, carved on the interior and painted on the back of the outer wings, has been preserved.

The raven (Ger. *Rabe*) refers to the donor family Rabe von Mechelgrün

The interior is dedicated to the Resurrection: in the centre one sees the apparition of Jesus to Mary Magdalene on Easter morning in the garden of Joseph of Arimathea; on the left the Raising of Lazarus, the brother of Mary Magdalene; on the right the Assumption of Mary Magdalene as the Hairy Penitent; in the predella the Washing of the Feet of the Apostles. Next to the predella, a small raven has sneaked into the picture, probably as a reference to the donor of the work. With the inner wings closed, the Annunciation and the Nativity story become visible, while the back of the outer wings convey the Passion narrative. The back of the central panel depicts the Veil of St. Veron-

'Mary Magdalene Anoints the Feet of Jesus Seated at Table with his Disciples' (cf. Jn 12, 3), detail from Theuma predella

ica [4]. WALTER HENTSCHEL identified the work as being among those by an artist from 'Plauen or Elsterberg' who can be traced up until c. 1525, and whose hand he recognized in individual figures in the churches in Syrau, Reinsdorf and Oelsnitz among others, and whose supreme achievement might well be the altar in Thossen [5] (→ p. 135 f.).

Notes
[1] UB Vögte I, Nr. 139.
[2] See VON RAAB II, Nr. 189.
[3] See GARMS, S. 9, 24.
[4] See STECHE, Plauen, S. 83; GARMS, S. 30 f.
[5] HENTSCHEL, Plastik, S. 47.

Church of St. Laurence in Hof (→ p. 102 f.)
Church of St. Michael in Hof (→ p. 104 f.)

HOSPITAL CHURCH OF OUR LADY IN HOF

Around 1260, a Hospital of the Holy Spirit, consisting of a poor house and hospice for the elderly, was founded at the lower gate outside the city walls of Hof (→ p. 431 f.). The potential for illness, pain, and death made an associated religious site just as necessary as did economic considerations. From the hospital, the residents were able to slip into the hospital church dedicated to the Blessed Mother through a special passageway. The cemetery was opened in 1268. The reeves supervised the institution from the beginning, and were

Central panel of Heuffner's retable (1511) in Hof Hospital Church (until 1557 in St. Michael's Church)

even the 'principal donors of the hospital in the first century of its existence' [1]. In 1367, Heinrich ('the Elder') von Gera and his son Heinrich established a *remedium animae* in the hospital church: *uns und unnern vordern und nachkommling seelen willen zu trost und hülff* ('as help and consolation to us, and for the souls of our forebears and descendants') [2]. It was during these years that the quarrelsome priest of St. Laurence's, Konrad von Weisselsdorf (1366–1374), was Hospital Master.

In 1430 the Hussites overran Hof and did not leave the hospital church unscathed. Luckily, this was to be the only catastrophe in the history of a church that was otherwise spared town fires because of its location. It was restored in 1464. At that time, the Hof Confraternity of Miller and Baker Journeymen committed themselves to take responsibility for the refitting of the church. [3].

The bakers, along with the occupants of the hospital, were the pastor's only flock. There was as yet no other congregation.

The church became Protestant in 1529, but today it houses some evidence of pre-modern sacral art. Michael Heuffner, a sculptor and painter born in Eger in 1483 and working in the circle of Zwickau's Peter Breuer, placed his monogram (MH) under the showpiece of the church interior: the richly coloured carved altar retable (1511), in the central shrine of which the Blessed Virgin is flanked by St. Catherine (with sword and book) and St. Barbara (with chalice and host). The opened side wings show four scenes (reliefs) from the Christmas story: the Annunciation, the Birth of Jesus, the Adoration of the Magi and the Presentation in the Temple. When closed, there are four apparently unrelated paintings: the appearance of the Risen Christ to Mary Magdalene, the death of St. Ursula, the martyrdom of the Ten Thousand and the beheading of St. George. In the predella, the disciples gather around the bed of the dying Mary [4]. The 'Holy Sepulchre' in Zwickau can now also be attributed to Heuffner, a fact only recently discovered. The altar triptych, moved here from the Church of St. Michael in 1557, was restored in 2005 and newly lit in 2007. The church forecourt was also redesigned in 2015. The Hospital Church is the local starting point for pilgrims setting out on the Camino de Santiago.

Notes

[1] Kluge, p. 22.

[2] UB Vögte II, 157. Heinrich's self-designation as 'the Elder' does not match the information given in Gehrlein, pp. 17–19.

[3] See Hofmann, pp. 14 f.; Kluge, p. 23.

[4] See Gebessler, pp. 16 f.

PARISH CHURCH KIRCHGATTENDORF

It is definitely worth making a visit to the old parish church in Kirchgattendorf, constructed around 1250 on the basis of a late Romanesque chapel, located in the town precincts of Hof [1]. Despite the later baroque reconstruction, its Gothic substance is still palpable in several elements, not only the 14th century star-vaulted choir but also some late Gothic interior furnishings: a life-size crucifix with real hair from the third quarter of the 15th century [2] , a series of frescoes, and the choir stalls donated in 1509 by the Lords of Sparneck, the church's patrons at the time.

The frescoes, rediscovered in 1938 and restored in 1977, deserve some attention. On the north wall, an oversized Saint Christopher carries the Christ Child – who according to the legend is getting ever heavier – over the water. Nearby, Saint Agnes is depicted with her lamb. In the choir there is a Journey of the Magi that can probably be dated as still from the middle of the 15th century. Two of the Magi walk on foot, while servants trot behind on camels: "The central figure of the Three Wise Men stands out, recognizable by his long robe, pointing with his right hand, his head turned towards the young king. Characteristically for the iconography of the Late Middle Ages, the latter is depicted as an elegantly dressed young man with long pointed shoes, tight-fitting breeches and a short, slit, multi-coloured outer garment. With hurried steps, holding the gift of the golden chalice in front of him, he follows the older magus." [3]

The choir stalls, not too elaborately carved but decorated with rich stencil painting, also

Servants on camels follow the Three Kings in Kirchgattendorf Church

Stencilled choir stall decoration with 'spar' heraldic arms of the Sparnecks

repay closer inspection. Their presence here at all cannot be accounted for in our current state of knowledge. Choir stalls are usually found in churches to which a collegiate foundation or monastery is attached. Every canon has his seat. However, there can be no question of such a foundation in Kirchgattendorf around 1510. Did the Lords of Sparneck anticipate a possible establishment? Or do the stalls come from another institution? Finally, there is the possibility of a Kalend Brotherhood (*fratres calendarii*), a union of regional clergy with common interests – but that, too, should have left its mark somewhere… Among the flat, coloured wood carvings that adorn the back of each choir stall and which seem to present tools, one finds – as one would expect – the chevron of the coat of arms of the House of Sparneck [4]. A winged altar retable from around 1510, removed in 1708, is now located in Bamberg Cathedral.

Notes
[1] For building history cf. GEBESSLER, pp. 45 – 48.
[2] The dates fluctuate. GEBESSLER, p. 48, places the crucifix around 1470/80.
[3] ROTH, p. 61.
[4] GEBESSLER, p. 48, refers to a shield with a panther that bears the year 1593. This cannot possibly refer to the origin of the stalls. The panther is a symbol of Christ.

Church of St. Jocelyn in Rehau (→ p. 111 f.)
Church of St. Erhard in Pilgramsreuth (→ p. 359 f.)
Church of St. Catherine in Eichigt (→ p. 358 f.)

CHURCH OF THE GOOD SHEPHERD IN NEUBERG (KOSTEL V PODHRADI)

The Church of the Good Shepherd, located on a hill above Neuberg, was built between 1470 and 1490, under the Eger Burgrave Heinrich von Zedtwitz, as a funeral chapel for the members of the Zedtwitz family. The pedestal-like base of the church dates from this period; the tower also dates back to the 15th century. The original hall church was reconstructed in the baroque style around 1677/82. The wooden barrel vault was added in 1710, with its blue and yellow sky painted in an illusionistic style replete with angels crowding among reddish-brown clouds. Perhaps we can trace a last piece of Gothic art and a remarkable testimony to a female donation from Neuberg in a wooden figure of the Pensive Christ, which is now to be found in the Gallery of Fine Arts in Cheb [1]. At the feet of the Christ, resting on the way to the cross, one finds the coat of arms of the House of Zedtwitz. Next to it there is

At the foot of the 'Pensive Christ' the von Zedtwitz widow, Magdalena Sack, kneels next to her husband's (d. 1509) heraldic arms

a kneeling widow saying the rosary. She has been identified in recent research as Magdalena Sack von Mühldorf, second wife of Veit von Zedtwitz (d. 1509). The sculpture came to Cheb via Seeberg Castle and Franzensbad (Františkovy Lázně) Museum.

Notes
[1] Cf. OTTOVÁ / MUDRA, pp. 194–196; TIETZ-STRÖDEL, Plastik, p. 278.

ROSSBACH CHURCH (KOSTEL HRANICE)

Rising from a rocky crag, the single-aisled church in Rossbach was built on the site of a chapel honouring St. Martin. The dedication to this Franconian saint suggests a certain age. Could it date back to the 9th century, as has sometimes been assumed? There was a wooden chapel building here in the 14th century, burned down by the Hussites in 1430 but already reconsecrated in 1432. The chapel was a filial church of St. Aegidia in Regnitzlosau (→ p. 257),

Rossbach Church, with newly renovated approach

A horse (*Ross*) drinking from a stream (*Bach*) illustrates the town's name, Rossbach

both churches being subject to the Church of St. Lawrence in Hof (→ p. 257). Rossbach did not become an independent parish until 1502. The old church was replaced by a baroque church in 1719. Statues of St. Pancras, St. Catherine and St. Anne from the earlier altarpiece (c. 1520) were discovered in 1928.

The area around the church has been tastefully renovated. An installation with a horse drinking from a stream explains the origin of the old place name, which is no longer easily recognizable in its now Czech-speaking environment.

St. Sebastian's Cemetery Church in Wildstein (Skalná)
(→ p. 169 f.)
Chapel of Sts. Erhard and Martin in Eger (Cheb) (→ p. 365 f.)

MAIN PARISH CHURCH OF ST. NICHOLAS AND ST. ELIZABETH IN EGER (CHEB)

In 1258 and 1259, the *electus* Konradin, scion of the House of Hohenstaufen, and Pope Alexander IV, confirmed the Teutonic Order's patronage of the Church of St. Nicholas [1]. With recognition of this relationship, which had in fact already existed for some twenty years, the church of St. Nicholas and St. Elizabeth, planned as part of the expansion of the City of Eger (Cheb) at the start of the 13th century, and initially constructed between 1220 and 1230, enters the documentary record.

Its two soaring towers can be seen far and wide in the neighbouring countryside. On their lower three floors are preserved the remains of the Romanesque complex: a three-aisled basilica with four bays and an integrated vault system that reveals its kinship with Bamberg Cathedral (1201–1237) [2]. The city fire of 1270 provided the opportunity to replace the old basilica with a more modern building. The long steeply rising choir is a work of that period. The architects may have looked across at the more modern Franciscan Church, from which they certainly took over the narrow lancet windows. The sacristy attached to the north of the choir also suggests the cloisters of the Minorite Church. 'Outwardly, the church took on richer forms as a mirror of civic pride' [3].

About two hundred years later the church was looking its age. The influx of population from the surrounding areas generated by the Hussite Wars enlarged the township and made new construction measures necessary. These were carried out, with the participation of various well-known artists, between 1456 and 1475, albeit in rather difficult circumstances, as the city's royal lord was banned as a heretic. The municipal ledgers enable one to track every step in the construction process. In just four years the Masons' Guild raised the basic shell, and in 1460 the roof timbers were set. The arches and vaulting, however, proved difficult. In 1470 the city sought help from external experts because cracks had begun to appear. In 1473, an Eichstätt architect promised to solve the problem within three years. And this seems to have happened, since the painting of the vault was begun in 1476 [4]. Images of saints were painted on a green background, only to be destroyed during the 1890 restoration. The mighty tower planned for the front of the west end, though started, was never completed. On the other hand, facing the market square to the south a porch was created, its portal crowned with a pointed arch and flanked by slender pinnacles.

Although efforts were made to preserve older elements, such as the long early Gothic choir and the Romanesque west portal, the conversion to a late Gothic hall church consumed considerable sums of money. One of the most enthusiastic donors was the Wunsiedl tin merchant Sigmund

Main Parish Church of St. Nicholas and St. Elizabeth, Cheb

Wann, who had been based in Eger since 1444. In 1456 he had committed himself to a donation of 70 guilders, and only five years later, in 1461, he increased the amount to an astonishing 1800 guilders. In the inventories of St. Nicholas's, Wann appears as 'Kirchenvater' ('father of the church') and 'Bauvorsteher' ('construction overseer'). The childless entrepreneur, who we will meet as the founder of the hospital in Wunsiedel

(→ p. 437 f.), was to bequeath a large part of his fortune to the church. Sigmund Wann was interred in the crypt of the Church of St. Nicholas, his remains being removed to the Eger cemetery in 1823.

The Church of St. Nicholas has also attained a certain importance in German literary history of the Late Middle Ages. Here, in 1401, Nikolaus Czychner dedicated an altar to St. Jerome, the

Gothic fragment from the Parish Church (Municipal Museum, Cheb)

translator of the Greek Bible into Latin, whose cult spread widely in the 15th century. For services at his altar, Czychner, apparently in association with the Eger citizen Nikolaus Hasenzagel, had a Latin Office of St. Jerome composed, the famous Eger *Hieronymus-Offizium*. As the author of this Holy Office, they chose no less a man than the rector of the Latin school in Saaz: Johannes von Tepl, an imperial notary and later city clerk in Prague, the author of the rhetorically sophisticated dialogue *Der Ackermann aus Böhmen* ('The Bohemian Ploughman'), in which a farmer argues with Death over the loss of his wife. The

Office has been preserved in a Prague manuscript. It is not without artistry but does not, of course, reveal anything of the personal style of the author of the *Ackermann*. An illustration on the page margin represents with some certainty the praying donor, less certainly Johannes von Tepl himself [5].

The interior of the tall, cool church has become increasingly baroque over time. It burnt out in 1742 and 1809. Already before, and then especially after 1890, its Gothic relics were largely suppressed. This also applies to the many altars donated by the citizens. In 1464 there are said to have been altogether 14 of them. Subjected to stylistic alteration in some cases from the 15th century, they were finally abandoned as worthless in the 19th century. In short: bourgeois pride and a lively piety have robbed the church interior of everything of artistic interest as well as substance. Fragments of late Gothic furnishings can be found in the Municipal Museum.

Notes
[1] See UB DO, 142, 145.
[2] Details can be found in TIETZ-STRÖDEL, Entwicklung, p. 76f.
[3] TIETZ-STRÖDEL, Entwicklung, p. 93.
[4] In greater detail TIETZ-STRÖDEL, Entwicklung, p. 123f.
[5] See KROGMANN for illustrations of the Office and donor picture, p. 16; of the text pp. 34 – 37.

Parish Church of St. George in Schlaggenwald (→ p. 186f.)

SAINTS AND PILGRIMAGES

The Late Middle Ages are often considered an era of increased popular piety. Never before had people so intensely sought their salvation; never before had they invested so much energy, time and money in anything that promised it. The fine distinctions between, and responsibilities of, the saints in every possible area of life in which they could provide help to the faithful reached a new crescendo. Wherever this help was manifested miraculously, sites of heightened worship developed. Believers, hoping for relief from their ailments, travelled the chapels of miraculous saints. This included the reeves themselves, who made many pilgrimages, not just to the Holy Land. In 1520, Heinrich XIV von Gera zu Schleiz (1500–1538) and his wife Anna visited the pilgrimage church in Grimmenthal in Henneberg. An unspecified Heinrich Edeler von Plauwen, *der wart gestochin czu Aldenborg jn syn houbit* ('who was stabbed in the head in Aldenborg'), looked for and found relief in the Chapel of Our Lady in Elend (Harz).

It is no longer always clear today when to speak of something as a place of medieval 'pilgrimage'. There are several reasons for this. Miraculous figures of saints, or their images or relics, could pop up in existing chapels and churches, only for their worship there to dis-appear shortly afterwards. Moreover, it is not a good idea simply to dismiss pilgrimages as pious fraud on the part of the clergy; no pilgrimage could last long if it was unsuccessful.

There is another question. The Reformation proceeded particularly intensively against places of pilgrimage. Several sites disappeared already in the 16th century. Protestant chroniclers are in the habit of inventing possible places of pilgrimage in order to disparage medieval Catholicism. Vogtland was not excluded. There were thus ephemeral places of pilgrimage as well as completely erased and fictitious ones, while in the pilgrimage site of Maria Kulm (Chlum Svaté Maří) in Egerland (Chebsko) the likeness of the Blessed Virgin is still venerated today. The locations presented below range across the entire spectrum. They include recently (re-) established routes on the *Camino de Santiago* in the Vogtland.

'St. Jocelyn as Pilgrim' (Rodersdorf Church c. 1500)

CHAPEL OF ST. MARY AND ST. MARTIN ON THE PFEFFERBERG NEAR SCHMÖLLN

The pilgrimage chapels on the Pfefferberg near Schmölln, which may originally have been a 'Pfaffenberg' ('parsons' hill'), are veiled in mystery. Reliable references to a chapel dedicated to St. Mary can first be found only in 1328. In 1352, the Auxiliary Bishop of Constantia granted an indulgence to anyone who visited the convent in Cronschwitz or the Chapel of St. Mary on the mountain at Schmölln [1]. A document issued by the Provincial Superior of the Dominican Order, Brother Dietrich, in Halle in December 1397 specifies a double dedication: to the Blessed Virgin and to St Martin [2]. The Cronschwitz nuns were invoked yet again here, but this time it is in all ecclesiastical activities of the Order in the province of Saxony that chapel and convent should participate [3]. The chapel must therefore have belonged to the convent. The nuns must have put great effort into their advancement. In 1406, generous indulgences were again granted for visiting the chapel [4]. Its spiritual significance was clearly on the rise. Already in 1387 Salome von Auschwitz, née Reuss von Plauen, ordered a very extensive offering *pro salut animae* in the chapel, the proper implementation of which four men of Schmölln were to supervise [5]. We know very little about the religious background of the pilgrimages to St. Mary's Mount or the specific object of worship. According to legend, a 'very miraculous image of Mary, which was later transferred to the Schmölln coat of arms', was the focus of this veneration [6].

The chapel on the Pfefferberg was a victim of the popular outrages of 1525. The town council, however, took keeping of the valuables, as became evident in 1528 on the occasion of a church visitation by the local overlord. In view of the really 'excellent equipment', one can 'conclude that the pilgrimage had a particularly wide appeal.' [7]. We may pause to meditate on this in front of the Reformation lime-tree planted here in the 19th century. On the lawn stretching next to the tree we can imagine the old pilgrimage church. According to legend, the Schmölln *Mutschenmarkt* ('spit-roasted meat market') dates back to the pilgrimage [8].

Notes
[1] See UB Vögte I, 934; THURM, p. 75; SEYFARTH, p. 143.
[2] Brother Dietrich is a Dominican, not a Franciscan as Kühne (p. 30) thought.
[3] See UB Vögte II, 386; THURM, p. 76.
[4] See UB Vögte II; THURM, p. 76.
[5] See THURM, p. 79.
[6] EISEL, 967. The story of the image of St. Mary apparently goes back to Johannes Lindner, the Dominican chronicler from Pirna (died around 1530).
[7] KÜHNE, p. 30. Details on the equipment at SEYFARTH, p. 144.
[8] EISEL, 967.

PILGRIMAGE CHAPEL OF ST. ADELAIDE IN SCHÖNFELD (GREIZ)

Until its destruction in 1535 a pilgrimage chapel stood at the foot of the mount that rises behind the former Schönfeld Castle estate. It is said to have been dedicated to St. Adelaide, although the folk tradition knows of other patrons with similar names [1]. As late as 1723 a heap of stones still bore witness to it. As the 'Reussische Kalender' reported in 1914, the remains, visible 'not long ago', had been completely removed [2].

The dedication to St. Adelaide appears strange with respect to both place and time. Both saints who bear the name Adelaide date from the Early Middle Ages. Adelaide of Vilich (c. 970 – c. 1018), an abbess in Vilich near Bonn – or of St. Maria in Kapitol (Cologne) – may be ruled out, although regular pilgrimages to her chapel in Pützchen were organized. This Adelaide, patron of those with eye problems, was only canonized in 1966, and thus the Schönfeld Adelaide most probably refers to Adelaide of Burgundy (c. 931–999), Queen of East Franconia from 951–973 through her marriage to Otto the Great, and Holy Roman Empress from 962–973. She was canonized in 1097 for her charity towards the common people. In 968, Adelaide and her husband founded the diocese of Meissen. Among the best-known works of art from the German High Gothic period are the free-standing statues of the royal couple in Meissen Cathedral, featuring a broadly grinning Queen Adelaide (c. 1260). There was also a depiction of Adelaide as ruler and queen in Magdeburg Cathedral (c. 1235).

Prior to her death, Adelaide retired to the Seltz nunnery in Alsace, which she herself had founded, and which remained a lively place of pilgrimage until the Reformation. Odilo, fifth abbot of Cluny (c. 961–1049), who was later canonized himself and who knew Adelaide personally, composed an 'epitaph for our noble lady Adelaide' (*Epitaphium dominae Adelheidae augustae*). In the German lands, Adelaide was worshipped mostly in Eastern Franconia. A version of the *Epitaphium*, written in Nuremberg between 1454 and 1468, indicates that Adelaide *am Reyn in grossen eren hat* (was greatly honoured on the Rhine) [3].

Connections with the Adelaide pilgrimage in Schönfeld are not immediately apparent. Greiz was not part of the diocese of Meissen, and Magdeburg lay far way. Moreover, it was Queen Adelaide, the founder of the diocese, who was worshipped there, not the miracle worker. However, the Schönfeld chapel is said to have existed already 'before the construction of a church in Greiz' [4]. Since the Reeves of Weida had argued with the town of Lobdeburg over the establishment of a church in Greiz in 1225, Greiz having hitherto received spiritual support from Elsterberg, the establishment of this chapel could go back as far as the 12th century. Given Adelaide's canonization around 1100, there remains a probable time window of up to one hundred years.

Odilo's *Epitaphium* remains tactful on the issue of miracles being attributed to Adelaide. The last paragraph simply says: 'At her grave, blind people recover their lost sight, those paralyzed through stroke regain the use of their limbs, those suffering from fever are healed there.' These reports of healing are not linked in any way to the life of Adelaide. Rather, they document her 'saintliness'. The fact that these miracles were non-specific, however, made Adelaide a very likely patron, an aspect which also applies to Schönfeld: "The well of Adelaide, which sprang up behind the church, a building with a high tower, was once considered to have the greatest healing power. When the church, which was very beautifully decorated on the inside and furnished with many images of saints, was destroyed many crutches were found, as were baskets full of the teeth of those who had recovered, since the spring was supposed to help especially those with toothache." [5]

The St. Adelaide settlement was made up of three farm estates and is now a kind of industrial zone of Greiz. The old Adelaide chapel must have been near apartment block No. 1. A Kapellenweg still exists.

Notes
[1] See EISEL, 641, where the patronage of an 'Appollonia' is assumed.
[2] According to THOSS, p. 133.
[3] According to WILLIAMS-KRAPP, column 18.
[4] THOSS, p. 133.
[5] THOSS, p. 133. The legend knows of a healing spring 'of the holy Appollonia buried there, the helper against toothache, [which runs] through the ears': EISEL, 641. See the alleged Appollonia spring in the chapel on the Kapellenberg (→ p. 260 f.).

St. Vitus' Church in Wünschendorf (→ p. 56 f.)

THE PEOPLE OF WEIDA WALK TO THE HOLY BLOOD OF WILSNACK (1475)

The Jena manuscript Ms. Sag. f. 9, once kept in Mildenfurth Abbey Library, contains a passage about the Vogtlanders who joined in the great 'Wilsnack Walk' in 1475. Wilsnack in Prignitz had been a prominent place of pilgrimage since the late 14th century. Following the destruction of the town by fire at the hands of Heinrich von Bülow in 1383, the pastor there had found three 'bleeding hosts' in the collapsed church, for the visiting of which the Pope granted an indulgence as early as 1384. Many great scholars of the 15th century tried to expose such mass pilgrimages as pious hoaxes. This did not change the fact that Wilsnack Walks, a movement particularly popular among the lower classes, occurred in both 1475 and 1484. The Mildenfurth manuscript speaks of a group of walkers from Weida that was

Mildenfurth eye-witness account of Weida pilgrims on the Wilsnack Walk (ThULB Jena, Ms. Sag. f. 9)

rather poorly organized: *de weydischen lagen vf eym plan uf dem velde vnd hatten ken gelt vnd nicht van speyse* ('the Weida folk were gathered on an open field with neither money nor food') when a woman joined them who succeeded in satisfying everyone (p. 574). Miracle reports such as this did a great deal to promote the Walk. A boy from Gera wanted to go to Wilsnack, but his father locked him up: next morning the boy was dead. Another sign from God! In contrast, five nuns from Weida *vmme sancte franciscen dage* ('on St. Francis' Day') actually managed to abscond to Wilsnack. Another Weida man, Prunzeler by name, sent his daughter to fetch beer. When she failed to reappear, he sent his other daughter after her... The report breaks off here, but there is no question that at least Prunzeler's eldest had ignored the beer and run off to Wilsnack.

CHURCH OF ST. JOCELYN IN RÖDERSDORF

A jewel on the edge of the old trade route from Auma and Zeulenroda to Schleiz is the Church of St. Jocelyn in Rödersdorf. It is not only largely late Gothic on the inside, but also has a long, well-documented history that begins with a Letter of Indulgence in 1340. The Letter, issued at the Curia in Avignon, refers to the parish church of St. James in neighbouring Göschitz and its daughter establishment, the then Chapel of St. Jocelyn in Rödersdorf. Linguistic speculation has led to the place name in the modern transcript of the document being distrusted: the name 'Göschitz' can only, it is argued, derive from *Jodocus* ('Jocelyn'), hence the place name must have originated from the church [1]. Thus Göschitz and Rödersdorf temporarily 'exchanged' patron saints.

Late Gothic Parish Church of St. Jocelyn, Rödersdorf.

The Letter grants indulgences above all for acts of piety at both places of worship: "Whoever, kneeling, recites three Ave Marias at the evening bell, or who does helpful handwork in building, lighting, jewellery or other for the aforesaid church and chapel, or whosoever in their will or otherwise donates or finally bequeaths gold, silver, clothing or any other benefits to the church and chapel mentioned, or visits their cemeteries to pray for the souls of all deceased believers or to hold their funeral there, and for the bearer of this indulgence and his father and mother prays to God etc., we grant a forty-day indulgence for all the penalties imposed on them etc." [2]

The Indulgence Letter of 1340 does not yet know of or promote any pilgrimage, and it is also questionable whether the Letter, which does not indicate any particular popularity of the chapel, should be linked to it. What is certain is that the chapel of St. Jocelyn in Rödersdorf subsequently developed 'into a much visited place of pilgrimage' [3]. An image of the Virgin Mary is said to have contributed to this development [4]. This alteration in the function of the chapel made structural modifications necessary, which were started in 1480.

The simple, single-aisled church building has been substantially redesigned several times in the modern era, but has never been 'modernized' in any irreversible way. In 1957 even the inappropriate gallery was removed. The church tower with its arrow-slits may be old. However, it is hard to imagine it as a single defence tower ever forming the nucleus of the complex. The specific form of the carved sandstone cross above the ground-floor tower window indicates the Teutonic Order, which, while possessing property in Rödersdorf, never held the patronage of the church [5]. If you look closely, you can see signs of its later insertion in the quarry-stone wall. It is said to date back to the artistically-minded Schleiz Superintendent Gabriel Hartung the Younger (1692–1701).

On the other hand, there have been two stained-glass windows here since 1490. They seem to have been adapted for use in various ways within the church, most recently in the central east window. They show two scenes, reduced to the bare essentials, of the Crucifixion group on the one hand, and of St. Jocelyn, represented here as a pilgrim, on the other – another opportunity to confuse him with the pilgrim apostle James the Great. In his right hand he holds a

Reliquaries in the form of saints' busts

model church. The pilgrim's attire and donor's model church are firm attributes of his iconography [6]. Like the other figures, he has a large head in relation to his body; only the Christ figure on the cross looks thin. The similarity of the Rödersdorf head of St. John to the figure of Mary in the Chapel of St. Wolfgang in Schleiz is striking. 'Not only the characteristic facial features such as the strong nose, big eyes and full lips are similar, but also the posture of the figures in three-quarter profile, with the formally folded upper garment clamped under the arm' [7]. Scattered figures and reliquaries are exhibited on the ground floor

Inscriptions on St. Wolfgang's Chapel, Schleiz

of the tower. The late Gothic altarpieces in the choir are not masterpieces, but do exemplify the regional style. The sometimes primitive-seeming repaintings and revisions are striking.

Notes
[1] Thus TRIER, p. 172. The church in Göschitz is not worth visiting.
[2] From the German of SCHMIDT.
[3] CVMA, p. 200.
[4] See CVMA, p. 200.
[5] See HUMMEL, Kreuzsteine, pp. 195–197; UB Vögte I, 346 (from 1302)
[6] CVMA, p. 203.
[7] CVMA, p. 202.

CHAPEL OF ST. WOLFGANG IN SCHLEIZ

As with all the possible and impossible pilgrimage chapels, the documentary situation in the case of the small chapel of St. Wolfgang at the crossing of the Wisenta has led to varied interpretations. Following previous publications, RONNEBERGER still considered it certain that a pilgrimage chapel 'on the Regensburg-Hof-Saalfeld road' existed already in 1150 [1]. Others take the view that the patronage of St. Wolfgang was only transferred in the 17th century to an earlier *Salvator* (St. Saviour's) chapel which was attached to a 'special plague hospital'. Yet another theory connects the Wolfgang chapel with the Church of St. Mary on the Hill above. Together they formed the starting and end point of a hillside Way of the Cross that has since disappeared; stations between the buildings illustrated to the faithful the various sufferings of Christ carrying the cross. The goal of this meditation on the sufferings of the Lord would have been the miraculous image of Mary in the church on the hill. Just such an arrangement was once also to be found in Hof (➜ p. 258 f.).

Anyone standing in front of the small, double-bayed, cross-vaulted rectangular building can easily see that its unfamiliar, impudent aspect could give rise to diverse speculations about its function. It should be noted that the church has been altered several times (most recently in 1750, 1820 and 1911) and parts may have been lost or newly added. [2]. So too with the fragment of a glass window showing the Virgin and Child dated to 1490. The window was probably first made around the time Master Hans Karl zu Ranis was commissioned to decorate the Church of St. Mary on the Hill, from which it was moved to St. Wolfgang's Chapel in 1911. The depiction of St. Mary is not particularly valued by art historians: "Overall, the use of thick brushstrokes for the contours appears somewhat coarse. [...] The broad, melancholy face of Mary makes one think of Franconian representations [...]. However, the conception is less subtle, determined by the strong accentuation of the facial features. The big eyes with heavy lids and deep rings, the strong nose and full lips are striking." [3]

Otherwise, the chapel offers sufficient textual material outside as well as inside. There are numerous inscriptions on the outside, restored in 1982. The majority of them are believed to have been added in the early 16th century: in this respect the dating of the altar (1505) and stylistic considerations agree. Between two younger angel heads an inscription reads: *Schau an, Sterblicher, so gross war einst das Leiden. Schaue zurück, der du vorübergehst. Es sündigt ein gleichgültiger Betrachter.* ('Look, mortal, how great that suffering was. Look back as you pass by. An [i.e. The] indifferent observer sins.') Below which, above the gate with the wrought-iron grille, is the first verse of an old processional hymn that goes back to Theodulf of Orléans (9th century): *Gloria, Laus et Honor Tibi sit Rex Christe Redemtor* ('Glory, praise and honour to you, Christ, King and Redeemer'). This hymn is sung in the Catholic Church during the procession on Palm Sunday.

The other verses that adorn the chapel also find their origin in the liturgical canon of the church. Above the window stands: *Lasst uns im Gedächtnis tragen die Strafe und Schande Christi, die Dornenkrone, Kreuz, Nägel und Spiess und die heiligsten Wunden, den Essig und das Rohr und die Bitterkeit des Todes.* ('Let us bear in mind the punishment and shame of Christ, the Crown of Thorns, the Cross, Nails and Lance and the most Sacred Wounds, the Vinegar and the Reed and the Bitterness of Death.') At the east gable of the chapel there is the Cross of the Teutonic Order and beneath it a relief depicting Christ under the Cross, next to which is written: *Komm uns zu Hilfe, Herr, die du mit deinem Blut erkauft hast, und führe uns zu den lieblichen Freuden des ewigen Lichts.* ('Come to our help, Lord, whom you

Ecce Homo' (cf. Jn 19, 5) on St. Wolfgang's Chapel, possibly from a Way of the Cross connected with St. Mary's on the Hill

bought with your blood, and lead us to the lovely joys of eternal light.') On the right, next to it, is finally a verse that can also be found in the *Imitatio Christi* of Thomas à Kempis, the world's most popular work of late medieval piety (1441). In Chapter 56 of Book III Christ turns directly to the people to invite them to self-denial, carry their cross and follow Him: *Willst du herrschen mit mir, so trage auch das Kreuz mit mir.* ('If you would rule with me, carry also the cross with me.') (III, 56, 2) .

The interior of the chapel surprises one with its well-preserved late Gothic carvings and wall paintings. Next to the door on the right is an old poor box, carved from oak and decorated with the Cross of the Order. It is inscribed with the classical phrase from the first and fourth Works of Mercy (ordered according to Mt 26, 35 f.): *Et pauperi porrige manum tuam ut perficiatur propitiatio et benedictio tua* (Sir. 7, 36: 'Stretch out your hand to the poor so that you will be blessed abundantly.'); *Et vir si [...] panem suum esurienti dederit et nudum operuit vestimento [...] hic iustus est vita vivet* (Ezek. 18, 5, 7 – 9: 'He who shares his bread with the hungry and dresses the naked is a righteous man and shall have [eternal] life.').

Saints Stephen and Laurentius guard the alms from above the poor box.

St. Wolfgang stands to the left of the door. Under his statue are the words: *Der Armen Sache ist das Bitten, der Reichen Sache das Geben, Gottes Sache das Vergelten.* ('It is for the poor to ask, for the rich to give, and for God to reward.') Left of the window: *Das gesegnete Leiden Christi sei unsere Erlösung, damit uns dadurch himmlische Freuden bereitet werden.* ('The blessed suffering of Christ is our salvation, so that we may be given heavenly joys.') On the altar stone: *Der du tot im Felsengrab lagst, ein unschuldiger König, lass uns in dir ruhen und ein heiliges Leben führen.* ('You who lay dead in the rock tomb, an innocent King, let us rest in you and live a holy life.' Finally over the altar: *Der du A und O genannt wirst, bist selbst Quell und Abschluss all dessen, was ist und war und später sein wird.* ('You, who are called Alpha and Omega are yourself the beginning and the end of all that is, was and is yet to come.') Below is the date 1505. The niche in which the large crucifix once stood is empty. Above it the Lamb of God stands on an open book, holding the victory flag with the inscription 'Redemption of the World', beneath which is the admonition: *Verweile ein wenig und blicke mich an, der ich unschuldig für deine Sünden gelitten habe. Nimm mich auf in deine Seele, bewahre mich in deinem Herzen.* ('Linger a little and look at me, who innocently suffered for your sins. Take me into your soul, keep me in your heart.')

The well-founded view that the Chapel of St. Wolfgang was the starting point of a Way of the Cross binds it closely to the Church of St. Mary on the Hill above. One should, therefore, take the time at least to walk the missing 'Stations' observantly. With some certainty the 'Ecce homo' figure on the outer wall of the church was once one such 'Station'. The Church on the Hill itself has been largely de-Gothicized. Its baroque splendour indicates that it still continued as a living centre for the community long after the Wolfgang chapel was closed.

Notes
[1] RONNEBERGER, p. 18: 'probably as the fruit of Regensburg missionary activity'.
[2] We may recall the stone cross in the tower of the St. Jocelyn's in Rödersdorf, added around 1700, and which BERTHOLD SCHMIDT suspects could have come from the Wolfgang Chapel. See SCHMIDT.
[3] CVMA, p. 244. Image ibid., p. 243.

The Church of St. Leonard in Friesau is almost inevitably reached via Saalburg. It can occasionally be read that the monastery developed on or from a pilgrimage church to the Holy Cross [1]. Indeed, in the Charter issued by Bishop Heinrich I of Naumburg (1316–1335) to the founders, is to be read that the Holy Cross 'in the aforementioned church has wrought many and glorious miracles in the community as well as in individuals, even indeed among our adversaries and enemies.' [2]

Notes
[1] See WIESSNER, p. 388.
[2] UB Vögte I, 585.

Church of St. Leonard in Friesau (→ S. 224 f.)

ON THE VOGTLAND *CAMINO DE SANTIAGO DE COMPOSTELA*

Historical researchers are somewhat sceptical of the 'Vogtländischer Jakobsweg' (The Vogtland Way of St. James) opened only a few years ago. They prefer to see the normal, established trade routes as the path of the pilgrims. These roads were policed, and the pious hikers who trod them in the shadow, as it were, of the traders' long-distance wagon trails, knew that 'with such companions, they could trust that they were both better protected and had taken the right road.' There can hardly have been any other route open to the pilgrims. That would mean, of course, that the pilgrims 'did not aim to visit every place of worship dedicated to St. James.' [1].

This interpretation does draw attention, however, to the many verifiable places of worship that were dedicated to the saint. This is demonstrable both in Zwickau and in Chemnitz: two nodes on the trade route leading from Upper Franconia via Freiberg to Dresden. On the northern border of the Vogtland, along the west-east link from Erfurt to Altenburg, we find a *Jakobsspital* (St. James' Hospice) in Schmölln. The north-south road, which runs from Zeitz directly through the Vogtland to Hof, leads via Gera, where a St. James' Brotherhood was active, to Weida. A chapel and hospice dedicated to St. James can also be found in Weida. After Weida the path bifurcates: to the south-east it leads to Greiz, to the south-west to Schleiz. On the way to Greiz was Lunzig, which is said to have had a St. James' Chapel until 1533. On the way to Schleiz lies Göschitz, whose Church of St. James we have already met. The Greiz route then turned onto the main trade route from Hof to Dresden. Here Plauen was the next stop, for which, remarkably, no site of worship in honour of St. James can be proven; however, the little church in Krebes seems to have had some relics of St. James (1432). After Plauen the way led, as a Leipzig Council memorandum of 1471 on the subject of the highways remarks, either directly, or via

Throughout the Vogtland the scallop marks the Pilgrims' Way of St. James

Oelsnitz, where a church dedicated to St. James had stood since about 1240, to Hof [2]. Those who chose the direct route from Schleiz to the Regnitz *curia* passed shortly before Hof through the village of Berg, whose little church is also dedicated to St. James. Thus we can confirm at a glance that anyone who made their pilgrimage on the normal trade routes through Vogtland to Santiago could find plenty of St. James' locations along the way.

Conversely, one has to observe that the options given so far hardly offered the pilgrims any specific infrastructure. This applies, for example, to the route that led from Erfurt in the the northwest via Lobenstein (and via Berg?) to Hof, or to the road from Zwickau *gein Francken* (towards Franconia) which was given its statute in 1460 and which passed via the *Vogtsberg* [3]. Moreover, it should be noted that, at our current level of knowledge, it is virtually impossible to find any sites dedicated to St. James that were not somehow integrated into the normal road network. We have to assume, then, that the 'Vogtland *Camino de Santiago*' was largely iden-

'Pilgrim Apostle St. James', with scallop sign on his hat
(Gallery of Fine Arts, Cheb)

tical to the network of roads leading through the Vogtland anyway [4]. This in no way diminishes the importance of the pilgrimage of St. James through the Vogtland, but it does mean that the new version of the 'Camino' seems more quasi-symbolic than historically 'real', a 'sensible' alternative for nature-loving walkers.

Notes
[1] WISSUWA, p. 51.
[2] See STRAUBE, p. 265.
[3] STRAUBE, pp. 268, 265.
[4] See WISSUWA, p. 47.

CHAPEL OF ST. WILGEFORTIS IN TREUEN

The old patron saint of the parish church in Treuen is St. Bartholomew. This could indicate that there was already a little church here in the late 12th century. In 1514 the nave was expanded.

The current building is however, with the exception of the Romanesque basement of the tower, the result of a moderate classicistic reconstruction after the town fire of 1806. One looks in vain for any late Gothic artefacts.

Gone too is the Chapel *zu Sant gehulfen* ('of the Holy Helper'), which was mentioned in November 1533 on the occasion of a church visitation. The dedication points to the cult of St. Kümmernis (also known as the Holy Helper, or in English as St. Uncumber – she who liberates from pain), who is not otherwise attested in Saxony [1], but whom we will meet again in Pilgramsreuth (→ p. 360 f.). The veneration of St. Kümmernis, listed since 1506 in the Roman martyrology under the name Wilgefortis (perhaps a version of *virgo fortis* or 'valiant virgin'), and whose legend was spread by the well-known Augsburg wood-carver Hans Burgkmair shortly after (1507) in a broadsheet, is a typical late medieval phenomenon in the German-speaking world: "The legend of St. Wilgefortis tells of a beautiful woman whose father urges her to marry a pagan while she herself chose the Heavenly Bridegroom. In prison she asks God to transform her so that no man on earth would want her anymore. God gave her the bearded face of His Son. Her enraged father completes her *christiformitas* by having her crucified."

The origin of this legend has been traced back to an attempt to reinterpret a particular representation of the Christ figure which believers were no longer able to understand: that of the Triumphant Christ on the cross, from whose face all trace of suffering is gone, lacking the crown of thorns and dressed in a tunic. This type of representation had been replaced by the naked, crucified Christ since the High Middle Ages. The legend of Wilgefortis helped explain the older versions. The long-gone chapel *zu Sant gehulfen* in Treuen must have possessed and exhibited a depiction of St. Wilgefortis, perhaps even of the older version of the Christ on the cross.

Notes
[1] See CLEMEN, 'Sant gehülfen capeln', pp. 120–124; CLEMEN, Volksfrömmigkeit, p. 292.

CHURCH OF ST. JAMES IN OELSNITZ

Certainly since its foundation, or at least since the construction of the stone church building under Reeve Eberhard von Strassberg (around 1240), the Church of St. James in Oelsnitz has been a station on the pilgrimage route coinciding with the Plauen-Hof road. We don't know much about its early history. The first pastor surfaces in 1225. His successors testified quite often in legal acts of Plauen for the House of the Teutonic Order [1]. In 1479 the towers were so dilapidated that the citizens of Oelsnitz called the builder Donatus from Eger [2]. The church was rebuilt around 1499, evidently as the result of a fire, as a late Gothic hall church. In the same year it received a new organ, which was damaged by the ineptitude of its organist; so the town council was granted the right of appointment to the tenure of an altar endowment (that of Mary Magdalene) in order to secure a qualified organist in this more attractive, permanent position [3].

Remnants of Gothic architecture on Church of St. James, Oelsnitz

Repeated spiritual foundations indicate that the church was very popular with the townsfolk of Oelsnitz [4]. When in 1524 the Reformation-inclined pastor Bartholomäus Kraus went a bridge too far, he was removed on the orders of the local overlord. [5]

The building has been architecturally remodelled so often that it is difficult to orient oneself. Of medieval origin are only, apart from the basic structure, some insignificant remains: the foundations of the north tower from the late Romanesque period, an early Gothic trefoil relief on the outside of the south side of the choir , and a crucifix dated around 1515, which probably came from the old hospital church (→ p. 431). All other elements (altar, glass windows, baptismal font, pulpit, organ) are creations of the 17th–20th centuries and represent their respective predominant styles (neo-Gothic, neo-Classicism).

Notes
[1] UB Vögte I, 51; UB Vögte I, 514, 714.
[2] See WILD , Beziehungen, p. 184.
[3] See VON RAAB II, 185.
[4] See VON RAAB II, 261 (1511).
[5] See VON RAAB II, 358.

the altarpiece, flanked by Sts. Catherine and Mary Magdalene. STECHE, who seems to have seen the remains of the ensemble, pointed out that the figures had square openings in their chests. Chest reliquaries, as we know from Rödersdorf, were used to contain relics. As such, this was typical for a medieval church. The Planschwitz church rose to importance from the fact that, around the mid-19th century, during renovation work on the substructure of the altar, outstanding testimony to the medieval veneration of relics was recovered in the form of the 'Planschwitz reliquary'. In the thin-walled lead box there were relics of the wood of the cross, the martyr Peter of Milan and Margaret the Virgin, as well as documents and an intact seal of Auxiliary Bishop Gerhard (1434–1435) of Naumburg. This valuable object, which was removed from the church in 1924, is now in the Vogtland Museum in Plauen. Recently it has been displayed several times and a high quality illustration published [2].

Notes
[1] See STECHE , Oelsnitz, p. 18.
[2] See POPP, pp. 65 f.

CHURCH IN PLANSCHWITZ (OELSNITZ)

There is nothing distinctive about the little church in Planschwitz, once maintained by the Teutonic Order. The late Gothic winged altar was already broken into pieces in the 19th century, and in its place there is a baroque monstrosity. One relic of the old Lady Altar seems to be the figure of the Virgin and Child set in a niche on the left. At one time this would have stood in the middle shrine of

RUINS OF BURGSTEIN PILGRIMAGE CHAPELS

Twelve kilometres south of Plauen, in the scenic wilderness between Ruderitz and Krebes, are two sacred buildings that fell into disrepair in the Reformation, which deteriorated further in the German-German Exclusion Zone, and which have only been accessible again since German Reunification. The prominent remains of both chapels are worth a visit.

Items from Planschwitz Reliquary (Vogtland Museum, Plauen)

A Marian apparition in 1474 prompted the establishment of a pilgrimage chapel. Perhaps it was founded by Bishop Heinrich II von Stammer (1466–1481) of Naumburg. In any event, in 1486, Bishop Dietrich IV (1481–1492) made claims to the income from the pilgrimage which were contested by Bamberg. In 1487 an agreement was reached on a division of revenues [1]. But soon a second chapel was built just twelve metres away from the earlier one, which had been subsumed into the parish of Krebes in 1486. 'The western chapel [...] rises directly on the rock and consists of two parts that were erected separately. The irregular, tower-like nave, built of clay tiles, forms the oldest part and seems to have developed from an earlier watchtower [...].' This origin could explain the otherwise inexplicable name of the site. The eastern chapel appears to have been the later one. 'The arrangement of the south and north entrances to the nave suggests the use of this chapel for pilgrimage purposes.' [2].

We know very little about the interior of the chapels. HARTMUT KÜHNE drew attention to a donation that Frederick the Wise sent to the Chapel of St. Mary in 1512 consisting of a chasuble and a *furhang* (drape or cope), both provided *mit meins gnedigsten hern wapen* ('with my most noble coat of arms'). Evidently, the Wettin overlords had an interest in 'demonstrating their presence in this exposed sanctuary.' [3]. But would the Elector have hung his coat of arms in a dilapidated chapel? The inventory carried out

Walls of the older (western) Burgstein Pilgrimage Chapel

during the church visitation in Plauen in 1529 should certainly be read with caution – unless the dilapidated building in question was that of the Bambergers: "*Nachdem es zwu kirchen zum Burckstein hat und die eine bereit an zum teil zurfallen, ist unser bedenken, das man die zerbrochen kirch abbreche und die ander in bewlichen wesen erhalden. Ist auch also bewilligt durch Nickel sack, als des orts erb und lehenherr* ('As there are two churches in Burckstein, of which the one is partially ready to fall down, we are concerned that the damaged church should be demolished and the other should be preserved. It has also thus been approved by Nickel Sack, as the heir and overlord of the place.') [4]"

However, the demolition approved by Nickel Sack zu Geilsdorf does not appear to have been fully carried out. The church in Geilsdorf, into which the still existent parish of Burgstein was incorporated in 1546, bears the ruins of the two chapels on its seal.

Notes
[1] See Wiessner, pp. 116f., 705; von Raab II, 9, 14.
[2] Steche, Plauen, pp. 6f.
[3] Kühne, pp. 49f.
[4] Steche, Plauen, pp. 4 – 6.

Chapel of St. Clare of Assisi, visible from afar above Heinersgrün

CHAPEL OF ST. CLARE IN HEINERSGRÜN

From Burgstein it is only a small detour to the charmingly evocative chapel of St. Clare near Heinersgrün. Tradition assumes a foundation date soon after 1200. The explanation that the chapel was founded by the Poor Clares of Hof, who undertook pilgrimages here, still holds today. At least this is possible, insofar as the Clares owned at least two farms in Heinersgrün. Nothing is known, however, about any sacred item of veneration. The view that the three crosses next to the chapel marked a point on the Stations of the Cross should be treated with caution. The lonely location on the hill makes St. Clare's not unlikely as a pilgrimage chapel, but it is only in 1529 that it is historically recorded as the funeral chapel of the Lords of Feilitzsch [1]. The interior of the chapel contains nothing essential.

Notes
[1] See STECHE, Oelsnitz, p. 8. No grave monuments have survived.

All that remains of St. Peter's Chapel, Kottenheide, is a woodland spring

CHAPEL OF ST. PETER IN KOTTENHEIDE

There are several legends surrounding the forest village of Kottenheide, which lies halfway between Schöneck and Klingenthal and is now part of Schöneck. Gold prospectors from Italy, who are said to have found what they were looking for, will occupy our attentions no less than the story of the divine judgment brought upon the mining, which the humanist Paul Schneevogel from Plauen identified as located here around 1485 (→ p. 412 f.). From the chapel, which was said to have stood in Kottenheide until the Reformation, but which was then demolished, the key alone – according to tradition – has survived. It is displayed today in the (mostly closed) local history museum in Schöneck. In the forest clearing itself, a protective covering has been erected over a holy spring frequented by pilgrims.

We know little about the lost chapel. However, from a dispute decided in 1487 it appears that the pastor of St. Mary's in Wohlbach, along with his colleague in Schöneck, was to decide on the use of any incomes that might arise *an sant peterstag, do vare kenn der kottenheide ist* ('earned from the pilgrimage in Kottenheide on St. Peter's Day') [1].

Notes
[1] VON ZEZSCHWITZ, p. 67.

CHURCH OF ST. MARY IN WOHLBACH

In Wohlbach, part of Mühlental parish, there is a village church dedicated to the Blessed Virgin which is graced with nothing more than a ridge turret. The church is documented for the first time in 1411 in connection with a foundation for a mass for the dead [1], but in its substance it is older, revealing not only Romanesque but also early Gothic elements. In the mid-15th century, Peter Thoss *zu Marieney* appears as a benefactor: in 1447 he sold a property near St. Mary's *unser lieben Frauen Maria der Himmelskönigin zu gutt und der Pfarrkirchen daselbst [an die] alterleutte* ('to the honour of our dear Lady Mary, Queen of Heaven, and for the benefit of the parish church and those who serve the altar there') [2]. The Thosses held the tenure of the church, and in 1504 the Thosses of Erlbach, in 1515 Kaspar Thoss of Breitenfeld, issued relevant deeds [3]. Older research argued vehemently that the church was the goal of Marian pilgrimages [4]. The place name, interpreted as 'Wallbach' ('pilgrimage-stream'), was taken to support this. The reference of 1487 noted above to the pastors of St. Mary's in Wohlbach and of Schöneck jointly deciding on the use of income from 'the pilgrimage in Kottenheide on St. Peter's Day' (→ p. 256) could mean that the chapel of St Peter in Kottenheide to which that pilgrimage took place was subsidiary to St. Mary's in Wohlbach, but not necessarily that any additional pilgrimage to Wohlbach took place.

Notes
[1] See VON RAAB I, 99.
[2] VON ZEZSCHWITZ, p. 65; see. VON RAAB I, 484.
[3] See VON ZEZSCHWITZ, p. 65.
[4] See STECHE, Oelsnitz, p. 32.

CHURCH OF ST. GILES IN REGNITZLOSAU

A legend from the end of the 13th century handed down about the foundation of the Church of St. Giles (St. Aegidius) in Regnitzlosau was first documented in 1224 [1]. At the behest of an angel, a farmer named Michel from the village of Prex, suffering from severe illness, recovered by repeated bathing in a meadow spring, and the local pastor interpreted this to the farmer as a divine sign to construct a chapel there. However, day by day in the dawn light none of the purchased building material was found at the site of the well in the meadow, where it had been left, but miraculously transposed to the site of the subsequent parish church of St. Giles in Regnitzlosau: evidently another sign from God, but this time indicating the correct building site [2]. Such were the forces that ensured the construction of this place of worship in its rightful place. It later became a Protestant place of worship, was expanded several times and went baroque. Except for the pious legend about its origins, the church has nothing more to offer from the Middle Ages.

Notes
[1] See HHS Franken, p. 433.
[2] Miraculously removed building materials which show the true place for a church building is a common motif in the Vogtland. See EISEL, 321.

Parish Church in Kirchgattendorf (→ p. 231 f.)
Parish Church of St. Lorenz in Hof (→ p. 101 f.)

Probable path of the Way of the Cross from Theresienstein to Holy Sepulchre Chapel, Hof (1509)

CHAPEL OF THE HOLY SEPULCHRE IN HOF

In 1509, Kaspar von Geilsdorf donated *ein schönes kirchlein über der Saal allhie* ('a beautiful little church above the Saal here') in Hof. The chapel formed the end point of a particular version of the Way of the Cross, recreating the Passion of Christ in just seven stations: from the taking of the cross through the *via dolorosa* to Mount Calvary and the tomb in the rock. Anyone who took this route paused at the individual stations. Enoch Widmann recalls that there were at each stone pillar *fälder, an denen iderm ein stuck des passions Christi zu oberst in holtzwerck, unter einem dächlein, artlich und meisterlich ist geschnitzt gewesen* ('scenes from the Passion of Christ finely and masterfully carved in wood

under a small roof'). Walking the Way formed part of the Easter Passion rituals, the *compassio*, an occasion on which the faithful shed many tears. When they reached the chapel, their pity was exacerbated by the sight of the three plaintive Marys at the tomb of Christ, as represented on the altar: *Die weibssbilder waren so kunstlich geschnitzt und gemahlet, dass man gemeinet, sie weineten heisse zeer* ('the women's pictures so artistically carved and painted that it was said that they wept hot tears'). [1]

The layout of the Stations of the Cross at the Chapel of the Holy Sepulchre was anything but fanciful. 'The distances and shape of the whole were said to have been based on information given by a monk of whom it was said that he had brought an image of the holy tomb from Jerusalem with him.' [2]. The rock tomb was on a bare rocky hill, as in Jerusalem, and the length of Jesus' ordeal was meant to be exactly equal to the distance between the chapel and the Church of St. Michael. Donations to the Chapel of the Holy Sepulchre and the Stations of the Cross were not unusual at this time. Sometimes, as in Görlitz (around 1500), the pilgrimage and accompanying donation were undertaken as prescribed acts of penance.

Alle freitag das gantze jhar, so lang es bäbstisch gewesen, ('every Friday of the year, as long as it remained popish') Kaspar von Geilsdorf had *eine mess in der ehr des leidens Christi in gemeltem kirchlein halten lassen* ('a mass held in honour of Christ's Passion in the painted church'). With the early Reformation in Hof, the Stations of the Cross quickly lost their importance and the individual Stations gradually fell into disrepair. The chapel was demolished in 1553 to prevent enemies from takng shelter outside the city walls. The fourth Station at the 'high footbridge' was demolished during the same conflict. In 1565 a flood washed away the third Station. DIETSCH still found some remains in the 19th century: 'The first [Station], almost under the sacristy, between the uppermost tower of St. Michael's and the wall against the chapel mill, as well as the second, standing below the new mill in front of the high footbridge, were spared.'

The fate of the Hof Stations of the Cross is not an isolated case. In Protestant parts of the country it may even be the norm. A very well-preserved example of a late medieval Holy Sepulchre which incorporated the local landscape into the Way of the Cross is still to be seen in Görlitz. The Hof Stations can still be walked today, starting from the Church of St. Michael (→ p. 104 f.). The

Reconstructed walls around the chapel on Chapel Hill

end point, however, should not be the signposted Theresienstein, which is accessible through the city park, but the pavilion located directly above the bridge on the right. The chapel, all signs of which have been diligently erased, may have been located in the rocky alcove at the foot of the pavilion. Looking back from here one can survey the entire Way of the Cross.

Notes
[1] RÖSLER, p. 267.
[2] All following quotes taken from DIETSCH, p. 131.
[3] RÖSLER, p. 267.

CHAPEL ON THE KAPELLENBERG

Near the village of Schönberg, barely signposted, you can find the remnants of the foundations of an old chapel in a forest clearing. The mortar-plastered church, whose floor was paved with bricks, appears to have been roughly square (length 7.50 m.), ending in a pentagonal apse (length 5.50 m.). The construction and layout suggest the late 13th century. Extant records still account for endowments made in the 15th century. Later excavations (in 1916) uncovered eight graves here. A small spring emerges from under the roots of a tree. On the stone slab next to it, despite considerable weathering, two incised symbols can be seen: the circular cross of the Teutonic Order and, underneath it, an arrow pointing to the cross. A legend that cannot be very old tells of its origin [1]. The chapel is said to have been the foundation of a noble Lady Brunhilda, who lived with her two sisters Anna and Maria in the castle at Eger. All three had foresworn the joys of life until one day a certain knight Sir Kuno, having just won a tournament, asked for one of the sisters as his prize. This so thwarted a certain haughty lancer that he first defeated the upstart Sir Kuno and, overcoming his own desire, took the Cross of the Order, leaving Brunhilda, who had actually favoured him, untaken. The sisters thereupon embarked on lives of resignation: Anna built the chapel on Grüneberg near Eger, Maria the chapel in Kulm and Brunhilda the chapel on the Kapellenberg. There she still lived as an old maid when an aged pilgrim, whose coat and belt were held together by a Saracen arrow, approached the spring. Brunhilda immediately recognized her knight and sank into his arms. A storm swept

over them, and the next morning only the cross and the arrow were found. The legend must have originated at a time when the old patronal feast of St. Ursula and her 11,000 virgins was no longer known [2]. The medieval names Kuno and Brunhilda certainly come from a more modern version. The connection between the cross and the place of pilgrimage might indicate an older connection with the Teutonic Order. In fact, the images carved on the stone are not unlike the designs on the stone marker from Seubtendorf, which now stands in front of the church in Tanna (→ p. 208 f.). The Tanna stone once indicated an old estate of the Order commandry [3].

Notes
[1] See GRAESSE , 699.
[2] A later legend tells how the spring, thanks to a miraculous relic – a tooth of St. Appollonia, came to be a place of pilgrimage for those suffering from toothache. See GRAESSE , 700. Similar claims were made for St. Adelaide in Schönfeld near Greiz (→ p. 240 f.).
[3] See HUMMEL, Steine, pp. 197 f.

CHLUM SVATÉ MAŘÍ (MARIA KULM) PILGRIMAGE CHAPEL

Chlum Svaté Mař*í* (Maria Kulm) still has a pilgrimage chapel dedicated to Our Lady. Its predecessors can – if so desired – be dated to the first third of the 14th century. The pilgrimage that inspired it is said to date back to the 13th century.

A thoroughly lively narrative tradition continued here until well into the 20th century. Novels and epic poems, but also stage plays of all kinds were based on legends about the miraculous statue of the Virgin [1]. The short foundation legend is one of the oldest of these tales. A butcher's journeyman, once travelling through the inhospitable mountains of the Egerland, found a portrait of St. Mary in a hazel bush and took it with him. When he went to look at his find next morning, the portrait had vanished. Finding it a second time in the hazel bush from which he had taken it, he left it there and built a wooden shelter around it. In time the shelter grew into a chapel, which was still standing when the humanist Paul Schneevogel, born in Eger, made his contribution to the tradition with the novella *Historia occisorum in Culm* ('Tale of the Culm Murderers') around 1494. Schneevogel's novella, which deals with the undoing of a gang of bandits who had been terrorizing the area, presupposes not only the existence, but also the miraculous power of the Blessed Virgin there. The chapel in Schneevogel's story looks at best like local colour. When a young woman is held there by one of the bandits at night and finally killed, her pleas to the miraculous image of Mary do nothing to help her. And even the fact that a knight's maid who witnesses the atrocity remains undetected is not attributed in any way by Schneevogel to the intercession of the Blessed Virgin. The humanist was not in the business of writing a miracle narrative. Even the robber's arrest in front of the chapel by means of a female decoy is based on a nobleman's clever plan and forthright actions. One could, of course, interpret the events in a religious light, linking them to their sacred location and proving its holiness as a venue for the triumph of good. But Schneevogel's story does not end in praise of the Virgin, but with graphic details of the tortures the criminals suffer and the restitution of the stolen goods. The fact that the novella has been linked to both Petrarch and Boccaccio is due not only to the polished speeches of its protago-

nists but also to what has been obviously omitted in the telling [2]. The site which developed at the foot of the Kapellenberg (chapel mount), appears in records for the first time in 1341. In 1384, the Judge of Königsberg donated a number of pieces of land to it. Around 1400 the Knights of the Cross with the Red Star were present on the hill. Maria Kulm's first pastor was a friar in 1401. In 1405 we hear of a bell, which was probably melted down by the Hussites in 1429. Donations flowed freely, and the Teutonic Order played its part in equipping the church appropriately: in 1480 the Grand Master acquired the local manor with 'pond meadows' and a wood [3].

The pilgrimage chapel still contains an approximately life-sized 'Beautiful Madonna' made of sandstone, in a style comparable with the Krumau Madonna and as such dated to around 1410. The Child Jesus sits upright and majestic on the left arm of the standing Mother, who holds a sceptre in her right hand: elements of a hieratic style. The curve of the Madonna's hips is scarcely indicated. As she looks thoughtfully at her Child from the side, the Boy looks past the observer (and probably also past the sceptre inclined towards him). This 'widely renowned devotional image must have had a great impact on the sculptors of the Egerland.' [4] The bones of the legendary band of robbers are said to lie in a vault below the cloisters known as the 'Mördergrube' (murderers' tomb).

Notes

[1] See RUPP, pp. 75–77. It is not surprising that the legend about the founding of the chapel on the Kapellenberg (→ p. 260) is ignored here, even though it attributed the foundation of Maria Kulm to the noble sister Maria.

[2] See RUPP, pp. 65–75. Theisinger reports a similar story (p. 528) as if it were a historical fact.

[3] See THEISINGER, pp. 529f.

[4] TIETZ-STRÖDEL, Plastik, p. 267.

HOUSES OF THE MENDICANT ORDERS

The Vogtland presents a monastic landscape of a particular character. It can be summarized in the words 'Mendicant and Knightly Orders'. There are no houses of the Benedictines, or of either the Canons Regular or the Hermits of St. Augustine (Austin Friars). Only in the northern border area, between Crimmitschau and Schmölln, do we find another, though overall highly variable, situation. In Crimmitschau, a relatively unsuccessful house of Augustinians was taken over by the Carthusians from the 15th century onwards. There was still a Benedictine abbey in Schmölln in the 11th century and a Cistercian abbey until the 12th century, but both houses were later abandoned or relocated, as were the Cistercian nuns in Triptis (to Zwickau and Eisenberg), who could be traced back to 1212. At the end of the 13th century, there were women living in Frankenhausen, north of Crimmitschau, who lived according to the rule of the Cistercian nuns. The only 'foreign body' in the heart of the Vogtland remains the Premonstratensian (Norbertine) house in Mildenfurth; the alleged Cistercian sisters in Saalburg appear less important. Against which we have the Franciscans in Weida, Hof and Eger, the Poor Clares in Hof and Eger, the Dominicans in Plauen and Eger, the Dominican sisters in Cronschwitz, Weida and Plauen, and the Carmelites in Sparneck.

The exact relationship of some of the women's convents to their spiritual communities has been (rightly) much discussed. One can certainly disagree on the status of the houses in Frankenberg and Saalburg or the Magdalenes in Plauen. Nevertheless, the nuns in Saalburg probably never saw a Cistercian monk but, like their sisters in Plauen, were more likely under the care of the Dominican monastery in Plauen. This regulation of pastoral care has nothing to do with the internal conditions of the houses in the Vogtland. The fact that the Poor Clares in Weida or the Dominicans in Cronschwitz more or less openly violated the rules of their Orders, that a spirit subsisted in them more akin to that in noble women's foundations, breathed into them by their typical membership – all this is irrelevant for the time being. Wherever the military orders did not rule, the monastic Vogtland has been a mendicant landscape since the 13th century.

Stepped and crenellated gable of Frankenhausen Cistercian Convent's 'school'

CISTERCIAN CONVENT IN FRANKENHAUSEN

Between Schmölln and Meerane, within walking distance of the motorway, there is a building complex that has now been brought into a more pleasing condition thanks to recent efforts at renovation, but which at first glance still looks as though it might be 'haunted'. The old manor, which existed here in the 13th century, was populated by Cistercian sisters. Frankenhausen meant resettlement for the nuns. The convent was founded in Grünberg (Zielona Góra) after 1260, but was moved to the *castrum* at Frankenhausen after 1276. The process was completed by 1292. That year, a Heinrich von Plauen witnessed the transfer of jurisdiction to the nunnery [1]. In Kunigunde von Haugwitz we meet, in 1286, an abbess from the Saxon high nobility. At this time the convent seems to have included lay people within its community [2].

There was long ambiguity regarding the Order's religious affiliation. What would apply in Saalburg also applied in Frankenhausen: 'The

Convent garden, an oasis of relaxation

convent followed the rule of the Cistercian sisters without belonging to the Order.' [3]. This explains why the sisters had no demonstrable connection to Saalburg, for example. The Bishop of Naumburg was in charge of the convent.

We know little about the spiritual life of the convent. An assumption that there was a school is plausible, and a 'convent school' is also shown on maps. However, as is so often the case with Cistercian women (e.g. in Jena, Quedlinburg), it was an open school from which the convent obtained income. In addition to which the nunnery certainly would have had a choir-mistress, who led the novices in their vocal training. At the beginning of 1444, Jahn von Dohlen, who had just acquired the manor in Jössnitz (→ p. 128 f.), established a large endowment for the convent [4]. Since the benefactor also paid the sum of a guilder 'to repair the books', one may conclude the existence of a small library [5]. In 1480 the local

Lord and bishop agreed a time for the visitation of the convent [6].

The convent property was never very extensive. Around 1360 the Cistercian nuns owned five villages around Grünberg (Zielona Góra). In the course of time, diverse properties were added in around 30 locations. In 1365 Henry IV ('the Middle') Reuss zu Ronneburg (1359–1370) gave the convent a rental income in Zschernitz [7]. When the building burned down in 1410, Bishop Gerhard II of Naumburg issued an indulgence for its rapid reconstruction [8]. When the convent was finally dissolved in 1531, there were six nuns still living there. It was not Mathes von Wallenrod, who had acquired Mildenfurth and was also interested in Frankenhausen [9], but Wilhelm von Thumshirn who bought the abandoned site. The complex, whose historical remains were put under a historical monument protection order at the start of the 1970s, today includes the former house of the prior, the 'convent school', a somewhat slimy moat and the village church with rectory and choir building. Noteworthy is the clearly old apse of the church, to which, however, only the determined will penetrate. In summer, the appealing convent garden invites the visitor to rest.

Notes
[1] See UB Vögte I, 270.
[2] See Wiessner, p. 417.
[3] Schlesinger, p. 282.
[4] See von Raab I, 450.
[5] Poenicke, p. 37.
[6] See Wiessner, p. 257.
[7] See UB Vögte II, 141.
[8] See Wiessner, p. 401.
[9] See Diezel, p. 102.

Crimmitschau Charterhouse (→ p. 333 f.)

DOMINICAN CONVENT IN CRONSCHWITZ

Immediately behind Wünschendorf, on the banks of the Elster, lies the quiet one-street village of Cronschwitz. Structural remains of the old Dominican convent can be found in two places: remnants of the monastery walls, the monastery church and a few cruciform gravestones to the right of the entrance, above the wall that runs along the street; and, after a few bends in this narrow street, the late Gothic convent 'guest house' and modern rectory. The distance between these two points gives a rough idea of the dimensions of the former convent grounds. Cronschwitz was, in terms of its property ownership, 'by far the richest convent in the Vogtland' [1].

There is nothing spectacular about the foundation of the convent. In 1238, Henry IV von Weida und Gera and Jutta, his wife, separated publicly in Mildenfurth, so that each would be able to lead a spiritual life on their own. Heinrich joined the house of the Teutonic Order in Plauen, to which he had given the patronage of St. John's Church in 1224. Jutta became the first prioress of her Cronschwitz foundation. Separation for this purpose was not uncommon. The crowd present nevertheless seems to have been very moved by the event, as the founding legend shows: *Do wurde so mancher heysszer thranen vergosszen, gros weinen, weclagen, iammer und betrubnys gesehen* ('There were many hot tears shed, great cries, lamentations, misery and sadness seen'). In order to understand the tears of those present, one has to read the sentence further: *von sulcher furhyn nymals gehorth nach erfharnn,*

Cronschwitz Convent 'guest house' (later rectory), the only intact building left on the extensive site

willicher ehelicher sunderungen, die gotts krafft und eynsprechung des heiligen geysts aldo eygensichttigklich wirckte ('on account of such a previously unheard of or experienced consensual and honourable separation that the power of God and the inspiration of the Holy Spirit here worked in accordance with the Divine Will' – *eygensichttigklich* simply cannot be understood otherwise). This was high emotion in the face of the consensual nature of a separation which could only be attributed to a direct act of God.

Jutta brought to her convent the rule of the Augustinians. This later led to misunderstandings. It was believed that Cronschwitz was intended to be a noble women's foundation. This was not unreasonable insofar as the convent was 'intended as accommodation for the daughters of the reeves and the Vogtland nobility' [2] and did indeed develop in this way. Of course, the Dominicans also lived according to the rule of St. Augustine. In fact, there was initially a double

Gravestones in the Convent Church ruins

solution: the Dominican monks were responsible for the pastoral care of the nuns, while the Teutonic Knights were responsible for administration and management. We should doubtless see this as a clever compromise. A complete handover to the Dominican Order would have affected the property rights, inasmuch as the members of the Order were obliged to foreswear any personal property. In any case, the arrangement did not last long. After 1246, Cronschwitz was put solely under the Dominican Order. At this time, the Teutonic Order seems to have been completely removed from the administration of the convent. It was perhaps symbolic that Henry IV, who had achieved great honour with the Knights' Brotherhood, died in 1249, on his way from Prussia to Mergentheim, in the convent founded by his separated wife.

It is not known whether Heinrich was buried in Cronschwitz. That the foundation was, so to speak, the house convent of the Heinrichs is evident, but no book of the dead has survived that would provide information about intercessions for its noble founders. If we interpret a little, one can take a letter of 1487 from Henry XI ('the Elder') zu Gera as a reference to a burial site of the reeves [3]. The skeletons excavated by BERTHOLD SCHMIDT in 1905 do not allow any conclusions to be drawn. A fragmented male stone torso discovered on the site and still there, has given rise to speculation.

The list of prioresses who presided over the convent for over three centuries reads like a catalogue of the Vogtland nobility: an Agnes von Plauen (documented in 1301) is early among them, and she is followed by Sophie von Altenburg (1333), Elisabeth von der Planitz (1369), Anna von Gera (1376–1406), Elisabeth von Tannrode (1377–1389), Barbara von Plauen (1391–1406), Mechthild von Gera (1415–1420), Agnes von Miltitz (1462–1468), Margarethe von Wolfersdorf (1487–1533), Margarethe von Bockwitz (1503–1532), and finally Anna von Meusebach (1526–1549). It is astonishing that we know next to nothing about the religious life

Gravestone fragment (1419) of a (von Wolfersdorf?) knight standing on two wolves, with a third (leaping) wolf on his shield

of this high-class convent [4]. A critical remark from the age of the Reformation shows that it certainly existed: the nuns are reproached for continuing to spread old beliefs in their 'school'. So there must have been at least a class for the novices, as might be expected from the learned Dominican Order. Administrative

paperwork must have been drafted, or ordered to be drafted, by the sisters; in any case, they certainly had prayer and hymn books. The complete lack of even a small library is puzzling. The reformers make no mention of one either. However, this should not lead to the assumption that there was no stock of books there at all. Perhaps these left along with their noble owners, as they abandoned their cells on the dissolution of the convent in 1544.

The land around the remains of the convent church became private property in the 1990s and is now part of the local residents' garden. They have tried to preserve the remains of the walls with love and expertise. For example, the surviving gravestones have a protective housing. A larger fragment of the grave slab of a Herr von Wolfersdorf has also been preserved. Other work awaits conclusion.

Notes

[1] THURM, p. 34. THURM's book is still the authoritative monograph on the matter.
[2] THURM, p. 39. I am preparing a new edition of the foundation story.
[3] See THURM, p. 40.
[4] For the legend of the noble nun 'Jutta' von Lohma, who is said to have left the Cronschwitz convent with her lover, Duke Sigismund of Saxony (1417–1471), cf. FASBENDER, Herzog Sigismund, esp. pp. 29–34.

DOMINICAN CONVENT IN WEIDA

A spiritual axis ran through old Weida. It began at the Dominican Convent and led through the Church of St. Peter, which was allied to the convent, through the Franciscan Friary with its modern city parish church, up to the ruins of Widen Church. The individual points on this axis (with

Only the outer walls of Weida Dominican Convent Church still stand

the exception of the city church) have fallen into disuse. We can see, throughout, ruins in a sometimes alarming state. All the more clearly do they bear witness to a monastic landscape that has left its mark on the town.

The current structural condition of the former Dominican convent church is the result of a variety of conversions over the centuries. In the 16th century it was used as a granary. Its use for social housing under Socialism ended with the collapse of the ceiling. The picturesque sight of the ivy-clad gable that emerges from the small park in front of it is matched by the recent appealingly renovated rear of the building. New buildings have spread across the site, and the old convent wall has been integrated into the boundary of a modern property. The convent, evidenced for the first time in 1292, was dedicated to St. Mary Magdalene. It could therefore have been intended for penitential sisters of the Third Order of Dominicans, that is, the Magdalene Sisters, who were also settled in Plauen.

The constitution and organization of Third Orders is not always easy to understand. Even in the Middle Ages details and terms fluctuated. They speak of pious women, sometimes of Beguines, sometimes of penitentials or Magdalene Sisters. What they had in common with other religious orders was that they had a prioress, that the sisters submitted to a rule imposing penance and abstinence, and that they were given spiritual care by the neighbouring male orders. What they had in common with the world was that they neither had to 'die' to their families nor give up a possible craft or profession. Such an arrangement fitted logically into the role of women in the monastic life of the Vogtland, which saw primarily to the care of daughters of the nobility.

Wherever we can identify a prioress, she is also of noble origin such as Margarethe von Minkwitz (1409–1420), under whose rule a great fire broke out in 1419, which seems among other things to have destroyed the convent library. From that same year, records exist of donations of books from sister houses in Prague, Halle and Stralsund: psalters, prayer books and a collection of legends of the saints, essential reading matter for the sisters' edification, whether kept in the choir or in their cells [1]. A reading library as such may not have been created. However, as in Cronschwitz, the novices at least seem to have received instruction [2]. One disadvantage was that there was no Dominican monastery on site for the spiritual care of the sisters. Thus the parish church of Neustadt, St. Peter's, was incorporated into the convent especially for this task. The pastors of St. Peter's, initially normal priests, appear as *fratres* in documents of the 14th cen-

tury. It is somewhat surprising that 'few links can be established' to the house in Cronschwitz. [3].

In the late Middle Ages, the Dominicans of the Saxon Province of the Order were pushing for reforms in their houses. Concerned about the spiritual well-being of his monastic communities, Elector Frederick the Wise initiated measures. Since the reform of a nunnery was usually accompanied by the transfer of sisters from already reformed convents, conflicts were foreseeable. The fact that in Weida one had consistently to deal with women of noble blood did not make the situation any easier. The convent seems to have been in a constant state of disarray. Prioress Margarethe von Pöllnitz had left the convent abruptly in 1510; in 1511 her successor was deposed. Margarethe von Hutten and Martha Spenglerin met resistance when they were transferred from Bamberg to Weida in 1513. In 1515–1517 a fruitless squabble broke out around the sister of the respected Nuremberg town clerk Lazarus Spengler. Influential relatives and friends vehemently demanded that Martha be accommodated more appropriately, while the Provincial, Hermann Rab, urged the local overlord to undertake reforms at the convent. [4] Martha Spengler remained in Weida until she left the convent in 1525. [5]

Such goings-on do not represent the normal behaviour of convents. Basically, they highlight the conceptual problem of a mendicant order functioning as a foundation for noblewomen. It was something of a novelty around 1500 that the upper echelons of the urban community, where their personal affairs were concerned, behaved no differently in terms of self-confidence than the aristocracy.

Statue of the Virgin Mary in front of the former Franciscan Convent Church of St. Mary, Weida

Notes
[1] See UB Vögte II, 657.
[2] See THURM, p. 42.
[3] THURM, p. 45.
[4] On Rab, his career and his writings, including his sermons for the nuns, see HONEMANN, Sächsische Fürstinnen, p. 146.
[5] See WESTPHAL, p. 65.

FRANCISCAN FRIARY IN WEIDA

On a straight line between the Dominican Convent and Widen Church lies the Church of St. Mary, which was elevated to the status of 'city church' in 1527/28. That it is a former mendicant church is revealed by the fact that it does not have a real tower, but only a ridge turret. Oddly, the fact that it was dedicated to the Blessed Virgin is hard to prove and contradicts the patronal dedication of St. Mary's at Widen. At all events, the statue of the Virgin set above the portal will not always have stood here .

Next to the church were the buildings of the Franciscan Friary. They did not occupy much space. Mendicant orders had no lands to cultivate. Nevertheless, there were cloisters, a dormitory, a refectory, and, in the late 15th century, even a small library.

When it comes to finding documentary sources, we are dependent on very few records. We learn that the Franciscans actually settled here in the 13th century from their casual mention in a document from 1267. There are good reasons to believe the 'Monk of Pirna' Johannes Lindner (d. c. 1530) that the friary was founded by the Weida reeves [1]. As to its early years, we are completely in the dark. Only in the mid-14th century does any affiliation with the Order of Friars Minor become evident. Like Hof and Eger, Weida belonged to the Leipzig *custodia*; the provincial chapter met here in 1345 and 1352. Exactly in these years a member of the reeve's family, Heinrich von Weida, was Guardian of the friary [2]. He may be the son of Henry XII von Weida, Heinrich XV ('the Younger'), who was still a judge in Eger in 1349. Heinrich acted as witness several times in deeds of his friary. In 1350 he testified to a (spiritual) endowment for Salome and Heinrich von Plauen, which the brothers committed to hold in St. Mary's chapel every week. Heinrich von Weida died in 1358. Soon afterwards the paper trail largely breaks off.

In the second half of the 15th century, the friary was in urgent need of reform. In 1480 the mayor gained access to the abbey's valuables to have them inventoried. A new dining hall was apparently built in 1487 [3]. Around 1500 we see the house on the upswing. The Guilds of Tanners and Cobblers gathered in the church, as did the town militia [4]. The brothers wanted to set up their own infirmary (*firmerey*), for which they had already acquired a plot of land. [5] When the Reformation arrived, the friars, who had previously been involved in pastoral care and preaching in the town, were evidently for a while supported benevolently by the population [6].

Notes

[1] See FRANCKE, Weida, p. 5.
[2] See AK Mühlhausen 2008, p. 257.
[3] Documentation in FRANCKE, Weida, p. 69 f.
[4] See MICHEL, p. 241. The documents in FRANCKE, Weida, p. 72 f.
[5] Certificate by FRANCKE, Weida, p. 71. By 1529 the construction was still not carried out.
[6] See MICHEL, pp. 240 f. There is no more recent monograph on the monastery.

CONVENT OF THE HOLY CROSS IN SAALBURG-EBERSDORF

The former Convent of the Holy Cross in Saalburg looks little different today from the Dominican Convent in Weida. A gable wall in the 'Convent' quarter (on the left on the way to the dam), overgrown with ivy, not even provisionally secured, on private property surrounded by GDR buildings and garages and not even signposted, is the last trace of the convent dissolved in 1544.

The nunnery was founded in the first decade of the 14th century next an *ecclesia sancte crucis* (Church of the Holy Cross). [1]. In 1313 there is already talk of a *monasterium* near Saalburg. Perhaps, as in Plauen, it was initially a settlement of pious women at a church where the Holy Cross worked miracles: a pilgrimage church conveniently located on the trade route from Nuremberg via Saalburg, Schleiz and Gera to Leipzig. In any case, the house existed already in some form or other when Reeves Heinrich IV (1311–1343) and Heinrich V von Gera (1311–1377) issued a charter of confirmation in 1325. From then on the nuns were expressly bound by the rule, and wore the habit of Saint Bernard, which de facto meant observing the Benedictine rule as specified by the Cistercian constitution. At a time when the wave of Cistercian foundations had long since faltered and was overwhelmed by foundations of the mendicant orders, the reeves resorted to tried-and-tested means to care for the daughters of noble families. The price for this was that the nunnery was not legally recognized by the Cistercian Order, which had already banned the admission of new convents in 1220 and 1228.

Not far away, in Schleiz, the Teutonic Order had already established its commandry some time previously (→ p. 205 f.). The possessions of the Knights in the surrounding villages now came directly into conflict with those of their new female neighbours. To support the new convent, the reeves had incorporated the attractive church in Tanna (→ p. 206), which had been un-

Ruin of gable-end wall, Saalburg Convent Church

der the Teutonic Order since 1279. The dispute that followed lasted over ten years. In 1358 the reeves had to give up on their plan: the church remained with the Order of Knights.

However, the sisters had already been awarded St. Mary's Church in Saalburg in 1325 (→ p. 223 f.). This was also not an ideal solution, since the convent had to share the church with the town, and guarantee the fulfilment of the various duties of a parish church. Nobody was satisfied. In 1361, the reeves had to mediate between the people of Saalburg and the convent because the pastor was no longer living in the town but in the convent. It was not until 1387 that a post was created for a *messner* (mass priest) to care to needs of the townsfolk.

As a Cistercian convent unrecognized by the order, there was in principle no duty to adhere to particular spiritual policies. The sisters chose their own provost, but he need not be a Cistercian. Only two of the provosts were loosely connected to the Cistercian convent in Oberweimar [2]. There is no trace of any link to Waldsassen Abbey. The relationship to the Teutonic Order was determined by legal issues relating to property. Links to the Dominican house in Plauen were few and far between.

At the end of the 15th century, the church seems to have been badly damaged. Maybe it burned down, maybe it collapsed. At any rate in 1476, 1480 and then again in 1487 generous indulgences were granted in favour of the church. In 1490 the *liber memoriarum* (parish obituary book) commemorated all those who sponsored building stone for the church. A local lay-clerical Corpus Christi Brotherhood now formed at the church, and in 1491 Katharina and Margarethe von Blankenberg invested serious sums for their *in memoriam* services. The new wave of spiritual earnestness in Saalburg, supported by the Lords of Gera, led in 1496 to reform by the ultra-conservative Benedictines of Bursfelde. But it was precisely in the context of this reform that the basic problems in the running of the nunnery emerged. Conflicts between the superiors of the convent and the remaining sisters finally came out in the open; defamations and certain extravagances which may have served to enforce the reform, led in 1522 to the nuns complaining to the local Lord and in 1523 to the temporary dismissal of Abbess Helena von Donteck (1506 – 1523), who, however, refused to recognize her removal and from 1529 until the dissolution of the monastery in 1544 continued to hold office as the 'old' abbess, alongside her sister Ottilia von Dobeneck (1527–1544), in a kind of spiritual double act.

No trace of a library has survived. The assumption that it may have been pulped in its entirety could be correct. One should definitely pursue RONNEBERGER's lead in reference to the bindings of the records in Schleiz [3]: Cistercian manuscripts can be recognized quite well due to certian peculiarities. A monastery school also seems to have existed at various times (→ p. 422). Finally there is the unresolved question of lost works of art. A prominent example is the winged altarpiece commissioned from the painter Joachim in Schleiz in November 1519, which is known in detail from a contract between the parties [4]: Sts. Benedict of Nursia and Bernard of Clairvaux were to be depicted with elaborate gold decoration on its inner wings.

Notes
[1] The interpretation of RONNEBERGER is still decisive.
[2] See RONNEBERGER, pp. 38 f.
[3] See RONNEBERGER, p. 47.
[4] Reprinted in RONNEBERGER, pp. 201 f.

DOMINICAN FRIARY IN PLAUEN

In 1266, a Plauen citizen named Hund (Latin *canis*) donated an extensive building site within the town walls out of concern for his salvation: the site stretched from the Syrau Gate along the town wall almost to its corner 'Nonnenturm' ('Nuns' Tower). The Dominicans from Leipzig, supported by the reeves and the 'Canis' family, built a friary on this site between 1273 and 1285. Matters progressed slowly nonetheless: the construction of the church was still ongoing in 1309. The slaughtered victims of 1430 were buried in the churchyard of a ravaged friary.

Running a religious house in the town also had its economic side. In 1478 the friars were allowed to expand their garden into the nearby outer bailey [1] and, in addition to a mill on the banks of the Syra, they also ran a brick kiln which from 1490 provided valuable services for the renovation of the castle [2]. In 1487 a bathing house on the Syra, in 1492 the Plauen district's so-called 'Sick Man's Pond', and in 1493 two abandoned pond sites in the neighbouring Altensalz estate were granted to the friary [3]. Although in 1495 higher quarters in the city administration obliged the brothers to sell one of their two bathing houses [4], the Plauen friary was still in full swing on the eve of the Reformation.

In May 1525 the friary was stormed and plundered by the mob and subsequently dissolved, its property sequestrated. Nevertheless, the memory of the institution was never quite erased. On the contrary: for centuries, the buildings, squares and paths were called 'Klostermühle' ('Friary Mill' built 1504, demolished 1872), 'Klosterteich' ('Friary Pond' created 1285, filled in before 1919), 'Klostermarkt' ('Friary Market') and 'Klostergasse' ('Friary Lane'), and the winding residential area built in 1538–1541 on the site of the friary buildings was called 'im Kloster' ('in the Friary') until 1844. Was this an expression of Protestant triumphalism or a sign of pious awe?

The Leipzig Dominican Friary was an intellectually significant house, perhaps the most important in Central Germany after Magdeburg and Erfurt. In the Leipzig University Library are numerous reminders of the formerly rich library, one of which is an inventory preserved from the time of dissolution. However, very little is known about the spiritual life of the Plauen daughter house. This is surprising, since the Dominicans are a preaching order, so its members will not only have possessed, but will also have written manuscripts. Alas, the books themselves were lost when the cloister was stormed in 1525 [5]. But our other sources reveal little either. It is striking that only one Dominican from Plauen appears in the Cronschwitz documents [6]. Things are not much different in Saalburg: in 1318 Prior Heinrich von Gera witnesses a Saalburg deed, and in 1350 Elisabeth von Kospoth remembers the friars in her *remedium animae* (memorial donation) [7]. The sources are also sparse with regard to the penitents at the 'Nonnenturm', who would certainly have been cared for by the Dominican house.

Although quite a few sermons have survived in medieval manuscripts, researchers are cautious in classifying them as documentation of actual preaching practice. Most of the texts read like theological treatises that have been altered to suit the more personal purpose and form of preaching. Only in exceptionally fortunate cases did preachers note in their personal manuscripts when and where they actually preached from the text in question. Such a stroke of luck seems to be the case with the Dominican Johannes Weltz from Jena. Weltz created a collection of materials from his preaching work which has been preserved in the University Library in Jena [8]. From his writings we know when and where he preached. He seems to have delivered sermons in Jena (e.g. in 1488, 1492 and 1498), and then, using the same material, in Plauen (in 1492, 1502 and 1503) At one point he refers to 'Folio 211' from a Plauen collection of texts: Is this an indirectly attested Dominican manuscript? Weltz only notes in one case where exactly he preached: in 1502 in St. Wolfgang's Chapel on the Everstein redoubt of Dobenaufelsen (→ p. 285 f.).

We know nothing about the friary church, though, as already mentioned, it was still incomplete in 1309. Matters look a bit better when it comes to the interior furnishings. As in Saalburg, we have at least one copy of a purchase order. As evidenced by the Zwickau municipal register, the Plauen city secretary Jakob ordered in 1405 an altarpiece panel with pictures from 'Jakob the Painter from Zwickau', stipulating that: *Dieselbe soll geschickt seyn mit aller irer fassunge in der formen alz die tafel in unserer [Pfarrkirchen (Zwickau) der Himmelskönigin Maria], sunder unden under der tafel scholl er machen einen sarg [Predella] mit brustbildern alz in senthe Katharinen kirchen [Zwickau] in dem kore uff dem altar dy tafel under ir hat.* ('The same shall be skilful with all its diverse parts in the same form as the panel [in our parish church (in Zwickau) of Mary Queen of Heaven] among the which under the panel he shall make a box [predella] with busts as in St. Catherine's Church [Zwickau] in the chancel under the panel on the altar there.') [9]

If the altar retable was ever made, it must have fallen victim to the Hussite attacks shortly afterwards. Something similar can be assumed of an altarpiece made in 1369 in honour of all the apostles, and one commissioned in 1426 by Konrad Röder, the Collector of Mühltroff. Nevertheless Daniel von Feilitzsch, an official appointed in 1525 as trustee, transported 'three cartloads of pictures and panel paintings' to his residence in Trogen [10]. Deprived of their intellectual and material foundations, the last Dominicans fled to Leipzig, whence they had originally come, and remained there until the Leipzig house was finally dissolved in 1540.

Notes
 [1] See BACHMANN, p. 112; VOGEL, Kloster, p. 125. A monograph on the history of the monastery is lacking.
 [2] See BACHMANN, p. 115.
 [3] Sources: VON RAAB II, 4, 7, 10, 56, 58, 71.
 [4] See VON RAAB II, 117.
 [5] Notes on the dispersal in HILPERT, p. 10.
 [6] See THURM, pp. 44, 48.
 [7] See RONNEBERGER, p. 37 f.
 [8] For Weltz See OTT, forthcoming.
 [9] BACHMANN, p. 114.
 [10] BACHMANN, p. 114; HILPERT, p. 10.

The 'Nonnenturm' (Nuns' Tower), part of Plauen's city defences

THIRD ORDER SISTERS OF PENANCE OF ST. DOMINIC IN PLAUEN

The 'Nonnenturm' or Nuns' Tower in Plauen is only misnamed (albeit since 1536) if one assumes that nuns ever actually lived in the former corner tower of the city fortifications. Neither name nor assumption is correct. However, the house of the Third Order 'Sisters of Penance of St. Dominic' was attached to the tower, and the tower was 'next to' the pious sisters!

The attitude of the Third Order to its male and female arms is not complicated in itself, though a fair classification of the place of pious women is made more difficult not only by the lack of sources, but also by often ill-founded research. A good starting point is a model in which collectives of women leading a religious life (often dubbed 'Beguines') take on the organizational form of Third Orders over time. It may well have been like this in Plauen. Based on what we know about Cronschwitz, the assumption that the Plauen house was started from there is rather unlikely [1]. Around 1300, the settlement of pious women in Plauen was called a Beguinage, and at the beginning of the 16th century a Convent of Tertiaries [2]. Around 1500 the women 'regularly delivered the wax candles for the chapel in the castle' [3]. In between are two centuries of evidential poverty. Nonetheless one can conclude with confidence that the sisters were under the care of the directly adjacent Dominicans.

Notes
[1] See Ludwig, p. 8.
[2] See Ronneberger, pp. 27 f.
[3] Bachmann, p. 115.

Franciscan Friary Hof (→ p. 106 f.)
Poor Clares Convent Hof (→ p. 107 f.)

The Franciscan and Poor Clare houses in Hof and Cheb offer rich material for comparison. They all belonged to the Order's Saxon Province and in both cities stand right next to each other. The Hof Poor Clares Convent was settled from Eger/Cheb. One should try to visit both cities one after the other. Cheb offers much more in the way of preserved substance.

The architecturally much refashioned buildings of the Franciscans and Poor Clares in Cheb are located in a space so confined that they seem to be leaning up against each other. From the very beginning, both houses of the Order shared the church between them and have shared histories. The Franciscans may have been here as early as the 1250s, and the Poor Clares by 1270. The town fire of 1270, in which all the buildings were destroyed, also meant a new start, as did the reform initiated in both houses in 1465. In terms of cultural history the Poor Clares' house achieved greater importance.

FRANCISCAN FRIARY IN EGER (CHEB)

For the consecration of the Church of St. Mary of the Annunciation, restored after fire, Bishop Heinrich of Regensburg chose the perfect moment of a Diet of Princes (1285), where, in addition to Rudolf II (then Duke of Austria), seven bishops and numerous dukes and nobles were assembled [1]. Shortly afterwards, the marriage of the fifteen-year-old King Wenceslaus II to the fourteen-year-old Judith, daughter of Rudolph II, was held in the very same church [2]. Those were the happy years when the Reeves of Plauen had gained a foothold in the Egerland. Heinrich II (the 'Bohemian' 1274–1302) had married the daughter of the mighty nobleman Borso von Riesenburg in 1283. In 1301 King Albrecht of Habsburg appointed him Collector of Eger. But Heinrich died the following year and was succeeded (1304) as collector and judge in Eger by his eldest son, Heinrich III ('the Tall' 1303–1347). With the Vogtland War (1354–1356), the situation changed fundamentally. When in 1383 – exactly 100 years after the marriage of Heinrich II – Heinrich IX (1373–1412) married Anna von Riesenburg, he had to content himself with properties in Petschau and Buchau.

The splendid start was followed by a rich century of unspectacular activity, in which a single event stands out. On Maundy Thursday in 1350, a Franciscan from Eger preached that the rising plague was as much a work of the Jews as their crucifixion of Christ. This was not something that was not preached elsewhere, but the sermon in Eger was immediately followed by a massacre of the local Jewish community. Karl IV, who thereby lost his taxes from the Jews, demanded considerable reparation payments from the city, though he forgave it the crime [3]. The event had a long lasting impact on the collective memory. In 1624, a master singer dedicated three stanzas to it in a melody by his Eger colleague Kaspar Singer (around 1500), which emphasized the crucifixion as the responsibility of the Jews, but not the plague. The blame for the pogrom is also attributed there not to the preaching monk, but to the foolishness of his hearers, who (mis)understood that Christ was crucified in Eger. This could hardly have been the Word of God!

In 1394 and 1397 two provincial chapters were held in Eger, which (as in Weida 1345 and 1352) was seen as a sign of the healthy state of the friary [4]. The takeover by the Utraquists after 1400 embittered the Catholic community and made it difficult for publicly preaching mendicant orders to make ends meet. The appearance of the Italian Franciscan preacher Johannes de Capestrano in 1451 was a ray of hope [5]. Capestrano swept the faithful all over Europe. At times his eager preaching is said to have been decisive for any religious house's efforts at reform. In 1453, Capestrano was again in Eger, where he wrote a poisonous tract against the Utraquists. This was a troubled period of conflict and excess.

The Franciscans in Eger seem to have been affected by the apocalyptic visions of a group formed around Johann and Levin von Wirsberg, who preached, albeit inspired by the best of reformist intentions, against the ecclesiastical hierarchy, the practice of indulgences and the wealth of the clergy. The response set a process in motion that reached as far as Rome and returned in the form of a papal bull. Pius II called for the friary to convert to the Observantist discipline, to which it was subjected – not without resistance – in 1465. In 1467 the house, now abandoned, had to be restocked with Saxon friars [6], after which pious donations by the citizenry are again recorded [7].

The Gothic hall church was in time largely reimagined with a baroque interior. Only here and there can one still discover a Gothic carved capital (for example in front of the polygonal choir) or vaulted consoles (brackets). Perhaps the frescoes, dated to the 15th century and only rediscovered in the 20th – which include a portrait of the Pensive Christ in the sacristy – come from the time of spiritual renewal [8]. The high Gothic cloisters, started after 1310 and perhaps completed around 1375, still show considerable traces of old painting in the northeastern wing [9]. The house survived the Reformation and all other catastrophes through the centuries and remained functional until 1950. The church and friary are now freely accessible again. The condition of the church interior, however, raises the question of how to deal with the huge building and save its late Gothic relics in the future.

Remains of 15th century wall paintings, Franciscan Friary Church, Eger

Notes

[1] I follow TIETZ-STRÖDEL, Entwicklung, p. 87, who distinguished between the dedication of the church and the wedding. For a detailed description of the construction and the interior of the church, see TIETZ-STRÖDEL, Entwicklung, pp. 87–93.

[2] See FILIP, p. 176.

[3] See FILIP, pp. 176 f.; STURM, pp. 260 f.

[4] See FILIP, p. 177.

[5] Basically now DIETL. See FILIP, p. 177; STURM, p. 278 f.

[6] See FILIP, p. 178; STURM, p. 279. A list of the Guardians of the House, which has significant gaps between 1450 and 1540, can be found in STURM, pp. 398–400.

[7] See VON RAAB II, 260 (1511).

[8] See TIETZ-STRÖDE, Entwicklung, p. 90.

[9] See TIETZ-STRÖDE, Entwicklung, p. 91 f.

CONVENT OF THE POOR CLARES, EGER

The pious women who were probably already living here before 1270, and who rose from the ashes after the town fire as Poor Clares, officially adopted the rule of St. Clare of Assisi in 1287 [1]. From a happily preserved property list of 1470, a considerable increase in the possessions of the convent can be seen over two centuries. It should be noted that the Poor Clares of Eger were typically bound to individual poverty. But the convent, which was supported by the wealthy urban population, had no problems legitimizing its unusually rich status. It was, therefore, fitting that the convent sent founding sisters to the new branch in Hof around 1348. The further history of the two houses shows how strongly the ideal and reality of the mendicant orders differed. While the convent in Hof remained a place of care and provision for the daughters of the nobility, who were long concerned with its practical consequences, spiritual reform blossomed in Eger.

The sisters' desire to be reformed by the Nuremberg convent of the Poor Clares was decisive. Between August 1465 and October 1469, observant Nuremberg sisters took up residence in Eger. They brought manuscripts with pious texts which were copied there. The close relationship between the two convents is still reflected in the content and design of these writings; a relationship that was actually triangular, as the Clares of Nuremberg drew a significant amount of literature from the Nuremberg house of the Dominican Sisters, the Convent of St. Catherine. Now, too, the sisters in Eger finally got their own church, having until now only been allowed to use a gallery in the church, and a small chapel in the cloisters, of the Franciscan Friary [2].

In the period that followed, it can be observed again and again that highly placed clergymen concerned themselves with the needs of the sisters. In 1466 the Franciscan Friar Minor Hennig Sele wrote the German Statutes of the Poor Clares of Eger, and in 1534 the Saxon Provincial Augustin von Alveldt (1529–1532) wrote a commentary on the Rule of the Poor Clares. If the incomplete tradition is not deceptive, the Poor Clares of Eger may have been the only mendicant convent on the 'Reeves' Progress' that actually conformed to such spiritual rules. This undoubtedly made the house attractive again. There is an abundance of applications for admission from the Late Middle Ages. In January 1502, the Bailiff of Vogtsberg tried to get Clara Beyerin admitted to the convent at the meeting of Eger town council. In April 1502, Hans and Fabian von Hermannsgrün zu Schönfels spoke up for Catherine Preuss and Veronika Forster from Zwickau. The response from the Eger council in July 1502 indicates that the young women had passed a formal aptitude test and unfortunately proven *mit singen, lesen etc. noch nicht als sich geburt geubt* ('not yet sufficiently apt in singing, reading etc.'); they should try again at a later date [3]. In March 1503 the Zwickau council again pleaded for Preuss and Forster, making overtures to Abbess Katharina von Seeberg personally that she might be persuaded to admit them [4].

Notes
[1] See FILIP, pp. 178 f.
[2] See FILIP, pp. 180 f.
[3] Evidence: WILD, 361, 363, 364.
[4] See WILD, 365. For a list of abbesses see STURM, p. 400.

DOMINICAN FRIARY OF ST. WENCESLAUS IN EGER

In 1294 (or 1296) King Wenceslaus II brought a third mendicant order, the Dominicans, to this rich city. Except for a portal, nothing has survived of the original structure of their church, which was started at the end of the 13th century and completed around 1303. A visit to the friary and church is thus only worthwhile if one can appreciate the building's (post-1674) baroque transformation. The city's museums hold some great late Gothic sculptures that are better seen in their present context.

The Dominican house quickly spread across the barren area that fire had torn in the middle of the town. Supported by the townsfolk, the friary, in terms of its footprint, developed into the largest religious settlement in Eger [1]. Pious endowments are evidenced in every century [2].

The aforementioned sculptures, especially the mid-14th century Pietà, stimulated the mystical piety of the brothers. But, as befits its reputation, the Order will also have engaged in academic studies and used them in its sermons. Unfortunately, we know little about this, though a 15th century manuscript with homiletic material that appears to come from the Eger friary has been preserved in Munich.

The friary was, at various times, the venue for important spiritual gatherings. In 1387 the Order's Saxon Province gathered in Eger [3]. In 1432, the walls were no more than a backdrop for negotiations between the Council of Basel and the Hussites, which had just defeated the army of the Holy Roman Empire in August 1431 [4]. Heinrich Toke, the important council theologian, was there and gave a speech on May 9 on the phrase '*Pax vobiscum*'. The negotiations achieved little; Toke left the Eger Mayor Nikolaus Gumerauer in 1434 a barrel of books for safekeeping.

Various crises, some of which occurred in the 1470s, were felt first by the poor. Crop failures, epidemics and plagues of locusts caused the Dominicans, who lived on alms, to temporarily leave their house. They were to return, setting themselves up completely from scratch, in the 17th century and remained in the city without interruption until 1936.

Notes
[1] See Filip, pp. 170, 182.
[2] See von Raab II, 260 (1511). For a list of priors see Sturm, pp. 397 f.
[3] See Filip, p. 182.
[4] See Filip, p. 182. On the Hussite battles in the Egerland in detail see Sturm, pp. 265–276.

CASTLES AND CASTLE RUINS

The Vogtland is a landscape formed by castles. The fact that the reeves had to defend themselves against overpowering enemies from all directions motivated them and their allies early on to construct, or at least take over, defensive works. One can discern such a line of defences in the north, along the Saale in the west, in east before the Erzgebirge (Ore Mountains), and around the *curia* of Regnitz in the south; but they did not simply build on any empty hilltop. We become aware of the existential importance of castle sites when we see a keep whose entrance doorway, as in Posterstein, lies a good twelve metres above ground level. The area chosen had to ensure the survival of the castle residents and the people who sought protection there. It had also to keep pace with the changing technology of weaponry. This was not always possible. Some constructions could simply not be converted. In Liebau, for example, a little distance from the preserved ruins, there are the remnants of an earlier installation, less favourable and abandoned at some point. Takeovers by victorious opponents showed that a well-chosen location might be of benefit not only to its original builders. If castle sites seemed 'impregnable', however, permanent destruction was advisable. After the Vogtland War, Karl IV (1357) ordered several strongholds levelled forever. Anyone who has ever climbed the ruins of Gattendorf Castle or Grosser Waldstein will understand immediately why. The many sallies and attacks carried out from the castles in the feuds in the Egerland at various points justified their destruction by the imperial army (1523). By this time, many moated castles had already drained their water defences dry. The nobility then moved down from their drafty mountains into the community, where a comfortable manor house could be better secured through the art of diplomacy. The now functionless hilltop sites fell into disrepair.

SCHÖNFELS CASTLE

Old Schönfels Castle may date right back to an early 10th century burgward (castle with dependent villages). It emerges in the light of documentation much later as the ancestral seat of the Lords of *Schoninvels*. These were first documented in 1225, in the entourage of the Weida Reeves [1]. However, it was another hundred years before the Schönfels appeared again in the context of the reeves, when Margrave Friedrich von Meissen and Heinrich Reuss ('the Younger') von Plauen awarded some shares in a mine to the provost of the Altenburg Augustinian mon-

Schönfels Castle

astery Wittiko von Schönfels and his brother Johann von Schönfels (1326). Reinhold and Golnitz von Schönfels are among the witnesses to this transaction. In the inheritance agreement of the Reuss family of 1359, *Schonenvels* Castle went to the *iungern zcwen Ruzsen von Plauwen* ('the two younger Reusses von Plauen'), Heinrich IV ('the Middle' 1359–1370) and Heinrich V ('the Younger' 1359–1398) Reuss zu Ronneburg. With the death of the childless Heinrich V, Schönfels fell into the hands of the House of Wettin. In the mid-15th century we therefore meet Heinrich von Wildenfels as lord of the castle (1454), and in 1474 a von Weissenbach. Both parties, but especially the von Weissenbachs, seem to have carried out far-reaching alterations [2].

The appearance of the castle today is largely determined by measures taken around 1500. The lower castle deserves attention: it hides a detail that could well be the key to the heart of the site as we know it today. In 2008 a walled-up Romanesque portal was reopened here, which archaeologists dated to around 1200. Since it was part of the curtain wall, it could well also date from that time. In a set of rooms with three draped arch windows (c. 1500), there is also a kind of kitchen with a sink. Elements of wall painting have survived, not only on the walls of the *Bohlenstube* (a wood-panelled, insulated room with a fireplace or stove), which dates to around 1480. The German Bible verses here will not, however, be earlier than mid-16th century.

Romanesque window opening, Schönfels Castle

The tracery of the almost square castle chapel above the entrance dates to the first half of the 15th century. As opposed to which, a boss in the ribbed vault shows the coat of arms of the House of Weissenbach. The gate appeared 'very late Gothic' to STECHE [3]. Otherwise, the furnishings are more recent. In contrast to the chapel, which can only be seen through a window from the first floor, the mighty tower in the middle of the complex is physically accessible.

Notes
[1] See UB Vögte I, 51.
[2] Sources: UB Vögte I, 603; UB Vögte II, 54.
[3] STECHE, Zwickau, p. 3.

POSTERSTEIN CASTLE

As early as the mid-12th century, one of the oldest imperial ministerial families of the Pleissenland resided in the village of Nöbdenitz [1]. In documentary sources they are sometimes dubbed 'von Nöbdenitz', sometimes 'von Stein'. Their family seat, a manor house surrounded by water in Nöbdenitz, was replaced by the strategically preferable castle.

Up until the 16th century, the hilltop castle on a rocky outcrop was only called 'Stein Castle', although the Puster zum Stein family were already resident here in 1329, when Heinrich II Reuss von Plauen zu Greiz (1306–1350) assigned the domain in fief to the King of Bohemia – an act of assignment that was considered by the House of Wettin to be a violation of their rights. In fact, Heinrich I Reuss von Plauen (1274–1295) seems to have taken possession of the castle during his time as imperial judge in the Pleissenland (1291). It certainly did not belong to the Wettins at that time either. More correctly, it was as a result of the Vogtland War (1354–1357) that the domain of Posterstein passed for the most part to the Wettins, while Stein Castle remained in the hands of the Reuss family, who then (1358) recognized the feudal sovereignty of Karl IV over the *burg genant der Stein* (castle called Stein). In the 1359 inheritance agreement of the Reuss family, *der Stein* goes to the *iungern zcwen Ruzsen von Plauwen*, meaning to Heninrich IV ('the Middle' 1359–1370) and Heinrich V ('the Younger' 1359–1398) Reuss zu Ronneburg [2].

The Pusters were old supporters of the reeves. Heinrich Puster *senior* testified for the Weida Reeves as early as 1248. From 1313 to

Posterstein Castle with medieval round tower and Renaissance oriels

1348 (the later) Heinrich Puster was a magistrate of the Weidas in Hof. In 1324 Heinrich von Weida granted *unserim liwin getruin Heinrich dem Wuster und sinin kindin* ('our dear, loyal Heinrich Puster and his progeny') freedom of movement in Hof. From 1358 we see Dietrich Puster initially in connection with the Weida line, but from 1360 as a witness for the Reeves of Gera, as whose magistrate he appears *zu der zeit* ('at that time': 1362). Dietrich and Hans Puster were to remain true to the Gera dynasty for decades. In 1412 Dietrich, who meanwhile had settled in Rothenbach, gave the Geras a receipt for the fief of estates in Kraftsdorf [3].

In 1442, Johann, Burgold, Dietrich and Nickel Puster made a purchase from the brothers Heinrich, Nickel and Ulrich Stöncz for 800 *schock* (1 *schock* = 60 pieces) of good Freiberg groschen [4]. The Puster brothers remained masters of Posterstein until 1505. They were followed by Nickel von Ende (1505–1528), who sold the estate to his cousins Julius, Haubold, Thammo, Andreas and Christoph von Pflugk in 1528. The von Pflugks converted the old castle into a contemporary Renaissance residence, largely removing the ring wall and building a staircase tower in 1575.

Under Georg Dietrich and his son Georg Carl von Pflugk the upper storey was replaced with a half-timbered floor between 1684 and 1701, the inner courtyard was vaulted, the baroque staircase built, the façade renewed, and new windows added. Not only the bridge and portal date from this time, but also the interior fittings of the late Gothic castle church, which is considered a masterpiece of baroque woodcarving. The crucifixion panel by Lucas Cranach the Elder, which probably adorned the church around 1516/17, is difficult to imagine in this opulent context. Better to enjoy it in the museum in Gera. The church itself is located on the site of the castle complex, but, as a daughter church of Nöbednitz since the 16th century, it has its own identity and architectural history. The bell tower and sacristy were built in 1901.

The keep, visible from afar, is truly medieval and today measures 42 metres to the top of the weather vane. It was built with stone quarried during the construction of the six metre deep trench securing the castle to the south. The north slope fell steeply to the Sprotte and needed no further protection. The medieval layout has been progressively reversed since the 15th cen-tury: the trench has been filled in, and the stone bridge leading to the entrance completely obscured in the 18th century. As the last retreat, the keep did not have convenient wooden stairs: a window twelve metres above ground marks the old entrance, which could only be reached by ladder. The viewing platform, once a defensive position, would have been covered and crenellated.

Notes
[1] UB Vögte I, 3; HHS Thuringia, p. 343.
[2] Source: UB Vögte II, 41, 54.
[3] Source: UB Vögte I, 86, 435, 896, 566; UB Vögte II, 14; UB Vögte II, 66, 70, 98, 559.
[4] See GEHRLEIN, p. 51.

Mylau Castle (→ p. 27 f.)

DOBENAU CASTLE RUINS (PLAUEN)

On the crest of a long tongue of rock, 'gradually emerging from a slope that runs slowly down to the Syra' [1], are what remains of the only partially secured defences of what we might still agree to call a castle. These remains presumably once made up an outer bailey, in whose grounds a manor house later developed, and the castle complex, separated from it by two trenches, where a Chapel of St. Wolfgang was erected in 1470. Founded by three townsmen of Plauen and put under the control of the Dominican Friary (→ p. 273 f.), this chapel seems to have survived the turmoil associated with the Peasants' Revolt of 1525, but was left unused after 1529. Its roof was due for replacement in 1532, but by 1539 its valuable contents had all been sold [2].

We have no certain knowledge as to the age of the castle complex. Going by its construction,

Site of the small 12th century castle on Dobenau Hill

it seems early on to have had an oval (35 × 21 m.) footprint, with neither tower nor bastions. Some not very intensive excavations, interrupted by the war, brought finds from the 14th century to light. It would appear that the complex was later abandoned. An old theory suggests that the castle was the first seat of the Counts von Everstein who then proceeded to build a castle within the town walls (the later 'Malzhaus') (→ p. 140 f.). As the townhouse of Eversteins already existed in 1122, its supposed predecessor could date to around 1100. One way or another, the castle

arose 'in deepest solitude' [3]. It must, however, have possessed a minimal infrastructure. Constructs of this kind might survive all ideological conflicts, only being updated technologically. The accounts of 1536 still refer to a 'house at St. Wolfgang's', a steward's estate whose later equivalents lasted until the bombings of 1945.

Notes
[1] BACHMANN, p. 47. There is, alas, not a single signpost to the complex anywhere in the whole area.
[2] See BACHMANN, p. 49; VOGEL , Kapellen, p. 159.
[3] BACHMANN, p. 46.

Inaccessible ruins of Mechelgrun Moated Castle

RUINS OF MECHELGRÜN MOATED CASTLE

The 12th century moated castle of Mechelgrün first appears in 1267 as *Mechtildegrune*. It may have been commissioned from the beginning by the Rabe family (Latin *corvus*). The Rabes were certainly owners of the site and the surrounding estates until the 15th century. They were loyal allies of the Reeves of Plauen. *Iohannes Corvus de Mechtildegrune* bought Wildstein Castle (Hrad Vildštejn) near Eger/Cheb in 1298 from his father-in-law, Engelhard Nothaft. His like-named descendant built Altenteich Castle, also a moated complex, to the north of Eger around 1370. From 1367, Johannes (Jan) Rabe dominates the sources. In that year he testified for Heinrich VIII von Plauen (1357–1373), in 1388 for Heinrich IX von Plauen (1373–1412), and in 1413 as *Hans Rabe von Mechtildengrune* for Heinrich X (1412–1426), the future Burgrave of Meissen [1]. He seems to have died by 1414 [2].

The old moated castle was reconstructed in the 14th century in the more comfortable resi-

Stein Castle, now a waterside ruin, once a hilltop fort

dential style. After its destruction in 1465, it was rebuilt with four corner towers. In 1475, a chapel was added in the eastern tower. It burnt down in 1670, but was again rebuilt. Under the GDR regime, and even more regrettably after German Reunification, the site was neglected to the point of dereliction. The sight of its once-sturdy ruins, partly overgrown by ivy, is scarcely a cause for satisfaction. The stand of wild trees only serves to hide the ancient walls in summer.

Notes
[2] See UB Vögte II, 159, 324, 567.
[3] See LULLIES , pp. 95 f.

RUINS OF STEIN CASTLE (OELSNITZ)

The picturesque state in which we see the castle ruins today is the result of modern changes to the landscape. The waves now lapping over some of the ancient fragments hardly suggest that it was once located on a spur of rock high above the waters of the White Elster, where the Reeves of Plauen built their 13th century stronghold. After several bouts of rebuilding, the ensemble measured 26 × 22.5 m. and included a two-room Great Hall, partially with cellar, a round tower and an outer wall with bastions. What has sur-

A wide fosse protected the inaccessible hilltop castle above Gattendorf

vived of this seems a Lilliputian delight, the remains of the walls protruding into the water like landing stages completing a perfect view.

In 1327, we see this *municipium lapis* ('stone citadel', from *Stein* = stone) in the possession of Heinrich von Machwitz *dictus de Lapide* (called 'of Stone'), a zealous partisan of the Plauen Reeves [1], for whom he testified continuously between 1289 and 1347. After the Vogtland War, the castle gained again in importance until, with the fall of the Plauen domain in 1466, it lost its strategic role, and by the end of the 15th century, any military function. In 1519 the House of Wettin let it in fief to the von Zedtwitz brothers [2].

Notes
[1] See UB Vögte I, 675; Donath , p. 49.
[2] See Donath , p. 49.

Wiedersberg Castle Ruins (→ p. 115 f.)

RUINS OF GATTENDORF CASTLE

On the high plateau of the steep hill overlooking the village of Schlossgattendorf are the imposing remains of Gattendorf Castle, invisible from below and now rendered virtually inaccessible by the deterioration of the 18th century *schloss*. However, once you have fought your way through, you stand in front of an oval structure protected by a 5-metre-wide fosse, formerly accessible only via a stone bridge to the east [1]. The buildings of the square residential castle, of which only the crumbling outer walls still stand, had partly square windows but oval arrow slits to the west, whence attack was expected. Gattendorf was a well-defended facility in a strategically favourable location. It is clear why it had a long history, which to this day reflects a series of changes in ownership and acts of destruction.

In 1234 the castle was already owned by the region's wealthy House of Kotzau, loyal followers of the Reeves of Weida. By the end of the century, the Moschler family had moved in. In 1327 Gattendorf is mentioned along with other fortified sites granted in fief by the King of Bohemia to the Plauens under Heinrich III ('the Tall' 1303–1347) [2]. After the Vogtland War, Gattendorf, stormed by the Eger militia, lay in ruins. As King of Bohemia, Karl IV was concerned that Gattendorf and other so-called *raupheuser* (lit. 'houses of thieves') should not be rebuilt [3]. But they were anyway. In 1405, the site was mortgaged as an imperial sub-fiefdom (*Reichsafterlehen*) of the Schwarzburgers to Erhard von Sparneck zum Waldstein (before 1364–1419) [4] and, after his death in 1422, further pledged to the House of Wettin, who were to suffer the Hussite devastation of 1433. In 1435 the von Feilitzsch family took on the ravaged lands, while the castle itself passed again into hands of the Sparnecks in 1439 [5]. A hundred years later, troops of the 'Swabian Confederation' destroyed 23 castles,

including Gattendorf, as 'robber strongholds' (1523). Another hundred years later, the Hof chronicler Enoch Widmann noted that the ruins harboured: *noch heutigs tags allerlei gespenst, furnemlich aber bei der nacht, da man in dem öden schloss leut hin und wider gehen sihet und es offtmals dort ansehen hat, alss brenne es alles lichterloh, henget auch bissweilen ein angezundete latern zum schloss heraus, die leut zu erschrecken und zu bethören ungeachtet einer solchen langen zeit* ('even to-day all sorts of ghosts, mostly by night, since one may see folk move hither and thither inside the barren castle and it has often seemed there as if all blazed brightly, at times as if a burning lantern hung outside the castle, so as to frighten and fool the people no matter after how long a time'). [6]

Notes
[1] See Gebessler, p. 59.
[2] See UB Vögte I, 611, 613.
[3] Wild, 7.
[4] See Lullies, p. 51.
[5] Sources: von Raab I, 278 (1422), 340, 395. On the division between the Sparnecks: 504 (1449). On further changes: 576 (1455); , 689 (1464).
[6] Rösler, p. 41.

RUINS OF EPPRECHTSTEIN CASTLE

Atop the Epprechtstein, a full 780 metres above the town of Kirchenlamitz, rise the ruins of an old castle, probably built in the second half of the 12th century. In the mid-13th century, an Eberhard von Eckebretstein appears in a document of the Andechs-Meranias. In 1308 three-quarters of the castle went to the Sack family: Ulrich, Heinrich and Nikolaus, whose shares Heinrich III ('the Tall') von Plauen (1303–1347) acquired in 1337 [1]. In 1338 Heinrich XII ('the Younger') von Weida (1293–1357) bought the last quarter from Ulrich Sack [2]. Thus, Epprechtstein was temporarily in the hands of two reeves' families at the same time. But even before the Vogtland War (1354–1357), the Burgraves of Nuremberg stormed the castle in 1352 on the pretext that it housed robber knights. In 1355/56 the House of Kotzau acquired the castle, town and district of Kirchenlamitz. Indeed, in 1408 and 1412 respectively the Burgraves mortgaged Epprechtstein and sold Kirchenlamitz to Count Oswald von Truhendingen and his trustees, Heinrich von Gera and Heinrich von Plauen [3]. Thus the Reeves of Gera were also associated for a time with Epprechtstein. In 1463, Burgrave Heinrich II von Meissen acquired Epprechtstein from Margrave Albrecht Achilles, whose warfaring had left him short of money, but then disposed of it five years later after he had undertaken several structural alterations [4]. Epprechtstein now became part of the so-called Margrave's *Wartordnung* ('watchguard'): an early warning system consisting of fortified towers manned by guards, which Margrave Friedrich II of Brandenburg-Kulmbach deemed necessary in the light of the already highly destructive Second Guttenberg Feud (1497–1502). It is not without irony that the Plauen Heinrich IV as Burgrave of Meissen (1519–1554) finally had the castle demolished in 1553 [5].

The ensemble towers lonely and lofty over a landscape of hand-hewn rocks, which one could all too easily misinterpret as an outer bailey, based on clear signs of some form of human construction. The picturesque terraced slope runs

Epprechtstein Castle ruins loom over a granite quarry

Steep approach to the 'Red Castle' on the Grosser Waldstein

RUINS OF GROSSER WALDSTEIN CASTLE

Following the well-signposted forest trail, you can walk from the Epprechtstein to the Grosser Waldstein (approx. 10 km apart), an imposing geological massif which naturally invited the construction of a fortress nestled atop its rocks. And two such were once located on the ridge. They are first mentioned together in 1373. The *Schüssel* ('Bowl') Rock with its small viewing platform previously belonged to the older, lower fortress, the East Castle – perhaps already occupied by a Getto von Waldstein in 1166. On the path up to this stood the castle chapel, through whose southern end-wall the steps up to the *Schüssel* Rock now lead. At the end of the wall, the outline of the apse can still be made out [1]. The layout of the western castle, on the other hand – later known as the 'Red Castle' – is clearly discernible. The entrance is from the east through a gatehouse: 'The four surrounding walls of an unevenly angled building have been preserved.' [2]. The rough masonry on the south side is interspersed with rusticated blocks; rusticated stonework is also recycled in the north wall [3]. It seems that repairs were carried out on the 'Red Castle' following the destruction of the site by the Hussites (1430), whereas the Ostburg was never rebuilt.

The deeds show that the Reeves of Plauen had acquired parts of Waldstein Castle from the von Sparnecks at the end of the 13th century (1298), only to pass them on to their loyal supporter Ulrich Sack von Planschwitz [4]. This situation was corrected after the Vogtland War at the latest. Waldstein thenceforth only appears as

down to a small lake: in fact, this is merely the legacy of modern granite quarrying.

Notes
[1] See UB Vögte I, 791; Bergmann, pp. 46 f., 107 f.
[2] See UB Vögte I, 805; Bergmann, p. 47.
[3] See UB Vögte II, 554; Bergmann, p. 59.
[4] See Bergmann, p. 60.
[5] See Bergmann, p. 62.

the seat of the House of Sparneck. The brothers Erhart, Friedrich and Babo von Sparneck zum Waldstein, whose father Rüdiger (d. before 1368) was a brother-in-law of Heinrich XI ('the Elder') von Weida [5], became involved on the Guttenberg side in the Guttenberg Feud; reconciliation with the reeves and the Margrave of Meissen took place in 1376. In 1397 the brothers were granted the family domains as imperial fiefdoms by King Wenceslaus [6].

It is one of the tried and tested motifs of late medieval storytelling to divide noblemen into 'valiant' knights and 'evil' robber lords. But the historical sources scarcely support such simplifications. The 'robber lord' label was applied to far fewer nobles than might actually have merited it. Sometimes it served as no more than an excuse to destroy or take possession of someone else's property. The enormously powerful Sparnecks were no exception in the region. In 1523 they allowed Thomas von Absberg, reputedly just such a robber knight, to hold a prisoner at Waldstein Castle. The army of the 'Swabian League', advancing towards Upper Franconia, had clear instructions: *die schlosser denn von sparneck zugehorig vor einnemenn vnnd zuuerbrennen unnd hin weg thun* ('to take the castles of the Sparnecks, burn them down and utterly destroy them') [7].

Notes
[1] See BREUE, pp. 51 f.
[2] BREUE, p. 53.
[3] See BREUE, pp. 52 f.
[4] See UB Vögte I, 320. The situation is comparable to that of the Epprechtstein. The Plauen Reeves, the Sparnecks and the Sacks also all played a role there.
[5] See UB Vögte I, 903.
[6] See LULLIES, pp. 48 – 53.
[7] VON REITZENSTEIN, p. 2.

RUINS OF THIERSTEIN CASTLE

The construction of the Thierstein Hill Fort goes back to the time of the successful House of Nothaft in Egerland. Originally resident in Wildstein Castle (→ p. 294), they were awarded the office of *Reichsforstmeister* (Imperial Forester General) in 1310. Albrecht XI Nothaft built Thierstein sometime before 1340 in the imperial forest entrusted to his family. Since in that same year of 1340 the City of Eger was also entrusted by the king with that office, protracted disputes ensued in which the Nothaft family lost and (in 1393) had to be sell up to the Margraves of Meissen [1]. Between 1395 and 1407, Jan Rabe von Mechelgrün, an influential knight in Egerland who in the 1360s had zealously testified for the Plauen Reeves, was appointed bailiff of the Margraves in Thierstein [2]. In October 1415, the Burgraves of Nuremberg acquired Thierstein Castle and the associated Thiersheim Market from the Meissen family, who had little interest in the remote town, and it became an official residence of the Hohenzollerns [3]. Despite the relocation of the residence in the 17th century, the castle complex was kept in good condition. However, when a fire raged through the town in 1725, large parts of the castle were demolished to provide materials for reconstruction. Thus only the monumental keep and some walls of the old residential quarters have been preserved to the present day .

Notes
[1] See HHS Franken, pp. 528 f.; VON RAAB I, 41, 42.
[2] See LULLIES, pp. 95 f.
[3] See HHS Franken, p. 528; VON RAAB I, 38, 108 139.

Ruins of Neuberg Castle (Neuberk near Asch) (→ p. 163 f.)
Ruins of Altenteich Castle (Stary Rybnik) (→ p. 170)

Ruins of Thierstein Castle

WILDSTEIN CASTLE (VILDŠTEJN) IN SKALNÁ

Already mentioned in connection with Markneukirchen and Thierstein, the Nothaft family, *ministeriales* of the mighty Waldsassen Abbey, built Wildstein Castle on a granite rock above an old settlement at the end of the 12th century. Here they at times resided in what is one of the oldest castles in the Egerland [1]. By 1225 Albert Nothaft von Wildstein was testifying in a matter concerning the Reeves of Weida, and in 1289 we meet Albert von Falkenau *dictus Notaft* involved in a case in Eger in which, alongside the Reeves of Plauen and Weida, the Lords Engelhard and Ekkehard von Wildstein bore witness. The Nothaft family seem to have lost possession of Wildstein sometime before 1298, because in that year we find Adelheid, the wife of Engelhard Nothaft, buying the castle back [2]. After the Nothafts finally left, the Rabe von Mechelgrün family appear to have taken possession of the castle.

The massive masonry of bossed stone blocks used in Wildstein is unlikely to have been produced here, but was more probably brought in from former use in Eger. Overall, Wildstein demonstrates clearly how a Romanesque structure was refashioned in the Gothic style. This applies to the originally Romanesque Great Hall, over which a Gothic building was erected, but it also applies to the old castle chapel, which may only have received its cross-ribbed vault in the Gothic period. Two Romanesque windows over the crypt and cellar entrance were walled up. The crypt also contains remains of the altar and a Romanesque window.

LIEBENSTEIN (LIBÁ) CASTLE

Wildstein Castle

Rough-hewn ashlars on the lower castle walls

Notes
[1] HAMPERL, Topographie, p. 634.
[2] Souces: UB Vögte I, 51; UB Vögte I, Annex 3; UB DO, 612.

The fact that the baroque *schloss* of Liebenstein, located about ten kilometres northwest of Eger, derives from a much older castle is relatively easy to see. The castle, first documented in 1264, seems to have been founded by the Lords of Liebenstein, but the family already died out by 1292. In 1322 the orphaned castle, and all of Egerland with it, fell to the Bohemian crown and was used as collateral against its loans. The Eger businessman Franz Gösswein renewed his lease on it from 1346–1349. In the presence of Reeve Heinrich XII ('the Younger') von Weida (1293–1357), Collector of Eger, he vowed in 1349 to keep the castle as an open house and in the event of a sale to offer it first to the City of Eger [1].

In 1381 Landgrave Johann von Leuchtenburg acquired the Liebenstein domain and appointed Erhart von Sparneck zum Waldstein (1364–1419) as castle reeve, a situation in which the latter remained until the Landgrave resold the estate in May 1400 [2]. Erhart and his relatives were among the inglorious protagonists of the Guttenberg Feud of 1378–1380, during which he led a troop that caused serious losses to the Thosse, von Jössnitz and especially von Raschau families, all of whom took the side of the Reeves [3]. Erhart was also involved in the Feud of the Lords with the City of Eger (1383–1386); charged with being a robber knight, he was captured and was still in custody in Eger in the spring of 1396 [4].

When the Rudusches of Eger took over the castle in 1404, it was once again held, however temporarily, by a townsman. By mid-1423 Friedrich von Kolowrat had his seat in Liebenstein [5], but two years later the castle passed to the von

Liebenstein Castle, continually extended until the 20th century

Zedtwitz family, who also had property in the Asch Land (Ašsko: Aš Panhandle), and who held onto the castle until 1915. The further history of Liebenstein shows with exemplary clarity the opposing fortunes of wealthy townsfolk versus impoverished nobility. While the Gössweins and Rudusches of Eger renewed and maintained the fortress from their personal fortunes, under Georg von Zedtwitz, coming as he did from a long line of brigand knights [6], it swiftly fell from grace, once again becoming a robbers' hideout. In 1510, the old Vogtlanders Caspar Röder von Rödersdorf and Oswald Rab von Schneckengrün, as convicted and imprisoned aiders and abetters of the Zedtwitz family, had to swear on oath to the Eger townsfolk to keep the peace, an oath which they renewed in 1511 and 1519 [7].

The picturesque castle complex was repeatedly rebuilt right up into the 20th century, when it was abandoned to decay. Today, wearing a metal bonnet, the keep appears to be one of the oldest elements, while the medieval-looking walls may well be more recent.

Notes
[1] See HHS Bohemia, p. 339; UB Vögte II, Annex 81.
[2] See Lullie, pp. 50 – 52.
[3] See Lullie, p. 7.
[4] See Lullie, p. 121.
[5] See UB Vögte II, 693.
[6] See Lullie, pp. 64 f.
[7] See von Raab II, 250, 264, 327.

Seeberg Castle (Ostroh) (→ p. 172 f.)
Imperial Palace Eger (→ p. 177 f.)
Königswart Castle ruins (Kynzvart) (→ p. 183 f.)
Petschau Castle (Becov nad Teplou) (→ p. 187 f.)

MANORIAL ESTATES AND BARBICANS

For centuries, knightly manorial estates have shaped the profile of the Vogtland cultural landscape. The vassals and minions of the Reeves had their seats there: the von Machwitz family, the von Wolfersdorfs, Trützschlers and Thosse families. Manorial ownership sometimes switched as quickly as did that of castles. The list of suitable candidates remained manageable, however.

Rural economic life centred on the knights' estates. Less secure than castles and towns and much less densely populated, they were, of course, easy to overrun militarily. However, they have to be given credit for the fact that their agricultural productivity made them attractive long after outdated castles and strategically constructed defensive positions were abandoned. It should be no surprise that some knightly estates survived well into the 20th century, transformed into agricultural production cooperatives under Socialism, and, at the turn of the 21st century, revived again with a similar agenda, this time for the free market, and soon asserting themselves there. However, luck, skill and a good business plan has not helped every former manorial estate get back on its feet. Depending on their history, our route will at times take us to buildings with a somewhat less impressive record.

Endschütz Manor (main building)

ENDSCHÜTZ MANOR (WÜNSCHENDORF)

Endschütz Manor has a far longer history than the well-kept 18th century façade of the main house would suggest. Though it once belonged to the domain of Berga, it was never subject to the lords of that castle. The manor estate included the villages of Endschütz, Russdorf, Letzendorf and parts of Hilbersdorf. The situation was complicated in that while Endschütz lay within the administrative district of Weida, the majority of the villages were in the district of Ronneburg, which is why Endschütz (in 1445) was under the control of Duke Wilhelm III, but the villages were subject to the Elector [1]. Around 1500, the Lords of Wolfersdorf, long-time supporters of the reeves, were living in Endschütz. Their sons testified to the legal transactions of their masters in Weida for centuries, while their daughters can be found in the Convents of Cronschwitz (Elisabeth 1328, another Elisabeth 1341–1344) and Weida (Adelheid and Isengard 1320). Hans von Wolfersdorf remained loyal to the reeves even in the Guttenberg Feud (c. 1383–1386) [2]. Götz von Wolfersdorf had to leave the estate in 1529 for Gera because he wanted to stay true to the old faith. The coat of arms of the family who lived there until 1869 can still be seen between the patronal loggias in Endschütz Church – a hall church, otherwise not worth a visit.

Notes
[1] See FRANCKE, Nachrichten, pp. 42f.
[2] See LULLIES, p. 89.

CLODRA MANOR (BERGA)

Clodra is old. In 1363, the brothers Konrad and Gottfried von Wolfersdorf gave the *forbergk im dorffe Cloderaw* ('the barbican in the village of Clodra') on the Hainbach to Cronschwitz Convent [1], though they still seem to have lived there. 'A division of the extensive property among the members of the von Wolfersdorf family took place several times, but [the parts were] also often reunited.' [2]. In 1435 Georg von Wolfersdorf was Lord of the manor there, in 1470 Götz von Wolfersdorf. The wall around the old manor includes a round tower with half-timbering.

With its chancel tower, the basically late Romanesque church, which suffered great damage in the 17th century, stands a little apart. It was a daughter church of Mildenfurth Abbey (→ p. 59–62), whose provost, Johannes Göttingen (1462–1483), put the relationship very clearly: *Clodra ist ouch ein vilial, wann sie had nicht alle sacrament, so darff sie ouch der infestür als andere pharn nicht, sundern alleyne von mir adir eynen nochvolgenden probist die commission.* ('Being a filial, Clodra cannot perform all the sacraments, thus it does not have the right to carry out an investiture as other parishes do, but only as commissioned by me alone or by a succeeding provost') [3]. However, the faithful of Clodra, most notably the von Wolfersdorf family, seem at times to have been less than completely satisfied with the spiritual care provided by the Norbertines. Bishop Peter von Naumburg (1435–1463) had to intervene before 1445, and in 1449 the Prior of Mildenfurth was given the benefice of Clodra Chapel for life. Notwithstanding this, a secular priest appears to have been appointed in 1467 to celebrate two weekly masses in addition to Sunday mass. Bishop Heinrich von Naumburg (1466–1480) reached a compromise: if the Provost of Mildenfurth did not have a priest ready, the Clodra folk could propose one. Around 1470 they seem to have given up in Mildenfurth and vacated their daughter church. Even so, compensation had to be paid to the superior church [4].

Notes
[1] UB Vögte II, 125; see. FRANCKE, Nachrichten, pp. 38f.; LEHFELDT, Neustadt, p. 264.
[2] FRANCK, Nachrichten, p. 39.
[3] DIEZEL, p. 163.
[4] See DIEZEL, p. 165f.

Neumark Manor 'Steward's House'

NEUMARK MANOR (REICHENBACH)

Neumark, northeast of Reichenbach, is old: there was already a deanery age here in 1225, which means Neumark was the seat of an archpriest [1]. From a list of payments (dated 1331) made by the City of Freiberg to Heinrich II Reuss von Plauen (1306–1350) during his guardianship (1324–1329) of Margrave Friedrich ('the Serious') von Meissen, we learn that Heinrich had built up Neumark's fortifications [2]. From the middle of the 14th century, we repeatedly encounter members of a family *de novo foro* ('of Neumarkt' – the 'New Market') listed among the witnesses for the Reeves of Weida. The knight Bruno von dem Neumark (1351–1363) is thus documented several times along with Leupold von Neumark, who

was appointed judge in Weida between 1340 and 1356. It seems that the Neumarks remained loyal to the reeves even after the Vogtland War [3].

Estate lands must have belonged to the *castrum* from the start. The fortress was razed in the Vogtland War and was not rebuilt after 1355, being explicitly stigmatized by Karl IV as a *rauphaus* – a house of robber knights. In 1446, Friedrich of Saxony awarded the estate to the Griess brothers, who, however, fell out of favour a year later as a result of the Saxon Fratricidal War (1446–1451). In 1449 the estate was enfeoffed to the Lords of Wolfersdorf. In 1478 the mighty Zwickau merchant Martin von Römer bought the house, estate and village of Neumark. Evidence in the form of a damaged inscription on a coat of arms carved in relief (dated 1479) suggests that

Schloss Treuen, originally the lower manor house of the knightly estate

the buildings of the current four-winged complex date back to this first of the von Römers to set foot on the site. Destroyed in the Thirty Years' War, the manor house was rebuilt after 1636 by Jobst Christoph von Römer and refurbished inside by Georg Christoph von Römer (1653–1705) [4]. The family remained in possession of the estate until 1945 and finally bought it back, after it had been adapted to various uses over the years, in 1994.

Notes
[1] See UB Vögte I, 51. The attractively renovated church, well equipped with glass windows from the 15th century, deserves a visit in its own right (→ p. 220)
[2] UB Vögte I, 698.
[3] See UB Vögte II, 349.
[4] See Donath, pp. 129–132.

SCHLOSS TREUEN

The layout of Treuen today is not immediately clear, as it is really two distinct sites. A division in ownership by its then masters, the von Feilitzsch family, at the beginning of the 17th century, has made it necessary to distinguish between Upper and Lower Treuen. The 'lower" *schloss*, impressive with its half-timbered gable and onion-domed tower, developed from an older manor house or barbican, which is first attested in 1537 but was certainly much older, and in which the von Feilitzsches were already resident circa 1500 [1]. The picturesque building that greets us today was built by Urban von Feilitzsch in 1608–1610 on that same site. The involvement of local volunteers has given it a new gloss since 1992.

Unterlauterbach Manor (1511), modernized after a fire in 1885

The estate belonged to the *castrum dictum Drewen* ('the castle called Drewen') [2], built around 1200 by the Plauens on an elevation above the Treba and given in fief in 1329 by Emperor Ludwig to Heinrich II Reuss von Plauen zu Greiz (1306–1350). In 1359 a *manschaft* (troop of soldiers) was still stationed in the *castrum*. All that remains of it today is the much altered villa, whose prominent semicircular bay looking out over the slope evokes what was once the manor house of Upper Treuen.

Notes

[1] See DONATH, pp. 111–113.

[2] UB Vögte I, 668. See DONATH, p. 110.

[3] UB Vögte II, 54.

Schloss Obergöltzsch (Rodewisch) (→ p. 153)

OBERLAUTERBACH AND UNTERLAUTERBACH (FALKENSTEIN AND THE 'ADLERSHOF')

The lands of the imperial estate of Treuen which Heinrich II Reuß von Plauen zu Greiz (1306–1350) received in 1329 from Emperor Ludwig, also included the old knightly estates of Oberlauterbach and Unterlauterbach near the village of Lauterbach in the domain of Falkenstein. The Trützschlers owned the Bailiwick of Falkenstein from 1400. The first record of any manorial estates in Oberlauterbach was in 1421. In 1449 Konrad Trützschler enfeoffed Hans Trunckel with two such estates in Oberlauterbach, and in 1468, Konrad's sons renewed the fief. When the brothers divided the estates in Falkenstein between them in 1469, Oberlauterbach passed to Hildebrand Trützschler [1].

In contrast to Oberlauterbach, the extensive estate in Unterlauterbach was never in the hands of the Trützschlers. The von Hermannsgrüns and von Feilitzsches are the first verified owners [2]; then in the mid-18th century the Adler family bought the estate. The imposing mansion dates from this period. After German reunification the premises were step by step put to optimum use with a hostel nestling in one wing as a station on the Camino de Compostela and the Vogtland Nature and Environmental Centre housed, under the watchful eye of a stone eagle, in the fully renovated manor house.

Notes
[1] See VON RAAB I, 49, 256, annexes 41, 61 and 64.
    See DONATH, p. 104.
[2] See DONATH, p. 105 f.

MAGWITZ MANOR (OELSNITZ)

The manor in Magwitz, a district of Oelsnitz, was the ancestral home of the von Machwitz family. The family is first recorded in 1236 in the person of Konrad von Machwitz. In view of countless surviving documents, it would be difficult to claim that there was ever a dynasty more devoted to the reeves. The Machwitz daughters can be found in the abbeys of Weida (Katharina 1324–1340, Margarethe 1340–1353, Kunigunde 1382–1420) and Cronschwitz (Agnes 1385–1402).

After the Vogtland War, the domain of Magwitz changed hands: in 1372 the regional overlord transferred the fief of all the lands previously held by Heinrich von Raschau to Henselin Bohemus [1]. Around 1400 the estate was in the hands of the omnipresent Thosse family: on a deed of 1410 we find the name of Hans Thoss, son of Aren Thoss, noted as 'resident at Magwitz' [2]. Not until 1484 was the property back in its entirety in the hands of the Machwitzes, whose widely branching family could be traced not only in Regnitzland but also in Prussia. In this regard too, the reeves seem to have set the tone for their vassals.

At the end of the town, towards Planschwitz, the 'old manor house' lies hidden in a motte-and-bailey-like mound with filled-in fosse and the remnants of an old defensive wall. The 18th century manor house, relocated to a site above the Elstertal bears the marks of its subsequent history [3].

Notes
[1] See VON RAAB I, 6.
[2] VON RAAB I, 97.
[3] See DONATH, p. 51.

PLANSCHWITZ MANOR (OELSNITZ)

The former manorial estate of the von Planschwitz family is now part of the town of Oelsnitz. Originating as a hill fort in the middle of a village, it is first recorded in 1327 as *municio Plonswicz* when the Reeves of Plauen received it in fief from the King of Bohemia [1]. Earlier still, in 1297, we encounter Ulrich Sack as the owner of *Plonswitz*. As *Ulricus Saccus de Plonswitz* he acted repeatedly as a witness for the Reeves of Plauen in the years 1297–1309 [2]. The manorial estate may have already existed at the time, but could well have been formally established later. In 1381, it was

Older walls encircling Magwitz Manor

still in the possession of Konrad Sack the Elder. In 1392 Katharina, Günther Sack's wife, received his share of Schloss Planschwitz as a jointure (life holding). In 1407 the Burgrave of Nuremberg granted the *schloss* in fief to Hans Sack [3]. Later it belonged to the houses of Zedtwitz, Neuberg and Falkenstein, until the Trützschlers sold it to townsfolk in 1758. It was after this that the manor gained the characteristic shape it has today: an elongated two-storey building, partly manor house and partly stables [4].

Thomas Joachim von Zedtwitz, who was living in the manor in 1544, became on August 13th of that year victim of a prearranged fight. On the previous evening at a feast to celebrate the betrothal of Georg Trützschler zu Ellefeld with Rebekka von Tettau zu Mechelgrün he had insulted one of the young Trützschlers. The participants thereupon made an appointment for the next day in a *hölzlein* (copse) outside Plauen. The engagement cost the lives of von Zedtwitz and several of the Trützschlers. Even though the Elector had the *erbermichliche mortadt vor Plauen* ('disgraceful murder outside Plauen') relentlessly investigated, the court in Torgau (on the following November 26) could not agree to pass judgement. 'The brawl

Kurbitz Manor, painstakingly renovated

outside Plauen' is considered one of the last instances of an appeal to the noble right to violent retribution in the Vogtland [5].

Notes
[1] UB Vögte I, 611, 613.
[2] See UB Vögte I, 318–320, 338 f., 409.
[3] Sources: VON RAAB I, 12, 29, 81.
[4] See DONATH, p. 50.
[5] See VON RAAB, Duell, pp. 22–25.

KÜRBITZ MANOR

The Lords of Kürbitz can be documented until around 1365 [1], after which the village gradually fell into the possession of the widely ramified von Feilitzsch family, who had moved with the Reeves of Weida into the Vogtland, already establishing themselves as local landowners in the 13th century. In 1430, a Hans von Machwitz zu Kürbitz is documented [2], and at the end of the 15th century Jobst von Feilitzsch, who accompanied Friedrich III ('the Wise') on his pilgrimage to the Holy Land in 1493, acquired three minor properties in Kürbitz, which he used to set up the manorial estate on which he died in 1511. His grave slab lies directly opposite in the Church of St. Saviour. The earlier moated castle was converted into a manor house that the family were to hold for over 700 years.

After WWII and their expropriation, a tale of

woe begins that continues to this day. First neglect and then repurposing of individual buildings were followed by a catastrophic fire in 1987, reconstruction at the hands of a Friends' Association and sale to an investor who converted the property into private apartments. At the entrance gate, signs attached by the local historical society tell of the importance of the monument; they give the false impression that this is a public building. The sanitized façade of the old manor house with its glass gables dominates the complex. Even the pigeon cote in the courtyard is a protected cultural monument [3].

Notes
[1] UB Vögte II, 88, 121.
[2] See von Raab I, 321.
[3] See Donath, pp. 39 – 41.

The former estates around Franzensbad formed an exclave of the Plauen domain. They were, therefore, a continual subject of property disputes. When the Burgraves of Meissen finally had to concede the Plauen domain in 1482, more chaos threatened. In 1489, Henry III, Burgrave of Meissen (1482–1519), who by then had property only in Bohemia, sought with the support of the Bohemian King to take the estates in Lohma and Kropitz by force.

Krugsreuth (Kopaninach) (→ p.166)

HÖFLAS ESTATE (DVOREČEK)

The old knightly estate of Höflas – which also appears in the sources as *Höflein*, or *Höfleins* – is now part of the municipality of Franzensbad (Františkovy Lázně) and known in Czech as Dvoreček (Little Castle). The Wirspergs are attested here since the mid-15th century. In March 1487, Lorenz von Wirsperg received feudal tenure to four estates from the Collector of Zwickau, Friedrich von Reitzenstein.

Nothing today reminds us of the fact that the Höflas Estate became the fabled starting point for some audacious eschatological speculations that sprouted vigorously in the years 1465/1466, posing a severe headache not just for scholars. According to the so-called 'Wirsperg Prophecies', the Antichrist was to appear in 1467 and prepare for the end of the world in 1471. One reason for this was the authors' conviction that the Holy Scriptures had always been misunderstood: *Verflucht ist alles sechen, hören, erkennen, ausslegen und sagen der geschrifft gottes zü menschlichem geschlecht selikait bissher gewessen!* ('Accursed has been all seeing, hearing, divination, interpretation and speaking of the Word of God to man until now for our salvation!') [1]. This message was spread by the brothers Johannes and Livin von Wirsperg in the name of a mysterious religious prophet. An introductory letter (dated 1466) shows that the brothers seriously hoped for answers from Nuremberg, Eger and Regensburg, and revealed their disappointment at the ensuing silence. The Franciscans of Eger were suspected of being responsible for promoting the prophecies. In the resulting exchange of letters, all protagonists sought to rid themselves of the suspicion of heresy. The Franciscans and the Eger townsman Hans Schönbach got away with a warning. But the two brothers from Höflas paid dearly for the actions inspired by their religious fervour. Not only did men of letters start to refute their theses, but the church had come to fear insurgency among the excitable masses. When the papal legate intervened in June 1466, retreat became impossible: the Wirspergs were summoned. Even though they did not present themselves, Livin Wirsperger was captured in 1467 and brought to Regensburg. He died soon afterwards in prison in Hohenburg Castle near Parsberg [2].

Notes
[1] The following according to HÄGELE, 1673–1677.
[2] See HÄGELE, 1677.

KROPITZ MANOR (KRAPICE)

Today tastefully restored, the estate in Kropitz is old: as early as 1218 a manor farm in Kropitz appears in a deed of Friedrich II. The special situation of the place results from the fact that the estate was a Saxon fief and thus an enclave. In 1449 the overlord gave the farm at Kropitz to the Delnitzer brothers [1], and in 1460, the Collector of Vogtsberg granted a farm in Kropitz to Livin Wirsperger and his wife. In 1464, the Reeve of Vogtsberg had to insist that the Eger townsfolk, rather than oppressing Ulrich Wessin *zu Kroppicz*, should *vor gedrencknusse* […] *schutzin* ('shield him from pressure') [2]. Later, in 1486, there is again talk of an estate in Kropitz which the Margrave of Meissen granted to some Eger patricians. By the late 16th century, the Wirspergs von Höflas seem to have come into the possession of all of Kropitz. The village was one of the pledged holdings in Egerland in 1322. In 1392 nine farmers in Kropitz paid tax on livestock.

Notes
[1] See VON RAAB I, 507.
[2] Sources: VON RAAB, 624; WILD, 184.

OBERLOHMA AND UNTERLOHMA (HORNÍ LOMANY AND DOLNÍ LOMANY) ESTATES

As early as the 12th century Oberlohma (Horní Lomany) was the seat of the Lords of Lohma (*de Luma*) and had a parish church dedicated to the Pilgrim Apostle James the Great. Church and village were given in 1316 to the Teutonic Order [1]. The church served (among other places) Lohmas, Kropitz and Höflas. The community underwent favourable development in the 14th century, when it counted over thirty farms, all of which were in vassalage to the castle, city and Poor Clares' Convent in Eger. By combining at least thirteen localities in 1390, a manorial domain was created, to which *Loman das ober* (Upper Lohma) also belonged. This lasted right until 1848.

In the spring of 1489, Heinrich III, Burgrave of Meissen (1482–1519), tried to assert his claim of ownership of estates in Unterlohma, which belonged territorially to his Königswart domain, against Elector Friedrich and Duke Johann of Saxony. The Saxons argued that Unterlohma did not belong to Königswart, but to Plauen, which Heinrich III had definitively conceded to the House of Wettin in 1482 [2]. The situation, which dragged on for many years, was evidently exploited by the sitting tenants. In June 1482 Nickel Koppe zu Chrieschwitz appealed to Eger City Council, urging it to be *hulfflich* ('helpful') to him in his struggle against the *widersetzigen pawern zu Loma* ('rebellious peasants in Loma'); in August 1486 we hear of attacks by the Reeve of Königswart on the Adler family *zu Niederlomaw* ('of Unterloma'), a place which *seinem weibe zu yrem leibgute gehörten* ('belonged by right to his wife') and was 'a Saxon fief'. In January 1489 the affected parties renewed their complaints, and in September 1489 the judge in Adorf intervened as a relative of the frustrated *alten Koppin [...] in Niderlomaw* ('old House of Koppe of Unterloma'); in February 1492 he again complained about the behaviour of the Plauen tenants [3]. Burgrave Heinrich III of Plauen was supported in his claims by King Vladislav II of Bohemia, who on April 17, 1489 informed the men of Eger that Heinrich von Plauen 'could prove the claimed fiefs in Unterloma by means of his register of fiefdoms' [4].

Notes
[1] There it remained until at least 1486; see HAMPERL, Topographie, p. 627. A 'Pensive Christ' comes from the later newly built baroque church; see OTTOVÁ/MUDRA, p. 197.
[2] See VON RAAB II, 24.
[3] Sources: WILD, 304, 310, 317, 318, 331.
[4] VON RAAB II, 28.

THEIN MANOR NEAR LANZ (LOMNICE)

Lanz, located north of Falkenau-on-the-Eger, lay within the sphere of influence of the Plauen Reeves. Heinrich von Plauen had to act repeatedly in the affairs of the parish [1], which was one of the most important in the Falkenau district. In 1408, the owner of Lanz was a Wenzel von Thein [2].

The Thein estate was not far from Lanz. While it did not play a major role in the history of the reeves, a deed concerning the important enfeoffment of Heinrich von Plauen with the Burggraviate of Meissen and the County of Hartenstein by King Sigismund (July 1426) was witnessed by a *Mathias Hisserell de Thein* [3], a member of the noble house of that name. What we now know about this family comes largely from the auto-

biography (1453–1516) of the soldier Christoph von Thein, who rose to the position of State Administrator in Carniola in present-day Slovenia. At the age of 18, in 1471, he had left Thein and walked *zu fuss biss gen Regenspurg* ('on foot all the way to Regensburg') and then on to Vienna, where he became a mercenary. After 1500, this brought him back to Bohemia a wealthy man, where he acquired several estates, including Altkinsperg Castle (→ p. 312 f.).

Christoph's autobiography, intended to provide the model for an honourable life for his sons, 'documents the typical rise of a lower nobleman through war, court service and diplomacy' [4]. He had a special relationship with the Cistercians in Waldsassen: *Vom stiefft Waltsassen hab ich in daz 18te jahr alle jahr 52 fl gehabt vnd dem auch treulich getient. vndt mein pitt vndt bevehl, meine söhne, ob die leben werden, dem stifft freund vnd gut sein, thun was sie können* ('Since the age of 18 I have received 52 florins every year from Waldsassen Abbey, and have served them faithfully, and my desire and command is that my sons, should they live, do all they can to be kindly and friendly towards the abbey'). In one sentence, the experienced man summarizes the situation of the abbey concisely: *es ist ein stiefft, der viel anstöss habt vndt das nicht verursacht* ('It is an abbey that has suffered many a blow without due cause') [5].

Notes
[1] See UB Vögte II, 471, 439.
[2] Concerning Lanz see THEISINGER, pp. 499–502.
[3] UB Vögte II, 732. On the Lords of Thein see THEISINGER, pp. 585 f.
[4] ULMSCHNEIDER, Christoph von Thein, 325; see THEISINGER, pp. 586.
[5] All quotes from WENZEL, p. 161.

SCHLÖSSER IN THE VOGTLAND

By the end of the 15th century the time of the fortified castles in the Vogtland was over. In light of advancements made in weapons technology, buildings typically located on mountaintops or lakes were now only of limited military use. Of course, there had always been unfortified residential buildings of the nobility, and there are castles to be found in the sources that were certainly called *sloss* (*schloss*). Nevertheless, it is clearly noticeable that the era of the *schlösser* – imposing, spacious and perennially usable residential houses – ushers in at around 1500. Some castles underwent a corresponding reconstruction, occasionally showing their old defensive functions in surviving details. That said, many stately homes were created to fundamentally new designs.

SCHLOSS OBERKRANICHFELD

In the triangle between Erfurt, Weimar and Rudolstadt sleeps the small town of Kranichfeld. Its peculiarities include the presence of several castle complexes: the Oberschloss and the Niederburg on the one hand and the Schleusenburg and Taubenburg on the other. The powers in the region fought less over the meaningless place itself than over possession of the twin domains of Ober- and Niederkranichfeld – basically from the date of their division in 1172 until their reunification in 1912. Between 1451 and 1615, the Reusses of Greiz-Vorderschloss and Greiz-Hinterschloss engaged in this struggle. In 1451 they took the domain of Oberkranichfeld from the Counts of Kirchberg, who had themselves replaced the original Kranichfeld family in 1383.

The reeves had good relations with the von Kranichfelds. These were reflected in strategic alliances. Heinrich VIII of Plauen (1357–1373) married Luitgard, daughter of Hermann III von Kranichfeld, in 1360 [1]. The brothers Hermann IV and Volrad XII von Kranichfeld appear in the documents as *ohme* (uncles) of Heinrich V von Gera (1311–1377) [2].

In 1398 Oberkranichfeld became a feudal fiefdom of the Landgraves of Thuringia. Burgrave Dietrich II and his son Albrecht IV sold it in 1451 to Heinrich X ('the Younger') Reuss von Greiz-Vorderschloss (1449–1462). Thereafter the Greizes simply alternated: after Heinrich IX zu Greiz-Hinterschloss (1462–1476) came his middle son Heinrich XII (1476–1529), who ruled together with his brothers Heinrich XI and Heinrich XIII until they divided the estates in 1485, and thereafter for a long time on his own. In 1529 he handed over the lordship of Oberkranichfeld

Schloss Blankenhain

to his brother Heinrich XIII ('the Silent') who died in 1535. After the Battle of Mühlberg and the loss of Greiz (1547–1562), the latter's sons had to focus their rule entirely around their holding in Oberkranichfeld, which they expanded into an impressive *schloss*. In contrast, Niederkranichfeld belonged to the Counts of Gleichen-Blankenhain throughout this entire period.

The Oberschloss stands 'defiantly and picturesquely towering' on a hill descending towards the river Ilm [3]. The functional buildings that surround the upper and middle courtyards are more recent. The oldest building in the ensemble is the 'dicke Turm' ('fat tower'), which in substance probably dates back to the 12th century. It is not very high, but 'imposing due to its enormous mass of wall.' [4] The chapel in the south wing, whose interior still reveals some Romanesque elements, has been repurposed into a depository and land registry. The outer wall, however, was reconstructed around 1530 in the style of the Italian Renaissance [5].

Notes
[1] See UB Vögte II, 63.
[2] See UB Vögte II, 61, 146.
[3] Lehfeldt, Saalfeld, p. 150.
[4] Lehfeldt, Saalfeld, p. 157.
[5] See Lehfeldt, Saalfeld, pp. 153–155.

Schloss Ronneburg (→ p. 42).

SCHLOSS BLANKENHAIN

Contact between the reeves and the Lords of Blankenhain are first recorded in 1316. They often met as witnesses in matters of the regional overlord. A *her Ludewik von Blankenhain* testified in the settlement of a dispute between Margrave Friedrich von Meissen and Heinrich IV ('the Elder') von Gera (1311–1343). In 1335 we encounter Ludwig and Heinrich von Blankenhain alongside Reeves Heinrich ('the Tall' 1303–1347) and Heinrich II Reuss von Plauen zu Greiz (1306–1350) on the occasion of the settlement of yet another dispute. A similar situation arose in 1379, when Heinrich, Lord of Gera, and Ludwig, Lord of Blankenhain, vouched for the Margraves of Meissen. In 1398 it was again a Ludwig and Heinrich von Blankenhain who, alongside the Reusses of Greiz, testified in the matter of a *remedium animae* (memorial foundation) for a member of the Schönburg family with the Dominicans in Jena [1].

Schloss Blankenhain now houses an extensive museum of agriculture specializing in the 19th and 20th centuries. This impressive structure has been adapted and altered architecturally several times since a fire in the late 17th century. The small church situated on the site is old but inaccessible [2].

Notes
[1] Sources: UB Vögte I, 472f., 749, 754; UB Vögte II, 256, 390.
[2] See STECHE, Zwickau, p. 7.

Upper Schloss in Greiz (→ p. 25f.)
Schloss Burgk (→ p. 85f.)

SCHLOSS WILDENFELS

The old domain of Wildenfels centred on the fortress of the same name, not far from the River Mulde. The Lords of Wildenfels resided there from the early 12th to the early 15th centuries. Along with the reeves, they suffered from the constant threat of takeover by the ambitious House of Wettin. The Wildenfels finally abandoned the struggle in 1407, when the *schloss* came into the possession of the House of Tettau (1407–1422), followed by that of Pflugk (1422–1450). Heinrich II, Burgrave of Meissen, acquired Wildenfels for the Reeves of Plauen in 1450; in 1454 it passed to the Reeves of Weida, who held it until 1531. In 1536, after more than a hundred years of absence, the Wildenfels family returned and stood their ground until 1602.

Heinrich XIX ('the Younger' 1454–1462) was the last of the Weida reeves. He had relinquished the last third of the Weida domain to the Wettins in 1427, in exchange for which he gained the relatively insignificant Berga. He bought Wildenfels with his compensation money from the Wettins together with the last tranche of funds due to the Weidas from their 1373 sale of the Regnitzland – money that finally arrived from Nuremberg in 1447. His son, Heinrich XXI (1462–1480), ruled over Berga and Wildenfels from 1462, but felt compelled to sell Berga in 1466. According to the old Weida custom, his three sons, Heinrich XXII ('the Elder' 1480–1507), Heinrich XXIII ('the Middle' 1480–1510) and Heinrich XXIV ('the Younger' 1480–1531), ruled from 1480 together. The older and the middle Heinrich died unmarried, so from 1510 Wildenfels was in the hands of the last Lord of Weida for at least two decades. In

Side view of Schloss Wildenfels and garden

to the documents, the Reeves of Weida and the Wildenfels family were not on particularly close terms. Between 1309 and 1317 a Heinrich von Wildenfels appears in the documents as a brother-knight of the Teutonic Order in Plauen [1].

In 1806 the entire Schloss Wildenfels complex had to be handed over to the Kingdom of Saxony. Today it stands out in radiant splendour. This came at a price. In addition to the museum, private individuals have also moved in. The furnishings in the open rooms are not unlike those in Greiz or Burgk: the interior design is redolent of the 17th–19th centuries. The surrounding gardens have been laid out with much generosity on the part of the donors.

Notes
[1] See UB Vögte I, 411, 477.

SCHLOSS NETZSCHKAU

In 1464, Elector Ernst of Saxony enfeoffed Peter von Metzsch with the not insignificant manorial estate of Netzschkau [1], and the family struggled hard thereafter to make their property prosper. In 1491, Caspar and Jobst Metzsch obtained from Emperor Friedrich III the right to elevate Netzschkau to the status of a town 'and to fortify it with walls, towers, trenches and other works', a right confirmed by the regional overlord in 1492 [2]. In 1462, Peter von Metzsch had sought the explicit consent of the Elector to build a *schloss*, and in fact, his knightly residence was initially a solid, fortress-like affair. The building that encased and extended it after 1490 is considered, on the other hand, to be one of the first 'pure' *schlösser* in the Vogtland.

1504 their sister Elisabeth, who was born at the *schloss*, became Abbess of Gernrode in the Harz Mountains, a house which she guided through the early Reformation with particular aptitude. Margarethe, Heinrich XXIV's only daughter and heiress, was to be the last regent of the domain. In 1536, together with her husband Johann Heinrich von Schwarzburg-Menschenberg, she gave Wildenfels back to its original owners. According

Draped arch windows at Schloss Netzschkau

There is still much of the old knight's fortress in the western half of the *schloss*. It contains some remarkable late Gothic elements: stepped gables made of tiered blind arches, draped arch windows like those in Plauen Town Hall, splayed door embrasures, both exterior and interior. These are seen as characteristic of the 'Saxon late Gothic' style, associated with the master builder Arnold von Westfalen, in which the Albrechtsburg in Meissen (1471) had its origins [3]. That the windows and doors of Schloss Netzschkau are really of greater artistic and historical importance than those in Meissen simply because they seem somewhat earlier, may have been refuted by subsequent research, but one can nevertheless note that 'in no other building is there such delicate work for any similar purpose than the aforementioned door frames.' [4].

Notes
[1] See Poenicke, p. 12. The further ownership history at Donath, pp. 143–145.
[2] See von Raab II, 42, 59.
[3] See Donath, p. 143.
[4] Steche, Plauen, p. 41.

Schloss Vogtsberg (Oelsnitz) (→ p. 157 f.)
Schloss Schönberg on the Kapellenberg (→ p. 161)
Schloss Haslau (→ p. 170 f.)

SCHLOSS ALTKINSPERG (STARÝ HROZŇATOV)

On retiring from the stage of high politics (after 1494), Christoph von Thein (b. 1453), who had launched his career as a mercenary, field captain and diplomat from the Thein estate near Lanz (→ p. 307), acquired *schloss Kinsperg* close to 'his' Abbey of Waldsassen [1]. This was, in fact, the old *Alt*kinsberg Castle, south of the Imperial Castle in Eger. First mentioned in 1217, it had belonged to Heinrich von Kinsperg as an imperial fiefdom, but changed hands many times. By the time Christoph von Thein bought it, it was showing its age. This was to cost the new owner

Schloss Altkinsperg with Black Tower

rather more than he had expected – a topic of some concern in the autobiography he wrote after 1516. Eight years after he had bought the estate, he not only had a new *packoffen* (bread oven) built: *Des achten jahrs vmb S. Jacobs tag hab ich das viehhauss alss von neuem mit ziegeln decken lassen, das war für gedeckt mit stro vndt da nicht gar gedeckt* ('By the eighth year, around St James's Day, I had the cattle-shed re-roofed in tiles, which had been covered before only with straw and [before] then not even roofed'). There were defensive walkways on the walls that had to be roofed. The fish pond was also in a lamentable state: *Die fischbech waren so öde an fisch, do ich Kinsperg kauffet, dass ich zu Papenreut anterhalb hundert vndt etliche schock fohren liess *kauffen, herüber fuehren vndt in den mielpach setzen liess* ('The fish ponds were so empty of fish when I bought Kinsperg that I bought a hundred-and-fifty-odd *shock* [1 *schock* = 60 units] of trout at Poppenreuth, had them brought over and released in the Mühlbach'). The water system in general had to be renovated: *do ich Kinsperg kauffet, ging dass wasser in den röhren nicht herein, hatten die röhren abgehen lassen, must das mit vielen kosten vndt mühe einherrichten, alss es auch allweg mit grossen kosten vndt mühe muss gehalten werden* ('When I bought Kinsperg, the water wasn't getting into the pipes, which had been let rot, so they had to be reinstalled at great cost and difficulty, just as everything had to be restored with great expense and effort'). When Christoph left his *schloss* on a political mission in 1508, he fell victim to a group of extortionists who kidnapped him and demanded a ransom for his freedom, until he managed to free himself in an adventurous manner, came back to Kinsperg and paid for an eternal mass to the Blessed Virgin and St. Leonard, *dem ich alle mein tag von jugent auff gedient* ('whom I have served every day from my youth') to be celebrated in the castle chapel [3].

Christoph von Thein's *schloss* was maintained in like spirit – so to speak *mit vielen kosten vndt mühe* – by its later owners. The Jesuits, who took possession of the site after it had been burnt down by the Swedes in 1648, built a pilgrimage chapel there, and added various baroque elements. A relic from the old days still rises skywards next to the charming *schloss*: the castle tower, which has been left largely in its original state. None other than Goethe elevated this massive tower to the rank of an outstanding cultural monument: 'Ich sage nicht zu viel! Stünde dieser Turm in Trier, so würde man ihn unter die vorzüglichsten dortigen Altertümer rechnen; stünde er in der Nähe von Rom, so würde man auch zu ihm wallfahren.' ('I'm not exaggerating when I say that if this tower were in Trier, it would be counted among the most excellent historic remains there; if it were near Rome, people would go on pilgrimages to see it.') [4]. This kindly exaggeration still ensures that the privately owned castle remains firmly on the tourist map.

Notes
[1] Quotes from WENZEL, p. 162.
[2] See HAMPERL, Topographie, pp. 616 f.
[3] WENZEL, pp. 162 f.
[4] After STURM, p. 56.

COURTLY CULTURE

For anyone pursuing a 'cultural journey of discovery' on the trail of the reeves, the question of the courtly culture of their residences, of the cultural activity of the reeves' families in the narrower sense, is as inevitable as it is impossible to answer. Everything we now know about the reeves suggests that they were not particularly supportive of courtly culture. You are as unlikely to find a travelling poet praising them as patrons as you are a great epic recounting their deeds, or a single musician who dedicated a composition to them. No courtly prelate ever wrote to the reeves in praise of their eagerness to promote the faith, no mendicant monk ever preached against them, no legal scholar dedicated a treatise to them, no humanist wrote allusive epigrams against them, and no chronicler sought to dress up their history as an exemplar of the good life. We know of no dance master that kept the castles jigging; we do not even hear the rattling sabre of a fencing master. Were the dwellings of the Reeves joyless dungeons, then, their residences bare and mute? Was it out of genetic compulsion that in 1469 Grand Master Heinrich Reuss von Plauen pillaged the library of the Prussian commandry in Tapiau and converted it into hard cash in Italy? [1]

Anyone looking at these facts may doubt the very use of the word 'cultural' in our subtitle. But one may also rethink this conclusion with some confidence, since the reeves' progress from the very start was closely linked on the one hand with the Hohenstaufen and their *ministeriales* (the House of Andechs-Merania) and on the other with the Landgraves of Thuringia and Margraves of Meissen. Added to which were their many Bohemian connections and the families' deep roots in the State of the Teutonic Order. Could the Reeves have differed from all their neighbours over centuries, simply investing nothing at all in courtly culture? And how can we explain the fact that several significant sons of the region or scions of the families themselves (for example the Leipzig Dominicans Markus and Heinrich von Weida) only ever appear *outside* the Vogtland? We may start looking for answers in the north of the Vogtland, in the area of influence of the Reeves of Weida and Gera.

Notes

[1] Compare this account with the detective story in MENTZEL-REUTERS, pp. 287–291.

OSTERSTEIN CASTLE (GERA)

Between 1262 and 1280 the knight Heinrich von Kolmas is documented in the Thuringian area. He is considered the author of four stanzas of *minnesang* that have survived as marginal notes in a legal manuscript. Heinrich came from Culmitzsch. From his position in the various lists of witnesses in our sources, we can assume that he was an aspiring retainer and achieved that position in 1262 with Reeve Heinrich I von Gera (1238–1274) [1]. In that year he testified twice in matters concerning Cronschwitz Abbey: once for Heinrich I, once for Albrecht ('the Degenerate') of Thuringia. Heinrich von Kolmas must by now have been in the service of the landgraves, and his sphere of activity increasingly shifts to the court circle on the Wartburg. In May 1267 he appears in a transaction of Reeve Heinrich VIII of Weida (c. 1238–1279), and in the same year he testifies for the new landgrave at the foundation of the Altar of St. Catherine in St. Peter's church in Weida Neustadt. From 1269 to 1280 von Kolmas is no longer active as a witness or public figure in the Vogtland [2].

The four stanzas of *minnesang* constitute a 'religious *Lament in Old Age*' [3]. Verse 1 shows the inevitability of aging, Verse 2 the necessity to turn to the hereafter; Verse 3 contains an invocation to the Blessed Virgin, and Verse 4 calls on mankind to repent. Since these are very generic motifs, we should not assume that the song is itself a work of old age; but Heinrich may well have first taken a serious interest in courtly love and *Spruchdichtung* (proverbial poetry) on the Wartburg, where Walther von der Vogelweide once sang for the landgrave. The rise in social

position of many *ministeriales* in the 12th–13th centuries was often associated with an increasing dedication to the art of poetry, which in turn reflected that rise. Heinrich von Kolmas would certainly have sung more than the four stanzas handed down under his name.

Notes
[1] MEVES, p. 701.
[2] Sources in MEVES, 1, 2, 4, 6, 7–31.
[3] MERTENS, col. 39.

THE OSTERBURG IN WEIDA

The Osterburg (→ p. 68 f.) was at no point in the Middle Ages a seat of the Muses. It is not known if Heinrich von Kolmas already sang of *minne* (courtly love) in 1267, when he assisted Reeve Heinrich VIII of Weida. Our sources are silent on the 13th and 14th centuries. Only in the second half of the 15th century do we find any significant evidence for higher forms of literacy in the context of the Weida residence, which had been in the possession of the Wettins since 1427. A fantasy narrative, written in Leipzig in the first half of the 15th century, reads like an obituary for the reeves.

The Reeves of Weida (→ p. 328 f.)

DOMESTIC ECONOMICS, A 'MIRROR OF PRINCES' AND *SPRUCHDICHTUNG*

One of the best-known German-language manuscripts of the 15th century is the Göttingen Codex Philos. 21. Written by two scribes, Bernhard and Mathias, in roughly equal parts, each dated 1463, it is considered – despite certain differences in the execution of the parts – to have been intended from the start as a 'significant collection of the German Late Middle Ages' [1]. Mathias Molitor, who wrote up to sheet 138v, added beneath his signature, in addition to the date, the words *in Wyda completus est* ('completed in Weida').

Let us begin by taking a general look at the manuscript. In the first part it contains a short 'Rules of the Household' and a longer 'Mirror of Princes' by the Erfurt Augustinian hermit Johann von Vippach (fl. 1344–1375), who celebrates his addressee, Margravine Katharina von Henneberg, as 'Katherina divina'. In the second part, the manuscript contains 407 verses by the well-known central German composer of *Spruchdichtung* Heinrich von Mügeln (fl. c. 1355–1369), together with his elaborate cycle 'Der Meide Kranz'. The main pieces of the volume thus date to the second half (more accurately, perhaps, the third quarter) of the 14th century. When Bernhard and Mathias copied them in 1463, the texts were, then, almost 100 years old, and any connection to the authors themselves may be excluded as the motive for the collection. What is clear is a regional (central German) component, and the decisive feature of the composition as a whole is its dedication to the needs of a noble readership.

The opening 'Order of the Household' (f. 2r–12v) is an edited translation of a work attributed to Bernhard von Clairvaux *De cura et modo rei familiaris*, basically dating back to Aristotle's *Economics*. A widely known minor work addressed to a putative knight, Raimund von Milan, it is not concerned with the family affairs of ordinary folk but provides practical wisdom and guidance as to what constitutes fair behaviour on the part of a paterfamilias, especially in economic matters. 'Most space is devoted to advice on the relationship between house residents. Questions about the family, the house servants, officials, friends and enemies are addressed.' [2]

The title of the following work, 'Katherina divina' (f. 12v–138v), is misleading. In fact, it is a reworking of a widely known 'Mirror of Princes', a textbook for high-ranking noblemen. The 'Katherina' is based on a text written by the Augustinian hermit Aegidius Romanus in 1277–1279 for the French Crown Prince Philip the Fair. Johann von Vippach added passages particularly by the Stoic Seneca, as well as by Aristotle, Augustine, Isidore of Seville and from the *Legenda Aurea* [3]. In its three books the 'Katherina' deals with ethics (Book I), economics (Book II), and politics (Book III): the main areas of competence of a ruler. However, Johann von Vippach emphasized that his 'Mirror' should primarily provide *korzceweyle* (leisure) for the noble reader. One can understand this in the way that the work aimed not to be 'a practical handbook of princely education', nor a handbook for literal implementation, but rather 'a philosophical overview of life and the world for Katharina von Henneberg and the Wettins' [4]. The 'Katherina' should thus be seen more as a reference text and inspiration on the principles of political action than as a 'Wettin White Paper'.

The collection also includes, as its second part (f. 144r-223r), 407 proverbial verses by Heinrich von Mügeln [5]. *Spruchdichtung* summarizes everything that was not love poetry: mainly 'political' but also religious poems. The genre is best suited to instructive, often polemical content. Originating in Saxony, Heinrich von

Mügeln is thought to have been a pupil of the great Heinrich von Meissen, who bore the pen name 'Frauenlob' ('extoller of womankind') and dominated the scene around 1300 with his artistic poetry. Heinrich von Mügeln, as his texts reveal, had a sound education. The fact that he describes himself as a layperson may indicate that he wrote for laypersons. His works are all dedicated to the aristocracy or high nobility: Duke Rudolf IV of Austria, the State Marshal of Styria, Hartnit von Pettau, and even the Holy Roman Emperor Karl IV. Next in the manuscript comes 'Der Meide Kranz', in which the Twelve Arts compete against each other and hope for a prize from the Emperor, who ultimately favours Theology (f. 223v-274v) [6]. So here – as before with Heinrich von Mügeln – is a praise of learning that subordinates itself to piety. The Wettins would certainly have known what to make of the contents of this manuscript 'completed in Weida'.

Notes
[1] MENZEL, p. 45.
[2] Zimmermann, col. 666.
[3] See MENZEL, pp. 24–33.
[4] MENZEL, p. 41.
[5] Essentially STACKMANN, Col. 815–827; biographical col. 815–817.
[6] See STACKMANN, col. 820f.

THE FOOL OF OSTERBURG

The institution of the court jester formed part of early modern court culture. One of the most famous personalities of this rank was undoubtedly Claus, court jester to Frederick the Wise. He became popular due to the *Historien von Claus Narren* ('Tales of the Jester Claus') – first published in 1572 by Wolfgang Büttner (b. Oelsnitz c. 1520) – with more than 600 drolleries exemplifying the fool's brilliant wit. By the end of the 18th century, the collection had been reprinted almost thirty times. Many episodes found their way into other collections, to the extent that one could speak of a 'folkloric tradition' [1]. An account destined to enter the history of Osterburg was written by the Mildenfurth Priory brother and priest Petrus Ackermann, who left the order in 1522. The short report (1536) mainly retails two anecdotes, which Ackermann identifies as true events of the years 1514/1515, after which Claus the Fool (1515) received the last rites at Osterburg.

Ackermann's report begins in 1514. Frederick the Wise had set up court in Weida and prepared a *stechpan* ('jousting list') *in eins purgers gerten* ('in the garden of a townsman'), *darnach zcoge er gen Zwicka zur fassnacht vnd lis Clausen narren alhie'* ('after which he moved to Zwickau for Carnival, leaving Claus the Fool behind') [2]. Jobst von Lohma, whom the Elector had put in charge of the castle in his absence, invited Fr. Ackermann to the castle for the Shrovetide celebrations, where he witnessed an exchange with Claus who, complaining about the lack of wine, added spice to his protest with the suggestive comment: *Her heuptman von Hilperg* [= Jobst von Lohma], *ir habt ein from weib, vnd doch vill huren in der stat, die weyle zum teyle daran, hub sich ein gross gelechter* ('Dear Captain von Hilberg [= Jobst von Lohma], you have a pious wife and many whores in town, and spend good times on each! Whereon there was much laughter'.)

The second anecdote relates to Pentecost 1515. Claus was seriously ill and Fr. Ackermann was called to the castle to give him extreme unc-tion. Of course, the dying clown made jokes: *was kan du vom ole sagen? ich pin yhme nie holt gew-esen* ('What can you say about oil? I was never much in favour of it!'). Claus put up with the inconvenience, but continued to complain. *Vnd do ich nun anfing zw olen sagette Er: hastu auch dregk darinne? wie stinckt es!* ('And as I started to apply the sacred oil he piped up: You put shit in that? It stinks like you did!') When Fr. Ack-ermann was finally set to leave, the question of his honorarium arose: *do fragete der Edelman: her, was gepurt euch? do antworte [ich]: ernuester iuncker, inder stat gibt man ii g. Als gebe er mir einen Schreckenperger, reichet ich den kirchner in seinen ansehen einen g., wie yhme der dritte teill ge-purte. Do ich nun ginge, sprach Claues: hastu yhme gelonet? Sprach er: ia, Clauwes. Do sagette Clawes: ist es mer werdt so gibe yhme merh, als solde er sagen: es ist des nicht wert.* ('Then the nobleman asked: What do I owe you? Whereon I answered: Worthy Junker, in town people pay 2 groschen. As he gave me a Schreckenberger [silver groschen], I handed over one groschen to the sexton to his credit, as the third part was his by right. Then as I was making to go, Claus said: Did you pay him? He said: Yes, Claus. Then Claus said: If it's worth that much, better give him some more, meaning of course: It wasn't worth anything at all.')

Claus the Fool, it seems, survived the last rites, but died later in the same year and is (re-putedly) buried in Altenburg.

Notes
[1] See VON BERNUTH, pp. 404–406.
[2] All quotes from SCHNORR VON CAROLSFELD, pp. 181–183.

Memorial plaque for Walther von der Vogelweide, Langen-wetzendorf

LANGENWETZENDORF

In the one-street village of Langenwetzendorf, first recorded in a notice of affiliation to Cron-schwitz Convent [1], a memorial stone was erected in 1930 on which a plaque commemo-rated the death of the *minnesang* bard Walther von der Vogelweide '700 years ago'. The quartz-ite stone, barely a metre high, is located at the junction of the main road with the road to Hirschbach. The monument was initiated by the

Singers' Association of Langenwetzendorf, the local male voice choir, the 'Arion' singing club and the mixed choir. In the early afternoon of August 17, 1930, the choirs marched together to the memorial stone for the unveiling, which, as the local paper (the *Triebeser Zeitung*) reported, took place in a contemporary musical setting.

Two Middle High German lines were written on the plaque: *Herr Walter von der Vogelweide / swer des vergaeze der taete mir leide* ('Walter von der Vogelweide / to forget him were regrettable'.) These words, some of them in modern spelling, some of them archaicized, are, though impossible to source, from the 'hit' (completed in 1300) by the Bamberg cathedral cleric Hugo von Trimberg. Hugo praised Walther as a poet who had influenced the lifestyle of the nobility via his poetry. These two lines dedicated to Walther soon became a popular adage. Walther's dates, which the plaque states as 1170–1230, reflect the state of knowledge around 1930, but are fictitious. Research has since agreed to celebrate Walther on the only date we know for certain: that of a note in the accounts book of the Bishop of Passau, who paid *Walthero cantori de Vogelweide* on November 12, 1203, money for the purchase of a fur coat [2].

This local event left no mark on the learned world: the monument does not appear even in modern specialist directories. It is hardly surprising that the Vogtland singing community should choose as patron a figure of national pre-eminence. But did they know that this was at the time the only monument to Walther, who had also been active for a while in Thuringia?

Notes
[1] UB Vögte I, 147. See Gerhold, pp. 6f.
[2] See Hahn, col. 669f.

A DANCE-FLOOR IN HOF

In the 'Tales and Deeds of Wilwolt von Schaumberg' – a biography of his relative Willibald von Schaumberg (1446–1510) written in conformity with current literary models – the Franconian nobleman Ludwig von Eyb ('the Younger') zum Hartenstein (1450–1521) relates the rather farcical episode of a dance *zum Hoff in der Voyt lanndt* ('in Hof in the Vogtland') [1]. Wilwolt attended, one August 10, the celebrations connected with the patronal feast of the Church of St. Laurence (→ p. 101 f.), to which *vill hübscher frauen, junckfrauen vnndt gutter gesellen* ('many comely women, maidens and goodly swains had come'). He was there, as is expressly said, only as a spectator until the musicians forced him onto the boards by playing a complicated round dance. With a wink the narrator notes that the soldier Wilwolt had earned his laurels rather in the saddle than on the dance floor, and so it happened that he, *der krumen dentz nit gantz woll bericht* ('inexperienced in the winding dance'), ran aground with his dance partner: *es wartt ein gros geschrey vnnd iuchtzen über in* ('to great howls and cheers at his expense'), the impetus for which came from a certain von Schirnding, a relative of the Vogtland knight Konrad von Lüchau. Von Lüchau, who saw a fight coming, immediately asked Wilwolt for his weapon, which he actually handed over to him. When von Schirnding left soon thereafter with his cronies, whom should they find in front of his hostel but Wilwolt – and set upon the unarmed man, who could only escape his attackers by running round and round a cart. Now several Vogtlanders sounded the alarm: the town gates were shut and von

Schirnding was held. Wilwolt, however, turned to von Lüchau: *Du hast mir heütt mein werh, die ich dier in treüen geben, abgeschwatzt, die dw yeztund wider mich hast gebrauchen wollen, aber ersyhe ich mein zeitt, ich will dirs gedencken* ('You tricked me out of my weapon, which I gave you in good faith today, and that you now wanted to use against me. When the time comes, I shall repay you for it!') Not long thereafter, the opportunity to do so arose out in the woods between Ansbach and Heilsbronn, when Wilwolt chased von Lüchau all the way to the nearby Cistercian monastery, into which he duly escaped…

The episode of the dance on St. Laurence's Day, described as a *lecherlichen handel* ('laughable event'), is revealing in many ways. First, because we are dealing with an urban celebration in whose frolicking several nobles join. Wilwolt, whose honour von Schirnding has seriously injured, initially reacts prudently by handing over his weapon to von Lüchau. How the conflict later arose in front of Wilwolt's hostel is unclear. The narrator gives the impression that it was due to an unmotivated attack by the mocking von Schirnding on the defenceless Wilwolt. Where Konrad von Lüchau suddenly comes from is likewise unclear, but Wilwolt's anger is entirely directed at him, since he was the one who disarmed him. The narrator reports with some satisfaction that the hunt for the fleeing von Lüchau ensued shortly thereafter. It would hardly have ended any more ridiculously behind the cloister gate than Wilwolt's failed dance steps and his flight around the cart [2].

Konrad is a key name among the von Lüchaus, who were originally from near Ronneburg. We meet the first *miles* Konrad von Lüchau in 1282 in a series of witnesses for Heinrich von Weida, and in the same function again in 1304. At the noble assembly of 1288, at which the reeves decided to settle Hof as planned, he testified, along with his brother Mars Heinrich, as Lord of Konradsreuth [3]. In the 14th century, the von Lüchau family roved as robber knights through the Egerland [4]. Between 1424 and 1469 they were resident in Uprode Castle. An elaborate epitaph to Konrad von Lüchau, who was a knight of the Order of the Swan, can be found in the church of St. Gumbertus in Ansbach. This Konrad, the Margrave of Selb's bailiff (1479–1482), was probably the one who inveigled the sword off Sir Willibald in Hof.

Notes
[1] Quotes from the new edition of ULMSCHNEIDER, Wilwolt, pp. 170–172. The event can be dated to the early 1480s.
[2] An analysis of the little-noticed scene in FASBENDER, Tänzchen.
[3] Sources: UB Vögte I, 209, 363, 761.
[4] See LULLIES, p. 118.

EGER

In the spring of 1289, King Rudolf of Habsburg (1273–1291) stayed at his Eger residence. On March 4, he granted his son-in-law, the seventeen-year-old Wenceslaus II, the office of Imperial Cup-Bearer and the status of Prince-Elector that accompanied it [1]. The event, in itself insignificant for the history of literature, became significant only because the Franconian *ministerialis* Herdegen V von Gründlach (documented 1279–1306) was staying at the time in Eger in connection with a court case involving Albrecht Nothaft von Falkenstein [2]. Herdegen was the much-praised patron of a successful Central German composer of proverb-poems: the so-called Bard of Meissen. Since the Meissen poet reveals in one of his stanzas that he met the benevolent King Rudolf precisely in Bohemia and saw how the post of cup-bearer had already been decided in favour of Wenceslas II, it has been concluded that there was a meeting of these three historic actors there in March 1289 [3]. We may draw from this the insight that the Diet of Princes was not only a political event in the modern understanding of that term, but also a cultivated social occasion and a platform for artists seeking new commissions, as well as for patrons seeking to be graced by them.

Notes
[1] See STURM, p. 80.
[2] See UB Vögte I, annex 3.
[3] For dating issues in detail see OBJARTEL, pp. 32–36.

FABLES, NOVELLAS, MIRACLES

In the first third of the 14th century, a scriptorium, which recent research no longer locates in Bohemia but somewhere between the southern Vogtland and Eger, produced two manuscripts held today respectively in Heidelberg and Geneva. The two are intimately connected; presumably they were copied from the same source. Both contain over 200 items in what is the most extensive and important collection of high medieval novellas, fables, saintly miracles and poems [1].

The manuscripts are attractive, but not particularly representative in form. In their current state, they reveal many lacunae. Quires have been repeatedly reorganised, sheets restitched.

The scriptorium must have been practised in the production of German-language manuscripts, but unfortunately we know nothing else about it. The monastic houses in Hof offer too little by way of comparative material, while the houses in Eger only come to voice in the second half of the 15th century. Research should rather focus on Waldsassen Abbey, which experienced a cultural boom around 1300 [2].

The content of the codices suggests that the client(s) had a strong interest in court culture and a godly way of life. Although the manuscripts may have been written in a monastery, their list of contents precludes a monastic background for the client. Residences of spiritual dignitaries, which might well be considered, are not to be found in the Vogtland. What about worldly patrons? Between 1322 and 1351 Heinrich XI ('the Elder' 1293–1363; 1322–1342) and Heinrich XII ('the Younger') von Weida (1293–1357; 1344–1351) were masters (or custodians) of Eger Castle. The city was at the time mortgaged to Bohemia and the masters of the castle no longer possessed the considerable powers which their ancestor Heinrich VII ('the Red' 1254–1260) could call upon as imperial judge (1257). Nevertheless, 'as the permanent representative appointed by the pledge holder for the city and region of Eger, the Reeve of Weida was initially the only competent intermediary between the pledged land and Bohemia.' This of course gave him no claim to the city itself. On the contrary, the city took great care to ensure 'that the castle custodian in no way diminished its right to independence, and was not afraid, should he ever infringe that right, to seek redress directly from the king. Hence, as time

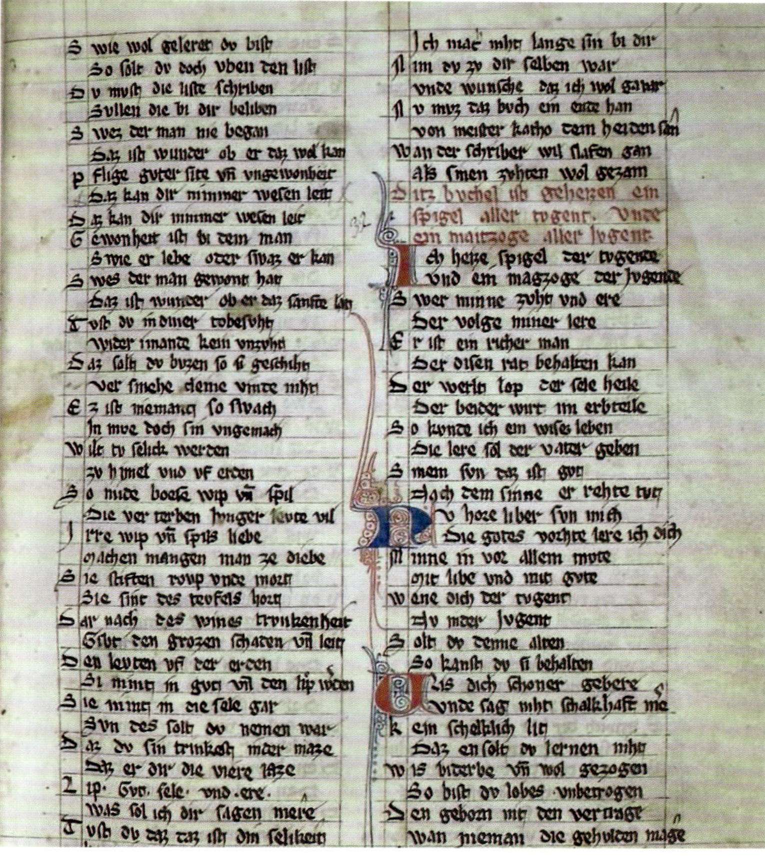

Heidelberg 'Short Epic' manuscript 341, probably from a Vogtland scriptorium
(UB Heidelberg, Cpg 341, f. 75r)

went by, the position of castle custodian suffered ever further setbacks [3].

It is, of course, pure speculation that the Reeves of Weida might have had something to do with the origin of our manuscripts. However, an origin in the vicinity of the Eger court is conceivable. Nor can it be ruled out that the collections were commissioned by wealthy townsfolk in the emerging cities of Hof or Eger. Comparable would be the case of a manuscript with novellas and heroic epics which was financed and owned only a little later (c. 1350) by two burghers of Erfurt.

Notes

[1] Essential reading on the manuscripts, STUTZ pp. 8–26.
[2] See HONEMANN, Johannes von Ellenbogen, col. 581 f.
[3] STURM, p. 143.

THE WOMEN OF THE REEVES

Hardly any research has been conducted into the female members of the reeve houses; historians have limited themselves to interpreting the self-image and ambitions of the reeves as revealed by their dynastic marriage policies. Over the centuries, the reeves have provided various indications of this. With obvious pride in having won a wife from the mighty Bohemian house of Riesenburg (1283), Heinrich II von Plauen called himself 'the Bohemian' (1274–1302). The most spectacular of such alliances was undoubtedly concluded by Heinrich I Reuss von Plauen (1274–1295) in 1289 with Jutta von Schwarzburg-Blankenburg, a great-granddaughter of the Rurikid Danilo, first King of Galicia. Though worthy of study in itself, this topic, however, tends to limit discussion of the role of women to that of status symbols objectified in the politics of various male alliances. Thus the fact that noblewomen generally had at least a rudimentary, but sometimes quite astonishing knowledge of writing and reading, and that they should be regarded as the real bearers of intellectual life, is frequently left unmentioned. It is also often overlooked that both unmarried daughters and widows who had withdrawn from matters of state could develop a special role for themselves in spiritual institutions. A particularly striking woman was certainly Elisabeth von Weida, who became Abbess of Gernrode in 1504 and carefully steered her house through the early Reformation. Indeed, when talking of noblewomen, pious institutions can be readily identified through which they had a lasting effect on their communities. None of which would have differed fundamentally in the Land of the Reeves from elsewhere, even if it is much more difficult to demonstrate here. So we shall say of the women of the reeves, if hypothetically for the time being, that they may be suspected of having contributed their 'mite' to the culture of noble residences and religious settlements alike. The following, of course, remains but a first draft of this new chapter of history.

'THE NEW EVE' OF THE OSTERBURG IN WEIDA

The story of the 'New Eve', through which the reeves were to become deeply imprinted in the minds of their contemporaries and forever thereafter, is based on an internationally-known narrative [1]. In Christian tradition, it emerges from the story of the Fall: Eve, seduced by the serpent, caused Adam to transgress the divine commandment not to eat from the Tree of Knowledge. The consequence of breaking this taboo was expulsion from paradise and a life in grief and toil that continues to this day. People have always been concerned about the fact that a supposed triviality should have such serious implications. The Rhenish Cistercian monk Caesarius von Heisterbach (d. after 1240) recorded a small dispute about this among spouses in his *Dialogus miraculorum* (c. 1219–1223) [2]. In Book IV, which deals with the topic of 'temptation', we read of a conversation between Heinrich von Weida, a powerful and respected knight and servant of Heinrich von Sachsen, and his wife. She is outraged by the disobedient Eve: how, with but a diminutive apple, and in order to satisfy her greed, she brought such great suffering into the world. The husband replies sceptically: 'You might have acted similarly under such a temptation.' He then announces that he will also impose a command on his wife, but he already knows that she will break it. So he forbids her from ever walking barefoot through the cesspool behind the castle right after having her bath on bathday. Moreover, he wagers a total of forty marks that he will win his bet.

The train of events thereafter is sadly predictable. Although the woman is at first quite certain of winning the prize, the very fact of being commanded not to do so by her husband drives her mad: 'If I never walk in that cesspool, I will die!' Thus exactly what Heinrich von Weida predicted comes to pass: his wife must meekly admit, despite the ban, that she has paddled in the cesspool right after her bath. The knight thereupon rebukes his wife: it has now been proven that her obedience is no better than that of Eve, and since she cannot pay the forty-mark bet, he takes her expensive costume and gives it away.

The monk Caesarius probably incorporated this story in his collection of exemplary tales suitable for sermon-giving regardless of its psychological dimensions. 'The example proves once again that woman does not change, that the female gender has been afflicted by weaknesses and vices ever since Eve.' [3]. Indeed, he used it in a sermon himself, but added an interesting detail to the version in the *Dialogus*. After the wife had agreed to the bet, he added: 'immediately the Tempter approached,' and whispered to her so stubbornly on all bathing days that she could no longer resist entering the dirty water. The link to the conventions of biblical representation is thus much clearer. Caesarius has externalized the psychology of the violation of the ban along the lines of the biblical parable in order to make the psychological process more concrete via the Tempter's physical influence on Heinrich's wife: the intangible commandment of Heinrich (as in that of God the Father) acts as a material Tempter (the Serpent) who comes into play only thanks to the physical absence of God the Father.

The question of which of the many Heinrichs von Weida was originally meant has become a rather trivial concern of researchers. It all depends on the dating of the *Dialogus*, which is thought to be between 1219 and 1223. It is interesting that Caesarius initially introduces his hero as deceased, but says many contemporaries knew him and that many of them remember the incident itself. One would doubt that the event ever actually took place, but the fact that the Reeve of Weida was no longer alive, though still in living memory, may be sound. If Caesarius was born around 1180, he can hardly have meant Henry I ('the Brave' 1143–1193) who ruled in Gera and

ſemp z ppetuo carebidis.Hoc cū crebz1°ei i/
culcaſſz.z ille i ꝛclaui 11 ſe r̄cepiſſz.ſtati m̄tis
ac diuerſ cogitatōib9 y cepit fluctuare.varijſ/
ꝗ tētatiōib9 eſtuare.q̇q̇d eſſz i pixide ſcire de
ſiderās.Et ſepi9 illā ꝗ ꝩtēs atz circūſpiciens
ait itra ſe.q̇d ſi aperuaero illā.ſol9ſū.nemo vi
det.introgat9negaboo.nō ē teſtz q̄ me ꝛuice/
re poſſit.Uict9tādē tēētatōe pixidē aperuit.
z auicula q̄ int9erat cllauſa euolauit.Tunc
triſtz effect9valō myſtteriū itellexit.z ad dñi
pedes pixidē req̄rētz ſe ꝑſternēs veniā po/
ſtulauit.ſz nō inuenit Ad quē dñs.Serue
neꝗ z ꝛtumax tu ꝑm.ū pꝛez nr̄m de inobe/
diētia iudicās tuácꝗ ꝛſtantiā apd́ me cōmē
dās teipm ꝛdemnaſti.Recede g̃ a me faciē
meam de cetero nō videbis.

XLV

Henric9de wida miles fuit diues valde
hēbat āt vxozē nobilē ac dilectā.Die q̄dam
cū k̄mo int̄ eos hꝛet de culpa eue cepit illa
ꝩt mos eſt mulierib9 eidē maledicere z̄ō in
cōſtātia iudicare ani.eo ꝙ p modico pomo
gule ſue ſatiſfaciēs tātis penis ac miſerijs
vē gen9hūanū ſubdidiſſz.Lui marit9r̄ndit
Noli illā iudicare.tu forte i tali tētatōe ſeci
ſes ſile.Egovolo tibi aliq̄d pcipe qd́ min9e
z ꝑt amozē meū mime poterz cuſtodire illd
R̄ndēte illa qd́ ē mādatum.ſubiūxit miles
Ut die illa q̄ balneata fueris paludē curie
noſtre nudis pedib9 n̄ igrediarz.alijs diebz
ſi libet itres.Erat eı̄ aq̄ putes z fimoſa ex
toti9curie ſozdibz collecta.Illa ſubzidēte z
pcepti trāſgreſſionē abbozreſcēte ſubiūxit
hēric9 Uolo ꝩt penā addam9.ſi tu obediēs
fuerz q̄dragita marcas a me recipias.ſinau
rē totidē mibi ſoluas.z bñ placuit ei Illeꝑo
ipa ignozāte ſecretos cuſtodeſ paludi adhi
buit.Mira res.ab illa boza matrona tam
boneſta z ꝩecūda nūꝗ p curiā trāſire pote
rat niſi ad pdictā paludē reſpiceret.et q̄tiēs
balneabat totiēs de eadē palude tēptabat.
Die q̄dā exiēs d̄ balneo dixit pediſſeꝗ ſue.
Niſi igreſſa fuero paludē illā moziar.ſtati/
ꝗ ſuccingēs ſe cū circūſpexiſſz z neminē vi
dere pūtarer.comitāte ancilla aquā illā feti
dā ꝩſꝗ ad genu itrauit.z buc illucꝗ deam
bulādo bñ ꝛcupiſcētie ſue ſatiſfec.Q̇ō ſtati
nūciatū ē marito ei9.ille gaudēs moz eā vi
dit z ait.Quid ē dña fuiſtz ne bodie bñ bal
neata.R̄ndēte illa.fui.Adiecit.in doleo vel
paludeAd qd́ ꝩbū ꝑfuſa tacuit.ſciēs eū ſuū
exceſſū nō latere.Tūc ille vbi ē dña mea cō

ſtātia ꝩr̄a.obedientia ꝩr̄a.iactātia ꝩr̄a.Eua
vilius tētate fuiſtz.tepidi9 reſtitiſtz.turpius
cecidiſtz.Reddite g̃ qd́ debetz.Et cū nō ha
beret illa qd́ ſolueret oia veſtimēta eius ꝑ/
cioſa tulit z p diuerſas perſonas diſtribuit
ſinēs eā p aliq̄d tps bñ tozqueri.

XLVI

Miles q̄dā ſic audiui a q̄dā viro religio
ſo m̄ta ſcelera ꝛmiſerat.tādē duct9 pnia ve
nit ad ſacerdotē de cōmiſſis facta ꝛfeſſione
pniaz ſuſcepit.ſz ſuſceptā k̄uare nō potuit.
Lūꝗ ei ß ſepi9accitaſſz die q̄dā dixit illi ſa
cerdos.Nibil ſic pficim9.dic g̃ mibi.Eſt ne
aliq̄d qd́ p pctis tuis poſſis cuſtodire.R̄n
dit ille.Eſt pom9 in poſſeſſiōe mea tali.cui9
fruct9tā amar9z peſſim9 ē ꝩt nūꝗ ex eo co/
medere poſſim.Si videt̄ voß bonuz pnia
mea ſit.vt q̄duſꝗ viuā de eiſdē pomis nō
guſtē.Sciēs ſacerdos marie p9pbibitiōez
excitāte carne atꝗ diabolo ꝛſurgere tēta/
tione r̄ndit.Pro oib9 pctis tibi iniungo.vt
nūꝗ de fructu eiuſdē arboz ſcieter come/
das.Abijt miles pniaz iniūctā q̄ſi p nibilo
reputās.Sic ſita erat ipa arboz ꝩt q̄tiens
curiā ſuā exiret vl̄ intraret eādē arboze re/
ſpicere poſſz.Reſpiciēdo ſp.pbibitōnis re/
cozdabat̄.z recozdādo moz guiſſime tēpta/
bat.Die q̄dā añ arboze eādem trāſiēs z po
ma i eo ꝛſiderās ab eo q̄ pmū boiez p lignū
ꝑbibitū tentauit.z pſtrauit tā valide tētat9
ē ꝩt ad arboze q̄dē veniret z ad pomū nunc
manū extēdendo.nūc extēſā retrahēdo to/
tū pene diē Jrijs niſib9 ꝛtinuaret.Tandez
adiuuāte gr̄a triūpbās intantū ꝛcupiſcen
tie reſtitit.vt cozde coanguſtato ſub arboze
iacens ſpm exalaret.

XLVII

Sctē recozdatiōis dñs benric9 albanēs
eps z cardialis āno.M.clxxviij.miſſus a
clemēte papa tpibz frederici ipatozz pdica
re cruce in alemania ꝗ ſaracenos q̄ſdaz ſibi
terre nr̄e mōachos ozdis ciſtercienſ aſſum
pſit.Die q̄dā cū ſil̄ eq̄tarēt.z ipe diceret i ge
nerali.Quis veſtz dicet nobis aliq̄d boni.
R̄ndit vnus.Ille demonſtrato q̄dam con
uerſo monacbo laico.cui9nome excidit.Et
pceptū eſt ei ſtati a cardiale ꝩt ꝩbū ppone/
ret exhoztatōis Ille pmū ſe excuſās dicēs.
laicū nō debere lr̄atz aliq̄d loq̄.Tādē ſic ex
ozſus ē.Dñ moztui fuerz z ꝛducti ad padi
ſū occurret nob ſctús pꝛ nr̄ bñdict9 vik no/
bis mōachis cucullatz cū gaudio itroducz

Weida. He would have witnessed his death as a boy long before he entered the monastery (1198). There remain Heinrich II ('the Rich' 1193–1209) and his eldest son Heinrich III ('the Elder' 1209–1219), who joined the Teutonic Order in 1219 and died around 1224. If we date the *Dialogus* to 1219, the death of Heinrich 'the Rich' would have been a decade before. There is therefore a lot to be said for the Patron of Mildenfurth. It would also fit that Heinrich owned Weida as a fief of the Landgraves of Thuringia and Margraves of Meissen. The fact that he was initially Heinrich the Lion's liegeman, who, after being ostracized by him, went over to the Hohenstaufen party and, according to legend, named his family after King Heinrich VI, who knighted him, should not put us off [4]. In any case, whether it was Heinrich I or Heinrich II, we still have our 'Eve'. Heinrich I was married twice: first to Lukardis, daughter of Count Burchard von Lauterberg, then to Juliane, daughter of Sizzo III von Schwarzburg. His son seems to have been married only once: to Countess Bertha von Vohburg, through whom the Weida Reeves came to inherit lands along the River Regnitz [5]. Although, as I said, it is not advisable to take this exemplary tale as historical fact – as Caesarius himself does – the 'new Eve' could thus be Lukardis, Juliane or Bertha. In the spirit of the tale, she is not a bad woman, but an ordinary woman who thinks she can act more virtuously than Eve and is provoked by her husband's ban to repeat Eve's sin.

We are here interested in the mythical tale of the 'new Eve', because Caesarius linked it

Chapter XLV of the printed *Speculum exemplorum,* with the tale of the 'New Eve' (SA Greiz)

with a Heinrich von Weida whom he declares to be deceased but still alive in memory. The later history of the House of Weida also played its part in myth creation. Anyone who in the first half of the 15th century heard a sermon by Johannes Herolt from Nuremberg containing the tale of Heinrich von Weida could immediately recognize a Weida Reeve of this name: perhaps Heinrich XVII (1404–1410), who in 1410 ceded his share in the rule of Weida to the Margraves of Meissen, or Heinrich XVIII (1404–1411), who ceded the second third a year later, or finally Heinrich XIX ('the Younger' 1404–1427), who had to give up the last third in 1427. One does not have to be particularly familiar with the history of the House's decline to place the story with a 'Heinrich von Weida' and his wife of whichever generation. The Reeves of Weida had long been the stuff of legend. The story of the New Eve, subsequently reprinted in instructional collections such as the *Speculum exemplorum*, long kept them alive in the popular mind.

Another tale told under the banner of the Reeves of Weida probably dates to the 14th century. It, too, like that of the 'New Eve', was probably 'long told': a spooky tale that Caesarius would have liked. It was soon noted how the story adopted the reeves, as it were, though it would have worked, like 'New Eve', even without them …

Notes

[1] SCHWARZ offers a well-grounded overview of the tradition.

[2] An interpretation of the narrative in the context of the *Dialogus miraculorum* can now be found in JURCHEN.

[3] SCHWARZ, p. 120.

[4] See SCHWARZ, p. 120.

[5] For more on the countess see NEUMEISTER, pp. 83–85.

'THE BRAVE DAUGHTER OF THE REEVES OF WEIDA'

In a German-language manuscript collection which the provost of the Augustinian Collegiate Foundation of St. Thomas in Leipzig assembled around 1420, the following story can be found: "A certain knight, who with his brother rules over Weida of the Reeves, goes on a crusade with the King of *Aquitania*. After their victorious return, he is defamed and imprisoned by the king. His brother cannot free him, but reports to the prisoner's daughter that the king will fulfil any request if someone can solve the *erschreglichen* (terrible) mystery of how in the night many *küner geselle* (brave knights) perished in a particular abandoned abbey church within his kingdom. The good daughter goes to Aquitaine, and after making many long penances has herself locked in the church, where she is haunted by a revenant spirit and his four pallbearers. The dead man, she learns, is a former King of Aquitania, who, acting on the advice of his four companions, once poisoned the inhabitants of the abbey in order to confiscate their property. He must now suffer unending pain and wander the earth until the monastery is rebuilt. The daughter, protected by her piety from the *grusamkeit* (grim powers) of the revenant, reports everything back to the king, who thereupon re-establishes the abbey with triple its previous lands and releases her father." [1]

This is an exciting story: a pious reeve who ruled Weida together with his brother falls out of favour, despite his merits, and must be saved by his daughter. Anyone looking for a historical substrate here would probably start with the rule

Beginning of the 'Tale of the Reeves of Weida' in the German manuscript (UB Leipzig, Ms. 1279, f. 287r)

of pairs of reeve brothers. This, however, makes quite a formidable list: from 1254 Heinrich VII and Heinrich VIII ruled together, from 1279 Heinrich IX and Heinrich X, from 1293 Heinrich XI and Heinrich XII etc. right up to the last of the Weida reeves, the three of whom ruled together from 1404. Thus the 'biggest' clue does not reveal anything more than that the author may have known of a tradition of dual rule in Weida. The fact that Heinrich II took part in Barbarossa's campaign in Palestine in 1189 makes him as little a candidate as Heinrich XIII or Heinrich XIV, who provided 'protection' for Cronschwitz Abbey when it was threatened by a robber baron in 1363 [2]. However, all speculation about chronological references took a new twist with the discovery of a Latin model by GESINE MIERKE [3]. It seems this story was handed down in the donation books of the Cistercian monastery in Zwettl. In origin these books (1310/1311–1314) date back as far as the imputed time of the story in the 13th century. At the centre of the action, however, is not a reeve at all. Here, on her own, stands the fearless and virtuous daughter of a reeve who steps in when her father cannot help himself and her uncle fails. She spends many nights alone in the ruined church, arguing with the undead spirit, and when her piety overcomes his curse, redeems the abbey and has the king reverse his judgment [4].

The tale of 'The Reeves of Weida' is, in a way, an answer to the tale of the 'New Eve'. True, it does not undo the sin of the scolded wife of Heinrich von Weida: original sin is not washed from this world. But we do see a young woman helping experienced warriors out of distress, with a virtue and piety that have been repeatedly denied to her female ancestors over the centuries in the topos of the 'New Eve'. 'The Reeves of Weida' would seem unthinkable without its 'New Eve' counterpart.

Notes

[1] DICK, col. 488.

[2] DICK, col. 489.

[3] See MIERKE.

[4] Luca Kirchberger edited the material (2019) for school theatre. See KIRCHBERGER, Vögte.

Hitherto unknown Latin version of the tale in a Zwettl Abbey manuscript (Archiv, Cod. 290, f. 261v)

IRMGARD VON REUSS ZU ZWIRTZSCHEN (WERDAU)

The parish of St. Mary's in Werdau has a 15th century gilded communion chalice decorated with precious stones. This valuable object has recently been displayed in several exhibitions [1]. A coat of arms at the foot of the chalice identifies it as a gift of the Reuss von Plauen family. Stylistically, the chalice fits into the first quarter of the 15th century [2]; HARTMUT KÜHNE argued from a socio-historical point of view for a date between 1452 and 1466. As the donor he sees Irmgard von Reuss, second wife of Heinrich VII ('the Younger') zu Greiz-Vorderschloss (1368–1426) [3]. Heinrich, who died in the Hussite battle near Aussig in 1426, had married the daughter of Burgrave Albrecht II von Kirchberg in 1414. In 1452 his widow is reputed to have received the town and castle of Werdau by way of pledge from the Wettin family and retired to Zwirtzschen, a district of Seeligenstädt. In 1462, Irmgard funded a goodly *Seelgerät* for her family – a permanent offering for the repose of their souls – in Mildenfurth. The chalice may have formed part of such a mass offering [4].

Notes
[1] See inter alia AK Mühlhausen 2013, pp. 234 f.; AK Chemnitz 2016, pp. 124 f.
[2] See FRITZ, p. 347.
[3] AK Mühlhausen 2013, p. 235.
[4] For the Mildenfurth see DIEZEL, pp. 292–294.

THE 'NOBLE WOMAN OF PLAUEN' AT PLAUEN CASTLE

The name 'Plauen' was written into the history books of pre-modern healthcare. A plague letter on blood-letting, distributed in over 100 manuscript copies dated between 1375 and 1400, claimed to have been written by the Roman King's personal physician to the *edelen frawen von Plawen* ('noble woman of Plauen') [1], that is to the wife of a reeve or lord of Plauen. For chronological reasons this can only be either Luitgard, daughter of Hermann III von Kranichfeld, who married Heinrich VIII von Plauen zu Plauen (1357–1373) in 1360, or Anna, daughter of Borso von Riesenburg, who wedded Heinrich IX von Plauen zu Plauen (1373–1412) around 1383. Anna brought the estates of Petschau (Bečov nad Teplou) and Buchau (Bochov) into the marriage, and Heinrich expanded his rule in 1387 by acquiring the Castles of Königswart (Kynžvart) and Würschengrün (Boršengrýn). So there were a number of Bohemian links to the letter [2].

Of course, the addressing of a plague letter to the 'Frau von Plauen' need not have a real historical basis; the dedication, as BERNHARD SCHNELL observed, 'was invented for the purpose of advertising the work'. One would then have to explain what exactly the 'advertising effect' of this addressee would have been. Were this to come to light, it might mean that an educated reader could make something out of the mysterious wife of the Reeve of Plauen: the Plauen women represented, perhaps, both the right social class and gender in whose hands (as laypersons) medical competence was deemed at the time to reside. The case is comparable to that of the reputation for generative fertility of the Weida reeves themselves!

If we look for the supposed author of this letter, the circle reduces to two candidates: Gallus of Prague, personal physician to Karl IV (until 1378), and Sigismund Albich of Prague (c. 1360–1427), personal physician to Wenceslaus IV (after 1378). Historical experts, however, find it 'difficult to imagine' that either of these two famous doctors could have authored the text. The letter represents a step backwards from established medical works. It offers a catalogue of parts of the body where plague sufferer can be bled, 'and this without any relationship to reality' [3]. One can only regret the devastating diagnosis, given the circulation of this short text in the 15th century. The fear of the Black Death had been palpable across Europe since the epidemic of 1348/49. Inadequate as the plague letter may have been, the many copies that can be traced back to 1400 show how people would reach for anything that promised protection or hope of relief [4].

Notes
[1] FRANKE, p. 108.
[2] For the candidates, see FASBENDER, Pest-'Brief'.
[3] SCHNELL, p. 495.
[4] For the tradition, see FRANKE p. 65. Additional information in FASBENDER, Pest-'Brief'.

THE WIDOW OF PROHOR (PROHOŘ) IN SCHLÖSSLES

The second wife of Heinrich III, Barbara von Anhalt-Köthen (1487–1532/33), mother of Heinrich IV, had, after the death of her husband (in 1519), married Johann 'the Younger' of Kolovrat at Maschau. In June 1528, however, Barbara separated from her Maschau partner and called herself once again Burgravine of Meissen. First she moved to Theusing, but then in 1529 to her widow's seat in Schlössles. Although Heinrich IV wrote to encourage his mother to move to Neuhartenstein (Hartenštejn), Barbara stayed initially in Schlössles. Only on the occasion of his wedding to Countess Margarethe von Salm und Neuburg in August 1532 was Heinrich able to persuade his mother to move to the new Engelsburg residence (Andělská Hora Castle). However, Barbara died shortly afterwards. In 1537 Heinrich incorporated the widow's seat into his Theusing domain.

FROM MEDIEVAL SCRIPTORIA

Our knowledge of the scriptoria and libraries with which the Vogtland of premodern times (like every other cultural area) was once so well equipped is regrettably slim. Over the intervening centuries almost everything that was extant in 1500 has been either destroyed or stolen. The reasons for this may be various. However, it is much the same whether the Hussites (1430), the townsfolk (1525) or Swedish troops (around 1640) set fire to a library, whether bombs fell on it or whether the remaining stock was sold off to restore the economy of an ailing state. Our knowledge of the monastic scriptoria, church libraries and collections of the Vogtland nobility and middle class rests, therefore, in large measure on extrapolation and speculation. Clues range from dispassionate lists compiled when a monastery was closed, to loan notes and catalogues, to happily preserved parts of collections.

I shall give only a few examples. We know of the Widen Church in Weida that around 1530 it still contained *eine kiste voll* ('a boxful') of books. At the visitation of 1531, St. Peter's Church in Weida New Town owned *in die xxx* ('some 30') volumes. A detailed catalogue has been preserved from the local Franciscan Friary. We also know that the preacher at Cronschwitz Convent, who had no theological library of his own, borrowed thirteen volumes from the Franciscans. In Plauen, however, the situation was dramatic: the Dominican library was first rifled in 1430 and finally destroyed in 1525. The losses were equally devastating elsewhere. I currently know of only one medieval manuscript identified by its writer as originating in Plauen. The liturgical manuscripts, whose production and presence was documented in accordance with the laws governing foundations and donations, have all been lost. St. Wolfgang's Chapel in Dobenau alone had four missals in 1529/1539, and the Castle Chapel (1506) two. Gone, all gone… In Hof, the chronicler Enoch Widmann watched as the mob tore up the valuable missals previously saved from the Church of St. Michael and stored in the school library – a general fate countered only by the very few volumes and collections that have survived. And, of course, these are no longer in their original places. The Mildenfurth library found a home in Jena, the collection of the Poor Clares from Eger very largely in Prague. In Jena, a multi-volume Bible has recently been located as deriving from the Crimmitschau Charterhouse. The following paragraphs must, then, be understood as a 'pilgrimage of the spirit' adorned with a few lonely images.

THE CARTHUSIANS IN CRIMMITSCHAU

In 1477/78 the Carthusian Order took over the long declining Augustinian Collegiate Foundation of St. Martin (→ p. 35) near Crimmitschau. Pope Sixtus IV approved the change in 1478 and conferred all the necessary privileges. In October 1479, Jodocus Christen, Prior of Erfurt, took up residence in the house with four other brothers. The Carthusian monks, who were obliged to keep the strictest silence, each lived in separate quarters. They were silent for forty years; then suddenly the Reformation broke that silence. Under the aegis of the experienced prior, Thilemann Mosenus (1520–1525), the monks initially lost the right of patronage over the town parish. With the sale of the water-powered hammer forge (1523), a material emergency transpired. With the withdrawal of the prior in 1525, the dissolution began, and in 1531 the house was secularized.

The priors Jodocus Christen and Thilemann Mosenus were educated spiritual men from among whose possessions some typical Carthusian manuscripts have been preserved. It is difficult to distinguish between their own work and that of others in these volumes, which are effectively repositories of various materials. No authorial activity in Crimmitschau can be documented in either case. In a manuscript Christen had owned as *lector* in the church in Lössnitz (in 1458) and which he had made over to the house when he entered Erfurt (1465), there is a note from which one can conclude that he took Codex 1478/79 with him to Crimmitschau. The volume contains some Passion texts, Sunday sermons

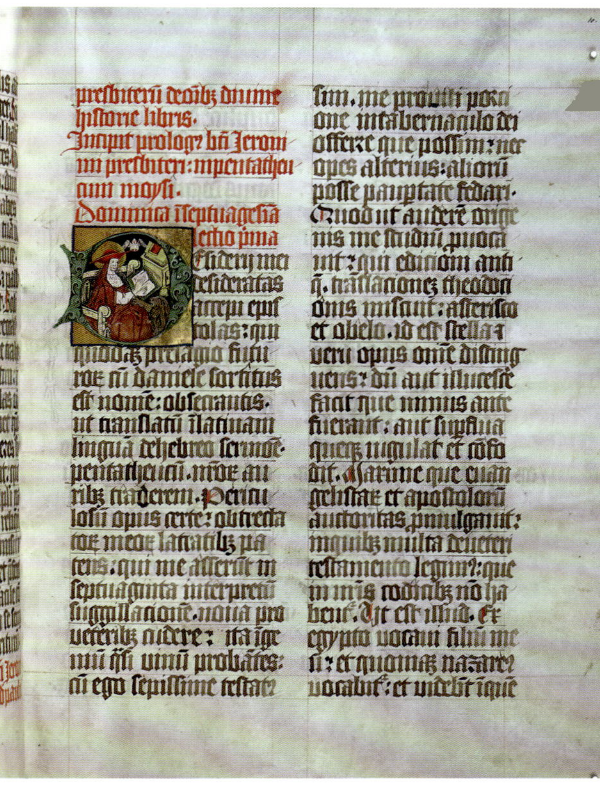

Page from a multi-volume Latin Bible belonging to Crimmitschau Carthusians (ThULB Jena, Ms. El. fol. 7–11)

and visionary writings [1]. Almost nothing else has survived, though a volume of Italian academic prints (1484/85) in the possession of the Zwickau preacher Heinrich Seger (d. 1502) can plausibly be traced to the charterhouse [2].

JOACHIM OTT has recently made a spectacular discovery which suggests that a five-volume Latin parchment Bible in the University Library in Jena may have originated in the Crimmitschau Charterhouse [3]. The volumes were evidently started shortly after the foundation of the house.

They are from the hand of a single copyist who, at the end of the fourth volume, dated his work to 1481 (f. 141^v).

Notes
[1] St. Florian's Abbey Library, XI. 83. B.
[2] Ratsschulbibliothek Zwickau, 24.5.3.
[3] See OTT.

THE NORBERTINE LIBRARY IN MILDENFURTH

Around twenty-five manuscripts and a handful of prints are still preserved from the library of Mildenfurth Norbertine Priory (reformed 1457) (→ p. 59 f.). Compared with the surviving book lists of the 15th and 16th centuries, however, this constitutes little more than a tasting menu. The inventory of 1478 contained 193 titles, that of 1531 – made by Georg Spalatin for the purposes of sequestration – 187, with just under half the titles (85) appearing in both lists [1]. Neither collection indicates a particularly lively devotion to either study or writing. Nevertheless, a small library appears to have been set up there as early as the 13th century. Although the older volumes carry no signatures, they do occasionally have a contemporary note of ownership: 'Book of the Blessed Virgin Mary in Mildenfurth' begins the entry in Ms. El. q. 2. The Latin note continues with a summary: 'Of the decrees of the Holy Popes and the faith.' It concludes with a librarian's curse: 'Whoever steals this, be damned!'.

Most of the volumes show traces of being recorded and indexed only in the late 15th century – undoubtedly the fruit of the contemporary reform. It remains to be seen whether there was

a scriptorium before then. It was not uncommon to acquire valuable books by gift or exchange, and the Norbertines were not a classic 'learned Order' as such. In the case of most of the older parchment manuscripts, there is no guarantee that they originated in Mildenfurth. The oldest codex, which contains sermons by Hrabanus Maurus and dates to the 10th century (Ms. El. f. 32), might have come from Quedlinburg. A 12th century volume containing the Venerable Bede's *Commentary on the Seven Catholic Epistoles* (Ms. El. q. 8) may have been written in Italy. The magnificent three-volume early 13th century Bible is thought to derive from the Benedictine Abbey of Bosau near Zeitz.

A small book gift from two clergymen dates from around 1400 [2]. The priest Heinrich from Gera-Tinz (→ p. 218 f.) and his colleague Friedrich from Berga donated a total of twelve volumes to Mildenfurth, three of which have survived in the Jena library: a collection of legends (Ms. El. f. 26), a slim bundle of scientific and medical texts, and a codex containing works by Augustine Triumphus (Ms. El. f. 31). As with all the other volumes, these were intended to serve the daily needs of the pastor. Given the original task of the Norbertines to provide parish clergy, this gift from the two pastors will not have come amiss in the eyes of its recipients, though it is in no way clear if or how eagerly the books were used during the 15th century.

The only known user comes in the years around 1478, when an anonymous author cre-

Illuminated initial from the Mildenfurth Bible with animals and humans (ThULB Jena, Ms. El. fol.)

RATER AMBROSIVS TVA
MICHI MVNVS CVLA PER
FERENS DETVLIT

et suauissimas litteras, que in princi
pio amicitiarum fidem probate iam fidei
et ueteris amicitie preferebant. Vera
enim illa necessitudo est et xpi glutino
copulata, quam non utilitas rei familia
ris non presentia tantum corporum non sub
dola et palpans adulatio. sed dei timor
et diuinarum scripturarum studia conciliant
legimus in ueteribus historiis quosdam
lustrasse puincias. nouos adiisse ipsos.
maria transisse, ut eos quos ex libris no
uerant coram quoque uiderent. Sic pi
tagoras memphiticos uates. sic plato e
gyptum et architam tarentinum eandemq;
oram italie que quondam magna grecia
dicebatur laboriosissime peragrauit. ut
qui athenis magister erat et potens cuiusq;
doctrinas achademie gimnasia persona
bant fieret peregrinus atque discipulus ma
lens aliena uerecunde discere quam sua
inpudenter ingerere. Denique cum litteras
quasi toto fugientes orbe persequitur capitus
a piratis et uenundatus etiam tyranno cru
delissimo paruit captiuus uinctus et ser
uus, tamen quia phylosophus maior
emente se fuit. Ad titum liuium lacteo elo
quentie fonte manante de ultimis hispa
nie galliarumque finibus quosdam uenisse no
biles legimus. et quos ad contemplatio
nem sui roma non traxerat unius hominis
fama perduxit. Habuit illa etas inauditum
omnibus seculis celebrandumque miraculu
ut urbe tanta ingressi aliud extra urbem
quererent. Apollonius siue ille magus
ut uulgus loquitur, siue philosophus
ut pitagorici tradunt intrauit persas.
transiuit caucasum, albanos, scithas, mas

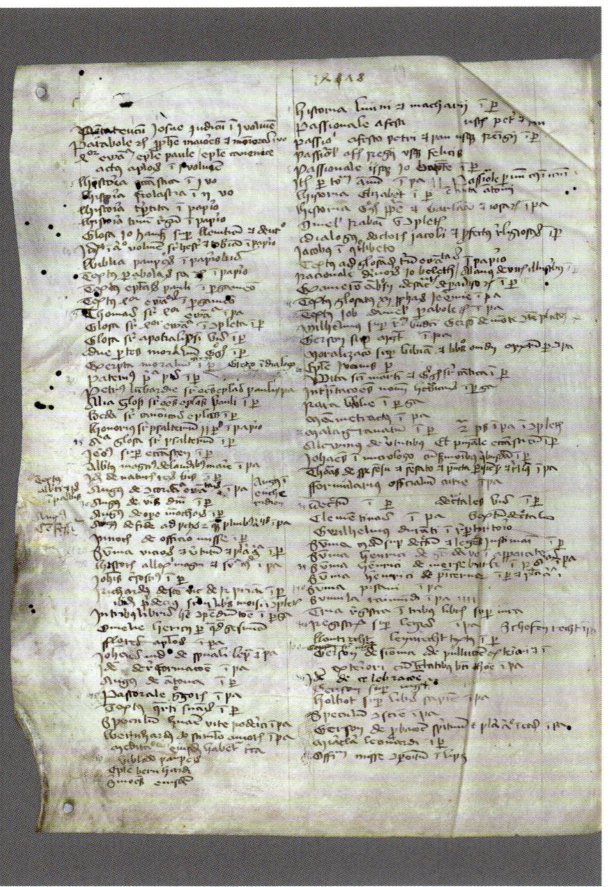

Page from Mildenfurth book directory compiled by a Norbertine canon in 1478 (ThULB Jena Ms. El. f. 30, f. 162va-163va)

ated the early Mildenfurth book directory. His distinctive hand can be traced over a period of almost 20 years in twenty manuscripts and printed works, including the Augustine Triumphus volume gifted by the two pastors. Additions in his hand to Johannes Rothe's *Thüringische Weltchronik* ('Thuringian World Chronicle') end in 1481 (Ms. Sag. f. 9). Likewise,

the entry recording the year of death of Heinrich von Stammern (1481) in the Zeitz/Naumburg list of bishops is also from another hand. Although the office of librarian does not appear in any documentation, this brother must have managed the library with the permission of his superiors during these years. From 1462 to 1483 the provost was Johannes Göttingen from Magdeburg. Alas, we know nothing about him; there is a gap in the list of conventuals for the second half of the century [3].

The appearance on the scene of the Mildenfurth 'librarian' serves as a recognizable starting point for our knowledge of the internal organization of the collection. His work is interesting in two ways. On the one hand, he is an editor filling in gaps in existing codices, providing explanatory information and recording the total stock. On the other hand, he is the main writer of some volumes. This part of the collection is quite revealing of his intentions. He copied the first part of a psalm commentary by Honorius von Autun, a commentary by the Erfurt cartographer Johannes Indagine on the Books of Leviticus and Deuteronomy (Ms. El. f. 40) and his commentaries on the Books of Tobias and Esther (Ms El. f. 41), as well as Richard of St. Victor's mystical interpretation of the 28th Psalm. All of these works point to significant biblical studies. Other outstanding fundamental works are the *Sophilogium* of Jacobus Magnus (Jacques le Grand), and the *Treatise on Contracts* of the Erfurt Carthusian Jakob von Paradies (Ms. El. q. 7). His interest in biblical exegesis and his recourse to the Erfurt Carthusians indicate that the Mildenfurth librarian was working in the spirit of the contemporary reform movement.

His further work as an editor and emendator can also be seen in this light. Thus he left traces not only in the three-volume Latin Bible and the commentary on the Pauline Letters of Hugh of St. Cher (Ms. El. f. 24), as well as in the anthology containing works by Augustine Triumphus – to which he prefixed an excerpt from Honorius of Autun's interpretation of the psalms (which he had himself copied!) – but also in a slim parchment volume of sermons by the church father Augustine, to which he added a note from Augustine on the keystone role of the psalms (Ms. El. f. 34). Over and over, then, sometimes in smaller doses at the start or finish of the manuscripts, we find his contributions to the understanding of the scriptures. The editorial approach is programmatic and testifies at the very least to the librarian's personal piety, which aimed, in line with the demands of the monastic and church reform movement, to return to biblical and patristic sources and contemporary reform authors [4].

Notes
[1] Imprints: TÖNNIES, pp. 292–306 and 306–316. Illustration of the directory from 1478 in AK Jena 2019, pp. 33–35.
[2] Reprinted: TÖNNIES, p. 316f. Figure in AK Jena 2019, p. 27.
[3] See DIEZEL, pp. 274f.
[4] For the history of the library, see AK Jena 2019, pp. 23–61.

THE FRANCISCANS IN WEIDA

Upon its dissolution in 1525, the Franciscan abbey in Weida (→ p. 270f.) was also inspected, and the inventory of books made on that occasion has survived [1]. It includes 106 volumes covering 84 different works. The collection is not particularly significant in itself. It seems to have only been built up after 1480, when the library totalled a mere 17 volumes. It is clear that the Franciscans at Weida went through an internal reform at the end of the 15th century, which brought them back to their original purpose: to apply their studies in sermons and pastoral care. This calling always presupposed a library, whose content, however, had little chance of being tolerated in post-Reformation institutions. On the one hand, it offered much from the field of Catholic canon law [2]; on the other hand, it consisted mainly of printed books, which were easy to get anywhere. If the 1525 list is correct, there were only 7 manuscripts among the 106 volumes and nothing in German except for a handwritten *Vocabularius Ex quo*, the basic dictionary of the Middle Ages [3].

The Weida Franciscan library has since vanished. Much will have been destroyed, some sold, little preserved. Only two books seem to remain: the Latin sermons by Johannes Herolt in a printed edition of 1483 and the *Sermones de tempore et de Sanctis* by an author known as 'Meffreth' printed in Basel [4]. Marginalia and underlinings show that the volumes were once used for the preparation of sermons. The splendid illumination of the initials once again indicates that the Franciscans in Weida had a special understanding of their books. If they had been genuinely 'Franciscan' they would look like 'worn out shoes' (Nigel F. Palmer).

Notes
[1] State Archives Weimar, Reg. O. O. 792. 560: *Weida das Barfusser Closter vnd pfarkirchen doselbst belangende*, pp. 179–183.
[2] See DOELLE, p. 1055.
[3] SCHMIDT, 23.
[4] See AK Mühlhausen 2008, pp. 316f., no. 42f.

THE FRANCISCAN LIBRARY IN HOF

The Franciscans, who probably settled in Hof at the end of the 13th century (→ p. 106 f.), seem by the 15th century at the latest to have assembled a sizeable library. It was located in the 14 by 9 metre hall of a belvedere which was later assimilated into a high school. The whereabouts of the books is now unknown. What the chronicler Enoch Widmann had to say about the destructiveness of the rabble gives little cause for optimism. Parchment fragments still extant in the Hof library today could relate to the friary. Unfortunately these lack substantial analysis.

What is preserved was so by chance, and therefore testifies to the exception rather than the rule. A Prague manuscript, for example, contains fascicles written in Hof in 1466 and supplemented by the friars in Eger, where they remained. The codex contains texts by Nikolaus von Dinkelsbühl and Johannes von Frankfurt. Both authors stood for the great reform of intellectual life initiated in the 15th century. A manuscript that later came to Bamberg containing the third part of the *Summa Theologiae* of Thomas Aquinas, copied *in curia regnitz* in 1475, may also be related to the Franciscan monastery. That is basically all we know.

lection of deceased brothers as its starting point. The German Master Wolfram von Nellenburg (1330–1361) agreed and ruled 'that the house pastor should diligently collect these books.' [1]

We do not know if the project started straight away nor how it worked. A document dated June 1413 shows that the house now owned just such a library. That year Hans Hirnlos, an alderman and (between 1402 and 1419) many times mayor of Eger, donated ten manuscripts to 'the library of the commandry' [2]. This was associated with the obligation to celebrate the feast of St. Jerome annually in the main church. The books were mostly aids to preaching, but in some cases also classics of jurisprudence or theology. The *Malogranatum* of Abbot Gallus von Königssaal heads the list. This is followed by the collections of sermons *Soccum von der czeit an czweien puchern* ('sermons for the times in two volumes') and *Soccum von den heiligen* ('sermons of the saints'), as well as the sermons of Jan Milic von Kremsier. The *Proprietates rerum* was extremely useful for every preacher. However, nothing further is known about the whereabouts of these volumes either individually or as a collection.

Notes
[1] DOZA II, 1722; see. Mentzel-Reuters, p. 334.
[2] DOZA II, 2935.

THE COLLECTION OF THE TEUTONIC ORDER IN EGER (CHEB)

In 1341 the Eger commandry was to be embellished with a small library (→ p. 215 f.), and Knight Commander Heinrich Klett von Lasan (1339–1341) had the idea of using the private book col-

LIBRARY AND SCRIPTORIUM OF THE POOR CLARES IN EGER

More than twenty manuscripts are still preserved from the library of the Poor Clares in Eger (→ p. 278 f.), which, along with Mildenfurth, is one of the most extensive collections of any religious house on the 'Reeves' Progress'. All the manuscripts are now in Prague University Library or the Czech National Library. Since they mostly contain German-language texts, they have been researched relatively thoroughly.

The nature and singularity of the Poor Clares' library can only be understood if one takes into account religious relationships in the Nuremberg area. The connection was direct: the convent in Eger was reformed from Nuremberg, and almost every German text can also be found in the possession of the Poor Clares and Dominican sisters of St. Catherine's in Nuremberg. In one manuscript, for example, there is a sermon sent by the Abbess of the Clares in Nuremberg, Margarethe Grundherr (1470–1488), to the sisters in Eger. The Nuremberg convent, in turn, was in close contact with the Dominicans, who at the end of the Middle Ages had the largest library of any women's convent. In this way, the Eger nuns came to possess some of the most important texts of late medieval women's piety.

It is impossible even to sketch everything that has been preserved. The simplest to describe are the liturgical texts: works used by the sisters for common prayer in the choir. These include breviaries with German instructions for reciting Latin and German prayers, a Latin-German antiphonary with alternating chants, a book of responsories and, apparently from the infirmary, a book of rites for use with sick and dying sisters [1].

A basic stock of normative literature also existed: the Franciscan Rule and Calendar, as well (of course) as the Statutes of the Poor Clares in Eger formulated by Henning Sele in 1466. Various *legendaria* served as guides to the lives of the Order's principal saints: the 'Life of Saint Francis', the 'Book of St. Francis' or the 'Book of St. Clare' with the vita of Clare of Assisi by Thomas of Celano. There were also lives of specific women saints: Agnes of Bohemia, the life of St. Elizabeth by Johannes Rothe, Margaret of Antioch and Catherine of Alexandria [2]. A popular genre of the Late Middle Ages was the spiritual 'open letter'. A codex provides several such letters, including Eberhard Mardach's 'Letter of True Devotion' and the 'Letter of the Deceptions of Evil Appearances', and Prague Cod. XVI. G. 24 contains several more. Written sermons had a similar function: while the spoken word fades, the sisters could read such texts over and over again – for example the sermons given in 1522 by the esteemed *peicht vatter* ('confessor') Johannes Vogel [3].

The classics of late medieval piety also made an appearance: typical meditations on the Passion, contemplating the Saviour's suffering in word and deed, doubtless accompanied by appropriate spiritual exercises. Heinrich von Sankt Gallen's *tractatus* on the Passion – of which the sisters owned two editions, one of which still contains the stamp of the Clares' convent in Nuremberg – and the *Imitatio Christi* of Thomas à Kempis [4] had exemplary effects. One has to imagine the impact of these works in the context of the pictorial art and sculpture received from this convent: an intense experience of the divine stimulated through all the senses.

German mysticism was also represented in this library. The Dominican Meister Eckhart, Johannes Tauler and Heinrich Seuse are to be found here: a gift, so to speak, of the Nuremberg Dominicans. The 'Frankforter' with his *Theolo-*

German marginalia in a liturgical codex from the Poor Clares' Convent, Eger (Municipal Museum, Cheb)

gia deutsch is also present, as are the Strasbourg 'Friend of God' Rulman Merswin and the *Revelations* of St. Birgitta of Sweden [5]. These and many other texts came to Eger with the reform sisters from Nuremberg. The nature and dating of these manuscripts show that the scriptorium was still working after the Nuremberg women withdrew, and that new texts by new authors were still added.

Notes
[1] Prague, NB / UB, Cod. VI. G. 16a, Cod. VII. G. 26; Cod. XIV. G. 51; Cod. VII. G. 19; Cod. XII. F. 14.
[2] Prague, NB / UB, Cheb MS. 147; Cod. XVI. G. 34; D. 16; E. 15; G. 19.
[3] Prague, NB / UB, Cheb MS. 45/330 [9]; Cod. XVI. G. 33/2; Cheb MS. 46/95 [29].
[4] Prague, NB / UB, Cheb MS. 46/127 [59]; Cod. XVI. G. 25.
[5] Prague, NB / UB, Cheb MS. 45/330 [9]; Cod. XVI. G. 24; Cod. XVI. F. 1.

Waldsassen Abbey's 'show library' is open to visitors

THE GREAT SHOW LIBRARY OF WALDSASSEN ABBEY

Although the Cistercian Abbey in Waldsassen never in the strict sense belonged to the territory of the reeves, numerous points of contact are found in documents issued continuously across the centuries by the reeves of Weida and Plauen after 1214. These become substantial from around 1257, the year in which Heinrich VII ('the Red')

von Weida (1254–1260) acted as *iudex provincialis in Egra* in several transfers of property to Waldsassen Abbey. For the most part, these are legal enactments in which the reeves testified *ex officio*, and in the wake of which controversies could arise in which they were themselves sometimes involved. In 1284, the pope had to settle a dispute between the abbey and the reeve families [1].

The most important reason for including Waldsassen, however, is its importance for

Mildenfurth (→ p. 59 f.). A deed of April 1, 1313 reads at first like fake news, announcing as it does that the Norbertine house 'not only placed itself under the protection of Waldsassen Abbey, it converted to the Cistercian Order, accepting the Benedictine Rule and Cistercian customs.' This conversion was naturally a more than spiritual matter: 'The priory itself with all its goods and rights are transferred to Waldsassen' [2]. However, this document is an exception. In the same year, the Bishop of Naumburg issued a statement in which nothing more can be seen of any change of Order, nor is anything mentioned in deeds of the following decades. Mildenfurth remained a Norbertine foundation until its dissolution.

Nevertheless, the document of April 1313 hardly came out of nowhere. The connection between the two monasteries must have been good in the previous decades: to it we owe some important documents for the history of Mildenfurth. The Waldsassen chartulary contains the only textual evidence of the founding legend of Arnold von Quedlinburg, and an early Mildenfurth necrology (1193–1280) also found its way into the Waldsassen collection [3].

Waldsassen already had a library in the Late Middle Ages. Like the abbey itself, it suffered several waves of destruction, only regaining importance after the Upper Palatinate returned to Catholicism in 1661. Located today in the west wing of the abbey, it is one of the world's great show libraries [4] – though hardly on account of the books themselves, most of which were provided for the monastery in the 20th century to fill the shelves. It is these shelves and furnishings that Waldsassen is all about. Installed around the 25 × 8 m library room, with its long, flat barrel-vaulted ceiling decorated with paintings and stucco, they feature life-sized, finely carved figures – witty images of jesters added to the library under Abbot Eugen Schmid (ruled 1724–1764) that seem to support the gallery without actually doing so structurally. An angry fool brandishes a fist, a lazy fool with donkey's ears balances the gallery on his fingers, mice nest in the long beard of a maverick, and a 'carver' (German slang for braggart!) whips out an appropriate carving knife. The library is only accessible with a guided tour, but the opportunity is not to be missed.

Notes
[1] Sources: UB Vögte I, 42, 109, 110, 111, 173, 338, 392, 359, 217.
[2] UB Vögte I, 438; Diezel, p. 68.
[3] See Diezel, pp. 53 f.
[4] The definitive art historical monograph is by Heidrun Stein.

SACRED ART OF THE MIDDLE AGES

The medieval Vogtland was not a separate, self-contained art world. It did not have a single centre in which a specific style could have developed over time, and which could then radiate to the periphery. Rather, it was under the influence of different centres at different times, which from the Vogtland point of view would be better called 'excentres'. Hof was a source of inspiration in the south, Saalfeld in the west and, further north, Erfurt; in the due north Altenburg, in the northeast Zwickau, in the southeast Eger. During the Reformation era, a Wittenberg influence was added. In contrast, in the residences of Gera, Greiz, Schleiz, Weida, Plauen and Oelsnitz for a long time no such local forces seem to have developed at all. Even if one prefers the term 'in transit' to describe the artistic legacy of the Vogtland region, one should at least find out who once left their mark there.

In the field of architecture, only a very vague picture can be obtained. Too much has been reconstructed, too much destroyed. The Weida area, characterized by the Romanesque, is a thing to itself. Soon after 1200 Mildenfurth reveals the influence of Naumburg. The activities of the masons' guilds that developed in Eger in the 15th century are well documented. In Oelsnitz and Plauen, when it came to repairs to the church buildings, workshops from Eger were used. The Saxon Late Gothic, characterized, for instance, by the draped arch windows and door reveals of Arnold von Westfalen, found pride of place in secular buildings.

The situation is better in the case of sacred art in the narrower sense. Traces of the important Zwickau carver Peter Breuer (c. 1472–1541) run like a thread through the village churches of the Saxon Vogtland. We can find his altars and crucifixes in Steinsdorf, Neumark, Rodewisch, Röthenbach, Stangengrün, Wernsdorf and Kirchberg. He seems to have carried out even earlier work (before 1500) in the Gera area (Söllmnitz, Hirschfeld). In Thuringia, the Saalfeld School dominated around this time, the most important exhibit in the Vogtland probably being the Münchenbernsdorf altar retable by Valentin Lendenstreich (1505). Michael Heuffner from Eger, who worked in Zwickau (1486–1511), but whom we also meet in Hof, probably came from Breuer's circle. There were more important workshops here, whose hand we can still find in the southern Thuringian Vogtland. To a nameless 'Vogtland Master', who worked in Plauen and Elsterberg until about 1525, have been attributed altars and individual figures in Langenbuch, Theuma (1512), Thossen, Syrau and Oelsnitz.

Workshops of high standing, responsible for the significant sculptures of the mendicant houses, were located mainly in Eger.

Much was lost through the Reformation, as well as through fires and wars. Only the Franconian Vogtland still shows substantial remains of old church paintings, largely destroyed in both Saxony and Thuringia. Much has been withdrawn from the region through relocation. One thinks, for example, of the altarpiece that Hertnid von Stein donated to St. Michael's in Hof in 1465, which looks lost in the Alte Pinakothek in Munich, or of its counterpart at Kirchgattendorf, now in Bamberg Cathedral. On the other hand, some of the things housed in the churches and museums of the Vogtland today came here much later. A good (as well as high-quality) example is the carved altar retable from Erfurt (c. 1490) in the Lutheran Church in Plauen, which graced St. Thomas's in Leipzig until 1722. Even on a smaller scale, much was relocated and swapped around, and this by no means for art historical or even antiquarian reasons.

Church of St. Mary in Gera-Untermhaus (→ S. 52 f.)

THE LENDENSTREICH ALTAR IN MÜNCHENBERNSDORF

The Church of St. Maurice in Münchenbernsdorf, built in the Romanesque style and enlarged in the Gothic, 'stood, it seems, despite the [stylistic] differences, uniform, stately and beautiful, until acts initially of destruction (which seem to have affected the nave in particular) then of change, then of restoration and renewal followed.' [1] Unaffected by any of this, however,

there remains within this building a crowning achievement of late Gothic carving: a winged altarpiece by Valentin Lendenstreich from Saalfeld, dated on its central panel to 1505 and given to the church in 1506 [2]. In terms of theme, it is a Marian altar: the Madonna and her Son stand opposite each other on the painted outer wings, both with crossed arms, the mother in humility, the son in chains. 'In the middle panel, Mary kneels between God the Father and Christ, who hold their hands in blessing over her, while her crown is held high above her by two angels; large figures of bishop saints stand to the side, on the left probably Boniface with a book in his hand but no further attribute [...], on the right Benedict with the chalice in his left hand, the sweatcloth [of the broken crozier] in his right.' [3] The inner wings portray smaller groups in relief, representations of relevant stages in the life of the Virgin from the Annunciation, Visitation, and Adoration of the Magi to her death in the circle of the apostles. As we will encounter this scene several times, it is worth noting its characterization by LEHFELDT: "It is a most effective relief of the death of Mary, where the apostles are represented in various positions as active or at least participating. At the head of the bed where she lies is probably St. John, opening a censer, then James the Younger with a light, reaching out his hand to the dying woman; behind him James the Elder, recognizable by his pilgrim's hat, Peter already with the papal crown, a vessel in his hand, probably Matthew at the foot of the bed, the other disciples spread out, three of them reading aloud from a book." [4]

LEHFELDT finds only words of praise for the saints: 'The figures, especially the individual

Building-date inscription, Münchenbernsdorf Church

ones, have great beauty and dignity: the head of St. Anne is noble, that of St. Margaret, though somewhat crooked, captivating through its intimate expression. The men are rendered as individuals.' [5]. Overall, his verdict on the altarpiece is that it shows 'more kinship with the art of Riemenschneider than the other altars by Lendenstreich' [6].

Notes

[1] LEHFELDT, Neustadt, p. 305.
[2] Documentary evidence of his life compiled by KOCH. A collaboration with Hans Gottwald has recently been considered for the Münchenbernsdorfer Altar; see WERNER, Flügelaltar. An illustration in MERTENS, p. 86; analyses in LEHFELDT, Neustadt, pp. 307–310; MERTENS, pp. 169f.; VON HINTZENSTERN, pp. 15–20.

[3] LEHFELDT, Neustadt, p. 308.
[4] LEHFELDT, Neustadt, p. 310.
[5] LEHFELDT, Neustadt, p. 308.
[6] MERTENS, p. 170.

STAINED GLASS WINDOWS OF ST. VITUS'S IN WÜNSCHENDORF

The Church of St. Vitus in Wünschendorf (→ p. 57 f.), newly consecrated in 1170, is one of the oldest religious buildings in Thuringia. It also houses two of that state's oldest round glass windows. But what we see today is no more than fragmentary remains of what once was: parts of

12th century window, Wünschendorf Church, originally from a 'Tree of Jesse'

a window dating back to 1180 representing the 'Tree of Jesse'. We know that the windows from the 'foundation' era (c. 1470) were incorporated into the new Gothic chancel. Given that the 'Tree of Jesse' is a central Christian concept long referred to in liturgy and sermons [1], they would already have been installed in the old Romanesque choir.

Yishai or Jesse is regarded by the Evangelists (Mt 1, Lk 3, 23 – 38) and the Apocalypse (22, 16) as the father of King David and founder of the ancestral line of Christ. The interpretation is based on the verses in Isaiah 11, 1–2: 'And there shall come forth a rod out of the stem of Jesse, and a branch shall grow out of his roots.' In a typical example of typological thought, the reading rested upon the sonic proximity of the Latin *virga* (rod, branch) and *virgo* (virgin). The branch that would come of Jesse was, according to Christian interpreters, the Virgin Mary, and the fruit was thus the Christ. This secured the double ancestry of Christ as Son of God and descendant of King David, both vital for Christians. At the end of the 11th century, a type of image emerged that symbolized this genealogy: the family tree of Christ or the 'Tree of Jesse': a tree growing from the patriarch sleeping on the ground, culminating in Mary and Christ. Over time, all sorts of Old Testament ancestors of Christ came to hustle in on the branches, flanked in turn by prophetic figures 'authenticating' the genealogy (see Bad Steben below). The 'Tree of Jesse' proved a readily expandable matrix.

These early windows on the Veitsberg (St. Vitus' Hill), of which only the figures of King David and Christ have survived, would, however, have offered a reduced canon: Jesse, David, Mary and Christ. This can be deduced from the comparably old windows in Soest (around 1160) and Arnstein on the Lahn (c. 1172) [2]. Enthroned in the crown of the tree, the Son of God has, as the Evangelist Luke says, taken 'the throne of his father David' (Lk 1, 32). In his right hand he holds a banner adorned with a verse from the Song of Songs: 'I am the flower of the field and the lily of the valleys' (Song 2, 1). These words, spoken in the original by the bride, are to be understood typologically here as words of the bridegroom Christ to his bride, the Church. The verse is seldom found as an element of a 'Tree of Jesse', though it occurs in the 'Gospel Book' of Henry the Lion (before 1188). It has therefore been suggested that the Reeves of Weida, who were initially present at the Braunschweig court as *ministeriales* of the House of Guelph, might

have imported this iconography from their old employer [3]. From the point of view of the history of style, no local references can be identified. Soest, Corvey, Arnstein and Helmarshausen or Braunschweig [4] remain the reference points. In spite of all the losses over the centuries, what could be preserved here has been protected and restored. Copies were made in the 1970s. Today's visitor sees King David in a copy, but Christ in the original.

Notes
[1] See CVMA, p. 273. LEHFELDT, Neustadt, did not yet recognize the iconography. For him, David, whom he could not identify, is 'a long-haired, bearded, seriously kind Prince with a golden cap studded with pearls, etc., a black and yellow obliquely striped (Wettin) skirt with a green hem and a red cloak' (p. 354).
[2] CVMA, p. 279: 'Associated medallions with other royal ancestors of Christ or the prophets [...] have no place in the Veitsberg window, which is committed to the older composition scheme.'
[3] CVMA, p. 283.
[4] See CVMA, pp. 283–286.

NORBERTINE PRIORY OF MILDENFURTH

From the point of view of art history, anyone who visits Mildenfurth can easily lose themselves in awe at this palimpsest of a site where three historical layers battle for attention: the Romanesque of the collegiate church, overwritten by the 16th century *schloss*, and their mutual 'peopling' by the sculptures of Volkmar Kühn. The visitor with little time should focus on a triad of a special kind: the 12th century west portal of the church, the 16th century portal of the *schloss* tower and, between them, Volkmar Kühn's early 21st century sculpture *Eingesessen*.

West portal of Mildenfurth's lost Priory Church

WEST PORTAL OF THE COLLEGIATE CHURCH

The first thing awaiting visitors to Mildenfurth today, as soon as they come off the street, is the remains of the round-arched west portal supported by scaffolding, sheltering under a large roof. Today it stands, like a triumphal arch, almost without meaning in the landscape – or rather it would do so if it did not have a new function framing the bronze triad (*Eingesessen* see below), which sits discreetly, teasingly, just beyond the opening.

One has to perform a feat of imagination to visualize the original aspect of the portal as the entrance to the collegiate church [1]. The twin towers, which, as was customary in Norbertine churches, flanked the portal and formed with it the western façade, must be completely reinvented, as must, above all, the side walls of the nave, which, starting from the towers, led past the still-extant structure of the *schloss*. On the south they incorporated at least the more recent staircase tower and continued eastward as far as the (preserved) apse. The north nave wall, which ended in another (now lost) apse [2], would have

Capitals on the west portalal

Figures of Judith and Lucretia on the *schloss* portal

matched. All of this was demolished when the abbey was converted into a residential *schloss*.

In the reveal of the portal, the capitals are striking. Already worked before being mounted (rather than in situ) they form a unit despite their differences in design. This becomes clear when they are compared with other capital groups within the complex. Various indications suggest that the west façade was one of the first elements there to be completed [3].

Notes
[1] But it was mainly lay people who entered the church through the 'once magnificent main portal' (DIEZEL, p. 194). The brothers used other entrances.
[2] Reconstruction attempts in EICHHORN, pp. 30, 34, 118, etc.
[3] See EICHHORN, p. 49.

SCHLOSS PORTAL: JUDITH AND LUCRETIA

On the red sandstone portal which leads on the left into the *schloss* and on the right to the *schloss* tower are two half-length figures. Wind and weather have treated them ill; nevertheless, the essentials can still be seen. On the left is the biblical Judith, sword in hand; on the right, Lucretia, wielding her dagger against herself. Two moments of extreme steadfastness are captured: the biblical Judith, a pious widow from Bethulia, beguiles the field captain Holofernes, who is besieging the city; she then severs his head from his body with her own hand and frees her people from his stranglehold. The Roman Lucretia, praised for her chastity, who, though married, was defiled by the prince Sextus Tarquinius, thrusts a dagger into her chest in shame, leading to the overthrow of the Tarquins and the abolition of the Roman monarchy.

Both Judith and Lucretia belong to the ranks of the 'Nine Extraordinary Women' who in the 15th century were considered personifications of chastity, bravery and piety. In the court art of the Wittenbergers, both women were current even before the Reformation. The Cranach School in particular seems to have had an impact

Volkmar Kühn's '*Eingesessen*', three enraptured bishops visible through the west portal

on the pair's portrayal, sometimes fully dressed, sometimes less so [1]. In the first half of the 16th century, the unrivalled couple developed into a fixed topos: Judith and Lucretia flanked the entrances not only to princely residences, but also to middle class houses in Görlitz and Chemnitz. 'It was no longer the privilege of the nobility to represent and portray oneself in this way. The bourgeoisie took possession of Renaissance architecture, and thus also of its imagery.' [2]

The Mildenfurth portal figures date from the mid-16th century. They fit nicely into the Judith-Lucretia fashion of the time, whose history remains to be written. This would require a broader material basis to allow of detailed differentiation in iconography, but would also have to examine the ideas of the Wittenberg reformers on the role(s) of married women [3].

Notes
[1] See WEINGART, pp. 123 f.
[2] WEINGART, p. 124.
[3] GESINE MIERKE is preparing just such an investigation into the complex topic of the Judith-Lucretia portals.

VOLKMAR KÜHN, *EINGESESSEN* (2006)

The sculptor Volkmar Kühn (born 1942) has lived in or next to the ruins of the priory and *schloss* of Mildenfurth since 1968. In 1970 he converted the old stables into a studio and apartment. Since then, he has been the 'occupant' of the site, whose battered walls his sculptures infuse with the life of the spirit. Anyone approaching from Wünschendorf along the street and looking curiously through the preserved west portal of the church will see behind it three bronze figures sitting in a row, as if on bar stools, characterized by their mitres as high-ranking clergy, more precisely as bishops. Kühn created the three-figure group *Eingesessen* ('Seated/Settled/Established') in 2006. Of these three, who are so similar, yet dissimilar in the gestures of their hands and the way they hold their heads, the middle one represents the 'Lord Bishop of Naumburg': "Drawn deep into his forehead, the symbol of episcopal dignity shapes the perfect oval of his face. While the mitre conceals the underlying shape of the skull, the plasticity of the Order's habit 'reveals roughly the true heft of the limbs … [as in] an angel clad in thin robes that cling tightly to the body in the nuzzling wind' (Leonardo da Vinci). Like that heavenly messenger, he proclaims an artificial problem, seeking to capture it with spread fingers. The sense of block-like immanence emphasizes the earthly presence of this sublime, robed figure. The Naumburg Canon has thus become the prototype and ideal of ecclesiastical representation, modelled larger than life by Volkmar Kühn for the cloister garden and repeated several times in smaller sculptures." [1]

To look into the eyes of these vital, holy men is to follow their gaze into infinity. Only on second glance does it become apparent that the dignitaries' robes have slipped upwards and the bishop is showing an astonishing amount of leg. In the interplay of pious ecstasy, missionary ritual and curtailed robes one may see an indication of the 'human fallibility' of God's earthly representatives [2].

Under the spell of this figurative trinity, it is easy to overlook the few inconsistencies that often arise when any explanatory text is provided. A mitre is only worn by bishops; it cannot possibly also typify the dignitaries of lower rank 'to the right and left'. Equally, the coexistence of three bishops, viewed realistically, is hardly imaginable. The fact that this bishop should be called 'Heinrich von Naumburg' [3] is also based on a contamination and confusion of the facts. Archbishop Ludolf von Magdeburg gave his blessing to the foundation of Mildenfurth, since the first brothers came from Magdeburg. 'Heinrich' was the name of the Reeve of Weida who brought the abbey into being. No bishop called 'Heinrich von Naumburg' ever existed in the history of that see; neither Heinrich I von Grünberg (1316–1355) nor Heinrich II von Stammer (1466–1481) had a verifiable relationship with Mildenfurth. Volkmar Kühn's 'seated bishop' is a work of art in many different senses.

Notes
[1] REINHÖFER, pp. 48 f.
[2] REINHÖFER, p. 49.
[3] See REINHÖFER, p. 48.

WEIDA'S MAIN CHURCH OF ST. MARY

Between September and December 1934, the last remaining fragment of a largely destroyed wall painting located on an outer wall above the inner portal of the western vestibule of the Widen Church (→ p. 62 f.) was professionally removed and transferred to the interior of the main Church of St. Mary in Weida (→ p. 65 f.). The fragment depicts the death of Mary and the assumption of her soul into Heaven. As can be seen from the plaster residue left in the Widen Church, the mural was originally part of a larger configuration – as indeed it would have been in any circumstances.

The death of the Virgin is not a biblical event; however, legends concerning it had emerged by the 5th century. The *Legenda Aurea* tells how the angel of God appeared to the aged Mary who, moved by longing for her son, was brought the palm of martyrdom. Mary besought him 'that my dear sons and brothers, the apostles, may be around me, so that I can still see them with my bodily eyes before I die, and that they may guide me to the grave; for they should be with me when I return my soul to God.' [1] Now the disciples, wherever they were scattered in the world, were picked up as it were in cloud taxis and brought to Mary's deathbed, where we see them in the iconographic tradition reading and disputing – but not mourning, for, as John, the Beloved Disciple, proposed 'no one should weep over her when she is dead, lest the people be confused and say: See, they themselves fear death who preach the resurrection of the dead.' But they should 'make orations in praise of Christ and the Holy Virgin.' In dialogue with her Son, the dying woman replied: 'See, I come, for in the

beginning of the Book it is written that I shall do your will, my God, and my spirit rejoices in you, O God of my Salvation!' 'So Mary's soul departed from the body without physical pain or suffering, just as it was without blemish during her life, and flew into the arms of her son.' [2]

At the centre of the Weida mural, the soul of Mary is carried aloft and given by an angel into the open arms of her Son, while her body has already passed into eternal sleep. As was usual, her soul is represented as a small child (*eidolon*). The bed of the Virgin is surrounded by movingly gesticulating apostles who take a lively interest in what is happening, but whose gaze is directed at the dormant woman, not at the ascension of her soul (which is invisible to them). Since most of them have no attributes, only the iconography can help us identify them. At the head two apostles bend over the bed, the foremost of whom bears the round, bearded face and thinning hair of Peter. Presumably it is John, always youthful and beardless, kneeling directly behind the angel's wings, who pulls his cloak in front of his face to hide his tears. The apostle Paul, also recognizable by his beard approaches him. 'The arrangement of these three apostles follows a common scheme for depicting the death of the Virgin Mary.' [3]

The Weida *Death of Mary* has been known to researchers since the 1860s. It was soon judged to be in the so-called Saxon *Zackenstil* ('zig-zag-style"), a painterly tradition that emerged in Eastern Central Germany around 1220, in which the strongly emphasized folds in the figures' robes are reminiscent of the Byzantine tradition. The oldest evidence of this style are the 'Landgrave' and 'Elisabeth' Psalters, whose miniatures 'marked a sudden turning point in relation to previous art in Saxony' [4]. The Weida mural is close in style to the so-called 'Donaueschingen Psalter' (dated shortly after 1235) in its rather stocky apostle figures, but differs qualitatively from those illuminations in the liveliness of its folds and the more elegant treatment of the garment hems [5]. Since it is clearly indebted to the *Zackenstil* tradition in terms of style and motifs, and has an individual character only in 'its strong, expressive forms', it was probably created in the second quarter of the 13th century, certainly before the middle of that century [6].

Notes
[1] LA, pp. 583 f.
[2] LA, p. 585 f.
[3] GRÜGER, p. 31.
[4] GRÜGER, p. 36.
[5] See GRÜGER, pp. 42 f.
[6] GRÜGER, p. 48.

REICHENFELS-HOHENLEUBEN MUSEUM OF LOCAL HISTORY

The Vogtland Antiquities' Research Association was established in Hohenleuben at year-end 1825. The lively collecting instinct of the local history researchers and the needs of the village churches to put their mildewing ornaments in better hands soon filled the association's store-rooms. Construction of a museum as such started only in 1938. At a wretched moment – in 1945 of all years – OTTOGERD MÜHLMANN's treatise on *Die Schnitzfiguren des Reichenfelser Museums und ihre Bedeutung für die Gegenwart* ('The Carved Figures of Reichenfels Museum and their Significance for the Present') was self-published [1]. Hardly surprisingly, it failed to contribute to the popularity of the collection: generally speaking,

Wilhelmsdorf Pax Tablet

the sacred art stored and exhibited in Hohenleuben required a more thorough knowledge. Below are just a few highlights.

THE WILHELMSDORFER PAX

A so-called pax tablet or *Kusstafel* from the second half of the 15th century has been preserved in Hohenleuben [2]; it comes from the village church of Wilhelmsdorf in the Saale-Orla district. Pax tablets had a specific function during

'Madonna on the Crescent Moon with Sts. Barbara and Catherine' (Leitlitz retable)

the celebration of mass. The priest, instead of giving the congregation the kiss of peace and an embrace and the words '*Pax tecum*' ('Peace be with you'), kissed the painted wooden tablet covered with a glass plate, which the acolyte passed on to the congregation. The panels should 'prepare for the dignified reception of the Eucharist via appropriate imagery' [3]: in the present case, a depiction of the Crucifixion, with Mary and the disciple John under the Cross. Like this Wilhelmsdorfer tablet, pax tablets were in general rather small (16.5 × 10.8 cm). The wooden frame, in which two wooden nails can be clearly seen on the underside, holds a pane of glass in place. Because of the simplicity of the imagery, HARTMUT KÜHNE believes that the Wilhelms-

Late Gothic 'Crucified Christ'

dorfer pax could have been created 'in a village context' [4]. The artist probably used a woodcut as a template [5].

An anxious 'St. Christopher' shoulders a growing 'Christ Child'

Notes
[1] Compare TREBGE, p. 158. Mühlmann's commentaries should no longer have been printed after the end of the Nazi era.
[2] The investigation by DEGEN, pp. 4–11, is here decisive.
[3] AK Mühlhausen 2013, p. 61; see DEGEN, p. 9f.
[4] AK Mühlhausen 2013, p. 62; see DEGEN, p. 9.
[5] See DEGEN, pp. 7f.

In his time, LEHFELDT had already cursorily catalogued the most important pieces in the museum [1]. For anyone visiting today, these pieces are of inestimable value in at least trying to imagine what once adorned the village churches and chapels of the Vogtland.

From the demolished Hospital Chapel of St. Wolfgang in Gera (→ p. 427 f.) comes a Saint Wolfgang (103 cm), 'one of the best figures in the collection [...], with characteristic features, cleverly penetrating eyes in the bony face, a mature man with a serious and dignified manner, and a few, albeit severely broken, folds in the drapery' [2].

In May 1861, the parish of Stelzendorf offered the Antiquities' Research Association 'two wooden figures [...] which most likely derive from older, Catholic times, one of which represents the Virgin Mary with the Christ Child on her right arm, while the other is, for the uninitiated, mutilated beyond recognition' [3]. The late Gothic 'Madonna on a Crescent Moon' (88 cm) with her tilted hips was handed over 'in a long box', which

'St. Maurice', leader of the Theban Legion,
patron saint of armourers and infantry

was later removed. HUMMEL noted its similarity with a Madonna from Windischleuba now held in Weimar [4].

In June 1862 the Antiquities' Research Association announced the transfer of four high-quality wood carvings from the parish of Leitlitz. These formed part of an altar shrine with carved floral wreathing and a gold brocade background, in which the 'Madonna on a Crescent Moon' (79 cm) is flanked by Sts. Barbara (left, 77 cm) and Catherine (right, 77 cm), whom LEHFELDT thought 'really charming' although her hands were missing. The Leitlitz shrine has been linked to a dozen other Vogtland retables from the Schleiz workshop [5]. A slim, stylized early Gothic female figure (56 cm) dated to c. 1300, as well as an expressive late Gothic Crucified Christ without its cross (92 cm), which LEHFELDT certainly dates overly late in the second half of the 16th century, deserve closer attention.

A remarkable group made up of five figures from Wittchendorf near Weida, which perhaps came from the workshop of the Altenburg carver Franz Geringswalde (from 1506), were also delivered to Hohenleuben in 1862: a bishop (92 cm), a St. Christopher with the Christ Child (89 cm), a St. Maurice (87 cm), a fatally over-restored Mary Magdalene (85 cm) and a Virgin and Child with St Anne (86 cm) [6]. A characteristic of all the saints is their high domed foreheads. There has been controversy over the shield on which dark-skinned St. Maurice leans. Neither the shape of the cross nor its colour justify viewing the saint as a Teutonic Knight [7].

Notes

[1] Compare LEHFELDT, Gera, p. 165. I repeat LEHFELDT's often pointed and anachronistic opinions in the hope that they may challenge, rather than cloud the viewer's gaze. A new description of the objects by Sandra Kästner (Duderstadt) is in preparation.

[2] LEHFELDT, Gera, p. 165. Similarly MÜHLMANN, pp. 5, 8.

[3] Quoted from HUMMEL, Madonna, p. 108.

[4] See HUMMEL, Madonna, p. 109 f.

[5] See HUMMEL, Flügelaltarschrein, pp. 104–106.

[6] See AK Mühlhausen 2013, p. 189; HUMMEL, Flügelaltarrest, pp. 137–148; MÜHLMANN, pp. 9 f.

[7] See MÜHLMANN, p. 10.

Church of St. Mary on the Hill at Schleiz (→ p. 206 f.)
Chapel of St. Wolfgang, Schleiz (→ p. 245 f.)
St. John's, Plauen (→ p. 225 f.)

LUTHERAN CHURCH IN PLAUEN

The Lutheran Church in Plauen, known until 1883 as St. Bartholomew's, was originally built between 1693 and 1722 as a cemetery church. Despite being a prominent Protestant church, and thus less relevant in our historical context, a visit here is made all the more fruitful because of the presence of 'one of the most beautiful and important monuments of late Gothic art in Central Germany': the carved altar retable by an Erfurt Master (c. 1490), which until 1722 stood in the Church of St. Thomas in Leipzig [1].

The central theme of the altar is the Passion. The scenes portrayed on the wings are the Crowning with Thorns, the Flagellation, an *Ecce Homo* and Christ Nailed to the Cross. The extremes of tension with which these figures seem to struggle, made manifest in the tautened sinuousness of their bodies and distortions of their faces, immediately catch the eye. 'In every carving there are figures with the utmost expression: the two torturers, driven into real frenzy by the complete humility of their victim; the figure with his back to us in the crowning with thorns, unyielding to any call for mercy, any pleading look; Pilate, bitterly staring at the two priests; the scribe, sat in the corner of the cross, oblivious to anything going on around him, painting the letters to be pinned to the cross.' [2]. The sense of immeasurable suffering shown in the wings is heightened for the viewer to the point of physical experience, only to find in the Lamentation of Christ in the central panel its necessary resolution.

Not that here, in the centre of the altar (1.95 × 1.60 m.), all pain has been overcome. That could hardly be said of the subject of the lamentation and burial of the Christ. But the artist has here tamed the suffering of his figures through his formal language and made it more bearable for the viewer. The seven people who surround the body of Christ together form a protective semicircle, which is literally closed by the bent, not yet rigid body on the shroud. All seem, though sunk in individual mourning, connected to one another by the curved arch above them. Although the composition serves to continue the story of Jesus, it goes beyond the strict narrative framework in its individual elements. The least tangible to the observer are Mary, who, with an icy gaze, puts her left hand on the elbow of her son, and John, the beloved disciple, who, reflecting a scene from the Last Supper (John. 13:23), seems to pull Jesus' upper body to himself, carefully, like something breakable.

None of the other figures are of equal immediacy to the battered Son of God. The gaze of Mary Salome standing protectively above his Mother leads into the empty distance. The beautifully youthful Mary Magdalene, holding the ointment jar, wipes bitter tears from her eyes with a cloth. Crouching behind John, with arms crossed and closed, actually covered eyes, is Mary Cleophas, who (in the literal sense of the word) become faceless, has given herself completely to silent lamentation. Corresponding to her on the far side of the group is a kneeling man, sunk deep in prayer: either Nicodemus or Joseph of Arimathea. The clearest clue to the true meaning of the depiction in the central panel is given by the second woman from the left, the only figure who actually seems to face the observer. But this is an illusion, for the gaze of Veronica, holding her veil with the image of Christ in front of her, is directed absolutely inwards. Look her straight in the eye and your eye turns inevitably towards the '*vera icon*', the true image of the Christ which she holds aloft, and to which, as the legend of origin has it, *Vero-n-ica* owes her very name: for Christ, once her guest, dried his face in her towel, so that his miraculous image remained forever upon it. The presence of Veronica in this funerary group is a special feature of the Plauen Altar. It clearly alludes to the function of the group at its centre as a devotional composition on whose dignified grief the viewer should meditate, reflecting and ultimately mitigating their own sufferings.

Notes
[1] Ludwig, p. 13.
[2] Bachmann, p. 124.

Church of St. Martin in Thossen (→ p. 135 f.)

CHURCH OF ST. CATHERINE IN EICHIGT

At the far end of the village of Eichigt, on a hill and surrounded by a wall, is the old Church of St. Catherine. The Teutonic Knights' commandry in Plauen owned extensive estates in Untereichigt, which they acquired in 1304 from the Reeves of Plauen, a transaction and ownership Heinrich von Plauen confirmed in 1328 [1]. In both sources, the place appears under the name 'Loch' (*zu dem Loche* – at the hole). However, it is questionable whether the Church of St. Catherine was ever incorporated into the Order. A deed issued by Konrad Sack zu Planschwitz in 1381, with which he sold his tithe in the place to the church speaks rather against it [2]. The Knights of Eichigt who had testified in the circle of the reeves since around 1333 came from a place of the same name near Leutenberg (Schwarzburg-Rudolstadt).

The church goes back in part to the 13th century. The western section has a doorway 'which belongs to the last period of the Romanesque. The reveal is stepped back twice, the impost consists of two lines of beading connected by a coved cornice and closed with a plate' [3]. Steche rightly pointed to the analogous doorway of the church in Waldkirchen, which was probably built at the same time. The chancel of the church, which is made up of simple buttresses and pointed-arch windows, is probably 14th century [4]. Since 2016, wall paintings from the period around 1450–1500 have been gradually uncovered. In the anteroom of the church, a Mount of Olives group with a sleeping Peter (with sword), a St. John and a (headless) Christ

Church of St. Catherine in Eichigt (wall paintings undergoing restoration)

praying to the side have come to light. Next to the outer door is St. Andrew, next to the Romanesque portal the church's patron, St. Catherine.

Notes
[1] UB Vögte I, 368, 633.
[2] See VON RAAB I, 12.
[3] STECHE, Oelsnitz, p. 7.
[4] See STECHE, Oelsnitz, p. 7.

Kirchgattendorf (→ p. 231 f.)

THE CHURCH OF ST. ERHARD IN PILGRAMSREUTH

It is always worth visiting St. Erhard's village church in Pilgramsreuth. The church, whose nave was probably completed around 1473, looks somewhat oversized for its location. It has been Protestant since the Reformation, which has resulted in a beneficial reduction of the over-

Church of the Pilgrim Saint Erhard towers above Pilgramsreuth

rich elements of the previous baroque interior (around 1700–1720). Thankfully, there are still elements from the Late Middle Ages: in addition to a baptismal font (15th century), the figures of St. Catherine, St. Barbara and the Virgin Mary from a late Gothic winged altarpiece, which one must compare with Heuffner's work in the hospital church in Hof.

However, the exposed wall paintings in the nave seem of greater importance [1]. They cannot be much later than 1473. The most prominent figure is a *Volto Santo*, a representation of the crucified Christ first recorded in the cathedral of Lucca (11th century), in which the Christ is not shown as the Man of Sorrows in a loincloth, but rather dressed in a tunic, belt and crown, standing upright on the cross rather than hanging from it. One is surprised how often this archaic topos has been represented (mostly in wood) since the 12th century.

The painted *Volto Santo* of Pilgramsreuth offers an apocryphal peculiarity, legendary for the type since the 12th century. A minstrel in need once fiddled under the cross, whereupon Christ threw him a golden shoe. The minstrel, accused of theft, could only prove his innocence by fiddling again in front of the cross – and Christ threw him his second shoe. In the late Middle Ages, the story became confused with the legend of the popular St. Uncumber (aka St. Wilgefortis), which we have already met in Treuen (→ p. 250 f.): a legendary princess who, when betrothed to marry a pagan, prayed to grow a disfiguring beard. The legend has various endings [2], according to one of which Uncumber is cast into the wilderness; in yet another her father has her nailed to a cross, from which she throws her golden shoes to the poor minstrel. The transfer of this story to Uncumber, the popular saint of female freedom from tribulation and abuse, was probably due to the no longer understood archaic clothing of the Christ being seen as feminine. Various crucifixes were subsequently reworked into depictions of Uncumber [3].

Notes

[1] See ROTH, pp. 73 – 75.

[2] See CLEMEN, 'Sant gehülfen capeln', pp. 120 – 124; CLEMEN, Volksfrömmigkeit, p. 292.

[3] See LCI VII, Col. 353.

THE CHURCH OF ST. MARY IN WEISSDORF

The Protestant hall church in Weissdorf, built c. 1480 by the von Sparneck family, soon had its walls and columns extensively painted. The work fell victim to Protestant whitewashing when the galleries were installed in 1661, but reappeared after 1947 and was restored after 1959. Paintings were also discovered on the east and north walls of the nave, which were partially covered over again (now forever).

Despite some later additions, the range of figures is 'of great importance in terms of both content and function.' [1]. This is especially true of the column paintings. On the four pillars of the nave, devotional images were created in the spirit of a Christocentric theology of suffering intended to serve the contemplative observer as much as the preacher: a Crucifixion (dated 1483), a Pensive Christ, a Man of Sorrows and a Risen Christ. Two images are dedicated to the Virgin Mary: a Pietà and a Woman Clothed in the Sun.

In the nave there are two subjects of differing popularity. On the north wall St. Martin of Tours shares his cloak with the beggar. On the east wall, to the left of the triumphal arch a subject found, on the other hand, comparatively rarely is depicted: the Mass of St. Gregory. This tradition, which intensifies from 1450 onwards, says that Christ appeared to Pope Gregory the Great (590 – 604) as the Man of Sorrows as he celebrated mass. There seems to have been no textual source for this pictorial tradition, which emphasized the bloodlessly renewed sacrifice of the Eucharist [2].

Mary as young mother and with the corpse of her son, pillar paintings in Weisdorf Church

In the right half of the picture, St. Gregory, distinguished by his halo, kneels in front of the altar, above which Christ appears to him as the Man of Sorrows: surrounded by instruments of torture and the '*Vera Icon*', the Veil of Veronica. The Pope, elated by the vision, in which the viewer as believer also shares, is assisted by two magnificent cardinals to his left. Behind them stand, somewhat squeezed in, more worldly figures; perhaps one can see the donor himself, Hans von Sparneck, in the sword-bearer [3]. In addition to the instruments of torture, though not organically integrated into the composition, more figures and symbols appear which point to Christ's death on the cross: on the far right, standing on an hourglass, the rooster from Peter's denial; on the far left, with averted eyes and a bag of money around his neck, the traitor Judas; next to him the high priest Caiaphas, and, with puffed cheeks, most probably Pontius Pilate, followed metonymically by two hands that refer to the scene of Pilate washing his hands after the condemnation of Jesus (Mt 27, 24); then Pilate's wife and (perhaps) Herod Antipas, the territorial ruler of Galilee, 'whom only Luke (23, 5–7) mentions in connection with the condemnation of Jesus and who is also shown less often' [4]. All this presupposes, especially in its abbreviated presentation, the explanatory sermons of the parish priest; indeed, the entire subject of St. Gregory's Mass is a sacred mystery that called for explication. In the Late Middle Ages efforts were made to popularize the scene. Evidence of this can be found in a 1511 work by Albrecht Dürer, as well as in the work of the engraver Israel von Meckenem, who produced a representation of it in 1495 which is said to go back to an 'original' in the Church of the Holy Sepulchre in Jerusalem – or at least to a copy in the so-called 'deputy' of the Jerusalem church, the Basilica di Santa Croce in Gerusalemme in Rome [5].

Notes
[1] ROTH, p. 89.
[2] See MEIER. In her discussion of the Weissdorfer Mass of St. Gregory, MEIER stressed its placement 'on the triumphal arch [...] so that the gaze falls on the image when entering the church. The attendants at St. Gregory's Mass look to the right, because Christ appears there behind the altar. With their line of sight, viewers are led beyond the painted representation to the altar of the church, where the real celebration of the Mass takes place.' (p. 182)
[3] See ROTH, p. 89
[4] ROTH, p. 89.
[5] See ROTH, p. 18.

CHURCH OF ST. BARTHOLOMEW IN SCHAUENSTEIN

According to an inscription on the wall behind the baroque altar, the church we see today in Schauenstein was built after a fire in 1414. Around 1910 a colossal mural from the early 16th century was uncovered on the end wall of the chancel: St. Christopher carrying the infant Jesus across the water: "The mighty giant, clad in

a pale red coat and yellow cloak, strides through the water towards the bank, where a hermit is standing. The saint towers over him, four times larger, illustrating his relationship to human proportions. St. Christopher grasps a yellow tree trunk with his right hand, his left hand holds up his coat. His bearded face turns to the viewer with seriously thoughtful eyes. On the left shoulder of the saint sits the naked Child Jesus with crossed legs, his right hand raised in blessing, his left holding the globe." [1]

The veneration of the saint showed a new upswing in the late 15th century. Count Wilhelm von Henneberg founded a Brotherhood of St. Christopher in Franconia in 1480 [2]. On the 'Reeves' Progress' we can meet relatives of the Schauenstein St. Christopher in Kirchgattendorf (→ p. 231 f.) and Sparnberg (→ p. 97 f.) [3].

Notes
[1] ROTH, p. 78.
[2] See ROSENFELD, p. 315 (No. 619e).
[3] In 1937 ROSENFELD did not yet know of the Schauenstein St. Christopher. The Köditz Christopher was later destroyed.

FORTIFIED CHURCH OF ST. WALBURGA IN BAD STEBEN

The ancient fortified church in Bad Steben is one of the most imposing church buildings in the Bavarian Vogtland. The slender, tower-like building crowned by a turret dates back perhaps to the 13th century. It owes its current appearance to the time after 1430 and 1444, when first the Hussites and then an army from Nuremberg laid waste to Steben [1]. Only then were the fortifications added. The chancel was vaulted around 1470/80. The tabernacle bears the date '1498'. As

Naveless Church of St. Walburga, Bad Steben

capacity became insufficient, the nave was torn down (1910) and a new church built next door.

In the 14th century, Steben was a filial church of the parish of St. Laurence in Hof. Using the occasion of the 'Hof church dispute' (1374), sparked by the occupation of the parish of St. Laurence by a canon from Bamberg, the Burgraves of Nurem-

berg released Steben from the writ of St. Laurence's. The chancel vault has keystones with the coat of arms of the Lords of Waldenfels, who will have contributed to the building of the church as patrons.

The repairs made after the demolition of the nave had some value from an art-historical point of view. The secco paintings which had decorated the chancel since around 1490 and had been whitewashed over since 1666/67 came to light. They are considered to be a successful symbiosis of figurative and decorative painting unequalled in any other church in Upper Franconia: 'Imaginative tendrils and blossoms, as well as ornamental banners surround the figures in the vaulted fields, transforming the church into an arbour, evoking the *hortus coeli*, the heavenly garden itself' [2].

An integral element of the heavenly garden is the metaphor of the root of Jesse (→ p. 346). The image of a family tree enables an organic visual development in both height and breadth, each element of the ancestral line being related to the others. In the Steben church, six pairs of kings and prophets grow out of calyxes. Jesse himself sprouts from between the chancel arch and the westernmost central keystone. Corresponding to whom, in the easternmost vaulted segment left of the apse, a Madonna and Child bearing a sceptre and crown, a 'rose without a thorn', grows out of a flower basket full of thorns. Opposite her, once again, we have a Virgin and Child with St. Anne. As opposed to this promise of salvation, we have the promise of judgment in the reveal of the chancel arch and the western bay of the north wall, symbolized here in the parable of the (unfortunately

Prophet figures blossoming from flowers on the ceiling vault of Bad Steben Church

severely damaged) Wise and Foolish Virgins (Mt 25, 1–13): the foolish virgins, who have let their lights go out, can be recognized by their downturned lamps. The Last Judgment follows on the north wall: the Judge enthroned on a rainbow, the globe at his feet. Mary and the Beloved Disciple John pray for the people, while a group of demons tries to grasp their souls. After all of which the wall-paintings with the more conventional subject of the Passion of Christ, from the entry into Jerusalem to the entombment, seem almost bland. 'Whose spiritual mind determined this choice of images must remain an open question.' [3].

Notes
[1] See HHS Franken, p. 307.
[2] ROTH, p. 31.
[3] ROTH, p. 32.

Hospital Church in Hof (→ p. 229 f.)
Church of St. Laurence in Hof (→ p. 101 f.)
Imperial Palace of Eger (Cheb) (→ p. 177 f.)

CHAPEL OF ST. ERHARD AND ST. MARTIN IN EGER (PALACE CHAPEL)

The happily preserved Palace Chapel, located within the castle walls of the old Hohenstaufen fortress (→ p. 177 f.) between all sorts of buildings that were obviously less fortunate, is from an art-historical point of view perhaps the most important building on the entire 'Reeves' Progress'. Many treatises have been written on this chapel resulting in widely varying conclusions. One of the more recent and thorough studies, which broadly reflects older research and is ideologically impartial, comes from MARION TIETZ-STRÖDEL, whom we shall basically follow here and trust [1].

The chapel in the *Kaiserpfalz* (Imperial Palace) is a double chapel, meaning that it has two storeys, one above the other, linked physically by a narrow stone staircase and liturgically by an open octagon in the upper floor resting on the four pillars of the central bay. The upper chapel is dedicated to St. Erhard, the lower to St. Martin of Tours. This type, initially somewhat strange for modern Christians, probably appeared in the early 12th century. It is mostly found in connection with the buildings of secular rulers, whose context determined the functionality of their architecture. The chapel had to serve all Christians equally as a place of worship, but at the same time spatially separate the ruler and his entourage from the lower orders. The quality of detail on the two floors reflects this hierarchy. 'The lower level for the court servants, a little below ground level, looks archaically heavy under massive groin vaults on compact granite

Hohenstaufen Imperial Palace Chapel

columns, while the upper floor for the emperor and his court rises up on a light skeleton of noble white marble columns adorned with rich architecture' [2]. Indeed, the monumental simplicity of the Romanesque lower chapel makes a completely different impression on the viewer to the light construction of the Gothic upper chapel, characterized by slender columns and playful ornamentation. The chapel was built, then, in two distinct styles at the same time.

The plan of both floors is relatively simple: adjoining an almost square nave to the west is an almost square chancel to the east, where the priest celebrated mass. The room to the south of the upper chancel, in which the ruler's private oratory was located, deserves attention. The emperor had his throne here. It is unthinkable that he should take the stairs to get there. He must, therefore, have made his entrance through the main hall. The richly decorated chancel arcade with its diagonally fluted shaft is also an imperial reference. Although set up to look, at first glance, like a looted object, this is in fact not so: it makes reference to the actually looted elements of

Charlemagne's palace chapel in Aachen. This architectural reference to an architectural reference most likely meant: 'I, the Hohenstaufen Emperor, stand in line with the mythical "first" emperor' [3].

As early as the 13th century, great fascination must have emanated from the figurative capitals that support the vault of the upper chapel. Several hands were at work here. Their sheer diversity is impressive, centring on the spiritual theme of the opposition between good and evil, while playfully adapting traditional designs or occurring in individual mouldings designed for their apotropaic effects. The singing angels on the northeast pillar, holding books, a cross or a crook, embody the Good. Facing them on the southwest central pillar are the Vices: couples, naked and clad. Perhaps the naked woman, crouched with legs apart, holds a purse to her chest to indicate her availability. Some have wanted to see in her an allusion to Adelheid, Emperor Barbarossa's divorced wife. Could contemporary satire go that far? On both sides of the triumphal arch embrasures are mask-like capitals which seem to have been made by different artists [4].

The dating of the chapel is closely linked to the 'Golden Bull' of Friedrich II, which he exhibited *in capella in castro Egra* in 1213, and the report of the investiture of Bishop Konrad von

Capital on upper level of Palace Chapel

Lübeck in 1183 in *Castrum Eger*. The building must, therefore, have been largely completed by 1183 [5]. With its block-like shape, quarry-stone masonry and granite lesenes (pilaster strips), the chapel looks as if it has been cast in one piece. The assumption that the masons' guild responsible came from Waldsassen is not valid. On the one hand, several specifics of Cistercian architecture are missing; on the other, similar features can be seen in other palace chapels, especially in the Nuremberg double chapel (1200).

Notes
[1] See Tietz-Strödel, Kaiserpfalz, pp. 26–66; on more recent excavation findings Sebesta, pp. 55–62.
[2] Tietz-Strödel, Kaiserpfalz, p. 27.
[3] See Tietz-Strödel, Kaiserpfalz, p. 34 f.
[4] On the capitals Tietz-Strödel, Kaiserpfalz, pp. 36–51; Sebesta, p. 58.
[5] See Hotz, p. 89 f.; Sturm, p. 51. Dendrochronological investigations prove that the trees used in the upper chapel were felled in 1187/88: Sebesta, p. 60.

Church of St. Elizabeth and St. Nicholas in Eger (→ p. 235 f.)
Franciscan monastery in Eger (→ p. 276 f.)

GABLER HOUSE

Several houses on the market square are late Gothic in substance. They include house no. 6/507, the so-called Gabler House, which has a rococo façade on the market side, but otherwise retains all the basic features of the remaining narrow, unadorned gable buildings. A saddle portal opens onto a Gothic courtyard wing with barrel vaulting. On the second floor of the front section of the building, in the middle room, there is a comparatively well-preserved fresco from the late 15th century that extends over the entire side wall: "A courtly hunt on horseback with drivers, dogs and nets is shown in bright colours, in which a noble lady also takes part, galloping side-saddle behind her knight, her low-cut back turned to us. Horses and dogs are shown in lively motion. The lower half of the wall is taken up by an illusionistic wooden frame braided with willow branches, from which, attached with large rings, a fabric hangs in folds." [1]

What connected the owners of the house with the hunting theme, which artistic models were used or whether reference is made to a literary hunt, are questions awaiting further research.

Notes
[1] Tietz-Strödel, Entwicklung, p. 105.

CHEB MUSEUM

With the Gallery of Fine Arts and the Municipal Museum, Eger possesses two collections with a rich array of high-quality works of art from the city's former sacral landscape. A visit to both collections is mandatory.

THE 'EGER ANTEPENDIUM'

Antependia are broad rectangular cloths hung in front of altars. The 218 × 90 cm wide 'Eger Antependium' reached Cheb Museum in 1874 from the small Church of St. Jocelyn, built between 1430 and 1439. St. Jocelyn's, however, was probably only a stopover. Because of its extraordinary quality, it has been suggested that the antependium originated in the Imperial Palace [1].

The 'Eger Antependium' is masterpiece of glass bead embroidery. On a red silk ground, re-

'Angels greeting' from the Eger Antependium (Municipal Museum, Cheb)

newed in the 17th century and finally replaced in 1928, are three horizontal strips, the uppermost of which is much narrower than the lower two. A series of half-length portraits depict the Virgin and Child (in the centre) and the twelve apostles. The second and third rows are each structured by arcades with ten round arches, in each of which (with two exceptions) are separate figures whose identity is in part indicated by inscriptions stitched into the arches, in part made clear by their iconography. The stand-alone nature of each figure has been abandoned in only two cases: with the Annunciation (in the first two arcade bays at the top left), where the Angel Gabriel greets the Virgin Mary, and she (responding in shock?) raises her right hand while humbly pressing her left to her heart , and in the middle of the lower arcade, where we see her interceding with her Son, whose hand is raised in blessing. If we exclude Mary with the six-year-old boy Jesus, whom she is holding by the hand in the fourth bay from the left in the upper row, and in the fifth from the right with the Christ Child on her arm, all the other figures stand alone in their arches. In the top row are Sts. Agatha (3rd from left) and Clare of Assisi (5th from left), as well as Catherine, Lucy, Barbara and Bibiana (7th–10th from left) with the palm branch of martyrdom; in the bottom row we find Sts. John the Evangelist, James the Great and James the Less, all in monastic tonsure (1st–3rd from left), then St. Margaret (4th from left) and Sts. Agnes, Cecilia, Cunigunde and Ursula (7th–10th from left). The apparent 'movement' along the arches is a notable stylistic feature. Only three saints – the two Jameses and St. Clare – seem to 'retain the hieratically petrified dignity of the Romanesque', while the other figures are 'characterized by poses imbued with a sense of life' [2], emphasizing the rather rigid facial expressions of most of the figures, itself a result of the technique of forming the eyes with a black pupil-bead framed by a circle of white beads.

Dating the 'Eger Antependium' is something of a headache for researchers. MARION TIETZ-STRÖDEL considers it among the 'few pieces of pure glass bead embroidery that have survived from the 14th century' [3]. The range of possible dates stretches from an early (c. 1300) to a late (c. 1500). Stylistic arguments and the question of origin are closely related. If we add the choice of images, there is a lot to be said for a monastery (the tonsured Sts. John and James) and a lot for a convent (ten female, three male saints) of the Franciscan order (that of St. Clare of Assisi?) [4]. The fact that the house in question was in Eger can be seen from the city coat of arms, which was stamped onto several of the sewn-on decorative metal plates (bracteates).

Notes
[1] Compare STURM, p. 53.
[2] TIETZ-STRÖDEL, Antependium, p. 252.
[3] TIETZ-STRÖDEL, Antependium, p. 255.
[4] In this sense now also ROYT, Crafts, pp. 106 f.

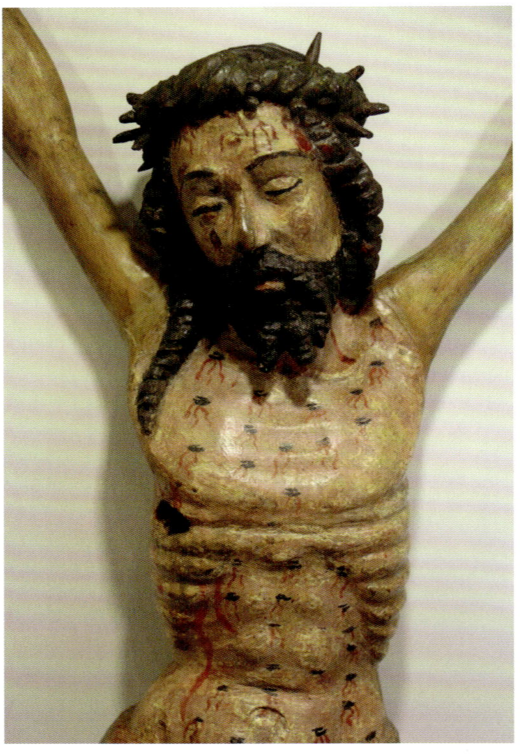

A 'Suffering Crucified' (Municipal Museum, Cheb)

THE CRUCIFIED CHRIST

The works of art distributed among the Eger museums today can be grouped differently in terms of style and the history of thought. If it makes sense in this respect to place the Pietà from the Dominican Church in the Gallery of Fine Arts at the beginning of a 'mystical epoch', the Crucified Christ in the Municipal Museum must come next. This linden-wood figure, as we see it today, stands a mere 74 cm high, the forked cross from which it was removed at some point now missing. Perhaps this cross once stood in the Franciscan Friary

(→ p. 276 f.). It was certainly not a triumphal cross in which the Son of God in Majesty rose above earthly pain; the forked cross or *crucifixus dolorosus* is a specific type of representation, emerging around 1300, that displayed the battered and tortured body of the Crucified unsparingly to the viewer. This powerful vision of the agony of the crucified Christ was promoted especially in the mysticism of the mendicant orders. The figure in the Cheb Museum, which may be dated to the 1470s, clearly belongs in this tradition. On the one hand, the (now absent) forked cross and the many wounds and protruding ribs of the emaciated body testify to this origin , on the other hand, the emphasis on suffering here seems to have 'achieved a lyrical calm. The body no longer twists, but is stretched out almost symmetrically, the abdominal wall pulled firmly between the ribs, the head not leant back, but upright; the point of exhaustion and death, the end of eyesight, seems to be represented – a narrative moment rather than a general abstraction of pain' [2].

Notes

[1] See Tietz-Strödel, Plastik, p. 262; Ottová/Mudra, p. 137.

[2] Tietz-Strödel, Plastik, p. 263. Unfortunately, this sublime figure of the Crucified has been lodged in a display case with notably lesser objects.

Gothic altar from St. Wolfgang near Seeberg Castle (Ostroh) (→ p. 174)

THE GALLERY OF FINE ARTS

In the Gallery of Fine Arts, sacred works of art of extraordinary importance have come together. They are arranged in a highly professional manner and should not be missed.

THE PIETÀ FROM THE DOMINICAN CHURCH

With all the force that Gothic sculpture around the middle of the 14th century could muster, the Pietà from the Dominican Friary (→ p. 279) confronts us: the Virgin Mary holding the frozen, broken body of her Son on her knees. The 158 cm high alder-wood statue is considered by experts to be the 'most expressive and important' work of early Eger art [1]. By focusing on the most painful event within the Passion narrative, it tears the viewer momentarily out of any certainty of salvation. In contrast to the painful Entombment from the Luther Church in Plauen, which at least in the altar wings reprises the narrative context, the Dominican Pietà isolates the moment. It is an image of pain that one encounters painfully and as an individual. 'Pictorial works of this kind were not in the nave in front of the assembled congregation, but in the dark seclusion of a chapel, where the individual, in emotional identification with the human suffering of Christ, might come to a subjective experience of God that overcame their own suffering.'

Once before, the Virgin Mother served as a 'throne' for the Saviour of the World. At that time he was still playing with her hair, grabbing an apple or blessing all and sundry with his tiny fingers. Now she holds her son on her knees again; cautiously, it seems, her left hand touches Jesus' thigh, while his left arm sticks out frozen over her forearm. The intimacy that once bound Mother and Son is gone. Thirty years lie between the trusting boy and the broken corpse. Mary is again what she should be, as when the angel came to her: a chosen but willing vessel. Her right hand barely supports the dead man's back. The frozen corpse, more enclosed than held by the mother's hands, leads, as it were, a life of its own. 'This is not an intimate hug, […] this is speechless numbness in pain.' Mary is again the throne and vessel of her Son. The infinite distance between the Son of God and his human mother becomes tangible with a force that is almost unbearable. It becomes more tangible the more the dead body pushes the living body into the background. 'The deeply sunken abdominal cavity of the dead man lets the individual ribs protrude in a cruel staccato that is absorbed by the grooves in the sternum until it shoots up in the overstretched neck tendons to the tormented, thorn-crowned head.' [2].

Mary is faceless in the literal sense. The effect that this has on the viewer is not inconsiderable. The original face of the Blessed Mother, intended to 'shock' the faithful, was evidently brought into a more pleasing form in the baroque era. During the restoration in 1972, the decision was made to reverse this intervention.

Notes
[1] Tietz-Strödel, Plastik, p. 260.
[2] All quotations from Tietz-Strödel, Plastik, p. 261. See Ottová/Mudra, p. 127–135.

ALTAR GROUP WITH THE VIRGIN MARY AND THE 'TWO JOHNS'

Three sculptures, stylistically closely related and which probably once formed an altar group, deserve the greatest attention. The group consists of a seated Madonna, John the Baptist and John the Evangelist. The monochrome linden wood fig-ures are the same height (80 cm), with Mary being proportioned larger, as befits her importance. In terms of art history, the group is of interest insofar as it 'makes an important contribution to the formation of the so-called 'Beautiful Style' and especially that of the "Beautiful Madonna"' [1]. In this sense, one should first examine the sculptures more closely as transitional objects.

What is immediately noticeable in all three figures is the strong tilt of the hips. This can be seen particularly well in the figure of the bearded John the Baptist, which assumes a classical-antique *contrapposto* pose. 'With him, everything is concentrated on the right side of the free leg, over which the upper body is stretched out. […] Corresponding to the movement of the upper body, the unburdened free leg leans forward, with the peculiarly low "Bohemian knee" pressing visibly through the thin fabric of the garment' [2]. On his left arm, above the standing leg, the Baptist carries the Lamb of God, enthroned, as it were, on a pleated base. The right arm pushes forward. The fact that his bent fingers reach into the void should not encourage the viewer to make the mistake of seeing in it an indecisive, as it were withdrawing gesture of speech. The saint will once have held a staff, though one cannot say he was ever resting on it. Nevertheless, the very lack of the staff now reinforces the impression of tension. If the arm is seen to stretch forward, the voluminous head, weighing heavily on the shoulders, does not follow it. It is as if the visionary Baptist's inward gaze is literally restraining the outstretched arm (as it is his free leg).

The seated Madonna smiles enigmatically, carrying her son on her right arm, his left leg supported on her right knee. First attempts at

'Madonna and Child', in the background St. John the Baptist (Gallery of Fine Arts, Cheb)

walking? The curly-haired boy in the long robe is certainly holding the apple in his left hand 'playfully in front of him', but is his right hand not already stretched out as if he were about to bless the world? Without the sceptre, which Maria probably once carried in her left hand, one could regard the subtle smile in the 'somewhat plump face of a young bourgeois woman' [3] as innocent motherly happiness. If one adds the insignia of rule, however, it becomes clear that Mother and Child do not belong to two different worlds, but rather rule together.

If the Evangelist John did not have such a high forehead, he might spontaneously seem to the viewer more like a woman, with his curved *contrapposto* stance, long hair, the flowing folds of his garment – made of the lightest material – and a chest with a cleavage. The contrast between the soft, curving appearance of the Evangelist and the more symmetrical figure of the bearded Baptist is doubtless deliberate. The stylistic differences between the figures can be explained 'with the different iconographic typology of the two saints' [4].

The origin of the group is unknown. Not even their Eger provenance is certain. Nevertheless, it is believed that the group once stood in the first parish church of Eger, St. John's [5]. Yet the patronage of the saint alone does not seem sufficient for this attribution. By the time this group was being carved, the Church of St. John was already well in the shadow of the main Church of St. Nicholas and St. Elizabeth. One should therefore ask at what other place the veneration of the two St. Johns played a role. Here one immediately thinks of the Dominicans, whose leading scholars, Albertus Magnus and Thomas Aquinas, 'saw in the two Johns the embodiment of the fundamental concerns of their order: study, contemplation and (based on these) teaching and preaching' [6]. The Baptist could therefore represent teaching and preaching, the Beloved Disciple mystical vision and contemplation. If, however, one understands the two Johns not as two complementary aspects of religious life, but as opposites, a tension emerges that could easily break out in everyday monastic life. The Dominican Sisters in Katharinental near Diessenhofen in Switzerland became famous when the convent literally split in two between the admirers of the Baptist and those of the Evangelist [7]. The special devotion of the Dominican order to St. John makes it at least possible that the group in question comes from the Eger convent. It would by no means be the only monument of quality that found a home there in the 14th century.

Notes
[1] Tietz-Strödel, Plastik, p. 266. The long history of research is now summarized in Ottová/Mudra, pp. 139 – 141.
[2] Tietz-Strödel, Plastik, p. 263.
[3] Tietz-Strödel, Plastik, p. 265.
[4] Tietz-Strödel, Plastik, p. 266.
[5] See Tietz-Strödel, Plastik, p. 263; Ottová/Mudra, p. 139.
[6] Conzelmann, p. 301.
[7] See Conzelmann, pp. 302 f.

THE GROUP OF GRIEVING WOMEN

The last work of art that should occupy us in the present context is a group of Grieving Women with St. Mary and St. John the Evangelist. The relief is dated to around 1400 (or shortly thereafter) [1]. It is obviously a fragment from the larger context of a Crucifixion group: the Mother of the Crucified is seen in the foreground, her senses failing; St. John catches her with his hand on the left shoulder while the other women hold her upper body and right arm. Nevertheless, Mary's collapse is no more than a particularly drastic expression of the pain that also marks the faces of the other figures. In the background someone sobs and covers his face with his hand. He seems as isolated in his grief as everyone else. The group is held together solely by the Mother, who acts as a connecting branch from which the others sprout like flowers. Although the relief is far removed from any finely chased draping of the clothing, the symmetrical folds are still striking: especially in the case of Mary, the sweeping dress reaching down to the base plate seems to give the scene a literally rooted quality. In terms of composition, too, one can profitably compare this work with the 'Lamentation of Christ' from the Plauen Lutheran Church.

Notes
[1] See Tietz-Strödel, Plastik, p. 268; Ottová/Mudra, p. 149.

Group of grieving women
(Gallery of Fine Arts, Cheb)

FROM TOWN TO TOWN: MARKETS – WALLS – SELF-GOVERNMENT

Anyone preparing to explore the history of the Vogtland townships through the monuments of their self-government is dependent on very precise observations. Here and there a few metres of the old town walls still remain, no longer protecting or defending anything (Gera, Schmölln, Hof, Touzim). Because it was picturesque enough, a last tower (Plauen) or a town gate (Adorf), freed from the restraining arms of its walls, stands proud, though it neither grants nor refuses entry to anyone anymore. There may still be a 'Gallows Mount' or 'Way' (Hof), but you will look in vain for the gallows themselves. On some central squares, called 'Markets', fruit, vegetables, cheese and haberdashery are still offered on certain days. But 'Pot Markets', 'Haymarkets', 'Horse Markets' or 'Pigeon Markets' are no longer needed, and so these toponyms have disappeared with their trades. Only the Town Hall has remained, but this official building, long since too small for its original duties and in which a tourist information or registry office has since been set up (only the *Ratskeller* has always been there!), now usually bears the appellation 'Old Town Hall'. Perhaps the originals are still kept here, but more often it's only a facsimile of the town's most valuable legal documents: charters, privileges and deeds, reference sources of disciplined urban development. The town and official registers, which document the daily administrative activities of the citizens and their council, have long been stored for research purposes in the municipal archives, if they have survived the frequent firestorms at all.

The dynamic concept of the 'town' is one of the success stories of the West. As early as the 14th century, everyone saw that it was overtaking the 'castle' model. Castles, under whose protection small settlements once developed, now merged into the township and were converted into fine palaces and official buildings. In the surrounding hills, what was defensively outdated and economically ineffective fell into disrepair. The economic power of a region now lay in its towns and cities. Not surprisingly, the reeves endowed the towns in their territories with privileges and rights. Of course, they made sure that their prosperity did not lead them to complete independence. The townships could be persuaded of the benefits of this balancing act as long as the local lords helped secure them their privileges.

That did not always work out well in the Vogtland. From the mid-14th century, the increasingly disempowered petty nobility in the area between Hof, Plauen and Eger developed an unpleasant economy of reprisals. The *Placker* or robber knights arose, extorting protection money from passing traders and confiscating goods, stealing horses and taking hostages, which they released only for ransom. The reeves, in conjunction with the Margraves of Meissen, tried to stop these goings-on. This is evidenced by the Guttenberg Feud (c. 1380–1384), which passed almost seamlessly into an aristocratic feud with the City of Eger, in which this prosperous town, which was constantly being attacked, had to protect its rights for itself. The imperial army only put an end to this long-smouldering conflict a hundred years later, setting fire to more than twenty Vogtland castles, wherever one suspected predatory nobility to be operating.

The towns of Schmölln, Crimmitschau and Gera were closely related to each other in terms of their charter traditions. In the past, people made much of 'families'. However, hereditary impressions so invoked could not always be taken as proven due to the lack of necessary documentation: whenever children were said to be older than their parents, it was always tempting to find suitable grandparents and great-grandparents to match them. Meanwhile, it was often assumed that the construction of town walls was not necessarily associated with (and thus a consequence of) the granting of municipal rights; or in other words the existence of urban building works did not necessarily indicate the formal grant of a charter. Towns also often had their own oral law with no felt need for its immediate codification. As to the legal traditions of Gera, Schmölln and Crimmitschau, it may be sufficient in the present context to point out that they were similar in terms of their individual articles, but also appear related to other city charters (such as those of Altenburg).

TOWN CHARTER OF SCHMÖLLN

Schmölln, already in the 11th century a residence and 'an ancient property' of the reeves, first became a town under the Reuss family of Plauen [1] (→ p. 39 f.). Heinrich II Reuss von Plauen zu Greiz (1306–1350) received the town of Schmölln, which had belonged to the Ronneburg family, when the estate was divided in 1306. When he held the wardship of the later Margrave Friedrich II the Serious between 1324 and 1330, this Heinrich took what he could get. He was later accused *daz her hat gebuwet Smolne eyn hus und eyn stat bi einer mile bi Aldenburg* ('of having built a manor house and town in Schmölln, one mile from Altenburg') [2]. It is taken for granted that Heinrich Reuss granted Schmölln its town charter during these years. That he copied the Altenburg charter (1256) is considered likely [3]. The oldest surviving record of the Schmölln statutes and privileges comes from Mayor Georg Filder (1524).

All we can positively prove is that in 1412 Heinrich XVII ('the Elder') of Weida (d. 1454), who in 1410 had exchanged his third of the Weida domain for the castle and town of Schmölln [4], confirmed the town charter given by his ancestors to the townsfolk with all their customs and freedoms – although what the Weida Reuss explicitly confirmed was only the charter and freedoms, 'certified or not certified', which the town had enjoyed under his cousin Heinrich and his 'aunt' Salome von Auschwitz [5]. This means neither that these two had introduced the charter in Schmölln, nor that the Schmölln charter was already in writing at that time. What is certain is that this charter was in 1414 applied to

Stabilized section of Schmölln town wall

Crimmitschau. In the form in which it was reconstructed, with 33 sections and 55 articles, it is only partially relevant to the early period [6].

The concentration of power in the town council is striking. The council decides whether a lawsuit will be admitted to court, and if it is nevertheless taken before a judge, the bearer must pay ten groschen to the council (IV, 5). However, if the council is consulted in a dispute, the denunciation and defamation of a fellow citizen before the council will cost ten new pennies (V, 6). Abuse of a man costs twice as much as it does of a woman (VI, 7). The council strictly forbids the formation of guilds or professional associations and punishes them with a fine of a new *schock* (= 60) groschen and imprisonment (XVII, 29). In almost all articles, the council benefits from the prosecution of offences. Even if the property destroyed during a nocturnal brawl is private, the council receives 'an old *schock* for every single (damaged) item' (X, 11). However, we should not overlook the fact that the council used this revenue for the good of the town. For example, if a fire broke out, the bringer of the first tub of

Schmölln's Justitia: blindfolded, but quite an eye-catcher

water would receive a 'tip' of 10 groschen from the town treasury, the bringer of the second tub 5 groschen (XXV, 40).

Remains of the town walls in the Schulstrasse bear witness to the development of Schmölln. They were set down directly without any foundations and were once 8 metres tall. Rectangular towers were erected a mere ten metres apart [7]. The fountain dedicated to *Justitia* opposite the Sparkasse, with its distinctly revealing allegory, makes reference to the old town charter.

Notes
[1] Francke, p. 309; Seyfarth, pp. 20–26.
[2] See Ermisch, Ratsarchiv, p. 152; Seyfarth, pp. 17 f., 21 f.
[3] See Ermisch, Ratsarchiv, p. 154.
[4] See UB Vögte II, 519 f.
[5] Salome had received Schmölln as a jointress in 1384: UB Vögte II, 288.
[6] A modernized print in Seyfarth, pp. 45–56. From which what follows.
[7] See Biller II, p. 201; Seyfarth, p. 22.

TOWN CHARTER AND 'CIVIC CENSURE' IN CRIMMITSCHAU

Crimmitschau, still a parish village c. 1140, is first referred to as a town (*civitas*) in 1222, but almost two hundred years were to pass before it received the privileges appropriate to its status. Margrave Wilhelm II graced the city in June 1414 'with such freedom and custom as the citizens and town of Schmölln possess' [1]. The deed was confirmed repeatedly (1453, 1464, 1488) without a Crimmitschau charter taking any concrete form. However, in 1444 a number of key statutes were recorded for the purpose of public reading to the townsfolk from time to time. The reading of such regulations was known as a 'civic censure', the term being understood in a preventive sense. Around 1460, the 'censure' recorded in the town register received an update: *Vornemet arme unde reiche unser eynwoner alle unde* [die] *pye uns ören sicze haben unde pürger seyn, unser ruge unde vorpote, nach dem sich eyn ytzlicher wisse zcu halden* ('Let our inhabitants both rich and poor, and those who have their dwelling with us and are burghers, take notice of our censure and prohibitions, which each and every one shall observe') [2].

The town charter of 1460 consists of 11 paragraphs plus a brewing licence issued by Mayor

Nikolaus Schmidt and the councillors in seven sections. Its scope and proportions make it clear that the 'censure' cannot be a systematic legal document regulating all eventualities. Article 1 makes clear from the start that 'Every man should take the legal course of action in any dispute and call upon bailiff, reeve and judge' *umme die alde gewonheit, die unser vorfaren an uns bracht haben* ('keeping to the old custom left us by our ancestors'); Article 2 forbids the purchase of stolen goods; Article 4 the enticement of a neighbour's farmhands; Article 6 rules that each is responsible for the path in front of their property; Article 7 requires sewage (*feltwasser*) disposal that does not harm the neighbours; Articles 8 and 9 prohibit all possible forms of night work – the main concern here being the source of light needed for such activities; this is also emphasized in Articles 10 and 11: *eyn ytzlicher schol bewaren sein eygen füre nacht unde tage yn besorgunge zcu haben vorsichtigkeit unde achtung zcu thun* ('each shall guard his eyes day and night, taking watchful and attentive care') [3]. As we know, this did not work out well in Crimmitschau.

The Crimmitschau charter is appropriately recalled by the Red Tower on the *Taubenmarkt* (Pigeon Market), a replica of a former tower (c. 1350), demolished in 1928, which formed part of the town walls. 'Red' towers were found in many towns. The Chemnitz Red Tower, already standing in the 12th century, was built from red porphyry tuff, and was incorporated into the town walls around 1230. It was the seat of an administrative officer and used as a prison until around 1900. The 'Red Tower' on the market square in Halle, on the other hand, is red only in the sense that capital justice (*Blutgericht – ius gladii*) was

A new Red Tower where the old one stood

administered here, at the foot of the tower opposite the statue of Roland. In the 14th century the Burgraves of Meissen held a court of justice in the Albrechtsburg 'at the foot of the Red Tower'. 'Red Towers' were, then, originally places of judgment. When this tradition was lost, only the colour was left to justify the name.

Since 1994 a statue of Roland has again graced the neo-classical Town Hall (1772). Oversized statues of the legendary nephew of Charlemagne who breathed his heroic last in the campaign against the Muslims in the Pyrenees

Crimmitschau's 'Roland' surveys the marketplace from the Town Hall roof

have adorned selected urban squares since the High Middle Ages. The 'meaning' of the around 250 preserved or attested statues of Roland is, however, disputed. It can be assumed that they were initially stone symbols of Carolingian conversion and subjugation policies. But their meaning changed over time. 'Every city evidently interpreted and used its Roland image as the historical situation afforded.' [4]. When the missionary idea no longer played a significant role, the statues were reinterpreted as symbols of the preservation of urban rights and privileges: hence the many 'Rolands' in marketplaces and before town halls, the most famous being that in Bremen (c. 1366). The Hamburg Roland was relocated to the city centre after 1375, when the Hanseatic port sought recognition as a 'Free Imperial City' [5]. By the time the Crimmitschau Roland was erected in 1892, the interpretation of the figure as a safeguard and guarantor of law had long since prevailed. This explains why central German cities erected Rolands even in post-medieval times (e.g. Dessau 1905, Chemnitz 1910, Cottbus 1934). The Crimmitschau Roland was melted down in 1942 for its material value. Since 1994, a copy on the roof of the Town Hall has kept track of things. Iconographically, the (unmounted) Crimmitschau Roland is not in the line of sword-bearers, but of lance-bearers, thus matching the only other Roland on the 'Reeves' Progress', that of Cheb, which has adorned a fountain since 1528.

In the shadow of the Crimmitschau Roland stands the town's only Renaissance portal: an almost faithful replica of the weathered portal walled up in the entrance-way of the relevant house. Here, on a few square metres, are still some symbolic relics of the town's former glory: on the left, for example, the municipal coat of arms.

Notes
[1] ERMISCH, Ratsarchiv, p. 152.
[2] ERMISCH, Ratsarchiv, p. 155.
[3] ERMISCH, Ratsarchiv, p. 156.
[4] REMPEL, p. 67.
[5] See REMPEL, pp. 68 f.

Remains of Gera's defensive wall and semicircular bastion on the town fosse

GERA TOWN CHARTER

Gera, still known as a *villa* c. 1200, appears by 1237 as an *oppidum*. Town seals were emblazoned on documents from 1350 and 1404, referring to the reeves as *Stadtherren* ('town lords'). A town council is recorded in 1360. Gera is likely to have received its charter in the first half of the 14th century at the latest. The statutes confirmed by Heinrich XI ('the Elder') von Gera (1482–1502) in 1487 [1] are therefore older in substance. But how much older? ERMISCH states that 'a good

half' of the Gera statutes of 1487 correspond 'literally or with minor changes to the statutes of Schmölln'. From this he drew the conclusion that the Schmölln charter, applied to Crimmitschau as early as 1414, 'is to be regarded as the root of Gera town charter and its derivatives and not the other way around' [2]. Gera would, therefore, have received its charter – copied from Schmölln, which had itself just risen to the status of *civitas* – under the Gera Reeves Heinrich IV (1311–1343) and Heinrich V (1311–1377) around or after 1330. The Gera charter in turn influenced those of Schleiz, Tanna, Lobenstein and Saalburg.

Along the line of the town moat (Böttchergasse) stand the remains of an old semicircular tower and limestone wall, which can hardly have been built before the 15th century [3]. On the GDR apartment blocks in Schuhgasse 4, 6 and 8, the artist Peter Willmaser revived the medieval custom of house signs, which here convey moments in the town's history. In the sign on house No. 1 – a fish with a surreal set of drawers in its side – he incorporated the town seal of 1460 and an extract from the statutes of 1487. (The house sign was later removed during renovation.)

HERRING TRADE IN GERA (1487)

The fish that once adorned the Schuhgasse referred to a special passage in those statutes. Every two years, the City Council appointed two jury members *die sollen die thonnen fisch und hering under einheymischen und frembdenn veilhendelern uff ire eide schauen, ehr man ichtes darvon verkeufft, und was nit kaufmansgut ist, das vorbieten und nicht zulassen* ('they are to examine

Signs by Peter Willmaser(1985) on prefabricated apartment blocks in the *Schuhgasse* citing Gera's town charter

under oath the barrels of fish and herring of both local and outside dealers before any of them are sold, and forbid and prohibit whatever is not fit for trade') [4]. The two fish examiners were entitled to set remuneration and to withdraw fish that *wetters oder anders halben umbfallen* ('on account of the weather or otherwise fail to come up to standard'). Their wages consisted of three pfennigs per barrel of fish and one herring per barrel of herring. The town imposed relatively high fines on anyone selling uninspected fish *wie wohl sie guth weren* ('no matter how good they were') or who charged more than the set price. Anyone measuring with *ungerecht gewicht* ('unfair weights'), on the other hand, was expelled from the town or lost their citizenship [5].

THE PEOPLE OF GERA VISIT THE MARKET IN JENA (1448)

Fish alone, however, could not nourish the Gera folk. In order to occasionally be able to buy or sell on the market in Jena, the townsfolk had to make the trip there. Around the middle of the 15th century, during the Saxon Fratricidal War (1446 – 1451) between the brothers Friedrich II, Elector of Saxony, and Duke Wilhelm III, Landgrave of Thuringia, over the control of family lands, the route to Jena was anything but safe. In a letter from the Gera council to the Jena council (1448), the people of Gera asked for an escort for their market-goers to and from Hermsdorf. The request was justified – on the basis of the political situation of their municipal lord – in the following terms: *nun ist uch villichte wol wissentlich, wie das unnssre gnedige hern von Gera etliche fyende habin, die denne in unnsss hern von Sachssen des iungern stetin, so yn das fugsam ist, uss und yn reiten, vor densselbigen wir unns faste besorgen* ('now you may well be aware that our Noble Lords of Gera have diverse enemies, who ride in and out of our township of the Younger Lord of Saxony at will, of whom we have well-founded fear'). [6]

That year, the Lord of Gera zu Gera was Heinrich X ('the Younger' 1425–1452), a successful politician, who in 1440 married Anna, daughter of Count von Henneberg-Römhild, in 1446 rose to the Electoral Privy Council, and in 1448 acquired the domain of Rochsburg. However, the fact that the Reeve of Gera stayed loyal to the Elector did the town no favour in the Fratricidal War. An alliance forged by Wilhelm with the Brandenburgers and Bohemians lay before Gera in October 1450. Elector Friedrich could not muster sufficient forces and had to leave the city to its fate. On October 18, after brave resistance, it was taken and burnt to ashes along with its castle and main church. Heinrich X was captured and removed to Bohemia, where he died, far from home, in 1452 in Prague.

Notes
[1] See ALBERTI, Gera, pp. 195 ff.
[2] ERMISCH, Ratsarchiv, p. 155.
[3] See BILLER II, p. 197; LEHFELDT, Gera, p. 59.
[4] HELBIG III, p. 67.
[5] HELBIG III, p. 68.
[6] HELBIG II, p. 177.

THE STATUTES OF WEIDA

Weida (→ p. 62 f.) has the oldest town charter in the Vogtland: its statutes date from January 9, 1377. In view of the traditional dual rule of Weida, it is surprising that the statutes do not specify the exact identity of the grantor: it only says *Wir Heinrich voyt von Wyda* ('We Heinrich, Reeve of Weida') [1]. In chronological terms, both Heinrich XIV ('the Red' 1355–1389) and Heinrich XVI (1374–1404) could be the authority in question. We may see it as a stroke of luck that Weida's 'middle' town charter, issued in 1483 and in some points more closely related to the Gera statutes, has survived. The two charters developed contemporaneously.

The statutes of 1377 do not form a coherent legal system. At the end, the document rightly speaks of *recht, stücke und artikele* ('law, sections and articles'). The first part sets out a series of ten consecutively numbered laws of the town: *daz andere recht, daz dritte recht, daz virde recht* ('the second law, third law, fourth law) etc. This decalogue is followed by general provisions (e.g. about the carrying of weapons) as well as several special laws concerning trades and guilds (*Daz ist der wirte recht in der stat, Daz ist der pecker recht, Daz ist der wölner gesezze und recht...* ('These are the laws and rights in the town for innkeepers, bakers, wool-merchants ...'). Between the law on blacksmiths and the provisions for middlemen, we find a few sentences on Jewish lending businesses. In the final section, the right to dump manure only on municipal fields is followed by more general provisions on the legal capacity of citizens and questions of guardianship and inheritance law.

The right to serve and distribute alcoholic beverages takes up a lot of space. The seventh law fixes the taxes on the serving of wine and mead, the eighth on the trade in beer. Various provisions are gathered in the ninth law. If someone not a citizen of Weida sells Italian wine in the town, he has to pay more per half cart-load to the town (15 gr.) than he does on Würzburger (10 gr.) or on local vintages *lantwyn* (4 gr.). This, by the way, is the oldest provision on the 'trade in the sweet wines of southern Europe' in the region [2]. The tenth law deals with violations of the beer purity law.

The law on innkeeping is all about bill cheating. If a guest moves from one tavern to the next without having paid, the injured host can demand compensation from his colleague if he chooses to detain the guest with him; otherwise the latter can be locked up until the debt is settled. The baker's law only regulates the procedure which must be observed if a baker is accused of putting short measures of bread *an den vensteren adir under den pencken* ('in his window or under his table'). Admittedly, that was not a Weida peculiarity: 'In the case of bread, fraudulent measures and weights are at the fore in medieval reports. Ingredients or treatment methods that are harmful to health are referred to much less often.' [3]. Pictures and reports of sometimes draconian punishments for fraudulent bread have survived from the 16th century. Bakers who baked loaves that were too small could be put in a cage and dunked in a cesspool.

Almost all lists of specific rights contain a passage on apprentices who break off their two-year training and leave their master. The master has to pay damages for the lost trainee. The fine is not the same in all cases. For a defaulting butcher's apprentice, the master has to render

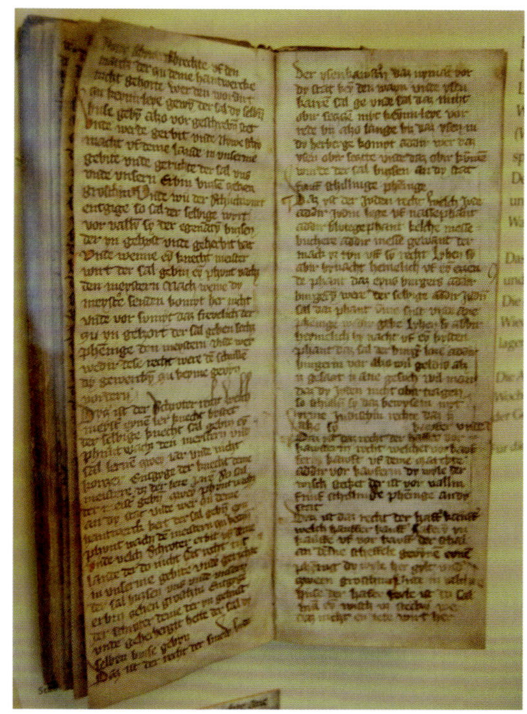

'Statutes of Weida', on display at the Osterburg

five shillings to the reeve and two pounds of wax to the town council; a runaway shoemaker's boy costs the angry master five shillings to the town and five to the guild, while the tailor gets away with two pounds of wax to the town council. Was it that such penalties motivated the masters to forestall any shortage of skilled workers by taking increased care in their training? The original slim booklet with the Weida statutes hangs behind glass in the Osterburg. This is certainly debatable from a conservation point of view, though the visitor may gratefully tolerate it.

Prominent remains of the Weida town walls have been preserved. At the Alte Aumaer Strasse there is still a piece of wall with the stumps of

Weida's town wall passes directly behind the Osterburg

two towers and a guardhouse, and similarly in the stretch between Gera Strasse and the banks of the Weida along the Pfeiferscher Garten. Here the wall extends uphill east of the town church to Wiedenstrasse. There is still a single tower in Rothmühlstrasse. The walls reinforced with towers found below the Osterburg formed part of the town walls not of the old outer bailey of the castle.

Notes
[1] UB Vögte II, 233.
[2] FRANCKE, p. 298.
[3] BITSCH, p. 198.

A TRADING SETTLEMENT IN AUMA?

The small town of Auma in the Zeulenroda district is considered to be a Wettin foundation in the shadow of a castle, which could have been inhabited by the Lords of Auma as early as the middle of the 13th century, although it is not mentioned in any document until 1328. The place is recorded again in 1331. KARLHEINZ BLASCHKE has admittedly brought a completely different idea of the development of Auma into play. BLASCHKE is of the opinion that towns with an old church of St. Nicholas were formed from long-distance traders' settlements which were independent of any local lord, and that it is in the area around the churches of St. Nicholas, the patron saint of merchants, that these settlements can usually be identified. It was so in Auma, he believes. In the quarter between the Kreuztor, from which the road led to Leipzig and Gera, and the Weidaer Tor, from which the road led to Weida, stood a church of St. Nicholas, still in use in the 18th century, though later demolished, which could have functioned as the centre of a long-distance trading settlement. The settlement, which BLASCHKE traces back to the end of the 11th century, testifies to an 'equality of social class from which no legal differentiations can be deduced.'

One may approach the concept of a '"primordially democratic" constitution implying the unconditional equality of all members' [1], like these putative St. Nicholas-settlements of long-distance traders, with some restraint. However, the interpretation has the indisputable merit of having brightened up the complex relationship between long-distance trade, urban development and the patronage of St. Nicholas. In Auma the old town must, in this model, have grown up in the 12th century from the settlement around St. Nicholas's on the trade route from Zeitz via Gera, Schleiz and Hof, and the new town would have developed over the course of the century around the Marienkirche, while St. Nicholas's became the cemetery church. There is no documentary evidence of any elevation of Auma to municipal status, and its fortifications seem to date from around 1360. We only see a town council in the second half of the 15th century [2]. The old fort, useless after 1500, was physically incorporated into the plinth of the rectory.

Notes
[1] BLASCHKE/JÄSCHKE, p. 52.
[2] See HHS Thuringia, p. 26.

HEREDITARY RIGHTS IN SCHLEIZ (1359)

Schleiz, the later residence of the Lords of Gera (1482–1550) (→ p. 77 f.), already had a town council and mayor at the end of the 13th century that were entitled to append a seal *nostre civitatis communitam* on a deed (1297) – a deed in which, in addition to the *civitas*, there is also talk of the *opidum Slouwicz* [1]. Two hundred years later the town had a fully-developed charter. This was confirmed in 1492 by Heinrich XII ('the Middle') von Gera zu Schleiz (1482–1500) and composed 'in almost verbatim agreement' with the Gera statutes (1487) [2]. In between, there were eventful times that will be discussed in a moment.

More interesting than the later statutes in our context is an instrument of Heinrich von Gera from 1359. It is 'the oldest still existing example of how the law of inheritance was regulated in the newly created towns' [3]. Initially, it was by no means certain that personal belongings would stay in a family. Typically, the lord of the town or local overlord would endeavour to take possession of the property of anyone who died without direct heirs. According to these regulations, townsfolk, *dye in der statmuwer zcu Slowicz gesessen sint* ('who were resident within the town walls of Schleiz') were granted rights of inheritance up to third degree of kinship (*uf dy dritten sippe*). The deed was remarkably progressive in its equal treatment of sons and daughters: *Auch schal dy tocthir alz gut recht haben als der son, ab eyn man nicht sone hette* ('Daughters shall also have as good a right [to inherit] as any son, if a man has had no son'). This goes well beyond the existing regulation in old German law, according to which daughters inherited only household objects important to their station in life. The third paragraph stipulates that outsiders who do not want to move to the town are excluded from the right to inheritance: *Wolden sye aber darczu zhyhen und unser besessin burger werdin, zo schal in daz angestorbin gut volgin mit allem recthe als vor gescrebin stet* ('But should they come here to live and become one of our townsfolk, then they may inherit from the deceased with all the rights heretofore described'). The fourth paragraph stipulates that a widow can assume her husband's inheritance without restriction, but that property will return to the husband's family after her death if his relatives move to the town. Testamentary dispositions of a father, which go beyond what he has already given his children in terms of equipment during his lifetime, are declared to be at his discretion [4].

There is a clear effort in all this to motivate heirs to move to the town: not only to increase the town's manpower and weight, but also to prevent property in the town from falling to outsiders in an uncontrolled manner. This made it easier to deal with eventual disputes. Similar provisions can be found in Reichenbach (1367), Ronneburg (1380), Plauen (1388) and Schmölln (1402). The statutes of Zeulenroda, adopted in 1438, emphasize that they differed from those of Saalburg in that they recognized heirs not only to the third, but *biss auf die sibenden sippe* ('to the seventh degree of kinship') [5].

'ONE TOWN, ONE AUTHORITY' – THE MERGING OF THE TOWNS OF SCHLEIZ (1482)

In the 15th century one can speak not of one, nor even two, but of several towns of Schleiz. The existence of both an Old Town and a New Town corresponded closely to the norm in other cities. For centuries, Dresden and Old Dresden each had a council and a mayor, their own infrastructure, including their own schools, and by and large nothing to do with each other. In Schleiz, the situation was even more complex: Schleiz Old Town was already divided into an Upper and a Lower Town, each subject to a different Lord of Gera. The same applied to the New Town, so that by the end of the Middle Ages we are actually dealing with four towns of Schleiz. Reference to *dy aldinstetir von beiden teilen* ('the old town inhabitants of both parts') can be found in deeds (1443) [6]. It was therefore a big step when on December 2, 1482, after long years of tense separation, the union of the inner and *der eussern ader alden stat Slewicz* ('and outer or old town of Schleiz') could be announced [7]. The tone of the document issued by both councils is solemn, but it nevertheless emphasizes the rationale for their unification, that, for example, *was zuweilen ein stat gepoten hat, die ander stat in ander weis gepoten und gehalten habe, dadurch den steten unrat erstanden, auch pir und weynschenckens halben an eynander geschadet, auch ein stat der andern nicht wollen vergonnen, ire guter zu sich kauffen ader brengen lasen, das den inwonern, den verkauffens not tete, in iren noten swer gewest, auch die stete umb rorwasser und etliche guter und mer sachen in gremschafft und zcweytracht gestanden* ('what

Section of Saalburg town wall

has at times been ordered by one township, was ordered and held in a different way by the other, thereby resulting in constant confusion, so that beer and wine taverns did harm to each other, and neither town wanted to allow the other to bring its goods into it, let alone buy them from each other, resulting in acute loss to the residents, and furthermore that the towns were in constant dispute and division over the water supply, various properties and other things') etc.

Against the background of this depressing analysis, the cities agreed that they wanted to have *hinfurder zu ewigen zceiten eyn stat, eyn regiment, mit einem burgermeister und rate, mit amptleuten, dynern, gepoten, geseczen, eyn ordenung in prewen und andern, auch ein gehorsam, eyn laden, eyn einname, ein zcinsgeschoss, eyn ussgab,* *eyn ingesigell* – ('from now on and for evermore one town, one authority with one mayor and town council, officials, servants, precepts, laws, one ordinance for making beer and more, and also one loyalty, one store, one system of purchase, one tax office, one outlet, one town seal') etc.

'The union was in many respects initiated and facilitated by the fact that the town had been destroyed by a great fire in 1476' [8].

Notes
[1] ALBERTI, Schleiz, pp. 5 f.
[2] FRANCKE, p. 292.
[3] ALBERTI, Schleiz, p. 21.
[4] Quotations: ALBERTI, Schleiz, p. 19.
[5] ALBERTI, Schleiz, p. 23.
[6] ALBERTI, Schleiz, p. 31.
[7] The following from ALBERTI, Schleiz, pp. 33 f.
[8] ALBERTI, Schleiz, p. 35.

TOWN WALLS OF SAALBURG

Saalburg, dreaming in southern Thuringia (→ p. 87 f.), is one of the towns that we see becoming a *civitas* as early as 1313. The town charter surviving from 1495 certainly codifies older customs. The charter of Zeulenroda, dated to about 1438, refers to a *briffe* (letter) of the reeves *gegeben der stat zu Salburg* ('given to the town of Salburg') [1]. At that time, the Saalburg laws of inheritance followed those of Schleiz, that is, of Gera, but which the reeve had altered for the benefit of the Zeulenroda townsfolk from the third to the seventh degree of kinship. That said, the laws in Saalburg are not of such importance as to justify separate discussion. However, Saalburg has what only a few towns in the Vogtland can boast. Dating from the first third of the 14th century, substantial remains of a slate stone wall, including its defensive towers, have survived: 'Of at least ten semicircular towers, eight are still recognizable as stumps, as well as a bricked-up pointed arched gate and the modified "stone gate" on the road to the south.' [2]. It is worth exploring the course of the Saalburg wall. It is best to start at the landing stage and walk townwards parallel to the water. On the left hand side, the old semicircular towers and remains of walls can be found, decoratively built into private houses and gardens.

Notes
[1] ALBERTI, Schleiz, p. 23.
[2] BILLER II, pp. 197 f.

THIERBACH DANCE HALL

The church-centred village of Thierbach lies roughly halfway between Schleiz and Pausa. The remains of a moat enclose the churchyard, once walled with small turrets, where church, rectory and school once formed an inseparable unit (→ p. 119 f.). It is to here that we must turn to show our respects to a testament remarkable not just for the village but for the entire region. On January 19, 1426, Landgrave Friedrich von Thüringen confirmed to the Thierbachers that, from time immemorial, they had had a dance hall with its particular system of rules; he then renewed that system. In particular, people were reminded that bringing weapons (apart from short knives) was not permitted and that improper behaviour in word or deed would result in the offender having to pay a penalty in the form of a supply of beer both to the Landgrave's bailiff in Mühltroff and to the community of Thierbach [1].

The existence of the dance hall in Thierbach points to a village culture in which music, dance and alcoholic beverages had always played a role. In summer the options were numerous. The village green was a popular meeting place. In winter people had to move inddors. We have very few mediaeval records of dancing inside farmhouses. The minstrel Neidhart von Reuental (c. 1200) characterized rustic dancing pleasures in strong, parodistical brushstrokes. In one of his 'Winter Songs' (4), the village youth, keen to dance together, gather in the living room, clear it of chairs and benches, open the windows to keep cool, and let the violinists play. During the breaks in the dancing, the tipsy guests sing songs. The range

Reconstructed defensive walkway on Plauen city wall (access via 'Matsch' restaurant)

of dances appears diverse. Lead dancers indicate what is being danced, and the spectacle resounds from afar [2].

Notes
[1] See VON RAAB I, 304.
[2] Text in E. WIESSNER, pp. 44 – 47 (Winterlied 4, pp. 1–7).

DEFENCES OF THE CITY OF PLAUEN

In Plauen (→ p. 140 f.), as opposed the situation in other towns and cities in the Vogtland, a good deal of the old fortifications have been preserved. This is due not least to the fact that well-fortified buildings such as the old commandry of the Teutonic Order (→ p. 209 f.) or Everstein City Castle (the 'Malzhaus' – 'Maltings') (→ p. 140 f.) were built directly on the inner city wall. A good piece of wall stretches from the 'Gate' at St. John's (→ p. 225 f.) along the 'Malzhaus', turns off and runs to the old Strassberg Gate. The wall bounds the 'Matsch' Inn, over whose inner courtyard the old covered battlements have been reconstructed, and continues further to the Vogtland Museum, which has a piece of the wall inside it.

The council repeatedly sentenced sinners to imprisonment, which might instead be served in the form of services for the improvement of the city walls and towers. In 1389 a citizen had the choice between four weeks in prison and *hundert fuhren steyn zu der Stadt* ('bringing a hundred loads of stone to the town'); in 1390 someone else was sentenced *an dem turm in der nunnen-gassen gelegen eyns gadens hoch schol mawren* ('to build the tower located in the Nunnengasse a room [or storey] higher') [1]. Such measures were often enough required in the event of damage to property. Despite the fact that the house of the Teutonic Order adjoined the town wall and was affected by the collapse of a section wall, the Commander, Andreas Hubner, refused in 1502 to comply with a request to repair it. To expect the clergy to do this was, he objected, an innovation from which he would rather 'be spared'. Seventy years earlier, Bamberg had tried to force the Benedictine monks to build their wall. The Elector settled the issue with the Plaueners in 1503 by granting the Order a sum from which they could at least pay for the reconstruction. From the further course of events, it can be seen, however, that the Plauen city fortifications had collapsed rather more extensively than just in the area behind the commandry. Since renovation was progressing slowly, the overlord urged

his bailiff in 1507 to support and supervise the measures. Expressly as an exception and 'without any obligation for later times' it was therefore decreed that all clergymen should also participate in the reconstruction for 'a few days' [2].

Walls and towers had to be adequately manned in the event of any defensive action, and suitable equipment was required for this. The Plauen town register of 1388 records some relevant expenses. In 1389 the Everstein family castle, which served as an armoury, held in readiness *XXXV Armbrust und XIX platen* [...] *III stuckel pleis und II puchsen und II hebestangen u. VI gurtel* ('35 crossbows and 19 suits of armour [...] 3 other pieces of armour, 2 guns, 2 pikes and 6 belts') [3]. Plauen also employed a *pletner* (armour maker), but the city had to resort to *platner, sporer, haubner* und *schwertfeger* ('makers of armour, spurs, helmets and swords') from Eger [4].

Notes
[1] BACHMANN, p. 27.
[2] Sources: VON RAAB II, 212; 223; 234; 235.
[3] BACHMANN, p. 27.
[4] See WILD, Beziehungen, p. 185.

THE OLD MINT AT THE ELSTER BRIDGE

As early as 1244 there is mention in a deed of a reeves' mint (*moneta*). Perhaps it was 'in the immediate vicinity of the inner bridge tower and gate' [1], at all events outside the town walls. Bracteates made of sheet silver held in the Vogtland Museum [2] prove that coins were minted here. The facility seems to have passed to the city around 1389, though we have no direct evidence of this: the municipal register of 1388 mentions a *brif von der angkaufung der münze* ('contract

Brakteate minted by the Reeves of Plauen (Vogtland Museum, Plauen)

about the purchase of the mint') – or perhaps of minting rights. In either case the purchase may have resulted in a relocation of the mint, as a black dyeing factory is thought to have been set up in the old mint some time before 1500 [2].

Notes
[1] BACHMANN, p. 38.
[2] Likewise, without being more specific, LUDWIG, p. 47.
[3] See BACHMANN, pp. 38 f.

THE PLAUEN AQUEDUCT

The importance of a functioning fresh water system for an urban community needs no explanation. Nor need it be emphasized that the reeves' castle (→ p. 142 f.) built around the middle of the 13th century required a stable water supply. So it is reasonable to assume the existence of a dual purpose pipe at this time, although our sources are more recent.

Evidence of an urban water pipeline, which 'has been preserved in its upper parts in excellent condition to this day' [1], comes to us for the first time in 1379. At that time the Dominicans (→ p. 273 f.) were allowed to use the municipal supply, for which the friary undertook to lay wooden pipes through its grounds. The municipal pipeline system itself is likely to be older. In addition to the pipes that ran about half a metre underground, the system also included reservoirs and a pipe pond in front of the Strassberg Gate at the Upper Fosse, in which the pipes were soaked to prevent fracturing. Supervision was carried out by a municipal pipe master. 'In the event of a fire, the pipe pond also offered extinguishing water.' [2]. Whoever wanted to acquire citizenship in Plauen had to possess a leather bucket for fire-fighting purposes. That this was not enough to keep fires in the town under control was, however, demonstrated on more than one later occasion.

The starting point of the old pipeline is unknown. It seems to have been at the end of Forststrasse, where there is evidence of a reservoir. It initially followed the course of the road, then turned into Stresemannstrasse and onto Schlossstrasse up to the Schlossberg, where it ended in a 'pipe-box' in the northwest corner of the castle's front courtyard. Apparently the inner castle and outer bailey moats were also kept flooded; a lock in the outer bailey was cleaned in 1488 [3]. Unused water ran off from the castle 'in two other pipes to Plauen New Town [4]. Looking at later bills, we can see that the pipeline was modernized after 1500 at some considerable cost.

Notes
[1] BEST/NAUMANN, p. 11.
[2] LUDWIG, p. 20; see. BEST/NAUMANN, p. 12.
[3] See BACHMANN, p. 59.
[4] BEST/NAUMANN, p. 14.

Old Town Hall, Plauen (→ p. 144).

The 'WenIgel' hedgehog, one of the Vogtland's rare Early Modern house signs

THE 'WEN-IGEL' SIGN IN HERRENSTRASSE

In the towns of the Vogtland, we may recall from the Schuhgasse in Gera (→ p. 382 f.), the old house signs have disappeared. What this means is perhaps best illustrated by a walk through the old towns of Erfurt or Görlitz. The only house sign in Plauen that has survived the eventful centuries unscathed is (coincidentally) the relief of a prickly hedgehog. Dated 'around 1600', it was located on the (pre-1562) old pharmacy until the town fire of 1844 and was then fixed to the wall of a passageway leading to the courtyard. The house next to the pharmacy belonged around 1600 to Niklas Wenigel, and generations of Wenigels also lived in the neighbouring houses: the family is documented as early as 1388 in the Plauen town register. Hans Wenigel was mayor in 1402, 1406, 1408/09 and 1414; Peter Wenigel district judge of Plauen in 1513 [1]. The stone image should 'be interpreted as the specific sign of this family who, according to the custom of the time, adopted the sign of the hedgehog (German *Igel*) to speak for their name, Wenigel.' [2].

Notes
[1] Sources: Plauen City Book 220; 254; 314; 430; VON RAAB II, 288.
[2] LUDWIG, p. 59.

TOWN GATE AND TOWN WALLS IN ADORF

Adorf, which belonged to the Reeves of Plauen until 1357, still seemed to have no town walls by around 1500. It was not until June 1513 that negotiations were held between the town council and its lords, the Thossen zu Erlbach family, about the construction of such defences [1]. The 15th century dating recently suggested by BILLER would contradict the relevant deeds [2], unless the walls had been destroyed in the meantime. The devastation experienced by the town in the Early Modern period (1633, 1711) makes agreement about the age of the fortifications even more difficult. In a woodcut that must have been made shortly before the destruction by Swedish troops (in 1633) STECHE made out the once sturdy fortifications, which 'apart from the town walls, consisted of five bastions on the northwestern and northern sides, still preserved in their basic structure, as well as four towers, and had two gates, the Freiberger and the Baderthor' [3]. Today, the town makes much of the Freiberger Tor, which is considered the last of its kind in the Vogtland. The mediaeval compactness of the gate and the adjoining buildings should not, however, hide the fact that the entire site was reconstructed after the city fire of 1768. The town walls have also been renewed.

Notes
[1] See VON RAAB II, 281.
[2] See BILLER II, p. 217.
[3] STECHE, Oelsnitz, p. 3.

Freiberg Gate, Adorf (reconstructed 1778)

EASTER DRAMAS IN ADORF

In 1503 the mayor and council wrote to their colleagues in Eger declaring their wish *ein klein spil auf die zukunftigen osterheiligen tage, Got dem herrn und seiner heiligen auferstehung zu lob, zu haben* ('to stage a little play at the coming Easter holidays in praise of the Lord God and His holy Resurrection'). For the performance of which, of course, the people of Adorf lacked various items of theatrical equipment: *Derhalben ist an euch unsere früntliche bet, ir wollet uns zu solchem spil ein teil geretes, als viel euch dan dieser unser burger, briefszeiger, anzceigung gibt, leihen. Das wollen wir euch an allen schaden und unbemakelt wiederschicken und versehen uns des zu euch als zu unsern gunstigen herrn, guten fründen und nachbarn, [ihr] werdet uns zu willen sein und nit versagen* ('Hence our friendly request is for you to lend us in part the equipment for such a play, as much as our townsman and letter-writer shall list to you. We will compensate you for any cost and send it all back undamaged, and apply thus to you as to our benevolent Lords, good friends and neighbours, that [you] will grant our request and not fail us.') [1]

It may be assumed that the good people of Cheb complied with the request. We know nothing more about this play, but in all probability it was 'one of the plays' [2] that had been performed on the market square in Cheb since 1440. Adorf Market Square, which slopes down towards the main church, is an ideal venue for public performances.

Notes
[1] Neumann, 2 (p. 104).
[2] Wild, Beziehungen, p. 196.

CHEB TOWN HALL

The Town Hall in Cheb, a discreetly light-yellow-washed building, stands now where it always stood: right on the market. Flags above the entrance indicate that the municipal administration is based here. All the pomp that belonged to the building and its predecessors has given way to the sober vista of management. Nothing on the façade indicates that the fabric of the building 'came into being in several phases from the end of the 13th to the 15th century.' [1]. One hesitates to enter the building with art historical intent, and once inside one must look hard to find clues to the building's former tradition.

It was different in the early 16th century. The humanist Caspar Bruschius (1518–1557), to whom we owe many poetic descriptions of the region, was positively enthusiastic: 'The town hall is built in the most beautiful way, as it behoves and should be in such a town. It has six splendid halls or rooms divided according to several activities and affairs. And six other rooms for the town officials. It has also a beautiful chapel dedicated to the Holy Trinity' [2]. Perhaps the council chamber itself was in the extension; this is indicated by a fragment of a Gothic fresco that could once have belonged to a coat of arms frieze. It

shows the arms of the three old council families: the Heckel or Höler (Hüler) family, who virtually monopolized the mayoral office from 1296 to 1321, the Dölnitzers, who held the principal mayoral office in 1430, and the Fenckels or Elbels, of whom the last sat in the council c. 1350 [3].

The location of the Holy Trinity Chapel was long unclear: it stood in fact in a porch on the market side, which was removed in 1805. The chapel must have been completed in 1401, because the council ordered a mass to be said there that year. The pastor of St. Nicholas and St. Elizabeth, a brother of the Teutonic Order, said this mass in 1402. Three high-Gothic tracery windows still to be found on the courtyard side of the Town Hall have caused some confusion. They are said to have had some kind of connection to the (dismantled) chapel. Did they belong to an anteroom of the chapel or to an adjoining formal room, perhaps to the council chamber itself? Or are we dealing with a community hall that was set up in the post-Hussite period in order to involve the citizens more directly in the city administration?

Modifications could have been made to the Town Hall following yet another town fire in 1441. In 1454 a new altar was donated to the Holy Trinity Chapel. A driver of these beautification measures would have been the wedding of Sidonias, daughter of King George of Podiebrad, with Albrecht of Saxony (r. 1464–1500) celebrated with all due pomp in Cheb in 1459. On the occasion of the celebration, the roof turret was renovated, the window panes were replaced, 'and a painting was attached to the porch by Master Hans and Master Paul that referred to the wedding' [4]. The market place, strewn with sand, was turned into a tournament ground.

CHEB MARKET SQUARE

The city's account books reveal that religious plays had been regularly performed on *gotsleichnamstag* (Corpus Christi) since 1443. Of course, they give this away in the driest of terms. As a rule, the notes do not record more than expenses for the actors. In 1443 20 groschen, in 1446 a full 40, were handed out to the *gesellen* [...] *von dem spil* ('player folk'). In 1447 a certain Albert received 2 groschen as his fee for a newly written play [5]. Two years later there is talk of *spilleuten* (players), who get 40 groschen *von den reymen* ('for their rhyming'): the Corpus Christi plays were, then, in verse form. In 1453, the accounts specify a sub-item: 4 groschen *den könygen and rittern* ('for the queen and knights').

The accounts drag on in like manner until in 1476a new event was added to the municipal repertoire: the school clerks received 20 groschen for a play on St. Stephen's Day (December 26th). The following year, an Easter play was performed in which the schoolmaster appeared with the *spilleuten*, evidently as the play's director. In the same year, 1477, the Corpus Christi play was performed again. Nor is that all: in 1500, two actors and their companions received money for a *sant Dorothen Spyll* ('a St. Dorothy play'): a piece that was included again in the programme in 1517 and 1544. In addition, on Ash Wednesday 1500, the playwright *Sebacher* was paid for a piece that the clerk classified as *juden spill* ('a Jewish Play'). Since 1501 at the latest, Passion Plays also seem to have been performed on the market square: *auss gehaiss eines erbern radts* ('as bidden by tradition'), as the 1519 accounts book emphasizes [6]. The text was based on the 'Eger Passion Play', which can

Cheb Market Square's inauthentic 'Roland'

be dated as between 1499 and 1502. The fact that there is a gap in expenditure in the books from 1501 until 1505 need not necesarily mean that there were no plays in this period. But perhaps it is no coincidence that the mayor and council of Adorf turned to the council of Cheb precisely in 1503, because they intended to perform *ein klein spil auf die zukunftigen osterheiligen tage* ('a little play during the upcoming Easter festivities') [7].

In 1528 a Roland statue was erected on the market square: not a 'real', gigantic one, but a smaller Roland made of wood. It was replaced in 1591 by *ein gewapnetes streitpares mansbildt* ('an armed image of a military man') on the public fountain [8]. The Eger Roland, known as 'Wastl', was by then, like his younger namesake in Crimmitschau (→ p. 381 f.), no more than a reference to the Roland whose memory kept alive the town's ancient traditions.

Notes
[1] TIETZ-STRÖDEL, Entwicklung, p. 113.
[2] According to TIETZ-STRÖDEL, Entwicklung, p. 115.
[3] See STURM, pp. 387 f.
[4] TIETZ-STRÖDEL, Entwicklung, p. 116.
[5] NEUMANN, 1414.
[6] Sources: NEUMANN, 1415; 1417; 1437; 1438; 1439; 1457; 1469; 1477; 1458; 1474.
[7] NEUMANN, 2.
[8] See TIETZ-STRÖDEL, Entwicklung, pp. 134 f. (Fig.).

Old town walls of Cheb (→ p. 180).

HOF CITY WALLS

In the second third of the 13th century, the Reeves of Weida had 'a walled and fortified new' town built in an exemplary manner' [1] (→ p. 101). We have no contemporary sources for these events, especially for the fortifications. However, the motives of the town's masters leave no doubt that by granting market rights and creating a secure marketplace – structures with which the establishment of a market court and tax and toll regulations were connected – they intended to heighten the city's economic clout for their own benefit. In the ladder-shaped city, the market lay on the longitudinal axis (today's Ludwigstrasse) from the upper to the lower city gate. A few metres of the old, loam-set city wall, which, covered with residential buildings, is now hardly noticeable as such, can be found in Sigmundsgraben. Two arrow slits testify to its original function. The wall has been archaeologically dated to the 13th century [2].

We have noted in Plauen that in certain circumstances the construction of a wall might well generate conflict, and the 'Bamberg Immunities Controversy' (1431–1439) illustrates this very clearly. After the city was overrun by the Hussites in 1430, the townsfolk wanted proper fortifications. The emperor approved this the following year and at the same time lifted the so-called 'religious immunities', which meant that the clergy also had to pay for the building of the walls. The citizens began building the walls forthwith (1433), and did not shy away from imprisoning any clergy who resisted payment. The clergy responded in turn by calling the Basel Council in 1434, which promptly pronounced fines and a spiritual interdict on the citizenry. In June 1435 the mob then stormed the Michelsberg, home of the Benedictine Abbey and Bishop's Palace. At the beginning of July the city was duly besieged with the active participation of its own bishop. After several attempts to mediate, the emperor (in July 1437 now in Eger) finally ordered the Bamberg walls to be taken down again.

In 1435 a professional poet summarized the events leading up to the siege in 18 stanzas [3]. In the last stanza he reveals his own identity: *Wer uns das lied sang / und sein sinn darzu zwang / der ist ein Hofere* ('He who sang the song for us / and thought it out / is a man of Hof') (18, 1–3). The man of Hof chose a popular melody for his song, but its point cannot immediately be grasped: the initial verses seem to mock the citizens, the following ones turn against the clergy. Nevertheless, the bard of Hof seems to want to mediate. In the 16th stanza he refers the canons to the cathedral, but also advises them: *lat sein ungesungen nicht, / ir habt sein guten*

A few metres of Hof city walls remain in Sigmundsgraben

frumen! (16, 4 f.), which means something like: 'Let songs be sung about it; that will be to your advantage'. Is the Hofer offering his services here? Finally, the bishop is fully recognized for his generosity, provided that he behaves *genedig* ('mercifully') to the town (17, 4): *des hat er preis und ere* ('thus shall he win praise and honour') (17, 5). The affair seems to have preoccupied the whole region. It is anyone's guess whether the citizens were quietly amused by the controversy that had gripped their city. If the poet sang at the behest of the people, it would certainly not have been made explicit. Nor would the clergy have forgotten the dispute with the bishop over the appointment to the parish of St. Lawrence at the end of the 14th century.

TOWN CHARTER PROVISIONS IN THE LANDBUCH OF HOF (1502)

Coexistence in any town needs to be regulated. Not only craftsmen and traders need statutes; legal provisions are also required for the many neighbourly conflicts that can escalate quickly in word and deed and then end up in court. It is no different today than in the Middle Ages. As we saw in the case of Gera, the charter 'families' played an important role in the implementation of legal provisions. If the rules in a larger town had proven themselves, the overlord could transfer them to neighbouring towns. A similar system applied to the smaller disputes that a town charter could not cover in toto. Here the judgments of the larger jury courts provided a model for smaller towns to follow. The larger courts had their own collections of jury rulings, and smaller towns could seek legal advice here, which they then compiled for their own guidance.

At the end of the 14th century, decisions were compiled in Hof which the Hof lay judges had requested from Nuremberg between 1373 and 1390. They are called the 'Nuremberg Judgments'. The articles of municipal law collected by the burgraves (before 1398) and contained in the Hof *Landbuch* of 1502 are not likely to be much younger. They concern outrages and bodily harm as covered by the applicable town laws, and provide not only a detailed list of defamatory statements but also a catalogue of fines for injuring every conceivable part of the body. The highest fine is 40 pounds in Hof currency, after which the fines go down to 20, 15, 10 and finally 5 pounds. It should be noted that half often went automatically to the court, while in some cases court costs were added.

Topping the list of outrages, with (one assumes) the maximum penalty of 40 pounds, is defamation and subsequently going to court without sufficient evidence (Article 5). Equally grave is entering the house of another against his will (Article 6). A half (20 pound) penalty is for causing a visible wound in the lower part of the face (Art. 15) and additionally inflicting an injury to the arm that cripples it (Art. 33), medical and court costs not included. Insulting someone in court (Art. 2) and shooting at a person so that he falls (Art. 45) are both punished with a total of 20 pounds in Hof coin. The perpetrator must pay 10 pounds plus treatment and court costs for *ein fliessende wunten* ('a flowing wound on the head') (Art. 11), a disfiguring wound on the neck (*ein fliessend shamwunten*) (Art. 22), a flesh wound on the shoulder blade (Art. 26) or buttocks (Art. 27), a hit (without further effect) with a projectile (Art. 28), or a blow to the mouth (Art. 47). A *scheltwort* ('scolding') (Art. 3) or invitation to *arssputzen* ('kiss my ass') (Art. 49) costs 5 pounds in the same currency [4].

Notes
[1] R. Müller, p. 11.
[2] See Biller II, p. 102.
[3] Cramer, Col. 81.
[4] See R. Müller, pp. 74 – 77, 86 – 88.

TRACES OF PRE-MODERN ECONOMIC HISTORY

Sacred buildings and castles are associated by modern observers most directly with pre-modern times. In museums this still happens indirectly. In contrast to castles whose fallen state today forms picturesque ruins, and church buildings, which bring us back to the past, if only by citing the formal language of the Romanesque or Gothic, the functional urban buildings that surround them are subject to constant change. In the course of the expansion of a town, old walls will disappear, storage buildings will become too small, too impractical, or too expensive, or the commodity itself will disappear. Mills will stop turning, hammers stop beating; specialized markets will vanish or merge. Even the town hall, emblem of medieval civic pride, presiding alone over the broad marketplace, will give way to more spacious, functional buildings. Vogtland towns have undergone all these transformations in response to their changing needs. Accidents of all kinds have reduced the old building stock, and only rarely will dilapidated functional buildings of the pre-modern era be reconstructed as historical monuments.

What follows, then, is in the way of memories of a pre-industrial economy. This we may allow ourselves all the more, as the end of large-scale industry in the Vogtland has long since passed.

The illusion that armies of workers will ever again throng through factory gates to smoky chimneys may be completely discounted under current global economic conditions, as those who wander through Plauen's Elsteraue with open eyes will quickly see for themselves. The best days of factory farming have also passed, the land has been largely over-exploited, and anyone who dreams of modern logistics today will quickly be brought back to reality by the actual road and rail network. Here, therefore, we will deal with guilds and craft associations, with shoemakers, cloth makers, millers and small haulage businesses, with municipal bathing rooms, fish markets and salt mines. We also have to consider the mining and metals industry on the edge of the Ore Mountains, not only for its productivity and associated temporary prosperity, but also for its impact on the environment, which was hotly debated as early as the 15th century.

BAD KÖSTRITZ BREWERY

Why we start on the northern periphery of the Vogtland in the mid-16th century but in front of a modern brewery building, should become clear once one realizes that we are dealing, in

A 16th century 'Golden Lion Hotel' already served Köstritz beer

the internationally-known Köstritzer Black Beer brewery, with one of the few companies that have survived (albeit with multiple changes) to the present day. Kösteritz Beer was probably served for the first time in the town's noble 'Goldener Löwe' Inn.

Mead made from fermented honey and water was still the most popular drink in the 13th century. However, it was difficult to store and transport, so the course of the 14th century it was replaced by beer in. Brewing and serving beer were henceforth contested privileges, but they were not yet in the hands of large-scale entrepreneurs. In the towns people brewed for their own needs: for the household, or for on-site serving. Since the investments were not small in terms of the necessary equipment (brewing pan, kiln, vats) and storage rooms (cellar, attic), the brewery was for a long time a business of the church and the upper classes, with the church holding the licensing privilege and attempting to restrict the granting of brewery rights to the townspeople.

Houses with brewing rights were often located in a specific quarter. The right lay in the house, not with the owner personally. However, how local brewing was organized was subject to circumstances. Brewers' guilds did not prevail everywhere. Using the same grain, bakers and brewers were hostile to each other in difficult times, when there was a need for regulation of supply.

In contrast to other areas where real 'beer wars' took place, not too many documents relating to medieval brewing have survived from the Vogtland. For the most part, the relevant points were contained in the city charter and statutes. In 1414, the Landgrave of Thuringia honoured the residents of Langenbuch with the right to serve beer, mead and wine unrestrictedly. In 1436, when the Burgraves of Dohnin, Lords of Auerbach, leased their property in Wernesgrün to the Schorer brothers, there was express mention of rights to brew and serve beer [1]. *Tranksteuer* (tax on alcohol) appears in the early 16th century, and the town councils of Oelsnitz (1514 ff.) and Pausa (1515 ff.) now properly document the beer that is brewed, sold and given away [2]. The brethren of Mildenfurth Priory brewed for themselves, but also bought beer in Werdau, Zwickau and Schneeberg [3]. The nuns in Cronschwitz did the same, with the Werdau beer – or alternatively wine – that graced the menu on *Fastnachtssonntag* (pre-Lenten Carnival Sunday). When the Bailiff of Weida forbade the malting, brewing and serving of beer in the villages in 1474, the religious houses concerned turned in concert to their overlord. The aim of the measure was apparently to promote the sale of beer from Greiz [4]. From Mildenfurth came also some sound advice on improving the shelf-life of beer (ThULB Jena, Ms. El.

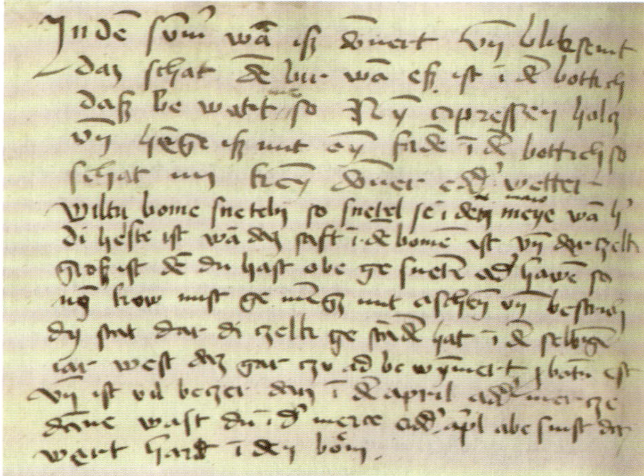

Mildenfurth manuscript prescription for protecting cask ale during thunderstorms (ThULB Jena, Ms. El. q. 10/2)

Q. 10/2, c. 1480). Thunderstorms can cause beer to spoil in the barrel: *Nym cipressen holcz vnd henge iss mit eym faden in den bottich, so schat im keyn donner adder wetter* ('Take cypress wood and hang it by a thread in the barrel, and no storm or ill-weather will spoil it').

It is no longer possible to determine precisely when brewing started in Plauen. LUDWIG speaks of four breweries in 'documented ancient Plauen', but cites neither dates nor documents. At the end of the 16th century a master tailor owned the brewery on the corner of Topfmarkt / Teichgasse [5]. With its spacious cellars, the 'Malzhaus' (Maltings) next to the demolished brewery dates from the 18th century.

Notes
[1] Sources: VON RAAB I, 128; 348;
[2] See VON RAAB II, 292, 294.
[3] See DIEZEL, pp. 219, 238–240.
[4] On which, see DIEZEL, pp. 239 f.; THURM, p. 200.
[5] LUDWIG, p. 82.

STATUTES OF THE CRIMMITSCHAU BUTCHERS' GUILD (1455)

Under Mayor Paul Heidener, the Town Clerk, Lorenz Weidener, drew up in June 1455 the statutes of the Crimmitschau Butchers' Guild. They are among the oldest documents of their kind that we have from the Vogtland. ERMISCH, who first edited the text, divided it into twelve paragraphs. In addition to sections relating to the acceptance of a butcher into the guild, there are also sections relating to quality assurance. Paragraph six prohibits the buying and selling of stolen cattle, unless captured legally in war, as well as the sale of *wolfpaissigk* (cattle attacked and already partly spoiled by wolves), or *wirbelsüchtigk schaffe* (sheep suffering from scrapie). Paragraph seven makes the sale of *vynnicht fleyche* (false meat) a punishable offence. Paragraph nine threatens the temporary withdrawal of their licence if butchers *siche wandelware vihe zcu den pencken slahen* ('bring sick animals to slaughter'). Loss of citizenship entails loss of the butcher's licence (§ 10). Finally, Paragraph twelve regulates the presence of non-resident butchers at Crimmitschau market: from Easter to Michaelmas they are only allowed to sell until lunchtime (§ 12) [1]. A comparison with the corresponding passage in the Weida statutes (→ p. 384 f.) is instructive [2].

Notes
[1] ERMISCH, Crimmitschau, pp. 170 f.
[2] See UB Vögte II, 233, pp. 196 f.

PLAUEN

Readers interested in economic history should wander through Plauen. Not that the old economic landmarks are still in place. Once practical technology, they in dues course gave way to newer, more useful machines. Nevertheless, the locations of the principal artefacts can still be identified.

GUILD ARTICLES OF THE PLAUEN SHOEMAKERS

Of all the crafts in Plauen, the majority of which certainly go back to the 13th century, only a few 15th century documents referring to shoemakers survive. The oldest of these goes back to 1427. It already presupposes the existence of a guild. Specifically, it grants nothing more than the right acquired by the guild to take four 'soul baths' (bathing days) per year in a particular bathing room [1]. A good deal more interesting for the shoemaker's trade is a deed issued by Heinrich (X) I von Plauen, Burgrave of Meissen (1412–1446) dated June 1443. Again, it initially concerns only the shoemakers' claims to 'soul baths' in the bathing room; but an interesting secondary ruling is set: should the bathing room be discontinued *von Feuers oder Noth wegen* ('because of fire or other calamity') so that a new one must be built, the new owner should belong to the Shoemakers' Guild (*der soll in der Zeche der Schuster seyn*). The document also regulates shoe sales by non-resident shoemakers in Plauen: they are only allowed to sell their goods on market days and only in the market, not from door to door [2].

Old Elster Bridge, already cited in 1244 as pons *lapideus* (stone bridge)

Five years later Burgrave Heinrich issued a regular guild order based on the ordinances of Eger, Hof and Zwickau. It contains two important sections concerning the qualification of shoemakers. On the one hand, it rules that no shoemaker who is not a master should acquire the rights of a master at Plauen by marrying a master's widow. On the other hand, it determines very precisely the pieces that have to be handed in at the master craftsman's examination: *ein jeglicher Meister der auf und bey dem Handwerk seyn soll oder will, der soll schneiden aus einem Fell vier paar Schuhe, Zwey paar Frauen Schuhe geknauf-* *felte, ein paar Manns-Schuhe geknauffelt und ein paar geschnitten Dreystücketer Schuhe, und soll aus einer Haut schneiden zwey paar Stiefel, das eine ein paar Reitstiefel mit einem Schlage, das andere ein paar Mittel-Schäft die einen Bauern oder einen Fuhrmann eben seyn, und die Sohlen soll er aus der Haut nehmen, da er die Schuhe mit bereiten soll. Auch das Leder bereiten ganz gar machen, also daß solch Leder geschmeidig werde, wohl geschmiert in Gegenwärtigkeit der Vier Meister darüber gesetzt, in eines Meisters Haus, daraus er es auch nicht soll tragen, er vollende dann solche vorgebünge der Meister wie obenberühr*[t] ('Any master admitted, or seeking admission, to the craft shall cut from one skin four pairs of shoes: two pairs of women's shoes, a pair of men's shoes and a pair of cut three-piece shoes; and shall cut two pairs of boots from one skin, being one pair of cuffed riding boots and the other a pair of medium-sized shafts suitable for a farmer or carter, with soles taken from the skin with which he makes the shoes. Moreover, he shall prepare the leather completely, so that it becomes supple and well lubricated, in the presence of the four examining masters in a master's house, from which he shall not take it until he completes such prerequisites of the masters as are touched upon above.') [3].

In July 1488 Elector Friedrich and Duke Johann of Saxony confirmed the rights of the Shoemakers' Guild as laid down in documents of 1443 and 1448 [4]. Many articles, especially the requirements of the master craftsman's examination, continued in effect until new versions were promulgated in 1655 and 1833 [5].

Notes
[1] See NEUPERT, pp. 200f.
[2] See NEUPERT, pp. 201f.
[3] NEUPERT, p. 203.
[4] See VON RAAB II, No. 22.
[5] See NEUPERT, pp. 205f.

THE 'RÄHME'

The hillside above the old Bleichstrasse today bears the name 'Rähme' (from German *Rahmen* = 'frame'), without speakers necessarily noticing, in the peculiar plural form of the word, any reference to the frames set up here by the craftsmen bleachers and drapers. Plauen was not as much of a cloth town as Zwickau; nevertheless,

cloth making can be traced back here to the 15th century. In 1509 there is reference to the cloth maker Hans Reibholz 'with his workshop' [1]. 'In 1529 the cloth makers made up the strongest guild.' [2]. Plauen neither sought nor achieved any association with mechanical cloth weaving: while the Cloth Makers' Guild in Plauen consisted of 202 Masters in 1718, there were only 19 left by 1801 [3].

The drapers owned the fulling-mill on the Elster Mill Race and the 'Schwarzfärbe' (black dyeworks), which was probably located in the reeves' former mint 'close to the inner bridge tower' [4]. On the page illustrating 'Plauen', the *Cosmographia* of Sebastian Münster (1598) shows the characteristic frames with their long strips of cloth on the southern slopes of the city plateau. We may imagine the 'Rähme' at the foot of the hill below the 'Malzhaus' in the open gardens around the 'Weberhäuser' ('weavers' houses'). An atmospheric ensemble of artists' houses has recently been erected here right on the stream, in the midst of recent as well as older industrial remains. On fine days, the gardens are a meeting place for young and old.

Notes
[1] BACHMANN, p. 18.
[2] LUDWIG, p. 27.
[3] See NEUPERT, p. 207.
[4] BACHMANN, p. 20.

LOWER AND UPPER TOWN MILL

The Lower Plauen Elster Mill is at least as old as the building that preceded St. John's Church. Together they appear in one of the oldest documents of the Vogtland, Adalbert von Everstein's

Gardens behind Plauen's Weavers' Houses served in the Late Middle Ages as *Rähme* (bleaching greens)

confirmation of the foundation of a church in Plauen in 1122 and the associated determination of its tithing limits. The church was to get 'half use' of the mill. This right of shared usage passed to the Teutonic Order in 1224. In 1244 Heinrich von Plauen gave the Knight Brothers his share in perpetuity [1]. The mill was soon called the 'Kreuzermühle' ('Cross Mill') after the black cross of the Order. The facility appears to have been severely affected by the Hussite assault: town accounts show that it had to be almost totally rebuilt in 1438/39: 'There is talk of new wheels and shafts, but also of making stone door arches and vaults, of new shingles for the roofs etc.'. Ownership of the Cross Mill later reverted from the Order to the overlord. In 1511/12 the miller was said to have set up the mill anew 'for leather and wages' (*zu leder und loen neuen zugericht*) [2] – the leather a metonym, perhaps, for his work-clothes.

Of the Cross Mill, demolished in 1939, "parts of the foundations and the steps down to an old passage which formerly led below the mill to the strip of land between the mill race and the Elster are still extant. This passageway, over which the miller was officially obliged to keep watch, was often used by citizens who had missed the closing of the town gates or who wanted to bypass any excise fees and would rather risk having to make their way through the sometimes shallow Elster above the bridge." [3]

The 'Vogtland Museum' keeps a small model of the mill, showing its condition in the 19th and 20th centuries.

Notes

[1] See UB Vögte I, 1; 83.
[2] BACHMANN, p. 38.
[3] LUDWIG, p. 44 refers to the legend of a wonderful idol in the Upper Mill in GRAESSE, 649.

BATHING ROOMS ON THE ELSTER AND SYRA

Public baths have always held an important place in medieval towns and cities. They primarily served public hygiene, which should not be underestimated. It goes without saying that they also advanced to being places of urban sociability, where one could see and be seen and where gossip and tall tales could be spread in a convivial atmosphere. Images from the 15th century show instrumental music being played and songs being sung in well-tended urban bathing rooms. There is also evidence of poetry being read 'by the pool'. With regard to gender segregation, the traditional woodcuts do not always seem to want to tell it like it was. But it is clear that a lot of uncovered flesh could be seen in medieval bathing rooms, the intellectual contemplation of which was not explicitly sinful. It goes without saying that we have only a few, late and rather stylized documents on these aspects of public bathing. As a rule, all we know from such documents is what was set out in law. In this respect, unfortunately, baths do not differ much from brothels, which were only ever put on record in connection with ordinances and public offences.

Things are no different with the Plauen bathing rooms, of which there seem to have been at least four. One of them was probably on the grounds, and another in the possession, of the Teutonic Order (→ p. 211). According to a document of 1236, this latter *stuba balneari* was next to the parish church on the Elster. Heinrich IV ('the Middle') of Plauen and Gera (1209–1238) gave the Order access to generous tithing incomes towards its establishment and mainte-

nance. It was ruled that the parish procurators should open the bathing room for the needy every Sunday 'for all time' and that no one who wished to bathe there should be turned away on that day. If the bathing room fell into disrepair over time, a new one was to be built with the tithe money. We are dealing here with the foundation of *Seelbäder*: bathing days for the needy, funded as an act of charity for the salvation of the donor's soul [1]. There was also another bathing room on the Syra. According to a deed of 1244, it was located on old Order grounds, but had not been donated as such to the Order; in 1244 it belonged to the brothers Beringer and Heinrich. [2].

A third bathing room was bequeathed to the Dominican Friary (→ p. 273 f.) in 1487. It was located on the Syra 'at the gate [...] between the castle and the friary garden', and is referred to in deeds as the 'upper room'. On its receipt, the friars committed themselves to a perpetual memorial mass with four solemnities for the Machwitz family as donors. The Dominicans already owned another bathing room bought from the Thossen family, which appears in documents as 'the lower room' [3]. In November 1495 the council compelled them for this reason to sell the 'lower' bathing room to a secular operator within two years, thus preventing a total monopoly of the town's bathing places in the hands of the two religious houses.

A dispute over the location of the Teutonic Order bathing rooms is related to the location of the old school. A document of 1328 names a *badstuben vor der schuelphorten* ('bathing room before the school gates') [4]. If this refers to the bathing room owned by the Teutonic Order 'by the parish church on the Elster', the old school must also have been situated at the current 'gate' beside the church (→ p. 422 f.).

Notes

[1] Sources: UB DO, 61; UB Vögte I, 64; Ludwig, pp. 37 f.; UB DO, 61.

[2] UB DO, 86; see. UB Vögte I, 83; see. Ludwig, pp. 37 f.

[3] Sources: von Raab II, 10, 4, 7, 117.

[4] Ludwig, p. 37.

GOLD PROSPECTING IN THE VOGTLAND

One must not leave Plauen without at least a brief look into the deep-seated longing of its rulers to become legally rich through unexpected underground raw material deposits. In times of 'fracking', the topic is not as magical as it might at first glance seem. Nevertheless, speculation on what was hidden in the earth was already garnished with all sorts of myths in the Middle Ages.

In the case of the reeves and their pursuit of the earth's treasures, the uncertainties begin with an imperial deed in the interests of the Reeves of Plauen dated May 10, 1232 [1]. With this document, Emperor Friedrich II granted the Reeves the right to 'mine for gold, silver and other metals on their territory and to keep the entire yield.' The document, whose two original copies were 'allegedly burned' in 1945, has been considered since the 19th century 'forged in terms of both content and wording' [2].

The fact that gold panning services are still offered in Vogtland today witnesses, therefore, to a long tradition: a tradition recorded in so-called *Walenbüchlein* – booklets allegedly of *Welsch* (i.e. Italian or in particular 'Venetian') origin [3], the Venetians being regarded as experts in tracking

down hidden seams of gold. A *Walenbüchlein* does nothing less than explain to the prospective prospector the most productive locations in which to pursue his passion. It goes without saying that digging for gold was strictly forbidden, since all precious metals in the soil belonged to the local overlord. But it also goes without saying that this did not prevent people from pursuing their dreams of prosperity despite the risks involved, and thus from following the 'treasure trove' instructions of the *Walenbüchlein*.

In a late *Walenbüchlein* one reads, for example: *Zu Grätz im Voigtlande / unter dem Schloß-Berge ist ein Garten / darinnen ist ein gewaltiger Gold-Gang anzutreffen* ('At Grätz in Vogtland / below Castle Hill there is a garden / in which there is a great seam of gold'). Or: *Zwischen Gera und Weyda liegt ein Grund / daselbst ist ein Fluß / die Lippe genannt / darinnen findet man viel Gold und ist ein guter Silber-Gang dabey* ('There is an area between Gera and Weida / where is a river / called the Lippe / in which much gold and a good seam of silver can be found') [4]. A particularly impressive description of a site can be found in connection with the mining town of Kottenheide, which will concern us later. The passage, which went into Graesse's book of legends, reads: *Hinter Otten im Voigtlande gehe von der Kuttenheide zur Capellen / St. Peter genannt / gehe zwei Gewend oder Ackerlängen gegen den Großleinwerts / so kömmst Du zu einem Glasofen / gegen die schwarzen Berge über / so kömmst du zu einer Wiesen / wasche darin / so findet Du gut Gold.* ('Behind Otten in the Vogtland go from Kuttenheide to the chapel / called St. Peter's / walk two acres or fields length towards the Grossleinwerts / and will you come to a glass furnace / near the

Black Mountains / you then come to a meadow / pan in it / so shall you find pure gold') [5]. One could dismiss this as charming tomfoolery if these books did not actually have an impact on the society of the time. In 1517, Duke John of Saxony was reported to have caught a *walhen* (i.e. Italian) *der auff der Kotenheyde, zum schlos Schonneck gehorig, auff weschwergk nach golt gangen sei, wie solches ob menschengedencken und zu gemeinen iharn, aber heymlichen, geschehen* ('who had gone to pan for gold on the Kotenheyde, which belonged to Schloss Schonneck, such as has happened since time immemorial in secret and out of base intent'). The 'Italian' concerned tried to blag his way out of it, saying he was a cleric and was panning with the permission of the Schöneckers [6]. All in all, one can say that, as evidenced by the *Walenbüchlein*, the Vogtland was a productive area in terms of gold prospecting and that if not exactly 'since time immemorial', then at least since the late Middle Ages, people have striven for the mythical mineral treasure even at the risk of their lives.

Notes

[1] UB Vögte I, 58.
[2] HÄGERMAN, p. 22.
[3] For the genre see SCHMILEWSKI/KEIL, pp. 617 f. The *Wrocław Walenbuch* (pre-1470) goes back to an Antonius Wale, an Italian who is recorded in *Wrocław* from 1410.
[4] SCHRAMM, p. 263.
[5] SCHRAMM, p. 264; similarly in GRAESSE, 618.
[6] WILD, 416 *.

THE CLOTH MAKERS OF OELSNITZ

There is evidence of a fulling mill in Oelsnitz since the 15th century. The long-lasting textile traditions of the town, which in the 19th century extended to specializing in carpets and corsets, were built on it. At the end of the Middle Ages it was important for the town to assert itself against the textile centre of Plauen and at the same time to fend off the overwhelming power of Eger.

Sheep farming, from the Middle Ages the basis of the Vogtland textile industry

Sheep wool is the basis of cloth making, and sheep were kept in various places in the Vogtland. The monasteries kept them for their own use. At the beginning of the 16th century, Mildenfurth Priory kept around 600 sheep, looked after by shepherds and their 'knaves'. The fact that the shepherd was paid in kind and received a quarter of the hides and wool was not to his disadvantage. Saalburg Convent sheep farm – and the convent also owned a sheep farm in Graefenwarth – was on a similar scale (up to 500 sheep). Otherwise, sheep farming was a matter for the local overlord. In 1464 the Wettin Lords enfeoffed Konrad von Metzsch with Vogtsberg and all its associated properties for six years, including the sheep grazing lands of Vogtsberg, Pausa and Linda. Mechelgrün and Altensalz also had a sheep farm in 1493 [2]. And again and again the sheep drives – the necessary passage of the herds through sovereign territories – were a bone of contention with the local overlords [3].

Nevertheless, the Vogtland cloth makers were dependent on the purchase of wool from the Egerland, just as, conversely, Eger could only maintain its production through purchases from the Vogtland. Disputes have repeatedly come down to us in the relevant documents. Around 1406, Reeve Heinrich VII von Gera (1377–1420), who had sold wool to five townsfolk of Eger, sued before the local council for payment of the purchase price. And in 1478 Götz von Wolfersdorf zu Berga presented himself in person in Eger to collect money for the sheep that he had sold to two men from that city. In the years 1510–1513 a smouldering conflict between Eger and Oelsnitz is documented. Apparently the merchants of Cheb repeatedly refused to sell wool to the Oelsnitzers. When the latter complained to Eger City Council, the aldermen simply referred with a shrug to the craft regulations. Then, when merchants from Eger actually did sell two Oelsnitzers wool in 1522, they were paid (back) with an inferior coin, causing the city to raise the issue with the bailiff in Vogtsberg [4]. In return, Egerers now bought wool from the Vogtland nobility, inciting *das voitlendisch tuchmacherhandwergk des wollekaufs halben* ('the Vogtland Cloth Makers' Guild in the matter of buying wool') to appeal to the Elector in 1524 [5]. It was evidently part and parcel of the Vogtland cloth-making industry to wage unremitting trade wars with the neighbours.

Notes
[1] See Diezel, pp. 217 f.; Ronneberger, pp. 131 f.
[2] See von Raab I, 696; von Raab II, 70.
[3] See, for example, von Raab II, 275.
[4] Wild, 27 (1406); 276 (1478); 441 (1522).
[5] See Wild, 397; Wild, Beziehungen, p. 183.

FROM THE LOGBOOK OF AN ADORF HAULAGE COMPANY (1507–1511)

Haulage of goods was once a profitable trade, and 'in the 16th century Adorf in particular owed its wealth to that line of business.' [1] From the invoices of the Zwickau travel-pass office for the years 1507–1511 it can be calculated how often a freight carrier used travel protection, what he paid for it and what kind of consignments he carried from place to place [2]. The haulage contractor Jörg Bartel, who probably came from Adorf, was particularly active in these years. Though the records are patchy, they show the range of goods Bartel transported and the destinations he headed for. In 1507 he brought a ton of herrings to Wildstein (Skalná). At the end of September 1508 he drove in a convoy of seven wagons with leather, iron, *Blechfesslein vnd Spiesse* ('tin shackles and skewers') from Eger to Leipzig. Four wagons (with Jörg Bartel among them) brought untanned skins from Leipzig back to Eger on October 4th. The team made the same tour again in 1508: on Epiphany, Bartel took skins from Leipzig to Eger, choosing the route from Altenburg via Oelsnitz [3]. In January 1509 he took three wagons with herrings and skins from Leipzig to Eger, again via Altenburg and Oelsnitz [4]. On October 4th the delivery of untanned skins from Leipzig to Eger was repeated; this time Jörg Bartel added two kegs of honey. On the third Sunday after Easter in 1510, four wagons with *Schaffvelh* (sheepskins), among them Jörg Bartel's, left Leipzig for Eger. In October 1510 Bartel transported herrings and leather, and the travel pass book states only that he drove yet again via Altenburg and Oelsnitz. That he so often transported leather suggests that Bartel came from Eger.

Notes
[1] RAUNERT, p. 42.
[3] See HELBIG, pp. 31–33.
[3] HELBIG II, p. 31.
[4] HELBIG II, p. 32.

THE 'JUDGMENT OF THE GODS ON MINING' NEAR KOTTENHEIDE

The mountain town of Kottenheide is halfway between Klingenthal and Schöneck. A pilgrimage chapel dedicated to the disciple Peter perished there during the Reformation (→ p. 256). Paul Schneevogel, a humanist from Plauen (→ p. 422 f.)

and head of the Chemnitz Latin School, erected a literary monument to the region in his 'Judgment of the Gods on Mining'.

In this unusual piece of fiction, a hermit who lives alone in the forest near Lichtenstadt wanders through the mountain forests one spring day ('…it may have been in the year 1475'). The hermit feels the greatest happiness in the midst of untouched nature: "How great the number of firs is – not just of one, but truly of both species – only those who come here often, or have seen this green forest at least once, can speak of it. Of the joy that the mountain sycamore, the beech and the many delicate birches present to the eyes, I will be silent. Neither the elderberry is wanting, nor the hazel nor blackberry bush. A concert of birds rings out; the nightingale, which, people say, wakes its young with its song, sings continuously day and night, her voice growing in tenderness as she fills the air with her gracious music. The snipe nests in the grass and rarely rises from the ground; in the branches of the trees tits and linnets, goldfinches and reed warblers sing, beautifying the spring and summer time."

Filled with enthusiasm for all this glory, the hermit gets lost in a thicket. He climbs a rock and espies the Chapel of St. Peter in Kottenheide, 'which he took for a pitch scrapers' or charcoal burners' hut, where they usually sleep.' As he approaches the hut, he sees a small round hill and 'on its summit a royal throne adorned with gold, silver, and precious stones, and on that throne a king of advanced age, of worthy and honourable appearance, with long beard and dark hair. Wisdom shone from his face' [1]. Behind the throne rose a marble wall with four gates, whose golden

Plauen scholar Paul Schneevogel's 'Judgment of the Gods on Mining': Jupiter, father of the gods, hears all parties

inscriptions identified the setting as the place of Divine Judgment, where Jupiter, father of the gods, was on that very day holding judgment.

Mercury appears as an advocate for Mother Earth, battered and bruised by mining. Everywhere people are burrowing their way into the earth in search of raw materials. Some towns in the Ore Mountains are already completely torn to pieces, others 'are afraid, and the town of Neustädtel trembles with fear.' [2]. Mankind, the defendant, enters a counter-plea. The preservation of God-given society is based on the exchange of goods: some areas have fish, others forests, the Ore Mountains have ores. Nothing is created without a purpose. A wealth of ores does not inevitably lead to greed and covetousness, since the poor are also fed from it and new temples are built to the honour of Almighty God.

Bacchus, Ceres and the Penates now plead their cases and the Earth, Man, Minerva, Pluto, Charon, the Spring Nymphs and even the Fauns present their arguments and counter-arguments. Pluto no longer feels safe in the underworld, and the water-spring nymph Nais laments the destruction of the rivers [3]. At the end of this polyphonic discussion, Jupiter finds himself unable to make a judgment, so he formulates a request to the goddess Fortuna, who utters words that Jupiter deems just, namely: "It is human destiny to delve through the mountains; they have to dig ore mines, they have to cultivate the fields and engage in trade. In doing so they are bound to offend the Earth, to reject Scientia, to worry Pluto, even seeking ore in watercourses. But their body is swallowed by the earth and suffocated by bad weather; mankind is inebriated by wine and suffers hunger but – and this is indeed good – nobody knows the many and varied dangers of other kinds inseparable from being human."

'When the hermit saw all this, he set out again and climbed a mountain from which he discerned his cell and thereupon returned to it.' [4].

Notes
[1] Text: KRENKEL, p. 13–15.
[2] KRENKEL, p. 17.
[3] Vgl. KRENKEL, pp. 34f.
[4] KRENKEL, p. 38.

THE NAILA COPPER MINE

Naila, located near Hof in Regnitzland, is not an established part of the Vogtland. The history of its inclusion is somewhat unclear. It would appear that loyal followers of the Weidas lived here at the beginning of the 14th century. In 1333 Konrad der Radecker sold his fiefdoms, which were in the *bistum von Babbenberg*, to Reeves Heinrich XI ('the Elder' 1293–1363) and Heinrich XII ('the Younger' 1293–1357) von Weida. Nicholas von Weisselsdorf, *czu der cziten richter czu Wyda* ('at the time judge in Weida'), acted as witness. A decade later, in January 1343 the Weidas enfeoffed Hans von Weisselsdorf and Konrad der Radecker *mit dem gericht uber daz dorf czu Neulins* ('with legal charge of the town of Neulin/Naila'). In the difficult cicumstamces of May 1355, Heinrich the Elder enfeoffed his *lieben getruwen Cunrad und Heinrich gebrudern von Weislesdorf* ('dear, trusty brothers Konrad and Heinrich von Weisselsdorf') with all the property *Yeske der Radecker* had left them in Naila [1].

In Naila, gold, silver, copper, tin, iron and lead had long been mined. It is not entirely clear when a copper mine first existed. What is certain is that it was 'drowned' by flooding some time before 1477. This was not uncommon, but it was a costly business. Drainage required specialists. In the 14th century a new branch of engineering arose in the form of 'waterworks', in which ingenious minds competed with their inventions in this lucrative market. Leading schools arose in Prague and Nuremberg, where large banking houses were located which were sometimes given mines as collateral against, or in return for their loans.

The entrepreneur-engineer Niklas Staud, together with his brother Hans one of the 'most experienced and successful hydraulic engineers' of the era [2], also came from Nuremberg. In his *Aufstand* ('Uprising'), Staud grants an insight into the technical features of his company, its specific projects and their processes. Accordingly, he was able in 1473 to drain the Hohenforst silver and copper mine near Schneeberg with a movable 'work'. He had invested around 4,500 florins in this, but broke off the project because the mine linings were completely rotten [3]. In 1477 Staud turned to Naila. Before him, other hydraulic engineers had tried unsuccessfully to recover the drowned copper mine. Staud succeeded in draining the mine of water, but found no copper, only iron ore, which did not interest him. So the entrepreneur also let the Naila project rest.

Notes
[1] Sources: UB Vögte I, 729, 851, 956; also see HHS Franken, p. 362.
[2] STROMER, p. 59.
[3] See STROMER, p. 60.

THE 'STÖCKL' IN CHEB (MARKET SQUARE)

On Cheb lower market square two rows of narrow town houses warped, as it were, by wind and weather, sway in harmony with one another, 'as if they had each to afford protection to the other from the solemn rows of bourgeois houses surrounding them' [1]. An alleyway barely 1.6 metres wide runs between them. According to conservators, they have stood here, the town gradually pressing in on them, since the first half of the 15th century ; indeed, all of this looked very sim-

Less than 2 m. wide, an alleyway between Cheb Market Square houses

'Madonna' from a house front on Cheb's Stöckl, now in the Municipal Museum

ilar on a drawing from around 1479, only that at that time there was a third, even lower row of houses on the west side. The economic potential of the city can also be measured by the fact that by the end of the 15th century these houses already looked like dolls' houses compared to the buildings around them. The whole area, although still inhabited and partly decked out with small shops, is a kind of open-air museum of the history of the city.

Simple wooden stalls for bakers and butchers stood here as early as the 13th century. They passed into hereditary possession and were built up in brick after 1320 due to a fire protection ordinance. Houses without courtyards or other enhancements – though they would still have had small stalls on the market side – were built in this way on the sites of the tiny market stalls. The small oriel window supported by a stone pillar on the south side of the row is likely to be more recent. From 1390 the block appears in the sources as 'Unter den Kremen', later as 'Die Fleischbänke' ('the Meat Stalls') (1740). Perhaps its name 'Stöckl' derives from a stick that stood here next to the pillory. One does not immediately suspect that the houses were once richly decorated, but the city museum holds two Madonna figures from around 1500 and 1520 which stood in wall niches on the 'Stöckl'.

ON THE CHEB FISH MARKET

The development of trade and commerce in a medieval city presented hygienic challenges. As early as 1352, the city passed laws that prevented the creation of dirt and stench in the inner city area. Leather and meat processing trades were pushed to the outskirts, while pig and fish markets were banned from the 'Stöckl'. The fish market was now held on the river bank 'where the floodwater flows into the lower Steingasse' [2], to the advantage of outside traders who did not have to haul their goods through the alleys.

The Fish Tax Law issued by the City Council in 1465 contains guidelines for sales. The preamble stipulates that anyone who fails to follow the regulations must expect to pay a penalty of 25 groschen. The document is interesting not least because it gives an impression of the wide range of products that were on the market in those years. A distinction is made between fresh, salted and *thunn* (pickled) fish. The list of fresh fish is headed by pike, *vorhen* (trout), *perchen* (perch) and *esch* (grayling) to be sold for 5 meissner a pound [3]. This is followed by carp of various sizes; fresh salmon at a pound for 2 groschen; *parben* (barbel), *olrueppen* (burbot) and all kinds of white and fried fish for 16 hellers a pound; *plicken* (small bream), *gruenkres* (gudgeon), *hesling* (baked fish) for 15 hellers a pound; *kugenhauppen* (crayfish), lampreys, wolffish, *pressen* (bream), roach at 4 meissner a pound;

large baked fish, fried fish, loach and goby (large gudgeon). Crabs counted as fresh fish: a *schock* of medium-sized crabs cost a groschen. Then there were the salted and pickled fish: herrings of all sizes, but none more expensive than three hellers, *tanthoch*, catfish, *rappen* and *gesen* (fermented fish), *pley prosem* (bream), pikeperch, *schuppen* (scales) and *loben* (bleak); a pound of large stockfish (salt cod) for 4 meissner; finally *kröplen* (bullhead) and *tawben* (chub) [4].

Notes
[1] Tietz-Strödel, Entwicklung, p. 109.
[2] Tietz-Strödel, Entwicklung, p. 100; see. Sturm, p. 188.
[3] Helbig III, p. 65.
[4] Helbig III, p. 66.

SCHLAGGENWALD (HORNÍ SLAVKOV)

The Eastern Ore Mountains were rich in natural resources including tin, deposits of which are found in the granite bedrock. Tin deposits were widely exploited in Graupen (Krupka) and Altenberg, Geyer and Eibenstock, Schönfeld and Schlaggenwald. In Schlaggenwald Forest south of Elbogen (Loket), which also contains tin-bearing granite, mining may have already started in the 13th century. In neighbouring Schönfeld, a mining court and tin scales are recorded in 1355. Schlaggenwald became a parish in 1375 [1], and Burgrave Heinrich III of Meissen (1482–1519) helped the town to further prosperity by granting it the Eger town charter in 1489 [2]. A real explosion of prosperity occurred under the Pflug von Rabenstein family, which acquired the city in 1495 [3]. As master of both mountains and town, Johann Pflug made Schlaggenwald a centre of mining and trade in tin. In 1507 he issued an order for the mining of silver, in 1509 and 1517 an order for tin mining. The order of 1517 'marks the high point of mining, especially in its social regulations (with a Miners' Guild chest, compensation for miners in the event of accidents etc.)' [4].

Unlike silver, which was sovereign property, tin was sold on the open market. Considerable expenditure was required to obtain it, and production time was long, so anyone not organized in a financially strong union required advance payment: 'The many small-time miners who prospected and washed for tin on their own sometimes had to receive an advance for a whole year before they could sell their tin' [5]. In most tin towns, therefore, merchants, dealers and tinsmiths from Nuremberg or Leipzig were active, arranging and processing the larger deals. Schlaggenwald supplied 500 quintals of tin annually for tinplate production in Amberg alone.

Notes
[1] See SIEBER, p. 153.
[2] Cf. HHS Bohemia and Moravia, p. 549.
[3] The Pflug von Rabensteins cannot have acquired the city from Heinrich III's 'son', as HHS Böhmen und Moravia has it on p. 549. Heinrich III only had one son, born in 1510; see GEHRLEIN, p. 33.
[4] SIEBER, p. 153.
[5] SIEBER, p. 155.

SALT MINING IN ERLBACH

The forest village of Erlbach was laid out in horseshoe form by farmers from the Upper Palatinate as early as the 12th century. The evidence shows that the Erlbach estate was owned by the Thoss family from 1452 right up to 1804. In 1495 Eberhard Thoss zu Erlbach bought the villages of Wohlbach and Gunzen from his cousin Peter Thoss zu Marieney; enfeoffment took place in 1499. In 1511 the brothers Sebald, Sebastian and Caspar shared the property in Erlbach [1].

In May 1464 the overlords granted Engelhard Thoss zu Adorf and his brother title to the salt works at Erlbach [2]. Salt wells fell under mining law, so they had to be enfeoffed by the holder of the *Bergregal* – the regal prerogative to mine the ground. This was initially the reeves, later the Wettins, and from 1547 the Burgraves of Meissen (and thus again the Plauen reeves). The entitlement was renewed in July 1516, when the overlords gave the brothers Sebald and Sebastian Thoss, Engelhard's sons, the right to work the salt well at Erlbach [3]. This was preceded by an inspection in 1515 to determine the efficiency of the well. From the correspondence between the Thoss family and the overlord it can be seen that the well had meanwhile been neglected, possibly completely shut down, and the renewal of the fief therefore dragged on until the summer of 1516. The Thosses were not ashamed to plead for their privilege as *arme edelleut* ('impecunious nobility'). In fact, a salt well was an important source of income. The City of Eger also drew salt from the Thoss saltworks, though Eger naturally dismissed any suggestion of helping out when the Thosses asked if they would care to participate in the reconstruction of the Erlbach well [4]

According to a report of 1538, the well was located *uff der gemaine, nahet an wirtsshauss in schlechten eben lande* ('on the common, close to the inn, on a flat stretch of poor land'). The slightly salty water of the pool that had formed there was much visited by livestock [3]. The Erlbach well, was apart from Altensalz, the only one in the Vogtland. Ironically, no salt seems to have been found in Neuensalz, the place-name serving merely to distinguish the newer from the older settlement.

Notes
[1] Sources: VON RAAB II, 118, 160, 262.
[2] See VON RAAB I, 666; GÖHLER, p. 80.
[3] VON RAAB II, 308; GÖHLER, p. 80.
[4] See WILD, 414; WILD, Beziehungen, p. 188.
[5] GÖHLER, p. 79.

PITCH PRODUCTION IN AUERBACH

Anyone who has noticed the stone troughs called *Griebenherde* (pitch ovens) – a term echoed in the English word 'greaves', formerly used of tar, now only of animal fat residues – in various places in the Vogtland (including Elsterberg Castle, Marieney, Rodewisch Island Museum, or Schöneck) , should visit Auerbach (→ p. 151 f). The small local history museum offers more than one specimen in its 'rock garden'. It also explains with satisfactory detail the extraction of resin and the process of pitch-boiling that began in the Vogtland in the 15th century. Pitch huts operated by consortia were built in specially designated forests: 'the purchase of a pitch forest was considered a good capital investment' [1], so the nobility, too, endeavoured to enter the trade. When Schöneck passed to a new master in 1502, the previous freedoms were recognized, but in future 'those citizens who use the pitch forests should pay 2 quintals of pitch annually' [2]. In 1517 the Thoss family crossed swords with the town of Markneukirchen over 'pitch production in the woods': Markneukirchen annually paid a quintal of pitch to the Vogtsberg domain [3],

Pitch oven exhibited at Marieney Manor

and the Trützschler zu Ellefeld actively traded in pitch. Resin or pitch was indispensable for every household: it could be used to produce wagon grease and also, with the addition of herbs, healing ointments for farm animals.

A greaves- or pitch-oven is actually a granite pan used to make black pitch. With a length of approx. 80 cm, it is usually square, with a chiselled bowl-shaped indentation up to 30 cm. deep, pierced in the centre with a hole through which the pitch drips into a container below. Pieces of resin-rich pine wood – the so-called 'greaves' – are piled up in the basin. Sods of turf are laid over the wood so that it smoulders rather than burns. Large pots were enough to make lighter spruce pitch; these were often leased out turn by turn.

Notes
[1] RAUNERT, p. 100. We saw above (→ p. 412) how the hermit of Kottenheide initially mistook the Chapel of St. Peter for a pitch hut.
[2] VON RAAB II, 215.
[3] VON RAAB II, 313; VON RAAB, Erbbuch, p. 144.

HOHENFORST MINE NEAR KIRCHBERG

Kirchberg is located on the periphery of the reeves' territory. However, the fact that they fought over it for so long indicates the value of the town to its rulers. The rich Hohenforst (Fürstenberg) mine was located nearby. It is first recorded in a document of 1317 in which the underage Margrave Friedrich von Meissen came to an agreement with Heinrich ('the Tall') von Plauen, Heinrich Reuss von Plauen and the Reeves of Gera. The document records various concessions made to the reeves; in particular *vleischbenke, brotbenke, schubenke, badestoben und erczmulen* ('meat, bread and shoe outlets, public baths and ore mills') were conceded to the Reuss family. However, the document also contains a passage that makes the importance of the mines for the reeves obvious: *Ez ist ouch getedinget, das man kein bercwerk in der woyte lande, das in unser herschaft gelegin ist, me buwen sulle heimelich oder offenbar, wen unse bercwerk czu Vorsteinberg, ecz insi unse und der voyte wille* ('It is also agreed that no mine may be built in the Vogtland, which is in our domain, either secretly or openly, apart from our mine in Vorsteinberg; such is our and the reeves' will'). [1] Any further construction of a mine would have required agreement. It is obvious that this severely restricted the reeves' scope for further development.

Even without this restriction, the reeves had to constantly fight for their share in the mine. In January 1324, through the mediation of Elizabeth, the Margrave's mother, a contract was concluded with the Reusses of Plauen concerning the mine on the *Hoenvorst*, which her son promised to observe. Two years later, the Margrave and the Reusses jointly granted the Provost of the Augustinian Collegiate Foundation in Altenburg and his brother *di gruben, di sy vunden habn uf dem Honforste* ('the mines they have found on the Hohenforst'). In 1331, the Margrave contested the provisions made under Heinrich II Reuss von Plauen's guardianship with Ludwig the Bavarian, including the agreement on the Hohenforst mine. Agreement was only reached in 1337, when all the reeve families came to an understanding with the Margrave about Hohenforst and the emperor himself confirmed the settlement. After the Vogtland War, Hohenforst disappears from the document trail. It is hard to imagine that it was covered by the reference in the 1359 division of the Reuss family inheritance to *Kirchberg daz stetchin und allez, das darczu gehoret* ('the town of *Kirchberg* and all that belongs to it') [2].

Notes
[1] UB Vögte I, 477.
[2] Sources: UB Vögte I, 549, 603, 702, 788 f., 797; UB Vögte II, 54.

SCHOOLING AND EDUCATION IN THE PRE-REFORMATION VOGTLAND

At no time was the Vogtland a distinguished educational landscape. Vibrant universities developed in Erfurt (1392), Leipzig (1409) and Wittenberg (1502), and a university-like school from the 13th century in Zwickau. That was perhaps considered enough for the region. Every town, of course, had its school, but we know very little today about most of these establishments beyond their existence – in Adorf, Arzberg, Auerbach, Elsterberg, Falkenstein, Gefell, Gera, Greiz, Königswart, Elbogen, Markneukirchen, Mühltroff, Oelsnitz, Pausa, Reichenbach, Ronneburg, Schmölln, Selb and Triptis. About the village schools that existed before the Reformation in Beyersdorf, Bobenneukirchen, Dröda, Rupperstgrün, Untertriebel or Werda we know even less.

We are a little better informed about the institutions in Weida, Schleiz, Saalburg, Plauen, Hof and Eger. In Schleiz, Plauen and Eger, the schools were actually under the Teutonic Order. They met certain requirements but do not seem to have exerted any wider attraction on the education-seeking young. The lack of prospects in the region failed to attract the brightest minds. There was no *Gymnasium* (grammar/high school) south of Zwickau where humanists might develop new ideas. Many Vogtlanders therefore took advantage of the universities in the 15th century for their leap into the academic world. We meet them in droves in Erfurt and Leipzig matriculations. The theologian Johannes Tortsch left the narrow circumstances of Hof in 1415, but kept in touch with his homeland from Leipzig. The humanist Paul Schneevogel from Eger, who spent his school days in Plauen, moved to Ingolstadt and Leipzig in 1475. Jodocus Wetzdorf, who was to make a name for himself around 1500 as the author of an *Ars memorandi*, left the confinement of Triptis for Erfurt. As Vogtland possessed neither cathedral college nor princely residence where a scholar might have found a function, the brain-drain was inevitable.

SCHOOLING IN WEIDA

Weida's pre-Reformation school system can only be traced in outline. In 1348 a certain Nikolaus is recorded as *rector scolarium in Wyda*. In the absence of other evidence, the date must be taken as the first reference to a school there [1]. We meet Nikolaus again in documents of 1353 and 1355. His salary from the Osterburg indicates that he was also secretary to the reeves. A deed of 1362 determines that the *schulkinde* should also benefit from an annuity that fell to the Dominican Convent [2]. Did the nunnery have a novitiate school? No further details about the school system in Weida appear in documents for a good century from around 1400.

Notes
[1] That the school system in Weida was 'municipal' applies at most to the 16th century, not to earlier days, *pace* HERRMANN, Lateinschule, pp. 787 f.; WIESSNER, p. 461.
[2] See UB Vögte I, 896, 958; UB Vögte II, 100.

SCHLEIZ COMMANDRY SCHOOL

The school in Schleiz was probably founded by the Teutonic Order as early as the 13th century. The first attested *schulmeister*, Ulrich von *Drachinstorf* (1362), officiated, like his colleague from Weida, until at least 1368 as *scriber* and witness for Heinrich V ('the Younger') von Gera (1311–1377) [1]. Heinrich Gruber (attested from 1374) is also schoolmaster and *schriber unser herren von Gera*. He was married and had a son [2]; after his death (1396) his memory was celebrated in Saalburg Convent. In 1406 the schoolmaster Nicholas Wernstorff appears in documents. [3] The dual function of schoolmaster and secretary must gradually have been given up in the 15th century. In 1485 the school had three teachers.

In 1492 Heinrich XII ('the Middle') von Gera zu Schleiz (1482–1500) enacted the Schleiz Statutes, the 80th article of which is devoted to the local school. The article is mainly a schedule of fees. A passage about teaching materials is of interest. Here we see the assistant teacher (*locatus*) as an originator or mediator of literature: "*Item ein statkinth gibt dem locaten zu anhebgelt nemlich von dem pennapart* [Raymund von Pennaforte] *einen neuwenn groschen, von dem Donato sechs pfennige, von der regel drey pfennige. Hett aber der locat dieselbigen bucher selbist geschriben vnd verlont genomen, so geburt ym kein anhebgelt. Vnd der locat sal keinen schuler zwingen, ym bucher abzu-kauffen, ausgeslossen die tafeln des a b c, das paternoster, das benedicite und das gratias, die mussen sie vmb ein zcymlich gelt von ym kauffen.* ('Item: a child from the town gives the *locatus* a new groschen for a copy of [Raymund of] Penyafort, six pfennigs for a copy of [Aelius] Donatus, for the *Rule* three pfennigs. But if the locatus has written the book and already been paid for it, no charge shall be required. And the locatus shall not force any schoolboy to buy any books, excluding the *ABC board*, the *paternoster,* the *benedicite* and the *gratias,* which should be bought for a reasonable price from him')." [4]

The term 'books' for the latter texts is misleading. The *ABC board*, *paternoster*, *benedicite* and *gratias* formed the so-called *tabula*, which had been in use since the very inception of elementary education in the 9th century. With the *Ars Minor* of Aelius Donatus and the *Rule*, we see a more advanced level of learning. Perhaps the *Rule* refers to the *regulae pueriles*, a theory of behaviour for students. '*Pennapart'* refers here to the *Summula de Summa Raymundi* of Master Adam, the verse 'confession' of the Spaniard Raymund of Penyafort (c. 1275). The *summula*, that brought the 'system of canonical case history into a short and memorable form useful for pastoral practice' was part of the iron ration of schools [5]. The list does not indicate that the school was open to the newer currents of the time.

Notes
[1] See UB Vögte II, 111; UB Vögte II, 90, 106, 112, 139, 144, 145, 167, 168.
[2] See UB Vögte von Weida II, 375; UB Vögte II, 220.
[3] See VON RAAB I, 80.
[4] MÜLLER, Schulordnung, pp. 113, 30–38.
[5] WORSTBROCK, Magister Adam, Col. 49.

ST. MARY'S SCHOOL IN SAALBURG

The earliest evidence for the school system in Saalburg is a memorial vigil endowment of 1396 for the dean of the Schleiz 'Kalend (Calendar) Brotherhood' and Göschitz pastor Nicholas Knochenhauer *mit dem schulmeister und seinen kindernn* ('together with the schoolmaster and his children') [1]. The reference has been variously interpreted. Some believe that it indicates an already existing municipal school at the parish church, others think it refers to students at the Convent of the Holy Cross. A closer look shows that *both* are correct. Knochenhauer both donated to a vigil in the convent church, which had to be carried out by the chaplain and the convent students, and to another in the town church, where the vigil was to be held by two priests together with *dem schulmeister und seinen kindernn* [2]. The register of pious donations also shows that the foundation made by Heinrich Gruber (1374) – schoolmaster at Schleiz and secretary to Heinrich V zu Gera (1311–1377) – did not envisage the involvement of either schoolmaster or pupils. This also applies to older foundations; one can, then, conclude that the school was set up at the parish church around 1396. No other schoolmaster is found in the records until 1494, when a Heinrich Toci from Oppurg occurs; he was also a priest at the Chapel of St. Giles, which was incorporated into Saalburg Convent [3]. The fate of the school during the Reformation is unclear.

Notes
[1] UB Vögte II, 375.
[2] See Ronneberger, p. 177.
[3] See Ronneberger, p. 174.

ST. JOHN'S SCHOOL IN PLAUEN

Schooling at the church of St. John in Plauen (→ p. 225 f.) is first documented in 1319. In that year a donation or foundation by *Magister H., rector parvulorum in Plawe* ('Master H., rector of the young in Plauen') is documented for St. Michael's in Adorf [1]. How long before that a school existed is uncertain, but in 1328 the phrase *vor der schulphorten* ('in front of the school gates') appears [2]. The school was apparently 'close to the so-called Red Tower, which collapsed in 1677' [3]. We know the names of some of the teachers: from 1332–1333 Matthes the *schulmeister* appears repeatedly in documents [4]; from 1382–1388, Magister Friedrich Eybanger from Nuremberg was *rector scolarium* and simultaneously town clerk [5]. The post seems to have been made permanent after the downfall of the institution in the Hussite Wars; in 1448 *ein schulemeistir* is registered on the Teutonic Order's accounts. In addition, there was at least one *schulerbruder* (school brother) [6].

Appearances of teachers and students in the castle chapel have been documented since the 15th century, and the attendant accounts give us an indication of the size of the school. In 1487 *zween priester, schulmeister und 38 schüler* ('two priests, a schoolmaster and 38 students') sang in the castle. On the occasion of the fair in 1507 and 1508 three schoolmasters were regaled. The school choir counted anything from 25 to 35 members [9], but this would only have involved a selection of students, so we have to assume significantly higher numbers in total.

We are in the dark as to the author of a book of maths tables and calculations, probably composed

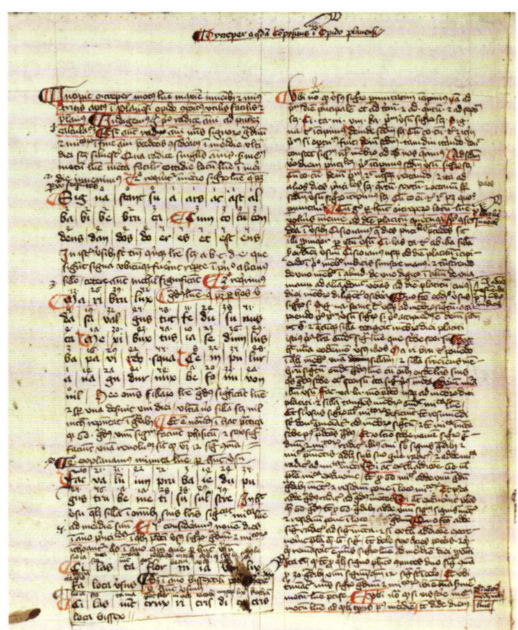

Page from the Plauen schoolmaster's *Oicreper* (c. 1400), a European bestseller

soon after 1400, with a curious title, *Oicreper*. This should be read as a palindrome: *Repercio* (Latin: 'I excite/stimulate'). Its author is traditionally addressed as *Johannes rector scholae in Plawen* and the title page locates the origin of the text *in Plavensi opido* ('in the town of Plauen'). The target group is also clearly named: the *computus* will be particularly useful for young people and the 'less receptive' because it is easy to use. Indeed, it was evidently a great success, above all in Bohemia, especially in the environs of Prague University.

Around 1473, the graduate Paul Schneevogel sheds somewhat more light on Plauen school history. He describes the teacher Johannes Brungasser [7] (already documented c. 1458) as a conservative methodologist, and in contrast praises Heinrich Dessau for introducing him to the an-

cient rhetoricians. He found a sympathetic spirit in Commander Andreas Hubner, to whom he dedicated his sample letter collections in which the subjects of school and study play a role. To Brungasser Schneevogel dedicated his edition of Cicero's speech to Marcellus, in which he 'criticized the obsolete medieval school books' [8]. At the end of the century the Plauen school appears, then, as an institute open to humanism.

A curriculum, presumably written by Johannes Dolz, comes from the early days of the Reformation. He calls for the study of Melanchthon's school writings in the third and fourth year. However, the second year should continue to read the Rhetoric of Donatus, the *Disticha Catonis* and the *Fables* of Aesop [9]. The fourth year have to face the comedies of Terence. The early Reformation curriculum is thus still largely rooted in the 14th/15th century.

'Schulberg' is the name of the square in front of the main entrance of the Church of St. John. Following the line of the old friary building on the inner city wall, one comes to a makeshift parking lot on the left in a gap between the buildings. Here, where 'Schulberg Alley' cuts through the vanished city wall, is where the 'school gate' mentioned above once stood.

Notes
[1] See MÜLLER, Plauen, p. 33; WELLER, p. 13.
[2] UB Vögte I, 633; see. WELLER, p. 13.
[3] MÜLLER, Plauen, p. 33.
[4] UB Vögte I, 714, 735; WELLER, p. 13.
[5] Cf. MÜLLER, Anfänge, p. 254. As town clerk, on November 23, 1388, he created a book of privileges and taxes: ibid., p. 253; WELLER, p. 14.
[6] MÜLLER, Anfänge, p. 253; WELLER, p. 15.
[7] MÜLLER, Plauen, p. 34.
[8] WORSTBROCK, Schneevogel, Col. 782. See KRAMARCZYK, pp. 190f.
[9] See MÜLLER, Plauen, p. 39.

HOF

A school seems to have existed near the Church of St. Laurence (→ p. 101 f.) around the middle of the 14th century. This is suggested by a Hof official's description of 1390, which indicates a property in the old town *bey der schule* ('next to the school'). The church ordinance of St. Laurence, which Johannes Lindner drew up in 1479, begins with the induction of the new schoolmaster, who symbolically received a baton for leading the choir and a rod for maintaining discipline [1]. It is assumed that the school was relocated to the New Town with the elevation of St. Michael's (→ p. 104 f.) to the rank of main church (1486). When a fire broke out in St. Michael's Lane in 1517, the schoolchildren ran out of the school in fear, as Enoch Widmann reports [2]. Although not considered so far, the existence of two schools (in Old and New Towns) is conceivable.

Our knowledge of pre-Reformation teaching is poor. Three examples highlight this. In September 1465, Johannes Lichtwurck finished his manuscript of the *Vocabularius ex quo* in Hof. Lichtwurck adds that his extensive dictionary was 'read' in Hof – i.e. it was dictated to the students word for word. One is reluctant to believe this, but it finds confirmation in a roughly contemporary Erfurt lecture notice, which promises exactly this [4]. Some manuscripts evince 'clear mishearings' [5]. The second spotlight falls on the school at St. Michael's. Enoch Widmann proudly commented in 1515 *Griechische sprach kombt in unser schul* ('Greek is coming into our school') Widmann's father had already had to *graece lesen lernen, welches dazumal bei einer solchen geringen particularschul ein grosse kunst geachtet war* ('learn to read Greek here, which at that time was considered a great achievement in such a small private school') [6].

The medieval school was obliged to attend religious services. Teachers and students were partly financed by income from religious foundations; they sang in the choir at mass and in processions and took part in spiritual plays, in Hof, for example in the 'The Harrowing of Hell by the Christ' on Holy Saturday night. "On Holy Saturday the whole service in St. Laurence's was held by the pastor, beginning at 7 o'clock. After midnight, the Resurrection of Jesus was celebrated in solemn mass. Then the 'Harrowing of Hell' was performed. The priest went with a host of students three times around St. Michael's Church, which was closed. Behind the church door stood students who represented the devils. Every time the procession arrived at the entrance of the church, the preacher knocked on the door with the wooden crucifix, which on Good Friday had been placed in the grave, reciting the words of the 24th Psalm: *'Attolite portas principes vestras et domini portas aeternales et introibit rex gloriae!'* Then the devils shouted: *'Quis est iste rex gloriae?'* The priest replied: *'Dominus virtutum, ipse est rex gloriae.'* After circulating three times and knocking three times, the pastor rushed with his students into the church while the 'devils' backed away. Sometimes a conversation between the angel and the three Marys in disguise was performed on Easter morning." [7]

With the arrival of the Reformation, the storming of hell was initially stopped. However, after the Protestant preacher had been driven out, the old priest tried to revive the tradition. The attempt was unsuccessful: when he tried to put on the 'Harrowing' in front of St. Michael's in 1527, the students disguised as devils threw torches of burning tow at him.

Notes
[1] MEYER, p. 289.
[2] RÖSLER, p. 295.
[3] See MONTAG, Tortsch, Col. 982.
[4] See FASBENDER, Ex quo, Col. 1301.
[5] GRUBMÜLLER, p. 97.
[6] RÖSLER, p. 282.
[7] NEUMANN, p. 407.

SCHOOL AT THE TEUTONIC ORDER HOUSE IN EGER

The school in Eger goes back to the 13th century, its first documented teacher being a certain Johannes in 1289. In 1300 the school building was close to the Church of St. Nicholas and St. Elizabeth (→ p. 235 f.), above the Commandry, which lay on the river, and southeast of the church, 'directly adjacent to the eastern block of the New Town' [1]. In the dispute over the position of rector in that year, it was decided that the right of nomination rested with the Commander, but the right of confirmation lay with the Regensburg *scholaster* (headmaster) [2].

We know little about the teaching staff. In December 1358 Konrad, schoolmaster of Eger, died and his widow Margaretha, resorting to income from a house on Grinoldgasse, established a *remedium animae* in the parish church for the repose of his soul [3]. The schoolmaster evidently, therefore, owned a house. The rector, Vinzenz von Neuhaus, possessed a manuscript which, in addition to all sorts of texts for calculating the calendar, also contained an overview of the declination of numerals and a book of Latin riddles in verse. The 'schoolman' Erasmus Pachelbel came from the respected Pachelbel family, whose house can still be seen on the market square.

The school ordinances of 1350 do not offer much that is of pedagogical interest; they mainly regulate the salaries of the staff and the fees of the students. A final passage, however, is noteworthy in that it forbids *die gesellen die auf schule ligen* ('the journeymen who attend at the school') *mit iren quintern, lawten noch fideln noch mit anderm geschrey des nachtes nicht auf der strassen gehen* ('to go out on the streets at night with their gitterns, fiddling upon their lutes and shouting all sorts') [4]. The journeymen in question are probably to be understood as the assistant teachers, who were also perhaps the *schreiber auff der schul* ('school authors') who appear in the city's books in 1476 as having written *ein spill an sent Steffans tag* ('a play for St. Stephen's Day') [5]. It goes without saying that the students were called upon for religious services in the parish church. As early as 1378 they read the Psalter on Good Friday in execution of a foundation established by the Prague burgher Hans Gössler. That in 1478 the schoolmaster appears in the city's books for the performance of an Easter play suggests that his young charges would also have been there [6].

Notes
[1] UB DO, 641; TIETZ-STRÖDEL, Entwicklung, p. 84.
[2] UB DO, 641.
[3] DOZA II, 2042.
[4] MÜLLER, Schulordnungen, p. 23.
[5] NEUMANN, 1437.
[6] See NEUMANN, 1412, 1438.

HELPING, HEALING, NURSING: TRACES OF MEDIEVAL HOSPITALS IN THE VOGTLAND

The term 'hospital' derives from the Latin word *hospes*: a guest. A medieval hospital was therefore always literally a 'guest-', or even better a 'guesting-house': a transitory place, a place where one was only a temporary guest. A hospital could perform the functions of hospital, nursing home, hostel for pilgrims, retirement home or shelter for the poor. In addition to houses with 'universal care', specialized clinics also existed: hospitals for lepers, so-called *leprasoria*, plague houses, or, with the advent of syphilis (the 'French disease'), special 'French houses'. Not all institutions were equally well off. Hospitals run by religious houses had different resources at their disposal than large institutions financed by a town or by wealthy endowments. Chapels and churches were necessary not only because of the inevitable fatalities: confraternities and support associations often formed around them, opening up additional sources of income,. In some houses old people could purchase retirement accommodation. Not infrequently, we come across gifts in the registers: here a mill, there a meadow for the hospital. On the other hand, some places – such as the *Seelhäuser* (literally, 'soul-houses') for poor old women – existed solely thanks to alms. Medical and social emergencies, it seems, were viewed differently even in the pre-modern era.

As the towns grew, so did the asymmetries in the population.

The pre-modern Vogtland was rich in hospitals of all types. Most of them gave way to newer buildings. There's nothing wrong with that: Who would like to be treated in a medieval hospital? Actual remains of pre-modern hospital architecture can only be found in Schmölln, Hof, Eger and Wunsiedel.

SCHMÖLLN HOSPITAL CHURCH

Around the middle of the 15th century Schmölln (→ p. 39 f.) had two hospitals [1]. The older one, attested as early as 1387, was located at the Upper Gate and was dedicated to St. James. The other one, the Hospital of the Holy Spirit, was in front of the Lower Gate. It first appears in documents in 1463, then in 1484 and 1497, always in connection with donations from the citizenry [2]. Both hospitals appear in the Late Middle Ages to be above all socially stratified. St. James's Hospital was a well-endowed and respected institution. The poor, on the other hand, preferred to go to the Holy Spirit Hospital. In addition, a functional difference can also be perceived, closely related to the patronage of St. James: the older hospital was backed by a St. James's Fraternity; it was proba-

GERA

In the 15th century there must also have been at least two hospitals in the old Reuss town of Gera. There is evidence of a St. Mary's Hospital in front of the Badertor and a hospital dedicated to St. Wolfgang by the Common [1]. The hospital near the (later) Badertor, which was located northwest of the city wall, was founded in 1445 by the wealthy Gera merchant families von Kudorf and von Waldheim: the same that had, shortly before (1443), donated the altar of the Church of St. Mary in Gera-Untermhaus (→ p. 52 f.); the hospital had to contend in court for more than two decades with the donors' heirs over the payment of income from the foundation [2]. A silver chalice with sapphire trimmings, which the families bequeathed to the altar of St. Anthony and the Three Wise Men in the hospital chapel, is now kept in Gera Town Museum [3]. St. Mary's hospital burnt down in 1686. After 1724, an orphanage and a gaol were built in its place.

St. Wolfgang's Hospital on the Common shows up in documents in 1482 and 1487. It was a house for lepers (*sundersieche*); it is not entirely clear whether it also accepted syphilitics. The associated chapel, which supposedly dated back to the 12th century, 'was a pilgrimage chapel visited by shepherds, herdsmen and farmers, renewed or rebuilt towards the end of the 15th century' [4]. The hospital was demolished in the 19th century. A figure of the saint, probably from the hospital chapel, has been preserved in Hohenleuben-Reichenfels Museum (→ p. 354).

Schmölln Hospital Chapel

bly, therefore, primarily a shelter for *caministas*, pilgrims resting on the way to Compostela. A donation of 1505, on the other hand, is made explicitly 'for feeding and supporting the poor' [3]. Today the only remnant of the Holy Spirit Hospital, which was demolished in 1828, is the small hospital church (1463–1482), now called *Gottesacker* (God's Acre) Church; in 1612 it received an altar from the town church of St. Nikolai, and it was extensively renovated around 1960.

Notes
[1] See SEYFARTH, pp. 149–152; WIESSNER, pp. 428–431.
[2] See SEYFARTH, pp. 149 f.
[3] See SEYFARTH, p. 151.

Notes
[1] See KLOTZ, pp. 94 f.; WIESSNER, pp. 427 f., 431.

Chalice presented by Kudorf and Waldheim families to
St. Mary's Hospital, Gera (Gera Municipal Museum)

[2] AK Mühlhausen 2013, p. 233.
[3] See AK Mühlhausen 2013, p. 233 f.
[4] LEHFELDT, Gera, p. 41; see. ALBERTI, Gera, p. 222.

WEIDA

With three hospitals, Weida (→ p. 62 f.) had a
well-differentiated nursing environment. It may
have been even richer if one looks at the functions of the attested houses. There was a hospital for lepers near St. James Chapel; the suspicion that it also served as a shelter for pilgrims
on the *Camino de Santiago* is logical. However,
Weida also had a hospital at St. Anne's Chapel
which definitely served as a shelter for wanderers
and travellers [1]. A third house, financed solely
from alms, was the *Seelhaus* for impoverished old
women [2]. With such specialization, what was
missing in Weida was a 'normal' hospital. The
Priory Hospital in Mildenfurth offered an alternative. The *firmerey oder gemach vor die kranken
bruder* ('infirmary or room for sick brethren')

Hohenleuben Local History Museum's 'St. Wolfgang' may have
come from St. Wolfgang's Hospital Chapel, Gera

that the Weida Franciscans (→ p. 270 f.) wanted
to build around 1500 would have served their internal needs, but does not in any case seem to
have been carried out [3].

Notes
[1] See HERMANN, Weidaer Kirchengeschichte, p. 24; WIESS-
     NER, pp. 427 f., 431.
[2] See HERMANN, Weidaer Kirchengeschichte, p. 24; WIESS-
     NER, pp. 428 f.
[3] See AK Mühlhausen 2008, p. 258.

WERDAU

There also seem to have been two hospitals in Werdau (→ S. 32 f.), though only the Hospital of the Holy Trinity is on record. Run by a Brotherhood of the Holy Trinity set up by the town as a 'management body', it was intended to provide for the poor [1]. The hospital was on the outskirts of the city near St. Giles' Church. When the neighbouring chapel of the Holy Cross was sold in 1529, it received the proceeds; at that time it had six inmates [2].

Notes
[1] See Tetzner, Werdau, p. 210; Wiessner, p. 429.
[2] See Tetzner, Werdau, pp. 241 f.

PLAUEN

Nowadays, a retirement home is located right next to the Friary in Plauen (→ p. 209 f.). Standing on the site of the old Commandry, the building reminds one, perhaps unintentionally, that caring for the sick, the elderly and the weak was once the core business of the Teutonic Order. Traders had raised a canvas shelter on the beach of Acre in 1189/90 for the emergency care of those injured in the fighting over the Holy Land. The hospital of the Teutonic Order in Jerusalem developed out of this provisional arrangement. The Teutonic Order became, like the Knights of St. John and the later Knights of Malta, a hospital order, even though missionary work had been its intent from the very beginning.

The Teutonic Order also ran a hospital in Plauen. It was located on the narrow strip of land between the mill race and the Elster at the bridge gate and was therefore 'exposed to the dangers of sudden flood or ice drift at all times' [1]. The building had two floors and a high pitched roof. The main rooms on the upper floor could only be entered from the bridge walkway. In analogy to other hospitals, it probably had a single large sick room. The basement once featured a 14th century Gothic gate, destroyed along with the hospital during WWII bombing. This may have led into a small chapel: the hospital had to have one if the Brothers were to fulfil their obligation to say Mass every day. In addition, the basement probably housed utility rooms [2].

Plauen Hospital is generally thought to have been founded in early 1332. The document of reference is a certificate dated January 26th of that year, with which Heinrich *den man nennet den langen voyt* ('whom they call the Tall Reeve'), transferred the hospital at the stone bridge to the Teutonic Order and established a *remedium animae* for himself there. This must have been Heinrich III ('the Tall' 1303–1347), not his son Heinrich IV ('the Elder' 1347–1348), who resided in Mühltroff [3]. At the beginning of the 16th century (1504) we see the hospital in the care of the town council and under the supervision of the Wettin bailiff [4].

The patronage of St. Elizabeth of Hungary is revealing. In the former Landgravine of Thuringia, who, after the death of her husband Ludwig IV (1227), turned her back on the Wartburg in 1228 and dedicated her life in Marburg entirely to Christian charity, the Order found its 'house saint'. Immediately after Elizabeth's death (November 1231), the Brothers took control of the grave of the newly deceased, who was already canonized in 1235. Many of the Order's hospitals, especially in

Marburg, Frankfurt-Sachsenhausen and Nuremberg, were under her protection.

But St. Elizabeth's Hospital (1332) was not Plauen's oldest nursing facility. There is documentary evidence of a 'leper house' outside the town in 1255, St John's Hospital (burnt down in 1868) and, opposite to it, the 'plague houses' (demolished in 1842). The Third Order 'Sisters of Penance of St. Dominic' (aka 'Magdalene Sisters'), whose accommodation was near the 'nuns' tower', were also involved in nursing.

Finally, Plauen has written itself in yet another special way into the history of pre-modern healthcare. A widespread blood-letting 'plague letter' written before 1400, probably in Bohemia, by a doctor of the Roman King, appears as a 'Letter to the Lady of Plauen', i.e. the wife of a Lord of Plauen (→ p. 330 f.).

Notes
[1] BACHMANN, p. 37.
[2] See BACHMANN, p. 37.
[3] UB Vögte I, 714; alternatively: BACHMANN, p. 36; LUDWIG, p. 46.
[4] See VON RAAB II, 224.

STRASSBERG

The 'French disease', syphilis, was a dominant issue of the late 15th century. Many academics, including great scholars and humanists, were, as they freely declared, affected by the contagious venereal disease. Around 1500 the flood of theoretical writings devoted to the origin and transmission of syphilis swelled daily, especially in Leipzig University circles. However, when it came to effective treatment, the scholars were somewhat at a loss.

It was primarily non-academic doctors and bath-house or barber surgeons who emerged as authors of prescriptions and who promised cures. They acted according to an old medical principle when they demanded remuneration before treatment; afterwards, if the therapy was unsuccessful, this did not always meet with understanding, as can be seen very nicely in the case of an Oelsnitz citizen whose wife was 'burdened with the *mala frantzosa*'. In April 1501she consulted the *bader* (bath master) Fritzsch in the Schepfgasse in Eger. Since no cure resulted, Nickel Tüchtler had the mayor and council of Oelsnitz reclaim from Eger the payment he had made in advance. Conversely, Georg Pestel from Plauen demanded his outstanding fee from the council in Eger in November 1509 for his successful healing of the 'rogue tailor's' wife, whom he had cured of the 'severe pest *mala franczosa*'. A few years later (1515) we see Sebald Thoss zu Erlbach, the owner of the salt well there, involved in a dispute with a doctor from Eger. Frenkel von Eger, a practitioner *grosser erzney berümbt* ('of great medical renown'), had promised to cure Thoss's servant, who was *an den frantzosen krank* ('ill with the French [disease])'. But he failed to appear, so Sebald claimed back from the town council the guilder he had advanced [1].

One of the more successful lay doctors in the first half of the 16th century was a Hans von Strassberg, whose syphilis prescriptions are preserved in a mid-16th century Dresden manuscript [2]. Otherwise we know nothing about this Hans. It is believed that he came from Strassberg near Plauen. The manuscript praises highly the fact that he had *mehr den taussentt menschen geholfen* ('helped more than a thousand people') with his methods. We do well to remember this 'homeless' miracle healer, who can be documented today in neither Plauen nor Oelsnitz, in the town of his putative origin.

Notes
[1] WILD, No. 359 (1501), No. 380 (1509), No. 409 (1515).
[2] SLUB Dresden, Ms. C 312, f. 294r-295v.

OELSNITZ

The trading town of Oelsnitz also had a hospital, about which we learn only incidentally in connection with various foundations. In 1465 Canon Peter Krebs of Meissen, a doctor of medicine and holder of rich benefices, bought rights to feudal incomes in Oelsnitz, which after his death were to pass to the hospital. In 1483 Bishop Dietrich IV von Schönberg (1481–1492) confirmed the grant of income from the altar of Saint Wolfgang, endowed by the Oelsnitz burgher Mathias Theymeler, to Oelsnitz Hospital [1]. Wolfgang was also the patron saint of the leper house in Gera (→ p. 427). The hospital appears to have received income from two other altars: the inheritance register of 1542 makes a distinction between the St. Wolfgang's altar in the hospital, which was given as a fief by the town council, and an altar dedicated to the Virgin Mary. There was apparently yet another altar, dedicated to St. Nicholas, in a chapel 'located between the *schloss Voitspergkh* and the *stadt Olsniczs*' [2]. The late Gothic hospital church merged into St. Catherine's Church (built 1612, which boasted a crucifix, dated 1515, now in St. James's Church (→ p. 252).

St. Catherine's Church, Oelsnitz

Notes
[1] See VON RAAB I, 717; VON RAAB, annex 92 (1483).
[2] VON RAAB, Erbbuch, p. 178.

HOF

The construction of the hospital and its church (→ p. 229 f.) in Hof goes back to the 13th century. In April 1264, the hospital received a letter of indulgence from Pope Urban IV [1], and in May 1268 Bishop Berthold von Bamberg authorized the hospital rector to consecrate the cemetery. An actual founding charter has not survived; perhaps it never existed. This may be due to the fact that the hospital was not (as was common elsewhere) founded by an individual but was constituted by a specially established confraternity composed of citizens and nobles of the city [2]. No hospital order such as the Knights of St. John or the Teutonic Order was involved in its establishment or management. From the beginning, the hospital was under the protection of the Reeves of Weida, who supported its construction and expansion with generous donations [3].

The location of the hospital corresponds to that of other medieval hospitals. Almost definitional are the position outside the walls, the proximity to a city gate (the Lower Gate) and to running water. Today these features are barely recognizable: the city gate and wall have disappeared, and the hospital perimeter trench has been filled in.

Hof Hospital had a firmly rooted organizational structured headed by a rector. The post was a well endowed benefice, and the reeves evidently assigned it to men of their choice along roughly the same lines with which they filled positions among the pastoral clergy [4]. Pretschenreuth Manor went along with the office, a perquisite which endured even after the Weida Reeves had left the Regnitzland. A change in organizational structure seems to have been initiated as early as the mid-14th century, when the town council (together with the reeves) campaigned for the first time (1350) for the hospital's privileges. When the mayor and council signed a deed of foundation in favour of the hospital in 1380, they already possessed 'constitutional organs for

Sundial on Hof Hospital Church

the exercise of these rights' [5]. In 1464 a confraternity of local baker and miller journeymen arose in the hospital church, where they met with the permission of the entire council [6]. The administration of the hospital at the time seems to have lain mainly with the town, although the hospital rector (1442) was still funded by the local overlord.

A medieval hospital, like a modern one, was a complex commercial enterprise. It is not surprising that in 1495 Hof Hospital owned 76 estates in 18 villages and had around 300 servants at its command. In 1390 the hospital was able to assign eighteen houses with gardens as fiefs in the Old Town; in the New Town it leased a mill, attested in 1353. With almost 100 houses in the old town, it owned almost a fifth of the properties there [7]. Föhrenreuth and Silberbach belonged to it completely. It was also a landlord in 16 other villages.

Hof hospital also acted as a retirement residence. Enoch Widmann profiled its residents as follows: *Von den jerlichen einkommen des hospitals werden stets 36 personen alter und unvermöglicher leute, die sich bei gemeiner stad erbar verhalten und in armut gerathen sindt, bedes menner und weiber (doch welche mit keinen euserlichen schäden und gebrechen noch mit abscheulicher kranckheit beladen sindt) umbsonst und ohne gelt mit speis und tranck notturfftiglich versorget, also dass sie nicht viel zu klagen haben.* ('From the annual income of the hospital 36 old people without means, but who behave honourably despite their low status and finding themselves in poverty, both men and women (but who are burdened neither with any physical disability, ailment nor any horrible disease) are taken care of free of charge and, without paying any money, are provided with essential food and drink, so that they have little to complain about.') [8]

Those who bought a place there as 'pensioners' took part in the life of the hospital community. This was regulated by house rules, with set times for sleeping, meals in common, prayers and church services. In addition, care was taken to involve the pensioners in the day-to-day maintenance of the house. 'Some of the old craftsmen could pursue their former craft, women could clean the chambers and above all take care of the sick, and work with textiles' [9].

In the 16th century, Hof still had special accommodation for syphilitics. The 'French House' was set up in 1538 near the Church of St. Nicholas, in the 'Breite Gasse', which led out from the city to St. Laurence's. As Enoch Widmann remembers, it was *mit armen gebrechlichen leuten besetzt worden* ('occupied by poor, frail people') [10]. The Church of St. Nicholas was demolished in 1553.

Notes

[1] Latin text in Widmann: RÖSLER, pp. 74f.
[2] See HOFMANN, p. 7; KLUGE, p. 22.
[3] RÖSLER, p. 75.
[4] See HOFMANN, p. 12.
[5] HOFMANN, p. 14.
[6] See HOFMANN, p. 15; KLUGE, p. 23.
[7] See HOFMANN, pp. 23–27; KLUGE, pp. 23, 48.
[8] RÖSLER, p. 78.
[9] KNEFELKAMP, p. 65.
[10] RÖSLER, p. 45.

EGER

The populous City of Eger (Cheb) had a wide spectrum of specialized elderly and medical care, including an old people's home near St. James's Church (1467), a '*selhaus*' for the Jewish community (1364), and plague hospitals outside the town on the roads to Heiligkreuz and Waldsassen. The Sisters of the Third Order of St. Francis also ran a nursing home in Eger in the 15th century. Then there were the larger inner-city establishments. Since the 14th century the city had had its own health authority, a municipal doctor and several pharmacies.

TEUTONIC ORDER HOSPITAL OF THE BLESSED VIRGIN

The hospital administered by the Teutonic Order (→ p. 216) in Eger must have been transferred to them very early, before 1256, for in that year Bishop Leo von Regensburg graced it with a donation [1]. The further history of the institution has scarcely been investigated. However, it is certain that the institution, which was consecrated to the Virgin Mary, did not have to face any competition from the infirmary of the Knights of the Cross with the Red Star, established in 1271.

In 1299, a Cheb citizen, Heinrich Rorer, obtained an indulgence for accompanying pastoral visits to the sick [2]. Efforts were evidently being made to popularize the visits of the Order's priests more effectively, particularly those concerned not just with the sick but with the dying, to whom the sacraments were being given for the last time. Accompanying the priest on these missions promoted the salvation of one's own soul. Almost a hundred years later, another document takes up the subject from a different angle. In 1395 the burgher Hans Sumder gave the Order a horse 'to carry the most Holy Sacrament to the sick' [3]. The determination of a horse exclusively for the transport of the Host may initially seem strange. The use of the animal, which would certainly have been decorated accordingly, marked the imminent death of a fellow citizen. This death was not, then, a private event: it affected the body politic. In order to 'define' it, it was made public even before it happened.

Notes
[1] UB DO, 135. See STURM, p. 175.
[2] See UB DO, 618; DOZA I, 1124; EHLERS, p. 150.
[3] DOZA II, 2598.

INFIRMARY OF THE KNIGHTS OF THE CROSS WITH THE RED STAR

After the firestorm of 1270 – which resulted in considerable impoverishment of the local population – the city, with its newly established Confraternity of the Holy Ghost, quickly set about building a new hospital [1]. Its management was

placed in the hands of the Order of the Knights of the Cross with the Red Star, who were long experienced in the care of the sick. In September 1271 the Bishop of Regensburg, under whose remit it fell, approved the merger of the new institution with the Order's hospital in Prague. As in Hof, the hospital received substantial donations, as a result of which it not only became a powerful landowner, but as early as 1273 also cared for almost thirty disabled elderly people. In 1299 Bishop Konrad of Regensburg sanctioned all the indulgences awarded to the Order's hospital and infirmary [2]. In 1414 the highly esteemed mayor, Nicholas Gumerauer, had a half-timbered building erected that fell into disrepair and was demolished in 1685. It was then rebuilt, and finally enlarged in 1742. Its neo-classical successor was lost when the bridge was blown up in 1945.

Notes
[1] See STURM, p. 175. The fact that the hospital was 'the only one in the town for a long time', as FILIP says, p. 183, fails to account for the house of the Teutonic Order.
[2] Sources: UB DO, 229, 622.

ST. BARTHOLOMEW'S HOSPITAL CHURCH

As well as the hospital by the bridge over the Eger, the Knights of the Cross with the Red Star built the 'Kreuzherrenkirche', a Chapel of the Holy Spirit. Expanded in 1347 to include a St. Wenceslaus Chapel, it burnt down completely at the end of the 14th century and was rebuilt under Alderman Nicholas Gumerauer between 1409 and 1422, during the brief period of peace before the Hussite invasions. The chapel was a simple, cubic building erected on the founda-

Hof Hospital Church, dedicated to St. Bartholomew only in the 17th century

tions of its burnt down predecessor, which it also followed in having a passageway leading directly to the hospital. The smooth façade suggests that the church was part of a defensive ring in those stormy times. However, even if it managed to defend itself against the barbarism of the Early Modern Era, it has proven defenceless against the disinterest of modernity, which has simply let the plaster flake off.

The interior makes a different impression. 'From an elegant, smooth, round central column the vault springs, uninterrupted by capitals or imposts, to spread across the rectangular space – which lacks the usual bay separation – in the form of an elongated six-pointed star whose six triple-rays merge centrally around their common centre' [1]. Remnants of former wall paintings have been uncovered on the east and north walls: in the east, to the right of the central pilaster, a praying monk (the founder?) kneels in front of the Virgin Mary. By the central pillar stands another monk figure. On the left, in the pedestal area, are fragments of two saints: the armoured figure might be the dragon-slaying St. George, the woman with the sword a St. Agnes or Catherine. On the north wall significant remains can still be seen of a donor figure with an ornamental band bearing the motto *'[...] her [?] o + christe [?] + der + barm + dich + uber + mich + sunder'* (the 'der' with the addition of a Bavarian dental D is actually a prefix: '[d]erbarm', thus the inscription reads: 'Oh Lord, (Jesus) Christ, have mercy on me a sinner'). The motto winds around the coat of arms of the Knights of the Cross with the Red Star. To the left are the arms of the house of Asch (Aš) with its three fishes. In order to gain the late Gothic feel of the place, one has to imagine not only a great deal more painting but also colourful stained glass windows. 'Today, however, the main impact of the room lies in the delicate web conjured on the vault by the simple coved ribs, in the elegantly plain quiver brackets on which they rest on the walls, and in the lively play of light entering from three sides.' [2]. The cemetery, attested since 1313, has disappeared. It was not dedicated to Saint Bartholomew until 1673.

Notes
[1] TIETZ-STRÖDEL, Entwicklung, p. 118.
[2] TIETZ-STRÖDEL, Entwicklung, p. 119.

DAUGHTER HOUSE' OF THE PLAUEN SISTERS OF PENANCE IN EGER

An interesting episode emerged from the attempt to found a house *zu troste kranken leuten* ('to comfort the sick') in Eger served by the Plauen Magdalene Sisters. The events occurred in 1519, when the Mayor of Eger tried to obtain Dominican nursing sisters from Plauen (→ p. 275 f.) for his city. Hermann Rab, the provincial superior of the Dominicans in Saxony, aired the

conditions for this. He was ready to send two sisters first, so long as Eger would provide them with *etlichen zinsen und schusseln des reichen almusen* ('certain income and support from the alms of the rich'), as well as *eine freiheitliche behausunge pey dem closter predigerordens gelegen* ('free accommodation by the house of the preaching order [Dominicans]') such that would ensure that they would not *etlichen leuten zu einer vorlachunge und vorspottunge solten spaciern* ('serve certain people as a butt of jokes and derision as they went about'[1]. Unsurprisingly, the project failed due to the desired location of the sisters' home.

Notes
[1] WILD, No. 433 *; Compare VOGEL, Kloster, pp. 148 f.

Our hospital tour must be allowed to end in Upper Franconian Wunsiedel. Wunsiedel never belonged to the Vogtland. As early as 1285, the Burgraves of Nuremberg had taken possession of the Egerland castle at its heart. Shortly afterwards Wunsiedel was established with a town charter (1326) in order to break the tin mining monopoly of Eger [1]. By the time the Plauen Reeves advanced into Egerland, Wunsiedel was already lost. At best, they could watch the Nuremberg influence wane. In 1408 Heinrich von Plauen was a witness for the Burgrave who had to transfer the town to Günther von Schwarzburg zu Ranis [2]. The walled town defied various sieges. Among its Gothic remains, the hospital deserves attention.

Notes
[1] See HHS Franken, p. 628.
[2] See UB Vögte II, no. 493.

WUNSIEDEL

Sigmund Wann came from a well-off family in Wunsiedel. After his journeyman travels, which are said to have taken him to Italy, he managed his father's tin mill in 1431 and soon afterwards a mine in his hometown. In 1437 he married Catherine, reputed by contemporaries to be a Venetian lady well-versed in alchemy. Wann had such sums of money at his disposal that people readily thought it could only be the result of his mysterious wife's gold-making [1]. At a time when the Hussites were causing great damage, Wann's loans were in great demand. In 1440 he was an alderman, in 1442 one of the four mayors. Presumably in hope of better business, he relocated to Eger, leaving his house to his hometown in 1444, so that they could set up a town hall in it [2]. In 1456 and 1461 Wann contributed substantial sums to the construction of the new St. Nicholas's Church. And in 1451 he donated a permanent monument to Wunsiedel: the hospital along with the hospital church and three houses for mass priests. He chose a form of organization that he knew from Nuremberg and that had already found imitators elsewhere: a house of lay brothers. Only poorer *Biedermänner* – citizens of good character – who wanted to make themselves useful were accepted here. Neither street beggars, noblemen nor clergy were allowed in. Perhaps symbolically, Wann set up twelve places for his pensioners [3].

Construction began in 1453. Progress suffered in the following years: another site had to be found for the chapel, masonry work moved very slowly, the stonemason repeatedly argued with the town and was even thrown into prison.

Church of Wunsiedel Brotherhood Hospital (founded 1451)

When the first residents moved in in 1466 the outer wall was still incomplete [4]. Enoch Widmann recorded this outstanding event of civic generosity:

Relief on Wunsiedel Hospital Church commemorating its founder, Sigmund Wann (d. 1469)

In the year of our Lord 1451,
as its letters patent make clear,
this laudable foundation was born,
constructed thanks to a Christian man,
Sigmundt Wahn by name,
to all in his Fatherland well known … [5]

When Sigmund Wann died childless in 1469, he was buried in the crypt of the new church. His memory was long kept alive by a portrait under the main altar. Eger paid for the maintenance of the Wunsiedel Hospital for 170 years from the interest on the original endowment.

The Fichtel Mountains Museum is now located in the old hospital house in Sigmund Wann Strasse. In the building complex facing the street some rooms have been adapted to allow for a permanent exhibition. A relief in honour of its founder was placed on the outside wall of the church in the 20th century.

Notes
[1] See JÄGER, pp. 98 –101. A plaque in the Cheb City Museum names Wann as an alchemist.
[2] See JÄGER, p. 102.
[3] See JÄGER, pp. 228 f.
[4] See JÄGER, pp. 224 –227.
[5] Complete text in RÖSLER, pp. 98 –100. Illustration of the epitaph in JÄGER, p. 230.

ABBREVIATED REFERENCES

AK Chemnitz 2012 = Uwe Fiedler et al. (eds.), Des Himmels Fundgrube. Chemnitz und das sächsisch-böhmische Gebirge im 15. Jahrhundert, Chemnitz 2012.

AK Chemnitz 2016 = Uwe Fiedler et al. (eds.), Gotik ohne Grenzen. Sachsen und Böhmen im Spiegel der Kunst um 1500, Chemnitz 2016.

AK Jena 2019 = Christoph Fasbender (ed.), *do wart och Mildenfort reformeret. Neue Einblicke in die alte Mildenfurther Stiftsbibliothek. Katalog zur Ausstellung in der Thüringer Landes- und Universitätsbibliothek Jena, Jena 2019.

AK Mühlhausen 2008 = Für Gott und die Welt. Franziskaner in Thüringen, ed. Thomas T. Müller, Bernd Schmies and Christian Loefke, Paderborn 2008 (Mühlhäuser Museen. Forschungen und Studien 1).

AK Mühlhausen 2013 = Alltag und Frömmigkeit am Vorabend der Reformation in Mitteldeutschland. Katalog zur Ausstellung 'Umsonst ist nur der Tod', ed. Hartmut Kühne, Enno Bünz and Thomas T. Müller, Petersberg 2013.

CDS = Die Chroniken der deutschen Städte. 22 vols.: Die Chroniken der schwäbischen Städte. Augsburg. Vol. 3, Leipzig ²1892.

CVMA = Die mittelalterlichen Glasmalereien in Thüringen ohne Erfurt und Mühlhausen, erarbeitet von Cornelia Aman et al., Berlin and Boston 2016 (Corpus vitrearum medii aevi XX.1).

DOZA I, II = Udo Arnold (ed.), Die Urkunden des Deutschordenszentralarchivs in Wien. Regesten. Nach dem Manuskript von Marian Tumler. 2 vols., Marburg 2006–2007 (QStGDO 60/1,2).

Helbig = Quellen zur älteren Wirtschaftsgeschichte Mitteldeutschlands. Parts II and III, ed. Herbert Helbig, Weimar 1952–1953 (Studienbücherei 10/11).

HHS Böhmen = Joachim Bahlcke et al. (eds.), Handbuch der Historischen Stätten. Böhmen und Mähren, Stuttgart 1998.

HHS Franken = Hans-Michael Körner and Alois Schmid (eds.), Handbuch der Historischen Stätten. Bayern II. Franken, Stuttgart 2006.

HHS Sachsen = Walter Schlesinger (ed.), Handbuch der Historischen Stätten Deutschlands. Sachsen, Stuttgart 1965.

HHS Thüringen = Hans Patze (ed.), Handbuch der Historischen Stätten Deutschlands. Thüringen, Stuttgart ²1989.

LA = Richard Benz (ed.), Die Legenda aurea des Jacobus de Voragine. Aus dem Lateinischen übersetzt, Heidelberg ¹⁰1984.

LCI = Wolfgang Braunfels (ed.), Lexikon der christlichen Ikonographie. Begründet von Engelbert Kirschbaum. 8 vols., Freiburg 1968–1976.

UB DO = Karl H. Lampe (ed.), Urkundenbuch der Deutschordensballei Thüringen, Jena 1936 (Thüringische Geschichtsquellen N.F. 7).

UB Vögte I = Berthold Schmidt (ed.), Urkundenbuch der Vögte von Weida, Gera und Plauen sowie ihrer Hausklöster Mildenfurth, Cronschwitz, Weida und z.h. Kreuz bei Saalburg. Erster Band: 1122–1356, Jena 1885.

UB Vögte II = Berthold Schmidt (ed.), Urkundenbuch der Vögte von Weida, Gera und Plauen sowie ihrer Hausklöster Mildenfurth, Cronschwitz, Weida und z.h. Kreuz bei Saalburg. Vol. 2: 1357–1427, Jena 1892.

Visitationen I-II = Marian Biskup / Irena Janosz-Biskupowa (eds.), Visitationen im Deutschen Orden im Mittelalter. Part I: 1236–1449; Part II: 1450–1519, Marburg 2002–2004 (QStGDO 50/1,2).

Von Raab I = Carl von Raab, Regesten zur Orts- und Familiengeschichte des Vogtlandes I (1350–1485), Plauen 1893.

Von Raab II = Carl von Raab, Regesten zur Orts- und Familiengeschichte des Vogtlandes II (1485–1563), Plauen 1898.

FURTHER READING

1. General, ecclesiastical and economic history

JULIUS ALBERTI, Geschichte des deutschen Hauses zu Schleiz, Schleiz 1877.

JULIUS ALBERTI, Urkunden-Sammlung zur Geschichte der Herrschaft Gera im Mittelalter, Gera 1881.

JULIUS ALBERTI, Urkunden zur Geschichte der Stadt Schleiz im Mittelalter, Schleiz 1882.

WALTER BACHMANN, Das alte Plauen. Ein Beitrag zur Inventarisation der Bau- und Kunstdenkmale, Dresden 1954.

NORBERT BACKMUND, Die mittelalterlichen Geschichtsschreiber des Prämonstratenserordens, Averbode 1972 (Bibliotheca Analecta Praemonstratensia 10), pp. 136–142.

NORBERT BACKMUND, Arnold von Quedlinburg, in: VL 1 (1978), col. 483f.

PAUL REINHARD BEIERLEIN, Geschichte der Stadt und Burg Elsterberg im Vogtland, 3 vols., Elsterberg 1928–1934.

WERNER BERGMANN, Die Geschichte von Burg und Amt Epprechtstein/Kirchenlamitz, Kirchenlamitz 1998.

ROLAND BEST / HELMUT NAUMANN, Die historische Schlosswasserleitung in Plauen, in: Mitteilungen des Vereins für vogtländische Geschichte, Volks- und Altertumskunde 3 (46) (1994), pp. 11–16.

MARIAN BISKUP, Der Deutsche Orden und die Freiheiten der grossen Städte in Preussen vom 13. bis zur Mitte des 15. Jahrhunderts, in: Stadt und Orden, ed. UDO ARNOLD, Marburg 1993 (QStGDO 44), pp. 112–128.

IRMGARD BITSCH, Gesundheitsschädigung und Täuschung im mittelalterlichen Lebensmittelverkehr, in: Essen und Trinken in Mittelalter und Neuzeit, ed. IRMGARD BITSCH et al., Sigmaringen 1990, pp. 191–200.

KARLHEINZ BLASCHKE, Die Entstehung der Stadt Auma, in: Jahrbuch des Museums Hohenleuben-Reichenfels 30 (1985), pp. 9–17.

KARLHEINZ BLASCHKE / UWE ULRICH JÄSCHKE, Nikolaikirchen und Stadtentstehung in Europa. Von der Kaufmannssiedlung zur Stadt, Berlin 2013.

ADOLF BÖHM, Rund um den Hausberg. Eine kleine Heimatkunde des Graslitzer Bezirkes, Graslitz 1937.

TILMANN BREUER, Stadt und Landkreis Münchberg, Munich 1961 (Bayerische Kunstdenkmale 13).

ENNO BÜNZ, Wiprecht von Groitzsch und der hl. Jakobus, in: Der Jakobuskult in Sachsen, ed. KLAUS HERBERS and ENNO BÜNZ, Tübingen 2007, pp. 61–95.

ENNO BÜNZ, Das Vogtland in Mittelalter und Früher Neuzeit, in: Vogtland, ed. ENNO BÜNZ et al., Leipzig 2013 (Kulturlandschaften Sachsens 5), pp. 21–54.

ENNO BÜNZ, Kulturgeschichte des Vogtlandes: Kirche, Kunst und geistiges Leben, in: Vogtland, ed. ENNO BÜNZ et al., Leipzig 2013 (Kulturlandschaften Sachsens 5), pp. 173–217.

ADALBERT BUSL, Beziehungen zwischen dem Kloster Waldsassen und den Vögten von Plauen, in: Oberpfälzer Heimat 52 (2008), pp. 115–127.

RUDOLF CAPEK, Maria-Kulm. Eine geschichtliche Darstellung des weltberühmten Wallfahrtsortes nebst Beschreibung der Sehenswürdigkeiten, einer Wallfahrtsandacht, Maria-Kulm 1926.

OTTO CLEMEN, „Sant gehülfen capeln" bei Treuen, in: Beiträge zur Sächsischen Kirchengeschichte 18 (1904), pp. 120–124.

OTTO CLEMEN, Die Volksfrömmigkeit des ausgehenden Mittelalters, in: IDEM, Kleine Schriften zur Reformationsgeschichte VII, ed. ERNST KOCH, Leipzig 1985, pp. 273–318.

JOCHEN CONZELMANN, Die Johannsen-Devotion im Dominikanerinnenkonvent St. Katharinental bei Diessenhofen, in: Predigt im Kontext, ed. VOLKER MERTENS et al., Berlin and Boston 2013, pp. 299–331.

KARL DIETEL, Das ehemalige Kloster in Sparneck, Landkreis Hof, in: Archiv für Geschichte von Oberfranken 56 (1976), pp. 63–73.

CORA DIETL, Grosse Prediger in Eger im Spätmittelalter. Heinrich Toke und Johannes Capistranus, in: Das Vogtland, die Vögte und die Literatur des Mittelalters, ed. CH. F. and GESINE MIERKE, Stuttgart 2020 (Maecenas 2).

PAUL DIETZE, Geschichte des Klosters Lausnitz, in: Mitteilungen des Geschichts- und Altertumsvereins Eisenberg 17 (1902), pp. 1–63; 18 (1903), pp. 1–56.

RUDOLF DIEZEL, Das Prämonstratenserkloster Mildenfurt bei Weida (Thüringen), Jena 1937 (Beiträge zur Thüringischen Kirchengeschichte 5).

MATTHIAS DONATH, Schlösser und Herrenhäuser im Vogtland, Meissen 2011.

FRIEDRICH EBERT, Das ehemalige Franziskanerkloster in Hof, in: Bavaria Franciscana 1, Munich 1953, pp. 102–120.

AXEL EHLERS, Die Ablasspraxis des Deutschen Ordens im Mittelalter, Marburg 2007 (QStGDO 64).

HERBERT EICHHORN, Der einstige Prämonstratenserkloster- und Schlosskomplex Mildenfurth, Erfurt 2002 (Arbeitshefte des Thüringischen Landesamtes für Denkmalpflege N.F. 7).

RUDOLF ENDRES, Die voigtländische Ritterschaft, in: Adel in der Frühneuzeit. Ein regionaler Vergleich, Cologne and Vienna 1991, pp. 55–72.

HUBERT ERMISCH, Die sächsischen Stadtbücher des Mittelalters, in: NASG 10 (1889), pp. 83–143.

HUBERT ERMISCH, Aus dem Ratsarchiv der Stadt Crimmitschau, in: NASG 22 (1901), pp. 151–170.

FRIEDBERT FICKER, Evangelisch-Lutherische Kirche Strassberg/Vogtland, Regensburg 1994 (Schnell & Steiner Kunstführer 2139).

VÁCLAV VOK FILIP, Die Bettelorden in Eger, in: Bausteine zur deutschen und italienischen Geschichte, ed. MARIA STUIBER and MICHELE SPADACCINI, Bamberg 2014, pp. 155–173.

JÖRG FISCHER, Bodendenkmale auf Flur Liebau, in: Mitteilungen des Vereins für vogtländische Geschichte, Volks- und Landeskunde N.F. 9 (52) (2003), pp. 13–22.

WILLY FLACH, Die Urkunden der Vögte von Weida, Gera und Plauen bis zur Mitte des 14. Jahrhunderts, Greiz 1930.

HEINRICH GOTTLIEB FRANCKE, Die Beziehungen der Geraer Statuten zu denjenigen von Schmölln und Crimmitschau, in: ZVTHGAK (1905), pp. 291–334.

HEINRICH GOTTLIEB FRANCKE, Schicksale und Beschreibung des Franziskanerklosters in Weida und seines Gotteshauses, in: Jahresbericht des Altertumsvereins Hohenleuben 81–83 (1913), pp. 1–81.

HEINRICH GOTTLIEB FRANCKE, Nachrichten über Berga a. E. und einige Nachbarorte, in: 500-Jahrfeier der Stadt Berga an der Elster 1427–1927, ed. E. KLUGE, Greiz 1927, pp. 38–45.

BIRGIT FRANKE, Mittelalterliche Wallfahrt in Sachsen. Ein Arbeitsbericht, in: Arbeits- und Forschungsberichte zur sächsischen Denkmalpflege 44 (2002), pp. 299–389 [Abbr. version: pp. 105–116].

HANS-PETER FRANKE, Der Pest-'Brief an die Frau von Plauen'. Studien zu Überlieferung und Gestaltwandel, Pattensen 1977 (Würzburger medizinhistorische Forschungen 9).

LEONIE FRANZ, Wahre Wunder. Tiere als Funktions- und Bedeutungsträger in mittelalterlichen Gründungslegenden, Heidelberg 2011.

GOTTFRIED KARL GARMS, Chronik der Kirche zu Theuma, Auerbach 1935.

AUGUST GEBESSLER, Stadt und Landkreis Hof, München 1960 (Bayerische Kunstdenkmale 7).

THOMAS GEHRLEIN, Das Haus Reuss. Parts I and II, Werl 2015.

EDUARD GERHOLD, Beiträge zur Geschichte der Parochie Langenwetzendorf, Triebes 1908.

KÄTHE GLEISSNER, Urkunde und Mundart auf Grund der Urkundensprache der Vögte von Weida, Gera und Plauen, Halle 1935 (Mitteleutsche Studien 9).

HEINRICH GRADL, Geschichte des Egerlandes bis 1437, Prague 1893.

DIETER HÄGERMANN, Deutsches Königtum und Bergregal im Spiegel der Urkunden. Eine Dokumentation bis zum Jahre 1272, in: Montanwirtschaft Mitteleuropas vom 12. bis 17. Jahrhundert. Forschungsprobleme, Bochum 1984 (Beiheft zu Der Anschnitt 2), pp. 13–24.

KAREL HALLA, The City of Cheb in the Middle Ages, in: Gothic Art in the Cheb Region, Cheb 2009, pp. 13–40.

RUDOLF HERRMANN, Weidaer Kirchen-Geschichte 1150–1550, Weida 1934 (Geschichte der Stadt Weida I.5).

ROBERT HILLER, Die Stadt Pausa und ihre nächste Umgebung, Pausa 1890.

ALFRED HILPERT, Die Säkularisation des Dominikaner-Klosters zu Plauen, in: Mitteilungen des Altertumsvereins zu Plauen 23 (1913), pp. 1–22.

ANGELICA HILSEBEIN, Zwischen herrschaftlichem Selbstverständnis und töchterlichem Gehorsam. Die hohenzollerischen Äbtissinnen im Klarissenkloster Hof, in: Das Mittelalter endet gestern. Festschrift for Heinz-Dieter Heimann, Berlin 2014, pp. 264–290.

HANS HÖLLERICH, Geschichte der Kirche und Pfarrei Rehau, Rehau 1970.

GERHARD HOFMANN, Das Hospital zum heiligen Geist und unser lieben Frau in Hof, Nuremberg 1963.

VOLKER HONEMANN, Johannes von Ellenbogen, in: VL 4 (1983), col. 581–583.

WALTER HOTZ, Pfalzen und Burgen der Stauferzeit. Geschichte und Gestalt, Darmstadt 1981.

ELISABETH JÄGER, Wunsiedel 1163–1560, Wunsiedel 1987.

GUNDOLF KEIL, Brief an die Frau von Plauen, in: VL 1 (1978), col. 1035f.

CHRISTIAN A. KIRSCH, Geschichte der Stadt Hof unter der Regierung der Vögte von Weida und der Burggrafen von Nürnberg, in: Bericht des Nordoberfränkischen Vereins für Natur-, Geschichts- und Landeskunde in Hof 6 (1913), pp. 1–77.

CHRISTOPH KLOTZ, Beschreibung der Herrschaft und Stadt Gera, Schleiz 1816.

ARND KLUGE, Geschichte der Hofer Stiftungen, Hof 2012 (63. Bericht des Nordoberfränkischen Vereins für Natur-, Geschichts- und Landeskunde).

ULRICH KNEFELKAMP, Das städtische Spital als Ort der Frömmigkeit, in: Stadt und Frömmigkeit, ed. ULRICH KNEFELKAMP, Bamberg 1995, pp. 53–77.

ANDREA KRAMARCZYK, Der Chemnitzer Rektor Paulus Niavis (um 1453–1517), in: AK Chemnitz 2012, pp. 189–201.

ERNST PAUL KRETSCHMER, Geschichte der Stadt Gera und ihrer nächsten Umgebung, Gera 1926.

HARTMUT KÜHNE, Religiöse Mobilität zwischen Elbe und Saale am Ende des Mittelalters, in: Der Jakobuskult in Sachsen, ed. KLAUS HERBERS and ENNO BÜNZ, Tübingen 2007, pp. 25–60.

PAUL LEHFELDT, Herzogthum Sachsen-Weimar-Eisenach. Verwaltungsbezirk Neustadt. Amstgerichtsbezirke Neustadt an der Orla, Auma und Weida, Jena 1897 (Bau- und Kunst-Denkmäler Thüringens 1.5).

PAUL LEHFELDT, Herzogthum Sachsen-Meiningen. Kreis Saalfeld, Jena 1892 (Bau- und Kunst-Denkmäler Thüringens).

PAUL LEHFELDT, Fürstenthum Reuss Ältere Linie. Amtsgerichtsbezirke Greiz, Burgk und Zeulenroda, Jena 1891 (Bau- und Kunst-Denkmäler Thüringens IX).

PAUL LEHFELDT, Fürstenthum Reuss Jüngerer Linie. Verwaltungsbezirk Gera, Jena 1896 (Bau- und Kunst-Denkmäler Thüringens XXIII).

PAUL LEHFELDT, Fürstenthum Reuss Jüngerer Linie. Amtsgerichtsbezirke Schleiz, Lobenstein und Hirschberg, Jena 1891 (Bau- und Kunst-Denkmäler Thüringens XII).

HERMANN LÖSCHER, Gründung und Ausstattung von Kirchen, Pfarreien, Schulen und Hospitälern im Verlaufe der bergmännischen Besiedlung des Erzgebirges, in: Zeitschrift für Rechtsgeschichte Kanon. Abteilung 38 (1952), pp. 297–394.

WALTHER LUDWIG, Ein Gang durch Alt-Plauen. 2. überarbeitete Auflage, Plauen 1993 (Schriftenreihe des Vogtlandmuseums Plauen 60).

ECKARD LULLIES, Die Fehde der Guttenberger gegen die Vögte und die Adelsfehde gegen Eger, Kulmbach 1999.

KARL MÄDLER, Geschichtsforschung im Schönbacher Ländchen, in: Heimatbuch der Musikstadt Schönbach, Bubenreuth 1969, pp. 8–15.

KARL MÄDLER, Heimatkundliches Allerlei; in: Heimatbuch der Musikstadt Schönbach, Bubenreuth 1969, pp. 49–55.

ERICH ROBERT MEINHOLD, Zur Chronik des Schlosses Schweinsburg, in: Archiv für die Sächsische Geschichte 2 (1864), pp. 138–157.

RICHARD MENDNER, Die Herrschaft Burgk bis zu ihrer Angliederung an das Haus Reuss-Greiz 1596/1616, in: Mitteilungen des Altertumsvereins zu Plauen 27 (1917), pp. 1–96.

CHRISTIAN MEYER (ED.), Johann Lindners' Kirchenordnung von St. Lorenz zu Hof, in: Hohenzollerische Forschungen 4 (1896), pp. 289–320.

KLAUS MERTENS, Die Stadtkirchen in Thüringen, East Berlin ²1984.

STEFAN MICHEL, Ein religiöses Zentrum des Vogtlands im Wandel, in: Vor- und Frühreformation in thüringischen Städten (1470–1525/30), ed. JOACHIM EMIG et al., Cologne etc. 2013, pp. 233–250.

KLAUS MILITZER, Von Akkon zur Marienburg. Verfassung, Verwaltung und Sozialstruktur des Deutschen Ordens 1190–1309, Marburg 1999 (QStGDO 56).

JOHANNES MÜLLER, Urkunden und Urkundenauszüge zur Geschichte Plauens, in: Mitteilungen des Alterthumsvereins zu Plauen 1 (1872–1880), pp. I-CXII; 2 (1882), pp. I-CII; 3 (1883), pp. I-CI; 4 (1884), pp. I-LXXXVI; 5 (1885), pp. I-CLX.

JOHANNES MÜLLER, Die Anfänge des Schulwesens in Plauen, in: Mitteilungen des Alterthumsvereins zu Plauen 1 (1880), pp. 31–42.

JOHANNES MÜLLER (ED.), Vor- und frühreformatorische Schulordnungen und Schulverträge in deutscher und niederländischer Sprache, Zschopau 1885.

JOHANNES MÜLLER, Die Anfänge des sächsischen Schulwesens, in: NASG 8 (1887), pp. 1–40, pp. 243–271.

RUDOLF MÜLLER, Alte Hofer Stadtrechtsquellen und ihre rechtsgeschichtliche Bedeutung im Siedlungsgebiet des mitteldeutschen Ostens. Unter Mitwirkung von Leo Münchmeier, Hof 1986 (Berichte des Nordoberfränkischen Vereins für Natur-, Geschichts- und Landeskunde 32).

PETER NEUMEISTER, Die Ehefrauen der Vögte von Weida, Plauen und Gera im 13. Jahrhundert, in: Mitteilungen des Vereins für vogtländische Geschichte, Volks- und Altertumskunde 6 (49) (1998), pp. 83–93.

PETER NEUMEISTER, Beobachtungen und Überlegungen zur Herkunft der Vögte von Plauen, Weida und Gera, in: Neues Archiv für sächsische Geschichte 68 (1997), pp. 1–45.

WILHELM NÖBEL, Michael Küchmeister. Hochmeister des Deutschen Ordens 1414–1422, Marburg ²1989 (QStGDO 5).

HANS PATZE, Klostergründung und Klosterchronik, in: Blätter für deutsche Landesgeschichte 113 (1977), pp. 89–121 (on Waldsassen: pp. 118f.).

MARIE PETERMANN, Die archäologischen Ausgrabungen auf dem Oberen Schloss in Greiz 2006, in: Archäologische Begleitung der Sanierung Oberes Schloss in Kooperation mit der Kaiserpfalz Cheb, Greiz n.d., pp. 22–33.

ERNST PIETSCH, Die Planschwitzer Reliquienkapsel, in: Mitteilungen des Altertumsvereins zu Plauen 40 (1937), pp. 23–29.

GUSTAV A. POENICKE, Album der Schlösser und Rittergüter im Königreiche Sachsen. V. Section. Voigtländischer Kreis, Leipzig n.d.

CURT VON RAAB, Ein Duell im 16. Jahrhundert, in: Mitteilungen des Altertumsvereins zu Plauen 4 (1884), pp. 22–25.

CURT VON RAAB, Nachrichten über Falkenstein im Vogtland, in: Mitteilungen des Altertumsvereins zu Plauen 5 (1885), pp. 1–42.

CURT VON RAAB, Der Besitz der Wettiner im Vogtland, in: Mitteilungen des Altertumsvereins zu Plauen 14 (1903), pp. 58–78.

CURT VON RAAB, Fürstliche Nachtlager in Plauen, in: Mitteilungen des Altertumsvereins zu Plauen 15 (1904), pp. 41–45.

MARGARETE RAUNERT, Zur Bevölkerungsgeschichte des oberen Vogtlandes. Von der Besiedlung bis zum 18. Jahrhundert. 2., überarbeitete Auflage, n.p., n.d.

KARL FREIHERR VON REITZENSTEIN, Der Schwäbische Bund in Ober-Franken oder des Hauses Sparneck Fall 1523. Akten zur Fränkischen Geschichte, Weimar 1859.

HANS REMPEL, Die Rolandstatuen. Herkunft und geschichtliche Wandlung, Darmstadt 1989.

JOHANNES RICHTER, Zur ersten urkundlichen Erwähnungvon Jössnitz im Vogtland, in: Mitteilungen des Vereins für vogtländische Geschichte, Volks- und Landeskunde N.F. 5 (48) (1996), pp. 26f.

WERNER RONNEBERGER, Das Zisterzienser-Nonnenkloster zum Heiligen Kreuz bei Saalburg an der Saale, Jena 1932.

HANS-FRIEDRICH ROSENFELD, Der Heilige Christophorus. Seine Verehrung und seine Legende. Eine Untersuchung zur Kultgeographie und Legendenbildung des Mittelalters, Abo 1937 (Acta Academiae Aboensis. Humaniora X, 3).

MARIA RÖSLER (ED.), Enoch Widmann, Chronik der Stadt Hof, Würzburg 2015 (Veröffentlichungen der Gesellschaft für fränkische Geschichte I.7).

PATRICK SAHLE, Das Plauener Stadtbuch von 1388 und die Stadtbuchforschung, Cologne 1996.

LUTZ SCHERF, Das Obere Schloss in Greiz und seine hochmittelalterlichen Backsteinbauten, in: Archäologische Begleitung der Sanierung Oberes Schloss in Kooperation mit der Kaiserpfalz Cheb, Greiz n.d., pp. 34–51 [cit.] (also in: Jahrbuch des Museums Reichenfels-Hohenleuben 52 [2007], pp. 5–27).

WALTER SCHLESINGER, Kirchengeschichte Sachsens im Mittelalter. I. Band: Von den Anfängen kirchlicher Verkündigung bis zum Ende des Investiturstreits. 2. Auflage Cologne and Vienna 1983 (Mitteldeutsche Forschungen 27/I).

WALTER SCHLESINGER, Kirchengeschichte Sachsens im Mittelalter. II. Band: Das Zeitalter der deutschen Ostsiedlung. 2. Auflage Cologne and Vienna 1983 (Mitteldeutsche Forschungen 27/II).

BERTHOLD SCHMIDT, Geschichte des Klosters Cronschwitz, in: Zeitschrift des Vereins für Thüringische Geschichte und Altertumskunde N.F. 8 (1893), pp. 111–172.

BERTHOLD SCHMIDT, Arnold von Quedlinburg und die ältesten Nachrichten zur Geschichte des Reussischen Hauses, in: ZVThGA 11 (1882), pp. 401–499.

BERTHOLD SCHMIDT, Burggraf Heinrich IV. zu Meissen, Oberstkanzler der Krone Böhmens und seine Regierung im Vogtlande, Gera 1888.

BERTHOLD SCHMIDT, Nochmals: Arnold von Quedlinburg und die ältesten Nachrichten zur Geschichte des reussischen Hauses, in: Vogtländische Forschungen. Festschrift Curt von Raab, Dresden 1904, pp. 1–40.

BERTHOLD SCHMIDT, Die urkundlichen Nachrichten von Schleiz aus dem Mittelalter, Schleiz 1908 (Geschichte der Stadt Schleiz 1).

WALTRAUD SCHMIDT, Zur Problematik: Ansiedlung von Juden im mittelalterlichen Plauen, in: Mitteilungen des Vereins für vogtländische Geschichte, Volks- und Altertumskunde 3 (46) (1994), pp. 4–10.

ULRICH SCHMILEWSKI / GUNDOLF KEIL, 'Walenbüchlein', in: VL 10 (1999), col. 617–619.

FRIEDRICH SCHNEIDER, Ausgewählte Urkunden zur Geschichte von Zeulenroda, Rudolstadt 1925 (Veröffentlichungen des Thüringischen Staats-Archivs Greiz 3).

PAVEL SEBESTA, Kaiserpfalz in Eger, in: Archäologische Begleitung der Sanierung Oberes Schloss in Kooperation mit der Kaiserpfalz Cheb, Greiz n.d. pp. 52–62.

RUDOLF SEYFARTH, Geschichte der Stadt Schmölln in Thüringen, Schmölln 1938.

SIEGFRIED SIEBER, Der böhmische Zinnbergbau in seinen Beziehungen zum sächsischen Zinnbergbau, in: Bohemia 5 (1964), pp. 137–160.

KARL SIEGL, Schloss Seeberg im Egerlande, in: Mitteilungen des Vereins für Geschichte der Deutschen in Böhmen 54 (1915), pp. 209–248.

MARTIN SLADECZEK, Vorreformation und Reformation auf dem Land in Thüringen, Cologne et al. 2018 (Quellen und Forschungen zu Thüringen im Zeitalter der Reformation 9).

BERNHARD SOMMERLAD, Der Deutsche Orden in Thüringen. Geschichte der Deutschordensballei Thüringen von ihrer Gründung bis zum Ausgang des 15. Jahrhunderts, Halle 1931 (Forschungen zur Thüringischen und Sächsischen Geschichte 10).

RICHARD STECHE, Amtshauptmannschaft Auerbach, Dresden 1888 (Beschreibende Darstellung der älteren Bau- und Kunstdenkmäler des Königreichs Sachsen 9).

RICHARD STECHE, Amtshauptmannschaft Oelsnitz, Dresden 1888 (Beschreibende Darstellung der älteren Bau- und Kunstdenkmäler des Königreichs Sachsen 10).

RICHARD STECHE, Amtshauptmannschaft Plauen, Dresden 1888 (Beschreibende Darstellung der älteren Bau- und Kunstdenkmäler des Königreichs Sachsen 11).

RICHARD STECHE, Amtshauptmannschaft Zwickau, Dresden 1889 (Beschreibende Darstellung der älteren Bau- und Kunstdenkmäler des Königreichs Sachsen 12).

RICHARD STECHE, Amtshauptmannschaft Glauchau, Dresden 1890 (Beschreibende Darstellung der älteren Bau- und Kunstdenkmäler des Königreichs Sachsen 13).

SUSANNE STEINLEIN, Die Wallfahrtskirche Maria Kulm, Regensburg 1994 (Schnell Kunstführer 2128).

JOHANN GOTTLIEB STEMLER, Geschichte von Zeulenroda. Nach Urkunden und archivalischen Nachrichten bearbeitet, Neustadt/Orla 1840.

MANFRED STRAUBE, Handelsstrassen als Pilgerwege, in: Der Jakobuskult in Sachsen, ed. KLAUS HERBERS and ENNO BÜNZ, Tübingen 2007, pp. 249–271.

WOLFGANG VON STROMER, Wassersnot und Wasserkünste im Bergbau des Mittelalters und der frühen Neuzeit, in: Montanwirtschaft Mitteleuropas vom 12. bis 17. Jahrhundert. Forschungsprobleme, Bochum 1984 (Beiheft zu Der Anschnitt 2), pp. 50–72.

HERIBERT STURM, Eger. Geschichte einer Reichsstadt, Augsburg 1951.

CHRISTIAN TANNHÄUSER / HUBERT ROSSBACH, Die Wysburg bei Weisbach im Thüringer Schiefergebirge, Weimar 2018 (Archäologische Denkmale in Thüringen 4).

FRANZ TETZNER, Werdau und seine kirchlichen Verhältnisse unter der Herrschaft der Ernestiner 1485–1547, in: Beiträge zur Sächsischen Kirchengeschichte 24 (1911), pp. 205–251.

HUGO THEISINGER, Aus dem Egerland. Falkenau, Stadt und Land, Buchloe 1983.

ALFRED THOSS, Die Geschichte der Stadt Greiz von den Anfängen bis zum Ausgang des 17. Jahrhunderts, Jena 1933 (Nachdruck Greiz 1991).

MATTHIAS THUMSER, Hertnidt vom Stein (ca. 1427–1491. Bamberger Domdekan und markgräflich-brandenburgischer Rat. Karriere zwischen Kirche und Fürstendienst, Neustadt/Aisch 1989.

HELMUT THURM, Das Dominikaner-Nonnenkloster Cronschwitz bei Weida, Jena 1942 (Beiträge zur mittelalterlichen, neueren und allgemeinen Geschichte 22).

MARION TIETZ-STRÖDEL, Die Kaiserpfalz Eger, in: Kunst in Eger, ed. LORENZ SCHREINER, Munich 1992, pp. 12–66.

MARION TIETZ-STRÖDEL, Die städtebauliche Entwicklung der Stadt Eger vom 12. bis ins 20. Jahrhundert, in: Kunst in Eger, ed. LORENZ SCHREINER, Munich 1992, pp. 67–247.

FRIEDRICH WILHELM TREBGE, Geschichte des Vogtländischen Altertumsforschenden Vereins zu Hohenleuben e.V.. Festschrift zum 175jährigen Bestehen des Vogtländischen Altertumsforschenden Vereins, Hohenleuben 2000.

JOST TRIER, Der heilige Jodocus. Seine Leben und seine Verehrung, zugleich ein Beitrag zur Geschichte der deutschen Namengebung, Breslau 1924 (Germanistische Abhandlungen 56).

ANTHONY VAN DER LEE, Marcus von Weida OP, in: VL 5 (1985), col. 1233–1237.

JULIUS VOGEL, Dominikaner-Kloster und Nonnenhaus zu Plauen i.V., in: Mitteilungen des Altertumsvereins zu Plauen 20 (1910), pp. 121–152.

JULIUS VOGEL, Alt-Plauens katholische Kapellen, in: Mitteilungen des Altertumsvereins zu Plauen 20 (1910), pp. 153–160.

WILHELM VOGEL, Über den Titel „Vogt" (advocatus) der Herren von Weida, Gera und Plauen, Vorfahren des Fürstenhauses Reuss, in: Mitteilungen des Altertumsvereins zu Plauen 17 (1906), pp. 1–66.

HERBERT WEINELT, Die Burgruine Altenteich, in: Unser Egerland 40 (1936), pp. 45–47.

FRANK WEISS, Die Bergkirche zu Schleiz, Regensburg 1996 (Kunstführer 2265).

FRANK WEISS, Plauen. Hauptkirche St. Johannis, Regensburg ²2006 (Kunstführer 2304).

EWALD WELLER, Siebenhundert Jahre Schulgeschichte der Kreisstadt Plauen, Plauen 1941.

MATTHIAS WERNER, Vögte von Weida, Gera und Plauen, in: LexMA 8 (1999), col. 1814f.

MATTHIAS WERNER, Vogtland, in: LexMA 8 (1999), col. 1815.

SINA WESTPHAL, Aussenpolitische Korrespondenz. Friedrich der Weise und die Reichsstadt Nürnberg, in: Kurfürst Friedrich der Weise von Sachsen. Politik, Kultur und Reformation, ed. ARMIN KOHNLE and UWE SCHIRMER, Stuttgart 2015, pp. 62–72.

HEINZ WIESSNER, Das Bistum Naumburg. Die Diözese, Berlin und New York 1997–1998 (Germania Sacra. Neue Folge 35/1,2: Die Bistümer der Kirchenprovinz Magdeburg).

ERICH WILD, Geschichte von Markneukirchen. Stadt und Kirchspiel, Plauen 1925.

ERICH WILD, Das Vogtland und das Egerland in ihren historischen Beziehungen bis ins 16. Jahrhundert, in: Neues Archiv für Sächsische Geschichte und Altertumskunde 47 (1926), pp. 177–203.

ERICH WILD, Regesten zur Geschichte des Vogtlandes im 14.-17. Jahrhundert, Plauen 1929.

RENATE WISSUWA, Altstrassen, Mobilität und Austausch. Verkehrsmässige Voraussetzungen in Sachsen für die Pilgerbewegung, in: Der Jakobuskult in Ostmitteleuropa, ed. KLAUS HERBERS and DIETER R. BAUER, Tübingen 2003, pp. 41–55.

CARL HEINRICH GERHARD VON ZEZSCHWITZ, Nachrichten aus dem Pfarrarchiv zu Wohlbach, in: Mitteilungen des Altertumsvereins zu Plauen 3 (1883), pp. 64–82.

2. Art and literary history

THOMAS CRAMER, Hofer, in: VL 4 (1983), col. 81f.

WILLIAM C. CROSSGROVE, Petrus de Crescentiis, in: VL 7 (1989), col. 499–501.

MICHAEL CURSCHMANN, Der Münchener Oswald und die deutsche spielmännische Epik. Mit einem Exkurs zur Kultgeschichte und Dichtungstradition, Munich 1964 (MTU 6).

KURT DEGEN, Eine mittelalterliche Kusstafel in der Hohenleubener Sammlung, in: Mitteilungen der Freunde des Kreismuseums Hohenleuben-Reichenfels, Gera 1948, pp. 4–11.

JUTTA BARBARA DESEL, „Vom Leiden Christi ader von dem schmertzlichen Mitleyden Marie". Die vielfigurige Beweinung Christi im Kontext thüringischer Schnitzretabel der Spätgotik, Alfter 1993.

GERD DICKE, 'Die Vögte von Weida', in: VL 10 (1999), col. 488f.

ROBERT EISEL, Sagenbuch des Voigtlandes, Gera 1871.

CHRISTOPH FASBENDER, Vocabularius Ex quo, in: DLL 6 (2014), col. 1301–1305.

CHRISTOPH FASBENDER, Das Buch des Heiligen Livinus in Mildenfurth, in: Zeitschrift für Thüringische Geschichte 73 (2019), pp. 207–222.

CHRISTOPH FASBENDER, Herzog Sigismund von Sachsen und das Fräulein von Lohma. Erzählen an den Rändern des 'Kulturwegs der Vögte', in: Jahrbuch des Museums Reichenfels-Hohenleuben 64 (2019), pp. 21–38.

CHRISTOPH FASBENDER, Der Heilige Livinus und die Reform des Prämonstratenserstiftes Mildenfurth, in: Analecta Praemonstratensia 95 (2019), pp. 37–64.

CHRISTOPH FASBENDER, Der Drusus-Spruch auf Schloss Vogtsberg, in: Akademie gemeinnütziger Wissenschaften zu Erfurt. Klassensitzungsvorträge 2018–2019, ed. MEINOLF VIELBERG, Erfurt 2020 (Sitzungsberichte der Geisteswissenschaftlichen Klasse 10).

CHRISTOPH FASBENDER, Der Pest-'Brief an die Frau von Plauen', in: Das Vogtland, die Vögte und die Literatur des Mittelalters, ed. CH. F. and GESINE MIERKE, Stuttgart 2020 (Maecenas 2).

CHRISTOPH FASBENDER, Ein Tänzchen am St. Lorenztag. Ritter Willibald von Schaumberg besucht die Hofer Kirchweih, in: Das Vogtland, die Vögte und die Literatur des Mittelalters, ed. CH. F. and GESINE MIERKE, Stuttgart 2020 (Maecenas 2).

EDITH FEISTNER, Typen von Klöstern und Klostergründungserzählungen: Mildenfurth und Waldsassen im Vergleich, in: Das Vogtland, die Vögte und die Literatur des Mittelalters, ed. CH. F. and GESINE MIERKE, Stuttgart 2020 (Maecenas 2).

JOHANN GEORG THEODOR GRAESSE, Der Sagenschatz des Königreichs Sachsen. Zweite verbesserte und sehr vermehrte Auflage, Dresden 1874.

KLAUS GRUBMÜLLER, Vocabularius Ex quo. Untersuchungen

zu lateinisch-deutschen Vokabularen des Spätmittelalters, Munich 1967 (MTU 17).

KILIAN GRÜGER, Der Marientod zu Weida. Ein thüringisches Wandgemälde des Zackenstils, Altenburg 2006.

GÜNTER HÄGELE, 'Wirsberger-Prophezeiungen', in: VL 11 (2004), col. 1672–1681.

GERHARD HAHN, Walther von der Vogelweide, in: VL 10 (1999), col. 665–697.

WOLF-DIETER HAMPERL, Topographie der Kunst- und Kulturdenkmäler im Landkreis Eger, in: Kunst in Eger, ed. LORENZ SCHREINER, Munich 1992 pp. 616–635.

WALTER HENTSCHEL, Sächsische Plastik um 1500, Dresden 1926.

WALTER HENTSCHEL, Peter Breuer. Eine spätgotische Bildschnitzerwerkstatt, 2. Auflage Berlin 1952.

VOLKER HONEMANN, Sächsische Fürstinnen, Patrizier, Kleriker, Kaufleute und der Dominikaner Marcus von Weida als Förderer geistlicher Literatur um 1500, in: Bürgers Bücher. Laien als Anreger und Adressaten in Sachsens Literatur um 1500, ed. CHRISTOPH FASBENDER and GESINE MIERKE, Würzburg 2017, pp. 130–159.

GÜNTER HUMMEL, Ein bisher unbekanntes Kruzifix des Zwickauer Bildschnitzers Peter Breuer im Greizer Land, in: Der Heimatbote 37/7 (1991), pp. 240–243.

GÜNTER HUMMEL, Der Flügelaltarschrein aus Leitlitz, in: Jahrbuch des Museums Reichenfels-Hohenleuben 39 (1994), pp. 100–106.

GÜNTER HUMMEL, Steine am Weg. Die Kreuzsteine aus Rödersdorf und Seubtendorf, in: Jahrbuch des Museums Reichenfels-Hohenleuben 44 (1999), pp. 195–200.

GÜNTER HUMMEL, Die Madonna aus Stelzendorf. Ein Werk der Altenburger Bildschnitzerwerkstatt des Jacob Naumann, in: Jahrbuch des Museums Reichenfels-Hohenleuben 49 (2004), pp. 107–112.

GÜNTER HUMMEL, Der Flügelaltarrest aus Wittchendorf aus der Reichenfelser Sammlung und sein kunstgeschichtliches Umfeld, in: Jahrbuch des Museums Reichenfels-Hohenleuben 52 (2007), pp. 137–148.

ANDREAS HUTH, Frühgotische Grosskreuze in Sachsen, Sachsen-Anhalt und Thüringen, Dössel 2015.

[PFARRER] ILLING, Die Kirche zu Thossen und ihr Altar, in: Mitteilungen des Altertumsvereins zu Plauen 15 (1904), pp. 1–8.

SYLVIA JURCHEN, Hausordnungsverstösse. Vögtische Hausgeschichte als zisterziensische Fallstudie ('Dialogus miraculorum' IV, 76), in: Das Vogtland, die Vögte und die Literatur des Mittelalters, ed. CH. F. and GESINE MIERKE, Stuttgart 2020 (Maecenas 2).

KARINA KELLERMANN, Abschied vom 'historischen Volkslied'. Studien zu Funktion, Ästhetik und Publizität der Gattung historisch-politische Ereignisdichtung, Tübingen 2000.

LUCA KIRCHBERGER, Die Rolle der Frauen in Dichtungen über Heinrich von Plauen, in: Impulse, ed. GALA REBANE and CHRISTINE STADLER, Chemnitz 2018, pp. 161–172.

LUCA KIRCHBERGER, 'Noch einmal that es einen langen Blitz / In wüstrer Nacht weit über diese Zinnen / Und schauernd in dem wunderbaren Licht / Erkannte ich des Ordens Heldengeist.' Heinrich von Plauen als scheiterndes Individuum in Joseph von Eichendorffs 'Der letzte Held von Marienburg', in: Das Vogtland, die Vögte und die Literatur des Mittelalters, ed. CH. F. and GESINE MIERKE, Stuttgart 2020 (Maecenas 2).

LUCA KIRCHBERGER, Die Vögte von Weida. Ein Theaterstück für die Grundschule, Chemnitz 2020.

PAUL KRENKEL (ED.), Paulus Niavis: Iudicium Iovis oder Das Gericht der Götter über den Bergbau. Ein literarisches Dokument aus der Frühzeit des deutschen Bergbaus, Berlin 1953 (Freiberger Forschungshefte D 3).

WILLY KROGMANN (ED.), Johannes von Tepl, 'der ackermann', 4. Auflage Wiesbaden 1978.

VIKTOR KUBÍK, Medieval Illuminated Manuscripts of the Cheb Region, in: Gothic Art in the Cheb Region, Cheb 2009, pp. 89–99.

ESTHER MEIER, Die Gregorsmesse. Funktionen eines spätmittelalterlichen Bildtypus, Cologne et al. 2006.

ARNO MENTZEL-REUTERS, Arma spiritualia. Bibliotheken, Bücher und Bildung im Deutschen Orden, Wiesbaden 2003 (Beiträge zum Buch- und Bibliothekswesen 47), pp. 136, 332, 334.

MICHAEL MENZEL, Die 'Katherina divina' des Johann von Vippach. Ein Fürstenspiegel des 14. Jahrhunderts, Cologne et al. 1989 (Mitteldeutsche Forschungen 99).

VOLKER MERTENS, 'Der von Kolmas', in: VL 5 (1985), col. 39f.

UWE MEVES, Regesten deutscher Minnesänger des 12. und 13. Jahrhunderts, Berlin and New York 2005.

GESINE MIERKE, Die 'Vögte von Weida' im Kontext der Überlieferung, in: Das Vogtland, die Vögte und die Literatur des Mittelalters, ed. CHRISTOPH FASBENDER and GESINE MIERKE, Stuttgart 2020 (Maecenas 2).

ULRICH MONTAG, Das Werk der heiligen Birgitta von Schweden in oberdeutscher Überlieferung, Munich 1968 (MTU 18).

ULRICH MONTAG, Tortsch, Johannes, in: VL 9 (1995), pp. 982–984.

OTTOGERD MÜHLMANN, Über das Antlitz unserer Thüringer Ahnen, Weida 1945.

BERND NEUMANN, 'Egerer Passionsspiel', in: VL 2 (1980), col. 369–371.

BERND NEUMANN, Geistliches Schauspiel im Zeugnis der Zeit. Zur Aufführung mittelalterlicher religiöser Dramen im deutschen Sprachgebiet. 2 vols., Munich 1987 (MTU 84/85).

GEORG OBJARTEL, Der Meissner der Jenaer Liederhandschrift, Berlin 1977 (Philologische Studien und Quellen 85).

JOACHIM OTT, Das mittelalterliche Vogtland in Handschriften und Drucken der Thüringer Universitäts- und Landesbibliothek Jena: Mildenfurth, Crimmitschau, Plauen, in: Das Vogtland, die Vögte und die Literatur des Mittelalters, ed. CHRISTOPH FASBENDER and GESINE MIERKE, Stuttgart 2020 (Maecenas 2).

Michaela Ottová / Ales Mudra, Catalogue of Gothic sculpture in the Cheb Region, in: Gothic Art in the Cheb Region, Cheb 2009, pp. 125–278.

Ute Reinhöfer, Grenzgang, in: Skulptur. Volkmar Kühn, Rudolstadt 2007, pp. 47–51.

Elisabeth Roth, Gotische Wandmalerei in Oberfranken. Zeugnis der Kunst des Glaubens, Würzburg 1982.

Jan Royt, Mediaeval Panel and Wall-Paintings in the Cheb Region, in: Gothic Art in the Cheb Region, Cheb 2009, pp. 67–87.

Jan Royt, Mediaeval Crafts in Cheb, in: Gothic Art in the Cheb Region, Cheb 2009, pp. 101–123.

Michael Rupp, Der Petrarca aus Böhmen. Paulus Niavis und die humanistische Novelle in Leipzig, in: Der Humanismus an der Universität Leipzig, ed. Enno Bünz and Franz Fuchs, Wiesbaden 2008 (Pirckheimer-Jahrbuch 23), pp. 59–104.

Martin Schawe, Der Hofer Altar. Der lange Weg nach München, in: Miscellanea curiensia IX (2011), pp. 23–51.

Joseph Schmidt, Die Bibliothek des Franziskanerklosters Weida, in: Franziskanische Studien 17 (1930), pp. 90–96.

Bernhard Schnell, Prague und die Anfänge der deutschen Pestliteratur im Mittelalter, in: Deutschsprachige Literatur des Mittelalters im östlichen Europa. Forschungsstand und Forschungsperspektiven, ed. Ralf G. Päsler and Dietrich Schmidtke, Heidelberg 2006, pp. 483–501.

Rudolf Schramm, Venetianersagen von geheimnisvollen Schatzsuchern, Leipzig 1990.

Lorenz Schreiner (ed.), Kunst in Eger, Munich 1992.

Paul Schwarz, Die neue Eva. Der Sündenfall in Volksglaube und Volkserzählung, Göppingen 1973 (Göppinger Arbeiten zur Germanistik 77).

Karl Stackmann, Heinrich von Mügeln, in: VL 3 (1981), col. 815–827.

Elfriede Stutz, Der Codex palatinus germanicus 341 als literarisches Dokument, in: Bibliothek und Wissenschaft 17 (1983), pp. 8–26.

Marion Tietz-Strödel, Das Egerer Antependium, in: Kunst in Eger, ed. Lorenz Schreiner, Munich 1992, pp. 248–258.

Marion Tietz-Strödel, Die Plastik in Eger von der frühen Gotik bis zur Renaissance, in: Kunst in Eger, ed. Lorenz Schreiner, Munich 1992, pp. 259–299.

Bernhard Tönnies, Drei Bücherverzeichnisse aus dem Prämonstratenserkloster Mildenfurth, in: Scriptorium 62 (2008), pp. 286–327.

Helgard Ulmschneider, Christoph von Thein, in: VL 11 (2004), col. 323–326.

Helgard Ulmschneider (ed.), Ludwig von Eyb der Jüngere, Geschichten und Taten Wilwolts von Schaumberg. Kritische Edition, Münster 2018.

Ruth von Bernuth, Büttner, Wolfgang, in: VL 16 1 (2011), col. 404–409.

Herbert von Hintzenstern, Die Marienaltäre in Lippersdorf und Münchenbernsdorf, Berlin 1963.

Stefan Weingart, Das Judith-Lucretia-Portal, in: Mitteilungen des Chemnitzer Geschichtsvereins 65 N.F. 4, pp. 107–136.

Karl Weissmann, Der Altar in der Lorenzkirche zu Hof. Ein Beitrag zur fränkischen Kunstgeschichte. Wiss. Beilage zum Jahresbericht des kgl. humanistischen Gymnasiums 1915/16, Hof 1916.

Wolfgang Wennig, Ein spätromanisches Triumphkreuz in Thüringen, in: Zeitschrift für Kunstwissenschaft 5 (1951), pp. 17–28.

Horst Wenzel, Die Autobiographie des späten Mittelalters und der frühen Neuzeit. Vol. 1: Die Selbstdeutung des Adels, Munich 1980 (Spätmittelalterliche Texte 3).

Gerhard Werner, Eine spätgotische Katharinenfigur in Auma, in: Jahrbuch des Museums Reichenfels-Hohenleuben 19 (1971), pp. 95–98.

Gerhard Werner, Die spätgotischen Abendmahlskelche von Schleiz und Friesau. Meisterwerke des Schleizer Goldschmiedes Andreas Eckart, in: Jahrbuch des Museums Reichenfels-Hohenleuben 49 (2004), pp. 113–128.

Gerhard Werner, Der spätgotische Flügelaltar in der Stadtkirche von Münchenbernsdorf: ein Gemeinschaftswerk der Saalfelder Bildschnitzer Valentin Lendenstreich und Hans Gottwald, in: Von Kirchen und Burgen (2016), pp. 65–70.

Edmund Wiessner (ed.), Die Lieder Neidharts. 3rd edn., rev. Hanns Fischer, Tübingen 1968 (Altdeutsche Textbibliothek 44).

Werner Williams-Krapp, 'Adelheid', in: VL 11 (2004), col. 18f.

Franz Josef Worstbrock, Magister Adam, in: VL 1 (1978), col. 47–50.

Franz Josef Worstbrock, Schneevogel, Paul, in: VL 8 (1992), col. 777–785.

Volker Zimmermann, 'Lehre vom Haushaben', in: VL 5 (1985), col. 662–667.

ACKNOWLEDGMENTS

The Reeves' Progress was written between September 2016 and February 2020. Many people have cooperated in its genesis. I must in the first place thank the project team at the Technical University of Chemnitz: Svetlana Fedorova, Luca Kirchberger, Alzbeta Malatova, Benjamin Thriemer, Linda Trommer and Zuzana Martinovicova. And I also extend my thanks to the administrative staff of my university, who did not always find the details of the project easy to deal with. To the book's publishers, Schnell & Steiner, especially Anna-Theresa Kölczer, I owe a debt of gratitude for their patience and their exemplary transformation of the manuscript.

I likewise thank the many colleagues and friends who have accompanied the project with interest, as well as our project partners and those we have encountered on the verges of this cultural journey. Here a few names must stand for many: Antje Dunse, Christian Espig, Bettina Full, Ulrich Jugel, Sylvia Jurchen, Siegfried Kost, Volkmar Kühn, Gesine Mierke, Joachim Ott, Gala Rebane, Hubert Rossbach, Hagen Rüster, Martin Salesch, Sabine Schemmrich, Ilona Scherm and Renate Wünsche. To Sandra Kästner I owe my thanks for her valuable help in matters of art history.

PHOTO CREDITS

Front Cover:
Moated castle Mechelgrün and map of the Vogtland by Joan Blaeu, 1662.

Back Cover:
Doorway grotesque Weida, Vogtsberg Castle, Market Square Cheb, St. John's Church Plauen.

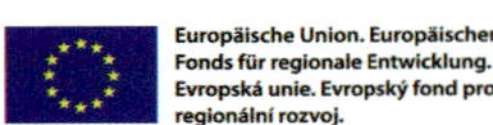

Bibliographic information published by the Deutsche Nationalbibliothek:
The Deutsche Nationalbibliothek lists this publication in the Deutsche Nationalbibliografie;
detailed bibliographic data are available in the Internet at http://dnb.dnb.de.

First edition 2020
© 2020 Verlag Schnell & Steiner GmbH, Leibnizstr. 13, D-93055 Regensburg
Cover design: Anna Braungart, Tübingen
Layout: typegerecht berlin
Print: optimal media GmbH, Röbel/Müritz
ISBN 978-3-7954-3541-7

Further information about our publications can be found under:
www.schnell-und-steiner.de